COLEÇÃO **SÚMULAS comentadas**

Coordenação: **Roberval Rocha**

# ENUNCIADOS

# • FONACRIM •

## FÓRUM NACIONAL DOS JUÍZES FEDERAIS CRIMINAIS

Organizados por assunto, anotados e

## comentados

COLEÇÃO **SÚMULAS comentadas**
Coordenação: **Roberval Rocha**

# ENUNCIADOS
# • FONACRIM •
## FÓRUM NACIONAL DOS JUÍZES FEDERAIS CRIMINAIS

Organizados por assunto, anotados e
## comentados


**COORDENADORES**
**Cesar Arthur Cavalcanti de Carvalho**
**Jorge André de Carvalho Mendonça**



**2016**

EDITORA *Jus*PODIVM
www.editorajuspodivm.com.br

EDITORA *Jus*PODIVM

www.editorajuspodivm.com.br

Rua Mato Grosso, 175 – Pituba, CEP: 41830-151 – Salvador – Bahia
Tel: (71) 3363-8617 / Fax: (71) 3363-5050
• E-mail: fale@editorajuspodivm.com.br





**Diagramação:** Cendi Coelho *(cendicoelho@gmail.com)*

**Capa:** Rene Bueno e Daniela Jardim *(www.buenojardim.com.br)*

# APRESENTAÇÃO DA COLEÇÃO

*"Importante ressaltar a difusão que teve a Súmula, como método de trabalho, pois este parece ser o seu aspecto de maior eficácia, suplantando mesmo a sua condição de repertório oficial de jurisprudência da Alta Corte. Em certo sentido, pode-se dizer que o conteúdo da Súmula passa para segundo plano, quando o comparamos com a sua função de método de trabalho, revestido de alguns efeitos processuais, que contribuem para o melhor funcionamento da Justiça."*

*Florianópolis, 04/09/1981.*

*Victor Nunes Leal, in "Passado e Futuro da Súmula do STF"*

A coleção SÚMULAS COMENTADAS traz para os leitores informações objetivas e relevantes, tanto da doutrina como da jurisprudência, sobre a aplicação dada aos enunciados sumulares dos tribunais e das instituições mais importantes do país.

Seu escopo é levar, aos estudiosos, aos operadores do direito e àqueles que lidam com os órgãos das mais diversas esferas de atuação governamental, as máximas da sistematização judicial e administrativa, cujos textos intentam orientar, da maneira mais racional possível, a atuação dos entes estatais no cumprimento de seu múnus constitucional.

**VOLUMES DA COLEÇÃO**

- Volume 01 – Súmulas STF
- Volume 02 – Súmulas STJ
- Volume 03 – Súmulas TCU
- Volume 04 – Súmulas AGU
- Volume 05 – Enunciados Câmaras de Coordenação e Revisão do MPF
- Volume 06 – Súmulas TNU
- Volume 07 – Enunciados FONAJE
- Volume 08 – Enunciados FONAJEF
- Volume 09 – Enunciados FONACRIM
- Volume 10 – Enunciados CJF (Vol. I – Direito Civil)
- Volume 11 – Enunciados CJF (Vol. II – Direito Comercial)
- Volume 12 – Súmulas TRT's
- Volume 13 – Súmulas TRF's
- Volume 14 – Súmulas TJ's
- Volume 15 – Súmulas do CARF
- Volume 16 – Súmulas do TJSP
- Volume 17 – Súmulas do TJRJ
- Volume 18 – Enunciados do Fórum Permanente de Processualistas Civis
- Volume 19 – Enunciados NCPC – ENFAM
- Volume 20 – Enunciados das Turmas Recursais do Juizados Especiais do TJ's

**ROBERVAL ROCHA**

**COORDENADOR**

# APRESENTAÇÃO

Prezado leitor,

É com muita satisfação que apresentamos o nono volume da coleção "Súmulas", da editora JUSPODIVM, relativo aos enunciados do FONACRIM – Fórum Nacional dos Juízes Federais Criminais.

O FONACRIM é um evento realizado periodicamente[1] pela AJUFE – Associação Nacional dos Juízes Federais, com o intuito de reunir magistrados federais com competência criminal, espalhados pelo Brasil, para que possam discutir os temas mais importantes referentes à matéria.

Durante os encontros, observa-se sempre um ponto de vista bastante prático, com a reunião em grupos de trabalho para a elaboração de enunciados que possam sintetizar as posições jurídicas dos participantes, bem como orientar os operadores do Direito. Isso sem olvidar-se, obviamente, da importante participação de juristas do mais alto escalão por meio de excelentes palestras.

A ideia desta obra é servir de material de referência para os mais diversos profissionais do Direito Penal e Processual Penal, mostrando uma ideia geral do Judiciário criminal federal brasileiro, com menção de legislação, doutrina e jurisprudência. Na maior parte das glosas aos enunciados, há transcrição de vários precedentes a respeito de cada assunto, no intuito de demonstrar a posição do FONACRIM à luz do pensamento dos nossos tribunais.

Com a intenção de tentarmos ser fiéis o máximo possível aos debates ocorridos em cada FONACRIM, a quase totalidade dos comentadores dos enunciados é formada por juízes ou desembargadores federais, os quais, se não participaram de todos os encontros, estiveram presentes em alguns e tiveram grande aproximação com os estudos. Visando a uma melhor distribuição geográfica das ideias, o grupo possui autores espalhados por diversos estados brasileiros diferentes.

Evidentemente respeitando a liberdade de cada autor, não houve exigência de que os comentários necessariamente concordassem com o conteúdo de cada enunciado aprovado nos eventos. Uma leitura completa da obra, porém, demonstrará que a grande maioria realmente assentiu com as conclusões de cada encontro, retratadas nos atuais 66 enunciados.

É mister destacar que, mesmo numa leitura isolada de cada enunciado, observa-se uma demonstração clara da preocupação geral dos juízes federais brasileiros com mecanismos eficazes de combate à criminalidade organizada.

Já no I FONACRIM, a Ministra do STF, Carmen Lúcia, enfatizou a necessidade de efetividade da justiça penal, assegurando à sociedade que ela terá resposta do Direito

1. Até o momento foram realizados quatro encontros, quais sejam: I FONACRIM, Brasília/DF, abril/2009; II FONACRIM, São Paulo/SP, agosto/2013; III FONACRIM, Recife/PE, setembro/2014; IV FONACRIM, Florianópolis/SC, julho/2015.

para os casos de afronta ao sistema positivado, obviamente preservando as garantias processuais. No mesmo sentido, a Ministra do STJ Maria Theresa de Assis Moura, no citado evento, asseverou que a sensação de impunidade é um grande problema que devemos enfrentar[2].

Esse pensamento sempre esteve presente entre os juízes federais. No III FONACRIM, por exemplo, a palestra do Ministro do STJ Nefi Cordeiro voltou a tratar das grandes organizações criminosas, mencionando a existência de quadrilhas buscando técnicas cada vez mais sofisticadas e a necessidade de mecanismos modernos que permitam o seu combate. O Juiz Federal Sérgio Moro, por sua vez, sugeriu maior rigor para os crimes contra a Administração Pública, defendendo inclusive a conciliação do direito à privacidade e intimidade com o interesse do público em ser informado daquilo que ocorre em tais tipos de processo criminal[3].

Outros temas relevantes também foram bastante debatidos não apenas quando da fase de elaboração dos enunciados, como também durante as suas palestras iniciais, a exemplo da preocupação com o grande número de recursos nos tribunais superiores, em especial de "habeas corpus".

Igualmente se perorou a necessidade de uma justiça penal mais célere, além de questionamentos estatísticos que refutam a argumentação de ser elevado o número de medidas penais cautelares adotadas pelos juízes federais, como as prisões e interceptações telefônicas, que não atingiam nem 1% dos feitos criminais em curso. A afirmação, aliás, foi objeto da carta do I FONACRIM[4].

A preocupação é ratificada por cada um dos autores desta obra nos seus comentários. Sem se esquecer dos essenciais direitos e garantias individuais, objeto de conquista histórica do mundo ocidental, o livro apresenta uma visão ligeiramente diferenciada do que a academia penal e processual brasileira costuma demonstrar, voltando sua atenção também na busca de uma efetividade do processo penal.

É bom que fique claro, por fim, que os enunciados do FONACRIM não são vinculantes, mas que servem como boas orientações de atuação, uniformizando posturas jurídicas em um país com dimensões continentais a partir da troca de ideias entre os diversos juízes federais.

Esperamos, junto com os demais autores dos comentários, que esta obra seja útil ao debate jurídico. Ansiamos também que novos encontros do FONACRIM sejam realizados, colaborando democraticamente à evolução das ciências jurídicas penais.

Recife, 28 de março de 2016.

**CESAR ARTHUR CAVALCANTI DE CARVALHO**
**JORGE ANDRÉ DE CARVALHO MENDONÇA**

2. Disponível em https://www.youtube.com/watch?v=6tNjCBOwbY8&feature=youtu.be. Acesso no dia 20.3.2016.
3. Disponível em https://www.youtube.com/watch?v=sQNcU9LCiSg. Acesso no dia 20.3.2016.
4. Disponível em http://www.ajufe.org/imprensa/noticias/aprovada-a-carta-do-i-fonacrim/. Acesso no dia 23.3.2016.

# AUTORES

## ALESSANDRO DIAFÉRIA

Juiz Federal desde 1999, vinculado ao Tribunal Regional Federal da 3ª Região. Titular da 1ª Vara Federal Criminal, do Júri e das Execuções Penais de São Paulo. Coordenador-Geral da Central de Penas e Medidas Alternativas – CEPEMA da Justiça Federal de São Paulo. Corregedor da Unidade de Trânsito Provisório e Custódia da Superintendência de Polícia Federal de São Paulo. Membro do grupo de trabalho do Conselho Nacional de Justiça que produziu o Plano de Gestão para o funcionamento de Varas Criminais e de Execução Penal, aprovado em 2010, juntamente com o respectivo Manual de Rotinas. Tutor da ENFAM – Escola Nacional de Formação e Aperfeiçoamento de Magistrados (2009 e 2011). Conselheiro do Programa Estadual de Proteção a Vítimas e Testemunhas – PROVITA/SP. Pós-graduação em Direito Processual pela Universidade de São Paulo.

## CESAR ARTHUR CAVALCANTI DE CARVALHO

Juiz Federal da Seção Judiciária de Pernambuco. Mestrado em Direito pela Universidade Católica de Pernambuco. MBA em Poder Judiciário pela Fundação Getulio Vargas. Especialista em Direito Público pela Universidade Federal de Pernambuco. Graduação em Direito pela UFPE. Ex-Procurador do Estado de Pernambuco.

## CÍNTIA MENEZES BRUNETTA

Juíza Federal. Bacharelado em Direito pela Universidade Federal do Ceará. MBA em Poder Judiciário pela Fundação Getulio Vargas. Vencedora do Prêmio Innovare na categoria juiz em 2010. Formadora de magistrados e formadora de formadores da ENFAM.

## DANIELLE SOUZA DE ANDRADE E SILVA CAVALCANTI

Juíza Federal em Pernambuco. Professora Adjunta de Direito Processual Penal da UFPE. Doutora em Direito Processual pela Universidade de São Paulo – USP. Mestre em Direito Público pela Universidade Federal de Pernambuco – UFPE.

## DANILO FONTENELE SAMPAIO CUNHA

Juiz Federal da 11ª Vara/CE. Doutor em Filosofia do Direito pela PUC-SP. Mestre em Direito pela Universidade Federal do Ceará. Especializações em Processo Civil, Direito Penal e Direito Sanitário pela UNB. Especialista em Criminologia, Direito Penitenciário e Processo Civil pela UFC/CE. Especialista em educação emocional e ecologia humana pela UECE-CE. Especialista em Direito Processual Público pela Universidade Federal Fluminense. MBA em Administração da Justiça pela FGV-RJ. Graduação pela UFC-CE. Ex-Procurador da República. Professor Titular do Centro Universitário Sete de Setembro – Fortaleza-CE.

## FÁBIO MOREIRA RAMIRO

Juiz Federal da 24ª Vara da Seção Judiciária da Bahia. Especialização em Direito Processual Público pela Universidade Federal Fluminense. Graduação em Direito pela Universidade Católica do Salvador e em Medicina pela Universidade Federal da Bahia. Professor de Direito Penal da Universidade Católica do Salvador. Ex-Juiz de Direito e ex-Promotor de Justiça no Estado da Bahia.

## FERNANDO MARCELO MENDES

Juiz Federal da 3ª Vara Federal de Guarulhos-SP. Graduado em Direito pela PUC-SP e Administração de Empresas pela Universidade Mackenzie-SP. Foi advogado (1996-1998) e Procurador do Estado de São Paulo (1998-2002). Mestre em Direito Administrativo e Doutorando em Direito pela PUC-SP. Vice-Presidente da AJUFE da 3ª Região (2014-2016) e Presidente da AJUFESP (2015-2017).

## GUSTAVO PONTES MAZZOCCHI

Juiz Federal da 2ª Vara Federal Criminal do Rio de Janeiro. Juiz Instrutor no STJ. Pós-graduação em Direito da Comunicação pela Universidade de Coimbra/Portugal. Graduação em Direito pela Pontifícia Universidade Católica do Rio Grande do Sul. Ex-Procurador Federal da AGU. Ex-Juiz de Direito do Estado da Bahia.

## IVO ANSELMO HÖHN JUNIOR

Juiz Federal – TRF 1ª Região. Mestre em Direito Público pela Universidade Federal de Pernambuco. Especialista em Direito Processual Civil pela AEUDF. Professor Universitário. Foi Procurador do Estado do Maranhão, Advogado e Promotor de Justiça do Estado do Maranhão.

## JOÃO PEDRO GEBRAN NETO

Desembargador Federal. Mestre em Direito Constitucional pela UFPR. Especialista em Ciências Penais e Processuais Penais pela UFPR. Especialista em Direito à Saúde Baseada em Evidências pelo Hospital Sírio Libanês. Ex-Diretor do Foro da Justiça Federal no biênio 2005-2007. Autor dos livros: *Inquérito Policial: o Arquivamento e o Princípio Obrigatoriedade* (Juruá, 1996); *Aplicação Imediata dos Direitos e Garantias Constitucionais: A busca de uma exegese emancipatória*, (Revista do Tribunais, 2002). Coautor dos livros: *Curso Modular de Direito Constitucional* (Conceito Editorial, 2010); *Direito à Saúde: Análise à luz da judicialização* (Verbo Jurídico, 2015). Autor de diversos artigos jurídicos.

## JORGE ANDRÉ DE CARVALHO MENDONÇA

Juiz Federal da 2ª Turma Recursal da Seção Judiciária de Pernambuco. Doutorando em Direito Processual pela Universidade Católica de Pernambuco. Mestrado em Direito Penal pela Universidade Federal de Pernambuco. Especialização em Direito Processual Público pela Universidade Federal Fluminense. Graduação em Direito pela Universidade Federal de Sergipe. Ex-Juiz de Direito Substituto no Estado de Pernambuco. Ex-Defensor Público no Estado de Sergipe.

## MARCEL PERES DE OLIVEIRA

Juiz Federal/BA. Especialista em Direito Processual (UFSC). Ex-Advogado. Ex-Defensor Público no Estado de Sergipe. Ex-Juiz de Direito Substituto no Estado da Bahia. Ex-Promotor de Justiça no Estado de Sergipe. Professor do Instituto Baiano de Pesquisa e Estudos Jurídicos – IBAPEJ.

## MARCELO COSTENARO CAVALI

Juiz Instrutor no Superior Tribunal de Justiça – Gabinete da Ministra Maria Thereza de Assis Moura. Doutorando em Direito Penal pela Universidade de São Paulo. Visiting Scholar na Columbia Law School. Mestre em Ciências Jurídico-Econômicas e Especialista em Direito Penal Econômico e Europeu pela Universidade de Coimbra. Bacharel em Direito pela Universidade Federal do Paraná.

## MARCO BRUNO MIRANDA CLEMENTINO

Juiz Federal e Diretor do Foro da Seção Judiciária do Rio Grande do Norte. Doutorado em Direito pela Universidade Federal de Pernambuco. Mestrado em Direito pela Universidade Federal do Rio Grande do Norte. Especialização em Direito Tributário pelo Instituto Brasileiro de Estudos Tributários. Graduação em Direito pela Universidade Federal do Rio Grande do Norte. Professor da Graduação e do Mestrado em Direito da Universidade Federal do Rio Grande do Norte. Coordenador do Instituto Brasileiro de Estudos Tributários em Natal-RN. Ex-Procurador Federal da Advocacia-Geral da União.

## MARCO FRATTEZI GONÇALVES

Juiz Federal da 3ª Vara da Subseção Judiciária de Montes Claros/MG. Graduação em Direito pela UFMG. Ex-Procurador da República. Ex-Promotor de Justiça do Ministério Público do Estado de Minas Gerais. Ex-Procurador da Fazenda Nacional.

## MAURO ALENCAR DE BARROS

Desembargador do Tribunal de Justiça do Estado de Pernambuco. Professor da Escola da Magistratura de Pernambuco – ESMAPE (atual Escola Judicial de Pernambuco/TJPE). Professor da Escola Superior de Advocacia de Pernambuco – ESA/PE. Graduado em Direito pela Universidade Federal de Pernambuco – UFPE. Especialização em Processo Civil pela ESMAPE/Fundação Maurício de Nassau.

## NINO OLIVEIRA TOLDO

Desembargador Federal – TRF/3ª Região. Doutor em Direito pela Universidade de São Paulo (USP). Mestre em Direito pela Universidade Estadual Paulista "Júlio de Mesquita Filho" (Unesp). Especialista em Direito Processual Civil pela Universidade de Brasília (UnB). Foi presidente da Associação dos Juízes Federais do Brasil (2012-2014). Ex-Procurador do Estado de São Paulo.

## RENATA CORTEZ VIEIRA PEIXOTO

Mestre em Direito Processual pela Universidade Católica de Pernambuco – UNICAP. Especialista em Direito Processual Civil pela Universidade Católica de Pernambuco – UNICAP. Graduada em Direito. Professora de Direito Processual Civil do Centro Universitário Maurício de Nassau, na graduação e na pós-graduação *lato sensu*. Professora de Direito Processual Civil em cursos de pós-graduação. Professora da Escola Superior de Advocacia de Pernambuco – ESA/PE e do Instituto George Browne – IGB/PE. Palestrante. Assessora Técnica Judiciária de Desembargador do Tribunal de Justiça do Estado de Pernambuco. Membro efetivo da Associação Norte e Nordeste de Professores de Processo – ANNEP. Membro da Associação Brasileira de Direito Processual – ABDPro. Idealizadora do *site* www.inteiroteor.com.br.

## RICARDO RACHID DE OLIVEIRA

Juiz Federal da 14ª Vara Federal de Curitiba. Doutor e Mestre em Direito pela Universidade Federal do Paraná.

## ROBERTO CARVALHO VELOSO

Juiz Federal no Maranhão. Doutorado em Direito pela Universidade Federal de Pernambuco (2008), mestrado em Direito pela Universidade Federal de Pernambuco (2002) e graduação em Direito pela Universidade Federal do Piauí (1987). Professor adjunto da Universidade Federal do Maranhão. Professor Doutor do UniCEUMA. Membro da Comissão de Juristas encarregada de elaborar o novo Código Eleitoral. Membro da Academia Maranhense de Letras Jurídicas. Coordenador do Curso de

Especialização em Direito Eleitoral da UFMA em convênio com o TRE/MA. Secretário-Geral da AJUFE – Associação dos Juízes Federais do Brasil. Exerceu as funções de Assessor Parlamentar na Câmara dos Deputados, Promotor de Justiça do Estado do Maranhão, Juiz Federal no Piauí, Juiz do Tribunal Regional Eleitoral do Piauí e do Maranhão. Ex-Presidente da Associação dos Juízes Federais da 1ª Região. Convocado no Tribunal Regional Federal da 1ª Região. É autor de vários artigos científicos. É coautor de vários livros. Publicou sua tese de doutorado sob o título Crimes Tributários (Quartier Latin, 2011).

## RONIVON DE ARAGÃO

Juiz Federal da 2ª Vara da Seção Judiciária de Sergipe. Ex-Defensor Público Federal. Especialização em Direito Constitucional Processual pela Universidade Federal de Sergipe. MBA em Gestão do Poder Judiciário pela FGV – Direito Rio. Foi membro titular e suplente do TRE/SE e Juiz Titular da Turma Nacional de Uniformização dos Juizados Especiais Federais. Exerceu o cargo de Diretor do Foro da Seção Judiciária de Sergipe.

## ROSMAR ANTONNI RODRIGUES CAVALCANTI DE ALENCAR

Juiz Federal em Alagoas. Doutor em Direito pela Pontifícia Universidade Católica de São Paulo. Mestre em Direito pela Universidade Federal da Bahia. Especialista em Direito Processual Penal pela Fundação Escola Superior do Ministério Público do Rio Grande do Norte. Professor em Cursos de Pós-Graduação, Aperfeiçoamento de Magistrados, de Membros do Ministério Público e em Cursos de Graduação, na Universidade Tiradentes (AL), no Centro de Estudos Superiores de Maceió (Cesmac do Agreste/AL), na Seune/AL e na Escola Superior da Magistratura de Alagoas.

## WALTER NUNES DA SILVA JÚNIOR

Mestre e Doutor em Direito. Ex-Promotor de Justiça. Ex-Juiz de Direito. Ex-Procurador da República. Professor Associado da Graduação e da Pós-Graduação da Universidade Federal do Rio Grande do Norte – UFRN; Professor da Escola da Magistratura do Rio Grande do Norte – ESMARN e da Escola da Magistratura Federal da 5ª Região. Juiz do Tribunal Regional Eleitoral do Rio Grande do Norte (1993/1995). Membro da Academia de Letras Jurídicas do Rio Grande do Norte – ALEJURN, do Conselho Científico da Revista Constituição e Garantia de Direito do Programa de Pós-Graduação em Direito da Universidade Federal do Rio Grande do Norte, do Conselho Editorial da Revista Jurídica In Verbis dos Acadêmicos do Curso de Direito da Universidade Federal do Rio Grande do Norte, do Conselho Editorial da Revista do Centro de Estudos Jurídicos da Seção Judiciária do Rio Grande do Norte e do Conselho Editorial da Revista Direito e Liberdade da Escola da Magistratura do Rio Grande do Norte. Presidente da Associação dos Juízes Federais do Brasil – Ajufe (06/2006 a 06/2008). Juiz Auxiliar da Presidência e da Corte Especial do Superior Tribunal de Justiça – STJ (03/2009 a 06/2009). Conselheiro do Conselho Nacional de Justiça – CNJ (07/2009 a 07/2011). Supervisor do Departamento de Monitoramento e Fiscalização do Sistema Carcerário do Conselho Nacional de Justiça – DMF (10/2010 a 07/2011). Conselheiro da Escola Nacional de Formação e Aperfeiçoamento de Magistrados – ENFAM (04/2013 a 04/2015). Juiz Federal e Corregedor do Presídio Federal em Mossoró/RN.

# A ESTRUTURAÇÃO DO LIVRO

Para que o leitor possa identificar rapidamente o tipo de informação contido nos comentários e anotações, são utilizados diferentes formatos de textos, antecedidos por símbolos que identificam o item sob leitura:

- referências informativas dos enunciados;
- ◙ tópicos de jurisprudência;
- ► tópicos de legislação;

Como no exemplo abaixo:

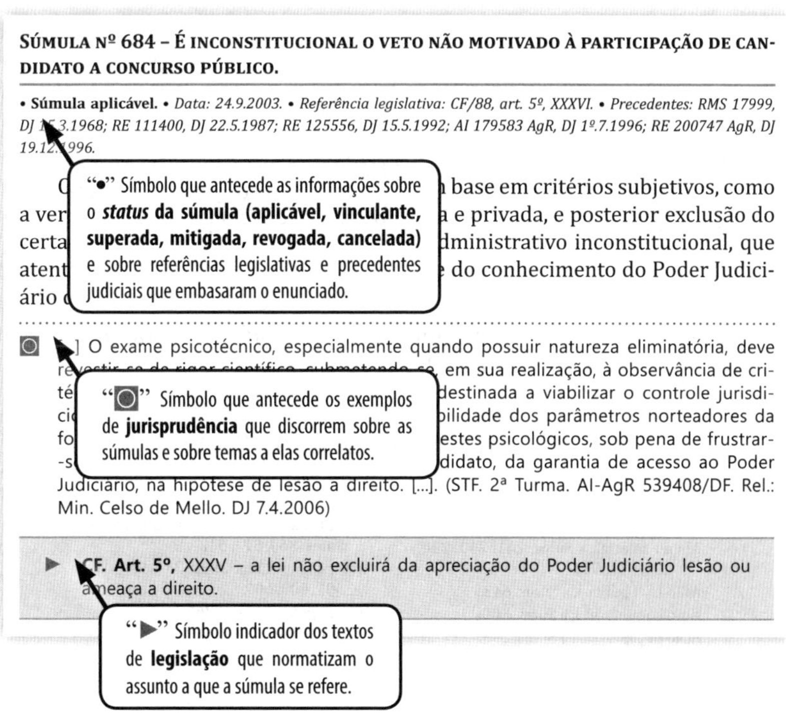


Os Enunciados/Súmulas são agrupados por assunto em tópicos específicos, em que se indica sua pertinência com o ordenamento jurídico atual (e, se for o caso, com a classificação de aplicáveis, superados, cancelados, revogados, mitigados ou vinculantes), de acordo com o entendimento da jurisprudência, da aplicação que lhes é dada pelas Cortes brasileiras, e, também, pela análise da doutrina majoritária sobre os temas que versam.

Para cada súmula/enunciado há comentários objetivos, calcados em estudo de obras jurídicas o mais atualizadas possível, seguidos de exemplos-resumo de ementas de julgamentos importantes envolvendo o assunto antes e depois de sua edição, assim como as referências legislativas históricas que lhes serviram de base normativa e os textos legais referidos nas decisões judiciais.

Os livros trazem, também, excertos de julgamentos sobre os temas abordados, visando familiarizar o leitor com a aplicação dada aos verbetes pelos Tribunais, descortinando o panorama dos litígios que as envolvem, de maneira que permita aclarar o pensamento judicial majoritário nessas composições colegiadas.

Um índice cronológico remissivo evidencia a página do livro em que se encontram os comentários de cada um dos enunciados/súmulas, proporcionando uma rápida localização de seus textos:

**ÍNDICE CRONOLÓGICO REMISSIVO**

001 É vedada a expulsão de estrangeiro casado com brasileira, ou que tenha filho brasileiro, dependente da economia paterna. » 233

002 Concede-se liberdade vigiada ao extraditando que estiver preso por prazo superior a sessenta dias. » 236

003 A imunidade concedida a deputados estaduais é restrita à Justiça do Estado. » 155

004 Não perde a imunidade parlamentar o congressista nomeado Ministro de Estado. » 154

Outro índice, alfabético remissivo, indica os enunciados que tratam de determinados assuntos, separados por palavras-chave:

**ÍNDICE ALFABÉTICO REMISSIVO**

**A**

Abono salarial. » Súms. 241, 230, 234, 235, 501, 552.
Ação civil pública. » Súms. 643.
Ação cominatória. » Súms. 500.
Ação declaratória. » Súms. 258.
Ação direta de inconstitucionalidade. » Súms. 360, 614, 642.
Ação penal. » Súms. 388, 524, 554, 601, 607, 608, 609.
Ação popular. » Súms. 365.
Ação previdenciária. » Súms. 689.

Ao final de cada capítulo, é apresentado um quadro sinóptico com o status de aplicabilidade das súmulas/enunciados, preparado com o objetivo de facilitar a visão temática geral:

## 9. QUADRO SINÓPTICO

| DIREITO ADMINISTRATIVO | |
|---|---|
| **1. ATOS ADMINISTRATIVOS** | |
| Súmula nº 473 – A administração pode anular seus próprios atos, quando eivados de vícios que os tornam ilegais, porque deles não se originam direitos; ou revogá-los, por motivo de conveniência ou oportunidade, respeitados os direitos adquiridos, e ressalvada, em todos os casos, a apreciação judicial. | aplicável |

A organização das obras é estruturada de forma utilitária, para apresentar e discutir máximas jurídicas em linguagem clara, concisa e, sobretudo, atual.

# SUMÁRIO

# CAPÍTULO I
# CÓDIGO PENAL

SUMÁRIO



## 1. DO CRIME (ARTS. 13 A 25)

### Enunciado 31. A reiteração da conduta delitiva, em regra, afasta a aplicação do princípio da insignificância.

● ***Enunciado 7**, aprovado no II FONACRIM, com nova redação e numeração dada no IV FONACRIM, em 25.9.2015.* ● *Redação anterior: "Nos crimes de contrabando e descaminho, a reiteração da conduta apurada nos âmbitos penal e administrativo afasta o princípio da insignificância".*

▸ *Por Nino Toldo.*

O chamado princípio da insignificância visa a evitar a movimentação do sistema penal em relação a delitos de baixa repulsa social e de pequeno prejuízo. Consoante orientação firmada pelo Supremo Tribunal Federal no julgamento do HC nº 84.412/SP, de relatoria do Ministro Celso de Mello, a aplicação do princípio da insignificância, como fator de descaracterização material da tipicidade penal, deve ser analisado em conexão com os postulados da fragmentariedade e da intervenção mínima. A aplicação do postulado reclama a presença de certos vetores, a saber: (a) mínima ofensividade da conduta do agente, (b) nenhuma periculosidade social da ação, (c) reduzidíssimo grau de reprovabilidade do comportamento e (d) inexpressividade da lesão jurídica provocada.

Seguindo essa orientação, firmou-se a jurisprudência de que, nos crimes de descaminho, seria aplicável o princípio da insignificância e, portanto, atípica a conduta, quando o valor dos impostos elididos fosse inferior ao limite estabelecido pela Fazenda Nacional para a cobrança de tributos. Formou-se, ainda, entendimento de que o mesmo raciocínio seria aplicável aos crimes de contrabando.

Dúvida havia quando o imputado apresentava apontamentos em sua folha de antecedentes, especialmente em relação a crimes da mesma natureza. É comum que os conhecidos "sacoleiros" continuem a praticar o descaminho, mesmo depois de beneficiados por suspensão condicional do processo ou pela atipicidade da conduta em razão da aplicação do princípio da insignificância.

Reunidos no II FONACRIM, os juízes federais, considerando as situações concretas vividas em seu cotidiano, concluíram que, nos crimes de contrabando e descaminho, a reiteração da conduta apurada – quer no âmbito administrativo, quer no penal – afastaria a aplicação do princípio da insignificância. Isto porque não seria possível beneficiar-se o imputado, com um princípio descriminalizador, quando este insiste na prática de atividade não permitida em lei, a despeito de seu pequeno valor econômico.

O enunciado então produzido, todavia, continha dois problemas: o primeiro, de reduzir o raciocínio aos crimes de contrabando e descaminho, pois pode ser aplicado a outros tipos penais, como, por exemplo, o furto; o segundo, justamente por mencionar o crime de contrabando, cujo bem jurídico não coincide com o do descaminho, na medida em que ultrapassa o valor econômico relativo a tributos sonegados.

Com efeito, a principal distinção entre o descaminho e o contrabando está em que, naquele, tutelam-se primordialmente os interesses do erário, punindo-se a ilusão, no todo ou em parte, de imposto devido na entrada, na saída ou no consumo de mercadoria; neste, o que se tutela são interesses que vão além dos interesses fiscais, como, por exemplo, a saúde pública, ao punir-se a importação ou a exportação de mercadoria proibida.

A distinção ficou mais clara com a entrada em vigor da Lei nº 13.008, de 26.6.2014, que separou em tipos penais diversos – e com penas distintas – os crimes de contrabando e de descaminho. Para o descaminho (CP, art. 334), a pena prevista é de reclusão, de 1 (um) a 4 (quatro) anos, enquanto para o contrabando (CP, art. 334-A) a pena é de reclusão, de 2 (dois) a 5 (cinco) anos. Com essa distinção, evidencia-se a maior gravidade do crime de contrabando, para o qual não mais é possível a suspensão condicional do processo.

Essa distinção conceitual, todavia, já vinha sendo feita pela jurisprudência, que, em diversos julgados, não admitia a aplicação do princípio da insignificância para o crime de contrabando. A título exemplificativo, mencionam-se os seguintes precedentes do Supremo Tribunal Federal (HC 100.367, 1ª Turma, Rel. Min. Luiz Fux, j. 9.8.2011; HC 110.841, 2ª Turma, Rel. Min. Cármen Lúcia, j. 27.11.2012) e do Superior Tribunal de Justiça (AgRg no REsp 1378063, 5ª Turma, Rel. Min. Marco Aurélio Bellizze, j. 25.6.2013, DJe 1.7.2013; AgRg no REsp 286.524, 5ª Turma, Rel. Min. Laurita Vaz, j. 18.6.2013, DJe 1.7.2013; AgRg no REsp 329.716/PR, 6ª Turma, Rel. Des. Convocada do TJ/PE Alderita Ramos de Oliveira, j. 11.6.2013, DJe 25.6.2013).

Por essa razão, o enunciado em comento foi aperfeiçoado no IV FONACRIM para ratificar que a reiteração delitiva afasta, em regra, a aplicação do princípio da insignificância, porém não limitando o raciocínio a determinado tipo penal, tampouco referindo-se ao crime de contrabando.

Em relação à reiteração da conduta delitiva, o tema chegou ao Supremo Tribunal Federal, que, em julgados acerca da aplicação desse princípio nos casos de contumácia do agente na prática da conduta, bem como da presença de algum tipo de circunstância agravante, entendeu que não é possível firmar uma tese sobre o tema, devendo a aplicação do princípio da insignificância ser analisada caso a caso pelas instâncias ordinárias da Justiça. Esse posicionamento deu-se na análise conjunta de três "*habeas* corpus" (123.734, 123.533 e 123.108, todos de relatoria do Min. Roberto Barroso) que tratavam de pequenos furtos, porém tinham alguma peculiaridade, como a reincidência ou a qualificação do crime por rompimento de barreira.

Desses julgamentos, é importante salientar o seguinte entendimento do Min. Teori Zavascki, que prevaleceu na Corte e serve de orientação para os demais julgamentos nas instâncias judiciais:

> (...). É indispensável, todavia, que a avaliação [da aplicação do princípio da insignificância] se dê caso a caso, até porque a pura e simples uniformização de tratamento não encontra justificativa na eleição de um padrão onde a homogeneidade não existe, até pelas dimensões territoriais do país, que oferecem realidades sociais, econômicas e culturais heterogêneas e inteiramente diferenciadas.

Em resumo, o princípio da insignificância não pode ser aplicado de forma homogênea, estandardizada. Deve ser analisado caso a caso, observando-se as particularidades da conduta e do próprio agente. O enunciado ora comentado é consentâneo com a conclusão do Supremo Tribunal Federal sobre o tema.

"Habeas corpus". Penal. Descaminho. Princípio da insignificância. Não incidência. Reiteração delitiva. Contumácia na prática de crimes da espécie. Ausência do reduzido grau de reprovabilidade da conduta. Ordem denegada. 1. Segundo a jurisprudência do Supremo Tribunal Federal, para se caracterizar hipótese de aplicação do denominado "princípio da insignificância" e, assim, afastar a recriminação penal, é indispensável que a conduta do agente seja marcada por ofensividade mínima ao bem jurídico tutelado, reduzido grau de reprovabilidade, inexpressividade da lesão e nenhuma periculosidade social. 2. Nesse sentido, a aferição da insignificância como requisito negativo da tipicidade envolve um juízo de tipicidade conglobante, muito mais abrangente que a simples expressão do resultado da conduta. Importa investigar o desvalor da ação criminosa em seu sentido amplo, de modo a impedir que, a pretexto da insignificância apenas do resultado material, acabe desvirtuado o objetivo a que visou o legislador quando formulou a tipificação legal. Assim, há de se considerar que "a insignificância só pode surgir à luz da finalidade geral que dá sentido à ordem normativa" (Zaffaroni), levando em conta também que o próprio legislador já considerou hipóteses de irrelevância penal, por ele erigidas, não para excluir a tipicidade, mas para mitigar a pena ou a persecução penal. 3. Para se afirmar que a insignificância pode conduzir à atipicidade é indispensável, portanto, averiguar a adequação da conduta do agente em seu sentido social amplo, a fim de apurar se o fato imputado, que é formalmente típico, tem ou não relevância penal. Esse contexto social ampliado certamente comporta, também, juízo sobre a contumácia da conduta do agente. 4. Não se pode considerar atípica, por irrelevante, a conduta formalmente típica de delito contra a administração em geral (=descaminho), cometido por agente que é costumeiro na prática de crimes da espécie. 5. Ordem denegada. (STF, HC 120662, Rel. Min. Teori Zavascki, 2ª Turma, DJe 21.8.2014)

"Habeas corpus". Processual penal e direito penal. Descaminho. Valor inferior ao estipulado pelo art. 20 da Lei 10.522/2002. Portarias 75 e 130/2012 do Ministério da Fazenda. Princípio da insignificância. Inaplicabilidade. Registros criminais pretéritos. Ordem denegada. 1. A pertinência do princípio da insignificância deve ser avaliada considerando-se todos os aspectos relevantes da conduta imputada. 2. Para crimes de descaminho, considera-se, na avaliação da insignificância, o patamar previsto no art. 20 da Lei 10.522/2002, com a atualização das Portarias 75 e 130/2012 do Ministério da Fazenda. Precedentes. 3. Embora, na espécie, o descaminho tenha envolvido elisão de tributos federais em montante pouco superior a R$ 11.533,58 (onze mil, quinhentos e trinta e três reais e cinquenta e oito centavos) a existência de registros criminais pretéritos obsta, por si só, a aplicação do princípio da insignificância, consoante jurisprudência consolidada da Primeira Turma desta Suprema Corte (...). (STF, HC 123861, Rel. Min. Rosa Weber, 1ª Turma, DJe 28.10.2014)

Penal. "Habeas corpus". Crime de descaminho. Valor sonegado inferior ao fixado no art. 20 da lei 10.522/2002, com a redação dada pela lei 11.033/2004. Princípio da insignificância. Aplicação. Impossibilidade. Reiteração delitiva. Existência de outros procedimentos fiscais. Ordem denegada. I. Nos termos da jurisprudência deste Tribunal, o princípio da insignificância deve ser aplicado ao delito de descaminho quando o valor sonegado for inferior ao estabelecido no art. 20 da Lei 10.522/2002, com a redação dada pela Lei 11.033/2004. II. Entretanto, os autos dão conta da existência de mais oito procedimentos fiscais instaurados contra o paciente, nos quais os valores dos impostos elididos, somados, extrapolam o referido limite, o que demonstra a habitualidade criminosa e impede a aplicação do princípio da insignificância, em razão do elevado grau de reprovabilidade da conduta do agente. (...). (STF, HC 114675, Rel. Min. Ricardo Lewandowski, 2ª Turma, DJe 17.9.2013)

(...). Contrabando de cigarros. Princípio da insignificância. Inaplicabilidade. Agravo desprovido. (...). O princípio da insignificância não é aplicável ao crime de contrabando de cigarros. Precedentes desta Corte e do STF. (...). (STJ, AgRg no AREsp 311.614/SC, Rel. Min. Marilza Maynard (Des. Conv. TJ/SE), 5ª Turma, DJe 17.6.2013)

(...). Contrabando de cigarros. Princípio da insignificância. Não aplicação. Crime que ofende a saúde pública. Portaria do ministério da fazenda. Alteração do patamar de R$10.000,00 (dez mil reais) para R$20.000,00 (vinte mil reais). Precedentes do STJ. (...). 1. O entendimento cristalizado pela Terceira Seção do STJ, em relação ao princípio da insignificância, aplica-se apenas ao delito de descaminho, que corresponde à entrada ou à saída de produtos permitidos, elidindo, tão somente, o pagamento do imposto. 2. No crime de contrabando, além da lesão ao erário público, há, como elementar do tipo penal, a importação ou exportação de mercadoria proibida, razão pela qual, não se pode, "a priori", aplicar o princípio da insignificância. 3. Agravo regimental não provido.(AgRg no AREsp. 426.228/PR, Rel. Min. Moura Ribeiro, 5ª Turma, DJe 24/3/2014).

► **CP. Descaminho. Art. 334.** Iludir, no todo ou em parte, o pagamento de direito ou imposto devido pela entrada, pela saída ou pelo consumo de mercadoria: **Pena** – reclusão, de 1 (um) a 4 (quatro) anos. **§ 1º** Incorre na mesma pena quem: I – pratica navegação de cabotagem, fora dos casos permitidos em lei; II – pratica fato assimilado, em lei especial, a descaminho; III – vende, expõe à venda, mantém em depósito ou, de qualquer forma, utiliza em proveito próprio ou alheio, no exercício de atividade comercial ou industrial, mercadoria de procedência estrangeira que introduziu clandestinamente no País ou importou fraudulentamente ou que sabe ser produto de introdução clandestina no território nacional ou de importação fraudulenta por parte de outrem; IV – adquire, recebe ou oculta, em proveito próprio ou alheio, no exercício de atividade comercial ou industrial, mercadoria de procedência estrangeira, desacompanhada de documentação legal ou acompanhada de documentos que sabe serem falsos; **§ 2º** Equipara-se às atividades comerciais, para os efeitos deste artigo, qualquer forma de comércio irregular ou clandestino de mercadorias estrangeiras, inclusive o exercido em residências. **§ 3º** A pena aplica-se em dobro se o crime de descaminho é praticado em transporte aéreo, marítimo ou fluvial. ► **Contrabando. Art. 334-A**. Importar ou exportar mercadoria proibida: **Pena** – reclusão, de 2 (dois) a 5 (cinco) anos. **§ 1º** Incorre na mesma pena quem: I – pratica fato assimilado, em lei especial, a contrabando; II – importa ou exporta clandestinamente mercadoria que dependa de registro, análise ou autorização de órgão público competente; III – reinsere no território nacional mercadoria brasileira destinada à exportação; IV – vende, expõe à venda, mantém em depósito ou, de qualquer forma, utiliza em proveito próprio ou alheio, no exercício de atividade comercial ou industrial, mercadoria proibida pela lei brasileira; V – adquire, recebe ou oculta, em proveito próprio ou alheio, no exercício de atividade comercial ou industrial, mercadoria proibida pela lei brasileira. **§ 2º** Equipara-se às atividades comerciais, para os efeitos deste artigo, qualquer forma de comércio irregular ou clandestino de mercadorias estrangeiras, inclusive o exercido em residências. **§ 3º** A pena aplica-se em dobro se o crime de contrabando é praticado em transporte aéreo, marítimo ou fluvial.

# 2. DAS PENAS (ARTS. 32 A 95)

## 2.1 Das Espécies de Pena (arts. 32 a 52)

**ENUNCIADO 42. A ADOÇÃO DA PRESTAÇÃO PECUNIÁRIA DEPOSITADA EM CONTA ÚNICA, EM SUBSTITUIÇÃO DE PENA (ART. 44 DO CP), ASSIM COMO EM PROPOSTAS DE TRANSAÇÃO PENAL E SUSPENSÃO CONDICIONAL DO PROCESSO, É DECISÃO DE CONTEÚDO JURISDICIONAL, CABENDO EXCLUSIVAMENTE AO JUIZ DA AÇÃO PENAL DECIDIR POR SUA ADOÇÃO OU NÃO. DA MESMA FORMA, CABERÁ AO JUIZ DA EXECUÇÃO PENAL, QUANDO REMETIDA A ELE A DECISÃO SOBRE A DESTINAÇÃO DOS RECURSOS, DECIDIR SE SERÁ ADOTADO O PROCEDIMENTO DE CONTA ÚNICA OU NÃO.**

Verbete comentado no capítulo *Lei de Execução Penal – Da Execução das Penas em Espécie – Da Pena de Multa*.

# 3. DA EXTINÇÃO DA PUNIBILIDADE (ARTS. 107 A 120)

**ENUNCIADO 15. A FALTA DE INTERESSE EM RAZÃO DA PRESCRIÇÃO PELA PENA EM PERSPECTIVA PODE SER RECONHECIDA QUANDO MANIFESTA E ADMITIDA COM PRUDENTE VALORAÇÃO DE SEGURANÇA ACERCA DA PENA MÁXIMA ADMISSÍVEL E DA EXTRAPOLAÇÃO DO TEMPO PARA SUA OCORRÊNCIA.**

● ***Aprovado no*** *I FONACRIM, de 29 de abril de 2009.*

▸ ***Por Ricardo Rachid de Oliveira.***

Pouco tempo após o I FONACRIM, quando foi aprovado o Enunciado 15, o Supremo Tribunal Federal, ao julgar questão de ordem no Recurso Extraordinário nº 602.527/RS, em sede de repercussão geral, afirmou a tese segundo a qual:

> (...) é inadmissível a extinção da punibilidade em virtude da prescrição da pretensão punitiva com base em previsão da pena que hipoteticamente seria aplicada, independentemente da existência ou sorte do processo criminal.

Em seguida, o Superior Tribunal de Justiça editou a Súmula 438, abaixo transcrita

O tema voltou a ser tratado no III FONACRIM, por meio do enunciado 36, que trata da mesma questão de fundo. Por essa razão, as questões relativas à prescrição da pretensão punitiva com base na pena em perspectiva foram tratadas em conjunto por ocasião dos comentários ao Enunciado 36, para onde se remete o leitor.

Súmula STJ 438. É inadmissível a extinção da punibilidade pela prescrição da pretensão punitiva com fundamento em pena hipotética, independentemente da existência ou sorte do processo penal.

Ação penal. Extinção da punibilidade. Prescrição da pretensão punitiva "em perspectiva, projetada ou antecipada". Ausência de previsão legal. Inadmissibilidade. (...). É inadmissível a extinção da punibilidade em virtude de prescrição da pretensão punitiva com base em previsão da pena que hipoteticamente seria aplicada, independentemente da existência ou sorte do processo criminal. (RE-QO-RG 602527, Rel. Min. Cezar Peluso, Tema 239, DJe 18.12.2009)

## ENUNCIADO 36. NO CURSO DA INSTRUÇÃO CRIMINAL, CASO O MPF, INTIMADO PARA TANTO, NÃO DEMONSTRE A EXISTÊNCIA DE CIRCUNSTÂNCIAS QUE POSSAM IMPORTAR NA FIXAÇÃO DA EVENTUAL PENA EM PATAMAR NO QUAL A PRETENSÃO PUNITIVA NÃO ESTARIA PRESCRITA, O PROCESSO PODERÁ SER EXTINTO POR FALTA DE INTERESSE DE AGIR.

● ***Aprovado no*** *III FONACRIM, de 12 de setembro de 2014.*

▸ *Por Ricardo Rachid de Oliveira.*

Dentre as muitas facetas da inteligência humana está a capacidade de, a partir de experiências individuais anteriores, prever com alguma margem de segurança acontecimentos futuros. Não chega a ser isso que nos distingue dos animais. Experimentos recentes desmentem a tradicional afirmação de que somos racionais e animais não o são. Temos racionalidades que nos aproximam e nos distanciam em modalidades e graus. Um animal, tanto quanto um ser humano, é capaz de aprender com uma experiência pretérita e, uma vez mais submetido àquela experiência que ocasionou um evento positivo ou negativo no passado, prever que voltará a acontecê-lo, colocando-se em uma situação favorável ou desfavorável, conforme seja o caso, para revivê-lo ou evitá-lo.

Por certo, reduzir o fenômeno da inteligência a essa capacidade é um reducionismo pueril. No entanto, reconhecidos gênios humanos se destacaram por demonstrar uma notável capacidade de antecipar previsíveis desdobramentos causais em etapas muito avançadas. O exemplo de Garry Kasparov, reconhecido como um dos maiores enxadristas do mundo, é emblemático. Desafiou, durante anos, matemáticos que buscaram criar algoritmos para superar sua reconhecida capacidade de antecipar-se às inúmeras prováveis jogadas de seus adversários. Por muito tempo, derrotou sucessivas máquinas com capacidade cada vez maior de processamento.

Voltando à diferença entre humanos e animais, o desenvolvimento de uma linguagem sofisticada é apontado pela ciência como a principal razão de nossas diferenças. Ainda que aprendizado, previsão, consciência, linguagem, segundo se entende hodiernamente, em certo nível, estejam presentes também em alguns animais, como desenvolvemos um instrumento de comunicação mais sofisticado, seja qualitativamente, seja quantitativamente, podemos melhor trocar experiências e interagir com mais eficiência. As experiências pretéritas de um indivíduo podem ser registradas, ensinadas, postas à prova e utilizadas por outros que não tenham necessariamente as vivido de forma individual. Assim, além de nossas próprias experiências individuais, passamos a contar com a experiência de nossos semelhantes para prevermos, com alguma segurança, o que acontecerá caso as mesmas circunstâncias, relatadas por outros indivíduos de nossa espécie, estejam presentes.

É verdade que isso, por vezes, prega algumas peças no gênero humano.

Durante anos acreditou-se que esfregar fezes de galináceos nas feridas era um bom remédio. Observou-se que a supuração normalmente precedia a cura das feridas, o que passou a ser considerada sua causa. Uma substância capaz de causar a supuração era vista, a partir dessa constatação, como um remédio apto a acelerar aquilo que se supunha ser a causa da cura. Esses enganos foram, em grande parte, minimizados com a ciência formal, que introduziu o tratamento estatístico para validar as observações.

Apesar dessas armadilhas lógicas, a humanidade sempre se valeu das experiências individuais, compartilhadas pela linguagem, como um referencial mais ou menos seguro para colocar-se numa situação que reviva ou que evite aquela experiência, conforme seja ela considerada positiva ou negativa. A troca de experiências proporcionada pela linguagem permitiu aos humanos, ademais, desenvolver uma capacidade expandida de projetar etapas causais, antevendo acontecimentos muito além do que o fazem outros animais.

Quiçá por essa capacidade expandida de antever acontecimentos – própria do gênero humano –, ao observar o regramento nacional sobre a prescrição da pretensão punitiva, em contraste com um caso concreto, em algum momento um operador jurídico se perguntou, no curso de um processo penal, se a condenação eventual de um determinado réu, com a provável pena a ser aplicada, resultaria num provimento jurisdicional útil ou, ao fim e ao cabo, a pena a ser aplicada seria declarada prescrita.

Diante de sua experiência individual reiterada em perceber que inúmeros processos chegavam ao fim com sentenças condenatórias cujas penas aplicadas não eram suficientes para que fossem efetivamente executadas, dada a incidência da prescrição retroativa, resolveu fazer um raciocínio prospectivo de dosimetria afirmando, em casos similares, antes do término da marcha processual, que não há interesse em manter o trâmite processual quando se sabe, de antemão, que eventual futura condenação resultará em pena prescrita.

O raciocínio prospectivo nesse caso, todavia, não é tão singelo, de modo que não se pode, sem uma maior reflexão, dizer que nesse tema é sempre possível escapar de armadilhas lógicas que nos conduzam a uma conclusão equivocada sobre o que realmente ocorrerá no futuro, bem como não parece ser possível afirmar peremptoriamente que será sempre inseguro formar uma convicção antecipada.

A disciplina básica dos prazos prescricionais encontra-se no art. 109 do Código Penal, que os estabelece tendo como referencial a pena máxima cominada aos tipos penais. Associados às causas impeditivas e interruptivas previstas nos artigos 116 e 117, ambos do CP, um operador jurídico, a partir deles, sempre que tem em vista um processo penal em curso, deve analisar se a punibilidade já não está extinta pela prescrição.

Magistrados diligentes o fazem porque sabem que os recursos humanos e materiais postos à disposição da causa da Justiça são usualmente escassos. É rara a unidade jurisdicional onde há menos feitos tramitando do que a capacidade dos serventuários e magistrados para deles se ocupar com a qualidade e celeridade adequadas à duração razoável do processo (art. 5º, LXXVIII, da CR).

Sendo assim, nada mais natural e lógico que, ao se deparar com um processo em tramitação cuja punibilidade esteja extinta pela prescrição ou outra causa, promova de ofício o magistrado a manifestação das partes sobre o tema e a declare o quanto antes, evitando o dispêndio de recursos com o tramitar de causas cujo resultado útil pretendido pela parte autora já não é mais alcançável.

Não fosse a regra do artigo 110, § 1º, do Código Penal, que determina um novo cálculo da prescrição após a pena concretizada na sentença tornar-se imutável para a acusação, seria sempre seguro, num momento específico, formar um juízo sobre o dispêndio de tempo, recursos humanos e materiais em processos penais fadados ao insucesso do resultado pleiteado pelo Ministério Público. O cálculo da prescrição da pretensão punitiva pela pena em abstrato, num processo em trâmite, fornece sempre um resultado seguro ao operador jurídico, desde que adequadamente realizado.

Como a regra do art. 110, § 1º, do Código Penal determina que, após se tornar imutável para a acusação, a pena concretizada na sentença condenatória deve passar novamente pelo teste dos prazos prescricionais do art. 109 do CP, considerando-se ainda as causas impeditivas e interruptivas previstas nos artigos 116 e 117, para saber se aquela pena não está prescrita, denominou-se majoritariamente essa modalidade prescricional de prescrição retroativa, numa alusão ao raciocínio retrospectivo que se faz sobre as balizas dos prazos transcorridos.

Assim, um acusado que esteja sendo processado pelo crime de peculato (art. 312 do CP), cuja pena abstratamente considerada varia de dois a doze anos de reclusão, pode seguramente ser beneficiado pela declaração da prescrição da pretensão punitiva estatal, pela pena em abstrato, após decorridos dezesseis anos desde a última causa interruptiva, já que o art. 109, II, do CP estabelece ser esse o prazo prescricional dos crimes cuja pena máxima não excede a doze anos.

Imagine-se, todavia, que doze anos já tenham se passado desde o recebimento da denúncia e a sentença condenatória não tenha sido proferida. Não seria possível, em princípio, declarar ainda a extinção da punibilidade porque faltariam quatro anos para completar os dezesseis exigidos pelo art. 109, II, do CP. Entretanto, se a sentença condenatória for proferida seis meses depois, condenando o acusado e fixando a pena em três anos de reclusão, caso a acusação não recorra, a incidência da regra do art. 110, § 1º, do Código Penal impõe a declaração de extinção da punibilidade pela pena em concreto, pois os três anos estabelecidos na sentença condenatória prescrevem em oito anos, nos termos do art. 109, IV, do CP.

A conclusão a que se chega após um juízo retrospectivo é que o processo, durante quatro anos e seis meses tramitou desnecessariamente. Recursos materiais e humanos foram desperdiçados na tramitação de um feito em que o Ministério Público buscava a condenação de alguém, mas se fosse previsível, no passado, que a pena seria estabelecida na quantidade em que restou estabelecida na sentença, evitar-se-ia o desperdício da energia empregada naquele feito por mais tempo do que o estritamente necessário.

Consagrou-se, em razão disso, uma prática jurisprudencial controvertida, consistente em partir-se da hipótese de uma eventual condenação, fazer um juízo antecipado de dosimetria da pena e verificar se a pena que seria concretizada não estaria prescrita pela regra do art. 101, § 1º, do CP quando, e se, viesse a ser estabelecida. Com isso, evitar-se-ia o desperdício de recursos humanos e materiais empregados na tramitação de processos cujas condenações pleiteadas pela acusação possam, desde logo, ser aferidas como passíveis de terem suas penas declaradas retroativamente prescritas. Trata-se da declaração da prescrição pela pena em perspectiva, também denominada de prescrição pela pena projetada ou prescrição antecipada da pena em concreto.

Como antes mencionado, a capacidade humana de antecipar a provável ocorrência de eventos futuros indesejáveis, tendo por base experiências negativas anteriores, encerra sempre um dilema. Como saber, com segurança, que não se está caindo numa armadilha lógica que outrora nos fez usar fezes de galinha para curar feridas?

Traduzindo esse dilema ao presente tema, importa ter em mente que, realizar um juízo precipitado de dosimetria da pena antes que a causa penal esteja madura para julgamento pode causar um dano maior do que aquele que se busca evitar. A pretexto de não despender recursos materiais e humanos desnecessariamente, corre-se o risco de aniquilar um processo onde os recursos poderiam ter sido bem empregados, já que, se ele chegasse ao fim, eventualmente seria possível uma condenação a uma pena não prescrita. Mas essa conclusão só é seguramente possível após o término do processo, correndo-se o risco de coartar a chance de a acusação demonstrar, por meio da atividade probatória ainda não finda, que há elementos para aplicar uma pena maior do que aquela considerada em perspectiva.

Por outro lado, negar sempre a possibilidade de um juízo prospectivo da pena, impondo o uso de recursos escassos, significa a proliferação do dano e sua propagação para outros processos. Afinal, em ordem a se buscar uma segurança absoluta de que prescrições não serão decretadas em causas cujas futuras penas eventualmente podem ser viáveis, despende-se tempo e dinheiro em causas inviáveis, os quais poderiam estar sendo empregados naquelas evidentemente viáveis. Estas últimas, carentes de recursos que são desviados às primeiras, ao serem julgadas, provavelmente já não se encontram numa situação de viabilidade evidente e um ciclo vicioso pode se instaurar com facilidade numa unidade jurisdicional.

Tomando parte nessa discussão, juízes federais que participaram do I FONACRIM, em 29 de abril de 2009, aprovaram o enunciado 15, por meio do qual afirmaram a possibilidade do reconhecimento da prescrição pela pena em perspectiva "**quando manifesta**", mencionando a necessidade de uma "**prudente valoração de segurança**" do máximo de pena passível de aplicação em eventual sentença condenatória, aliada ao juízo sobre o tempo já transcorrido.

A forma pela qual foi redigido o enunciado 15 demonstrou a preocupação de, por um lado não permitir que juízos precipitados de dosimetria fossem realizados, mas por outro, de não fechar totalmente as portas da declaração da prescrição da pena em perspectiva, solução evidentemente mais consentânea com o cotidiano de varas criminais.

Dois exemplos ilustram bem o acerto do enunciado 15, em comparação com as manifestações definitivas das Cortes Superiores que a ele se seguiram, quais sejam a edição da Súmula 438 do STJ e o julgamento, em repercussão geral, do RE 602.527/RS, por parte do Supremo Tribunal Federal.

Um cidadão que estiver sendo processado por estelionato, cuja pena máxima segundo o art. 171 do Código Penal é cinco anos, só poderia ter a seu favor decretada a prescrição da pena abstratamente considerada após transcorridos doze anos desde a última causa interruptiva da prescrição, já que o art. 109, III, do Código Penal estabelece esse prazo para as hipóteses em que a pena máxima é superior a quatro anos e não excede a oito.

Todavia, após transcorridos oito anos, a depender do panorama probatório dos autos, pode ser absolutamente seguro afirmar que, caso haja uma condenação no futuro, não será possível aplicar uma pena superior a quatro anos, de modo que os oito anos já transcorridos são suficientes para a decretação da prescrição, pois quatro anos, pela regra do art. 109, IV, do CP, prescreverão em oito anos, com a futura incidência do art. 110, § 1º, do CP. Isso fica especialmente claro ao se observar que a pena mínima cominada ao crime de estelionato é um ano de reclusão.

Nessa hipótese, se o magistrado estiver diante de um réu primário, réu menor de vinte e um anos, ou qualquer outra circunstância passível de valoração *ex ante* e considerada determinante pela doutrina e jurisprudência para conduzir uma eventual dosimetria da pena mais próxima do limite mínimo, à míngua de qualquer outra evidência que possa eventualmente levar a dosimetria a se aproximar do máximo, é absolutamente seguro afirmar que uma possível condenação futura não ultrapassará os quatro anos que, na altura do exemplo, já estariam prescritos.

Com absoluta segurança economiza-se recursos que podem ser empregados num processo, desnecessariamente, por muito mais tempo.

No extremo oposto, um acusado que esteja sendo processado pelo crime de peculato, cuja pena varia de dois a doze anos, caso seja condenado à pena mínima, pode ter um juízo de prescrição da pena em concreto afirmado se, dentre as balizas dos prazos prescricionais informadas pelas causas interruptivas, verificar-se que se passaram mais de quatro anos. Nos termos do art. 109, V, do CP, as penas que não excedem a dois anos prescrevem em quatro anos.

Seria evidentemente imprudente e precipitado antecipar um juízo de dosimetria depois de transcorridos quatro anos, fixando a pena eventual no mínimo legal, para declarar a extinção da punibilidade pela pena em perspectiva. Resta clara essa constatação quando se observa que a pena máxima cominada ao crime de peculato é doze anos de reclusão, o que pode elevar o prazo prescricional para até dezesseis anos.

Enfim, a problemática relacionada à admissibilidade jurídica da declaração da prescrição da pena em perspectiva é mais uma daquelas que não encontra a melhor resposta jurídica na base do "ou tudo ou nada".

Por essa razão, é lamentável que o Superior Tribunal de Justiça tenha resolvido a questão pela negativa peremptória, ao editar a Súmula 438, com o seguinte teor:

> É inadmissível a extinção da punibilidade pela prescrição da pretensão punitiva com fundamento em pena hipotética, independentemente da existência ou sorte do processo penal.

Da mesma forma, o Supremo Tribunal Federal, ao julgar questão de ordem no Recurso Extraordinário nº 602.527/RS, em sede de repercussão geral, afirmou que:

> (...) é inadmissível a extinção da punibilidade em virtude da prescrição da pretensão punitiva com base em previsão da pena que hipoteticamente seria aplicada, independentemente da existência ou sorte do processo criminal.

Os argumentos do voto condutor do julgado, da lavra do Ministro Cezar Peluso, remetem à impossibilidade de se declarar antecipadamente a extinção punibilidade porque violaria os princípios: (i) da legalidade, já que não há previsão legal permitindo tal prática; (ii) da presunção de inocência, pois há uma inversão na lógica subjacente a primeiro afirmar a culpa e depois aplicar a pena, razão pela qual a antecipação hipotética de uma pena pressupõe a antecipação de um juízo de culpabilidade num momento processual em que isso não é possível; (iii) devido processo legal, ampla defesa e universalidade da jurisdição pois se impede ao acusado ter sua inocência declarada ao final do processo.

À exceção da suposta violação ao princípio da legalidade, os argumentos que buscam preservar o princípio da presunção da inocência, ampla defesa e devido processo legal sofrem da grave distorção de se invocar princípios erigidos em favor do réu contra seus próprios interesses. A declaração da extinção da punibilidade da pretensão punitiva, como pacífico na doutrina e jurisprudência pátrias, é provimento jurisdicional que em tudo equivale à absolvição. Apenas do ponto de vista meramente moral é que se pode dizer que ao réu é preferível ter em seu favor um juízo absolutório a um juízo que extingue a punibilidade da pretensão punitiva estatal. Do ponto de vista jurídico, rigorosamente, são provimentos jurisdicionais equivalentes. Tanto é assim que, nas raras hipóteses em que acusados condenados a penas prescritas apelam pleiteado a reforma da sentença de primeiro grau para ver afirmada sua inocência pela instância superior, não se conhece do recurso de apelação por ausência de interesse recursal.

Ademais, quando um magistrado realiza um juízo antecipado de dosimetria, não o faz afirmando a culpabilidade do réu, mas sim realizando um juízo de eventualidade. Em outras palavras, pergunta-se o magistrado, se fosse possível condenar o acusado, qual pena seria possível aplicar. Não se trata, evidentemente, da afirmação de uma condenação antecipada. A utilização do verbo no futuro do pretérito para narrar a situação fala por si.

Resta como principal argumento a ausência de previsão legal expressa autorizando a declaração da prescrição pela pena antecipada, o qual, todavia, não resiste a uma análise mais minuciosa. Ainda que se admita como verdadeira a ausência de previsão específica e literal autorizando a declaração da prescrição pela pena antecipada, outros princípios constitucionais podem validamente ser invocados para assentar a possibilidade. O princípio da duração razoável do processo, previsto no art. 5º, LXXVIII, da CR resta evidentemente vulnerado quando se alonga o tramitar de um feito que pode, com segurança, ser extinto imediatamente com resultado equivalente ao que se atingiria num futuro mais remoto.

Por outro lado, estar na condição de réu de um processo criminal impõe ao acusado uma série de ônus, inconvenientes e máculas sociais, as quais devem ser imediatamente coartadas, tão logo seja possível livrá-lo do processo penal. Não se deve alongar um processo penal desnecessariamente, não só em homenagem às causas da Justiça, que desperdiça recursos desnecessariamente, mas também em homenagem ao direito de liberdade do acusado. Não é à toa que se afirma, correntemente, que o processo penal principia punindo para saber se deve ou não punir. Ou, ainda, que a tão só condição de réu num processo penal configura gravame ao ***status libertatis*** e ao ***status dignitatis*** do acusado. A não ser que o objetivo seja utilizar o processo penal como forma de punição, o que é inconcebível num Estado Democrático de Direito, mantê-lo quando se pode à toda evidência extingui-lo sem prejuízo aos legítimos interesses titularizados pela acusação, significa violação indevida ao direito à liberdade e ao princípio da dignidade da pessoa humana.

Ainda, em nível infraconstitucional, há sim fundamento legal para a extinção prematura do processo penal quando, com segurança, se pode projetar uma pena a ser concretizada numa eventual sentença condenatória que estará irremediavelmente prescrita.

O interesse de agir, condição da ação expressamente prevista no Código de Processo Civil nos arts. 3º e 267, VI, aplicável ao processo penal pela via do art. 3º, do CPP, precisa estar presente não apenas no momento em que a ação é proposta, mas durante todo o tramitar do processo. Se sobrevém circunstância, no caso o decurso de determinado tempo, que faz desaparecer supervenientemente o interesse processual, a extinção prematura do feito é medida obrigatória. Trata-se de hipótese de perda de objeto.

Por certo, a ausência de segurança do juízo prospectivo da pena eventual é a maior dificuldade a ser superada para que se possa ter uma ampla aceitação da declaração da prescrição da pretensão punitiva pela pena em perspectiva. Mas a melhor solução parece não ser vedar peremptoriamente, como fizeram o Superior Tribunal de Justiça e o Supremo Tribunal Federal, nem permitir a todo e qualquer caso que se faça um juízo prematuro a respeito de qual pena seria aplicável.

O ideal é o recurso parcimonioso a esta modalidade de extinção do processo pela prescrição apenas nas hipóteses em que o juízo a respeito da futura prescrição pela pena em concreto seja realmente seguro e constatável ***ictu oculi***, como o enunciado 15 do FONACRIM exigia.

Novamente, e pelas mesmas razões, apesar de pacificada a questão nas Cortes Superiores, juízes federais aprovaram o enunciado 36 por meio do qual chamam à responsabilidade a acusação para demonstrar, diante das circunstâncias do caso concreto, a viabilidade do processo que impulsionam.

O enunciado 36 propugna a extinção do processo por falta de interesse de agir quando o Ministério Público não demonstrar que remanesce interesse, consubstanciado no binômio necessidade-utilidade do provimento jurisdicional futuro.

Trata-se de importante iniciativa que busca recolocar o tema no debate jurisprudencial. Afinal, os efeitos mais deletérios da opção jurisprudencial das Cortes Superiores em vedar peremptoriamente o juízo prospectivo da pena eventual, recaem justamente sobre os juízos de primeiro grau. São esses que sofrem os ônus de instruir processos sabidamente inviáveis, com a utilização das escassas datas das pautas de audiências que poderiam ser utilizadas em processos com viabilidade ainda presente.

É de todo angustiante a um magistrado verificar o desperdício de escassos recursos em causas que serão julgadas sem qualquer resultado útil ao autor, caso seu pedido de condenação seja julgado procedente. Esse é mais um dos inúmeros casos em que um diálogo mais próximo entre magistrados do primeiro grau de jurisdição e os magistrados das cúpulas do Judiciário poderia servir de esteio para uma solução menos peremptória. Também por essa razão, um diálogo de mais qualidade entre órgãos do Ministério Público e juízes, com a demonstração de que o interesse público globalmente considerado seria melhor atendido com a adoção pontual da tese.

"Habeas corpus". Penal. Prescrição da pretensão punitiva, na modalidade retroativa, com base na pena aplicada na sentença. Incidência entre a data do fato e a do recebimento da denúncia. Inadmissibilidade. Inteligência do art. 110, § 1º, do Código Penal, com a redação dada pela Lei nº 12.234/10. Abolição, apenas parcial, dessa modalidade de prescrição. Exame da proporcionalidade em sentido amplo. Submissão da alteração legislativa aos testes da idoneidade (adequação), da necessidade e da proporcionalidade em sentido estrito. Constitucionalidade reconhecida. Liberdade de conformação do legislador. Inexistência de ofensa aos princípios da dignidade da pessoa humana (art. 1º, III, CF), da humanidade da pena, da culpabilidade, da individualização da pena (art. 5º, XLVI, CF), da isonomia (art. 5º, II, CF) e da razoável duração do processo (art. 5º, LXXVIII, CF). Análise de legislação comparada em matéria de prescrição penal. Ordem denegada. 1. A Lei nº 12.234/10, ao dar nova redação ao art. 110, § 1º, do Código Penal, não aboliu a prescrição da pretensão punitiva, na modalidade retroativa, fundada na pena aplicada na sentença. Apenas vedou, quanto aos crimes praticados na sua vigência, seu reconhecimento entre a data do fato e a do recebimento da denúncia ou da queixa. 2. Essa vedação é proporcional em sentido amplo e não viola os princípios da dignidade da pessoa humana (art. 1º, III, CF), da humanidade da pena (art. 5º, XLVII e XLIX, CF), da culpabilidade, da individualização da pena (art. 5º, XLVI, CF), da isonomia (art. 5º, II, CF) ou da razoável duração do processo (art. 5º, LXXVIII, CF). 3. A Lei nº 12.234/10 se insere na liberdade de conformação do legislador, que tem legitimidade democrática para escolher os meios que reputar adequados para a consecução de determinados objetivos, desde que eles não lhe sejam vedados pela Constituição nem violem a proporcionalidade. 4. É constitucional, portanto, o art. 110, § 1º, do Código Penal, com a redação dada pela Lei nº 12.234/10. 5. (...). (HC 122694, Rel. Min. Dias Toffoli, Pleno, DJe 19.2.2015).

PENAL E PROCESSUAL. RECURSO ORDINÁRIO EM "HABEAS CORPUS". ESTELIONATO CONTRA PROGRAMA DE SEGURO-DEFESO. TRANCAMENTO DA AÇÃO PENAL. JUSTA CAUSA. PRESCRIÇÃO EM PERSPECTIVA. SÚMULA 438. NÃO OCORRÊNCIA. PRINCÍPIO DA INSIGNIFICÂNCIA. INAPLICABILIDADE. 1. Esta Corte superior firmou o entendimento de que o trancamento de ação penal ou de inquérito policial em sede de "habeas corpus" constitui medida excepcional, só admitida quando provada, sem necessidade de dilação probatória, a atipicidade do fato, a ausência de indícios de autoria capazes de sustentar a acusação ou, ainda, a existência de causa de extinção da punibilidade, o que não ocorre na hipótese dos autos. 2. "In casu", não se verifica a existência de nenhuma das hipóteses, sendo certo que o reconhecimento da prescrição punitiva em razão da possível pena que viria a ser aplicada in concreto contraria o disposto na Súmula 438 do STJ, não sendo também caso de atipicidade da conduta pelo princípio da insignificância. 3. Segundo a jurisprudência da Suprema Corte e deste Tribunal Superior, na aplicação do princípio da insignificância, devem ser utilizados os seguintes parâmetros: a) conduta minimamente ofensiva; b) ausência de periculosidade do agente; c) reduzido grau de reprovabilidade do comportamento; e d) lesão jurídica inexpressiva, os quais devem estar presentes, concomitantemente, para a incidência do referido instituto. 4. O Superior Tribunal de Justiça firmou o entendimento de que no delito previsto no art. 171, § 3º, do Código Penal não se aplica o princípio da insignificância para o trancamento da ação penal, uma vez que a conduta ofende o patrimônio público, a moral administrativa e a fé pública, bem como é altamente reprovável. (...). (RHC 61.931/RS, Rel. Min. Gurgel de Faria, 5ª Turma, DJe 15.2.2016)

► **CP. Art. 109.** A prescrição, antes de transitar em julgado a sentença final, salvo o disposto no § 1º do art. 110 deste Código, regula-se pelo máximo da pena privativa de liberdade cominada ao crime, verificando-se: I – em vinte anos, se o máximo da pena é superior a doze; II – em dezesseis anos, se o máximo da pena é superior a oito anos e não excede a doze; III – em doze anos, se o máximo da pena é superior a quatro anos e não excede a oito; IV – em oito anos, se o máximo da pena é superior a dois anos e não excede a quatro; V – em quatro anos, se o máximo da pena é igual a um ano ou, sendo superior, não excede a dois; VI – em 3 (três) anos, se o máximo da pena é inferior a 1 (um) ano. ► **Art. 110.** A prescrição depois de transitar em julgado a sentença condenatória regula-se pela pena aplicada e verifica-se nos prazos fixados no artigo anterior, os quais se aumentam de um terço, se o condenado é reincidente. **§ 1º** A prescrição, depois da sentença condenatória com trânsito em julgado para a acusação ou depois de improvido seu recurso, regula-se pela pena aplicada, não podendo, em nenhuma hipótese, ter por termo inicial data anterior à da denúncia ou queixa.

## Enunciado 38. Diante do caráter devolutivo da apelação, o acórdão que confirme a sentença condenatória constitui marco interruptivo do prazo prescricional após a edição da Lei n. 11.596/2007.

• ***Aprovado no*** *III FONACRIM, de 12 de setembro de 2014.*

► *Por Ricardo Rachid de Oliveira.*

A prescrição da pretensão punitiva, seus prazos, suas causas de suspensão e interrupção, costumam ser objeto de intenso debate no meio jurídico. Todos concordam que o Estado deve ter um prazo razoável dentro do qual aponte uma solução ao caso penal. Afinal, ninguém pode ter contra si, eternamente, uma situação de dúvida sobre se será ou não punido em algum momento no futuro. A invocação ao mito da espada de Dâmocles é frequente entre doutrinadores. Diz-se amiúde que ninguém pode ficar com uma espada, tal qual a de Dâmocles, eternamente apontada para seu pescoço.

Por essa razão, o Estado deve desincumbir-se da tarefa de solucionar os casos penais e impor eventuais penas em decorrência da prática de um crime em prazo razoável. Decorrido esse prazo, extingue-se a punibilidade do suspeito. São vários os fundamentos que justificam a prescrição, seja da pretensão punitiva seja da pretensão executória. A doutrina costuma apontar que, passado muito tempo desde que o crime foi praticado, as razões que justificam o exercício do poder punitivo por parte do Estado deixam de existir. Afinal, uma resposta penal muito distante do calor dos acontecimentos dificilmente terá eficácia preventiva, quer geral, quer especial. Passado algum tempo, a sociedade tende a esquecer o mal causado pelo crime, razão pela qual se justifica que o Estado deixe de aplicar a pena. Além do mais, no que diz respeito à pretensão punitiva, o decurso do tempo cria óbices processuais concernentes à produção probatória. Testemunhas tendem a resignificar mentalmente fatos que presenciaram, e a reconstrução histórica do fato pretérito é tão mais insegura quanto mais tempo decorreu desde que o suposto crime foi praticado.

Pode-se apontar ainda o respeito à dignidade do acusado, que não pode ficar à mercê do capricho do Estado eternamente, além do princípio da duração razoável do processo, hoje positivado no art. 5º, LXXVIII, da Constituição da República.

Ainda que seja mais ou menos assente a necessidade de que, em geral, haja regras estabelecendo prazos prescricionais para o Estado concluir o processo penal ou iniciar a execução da pena já estabelecida, nem sempre estudiosos de política criminal se põem de acordo em relação a que quantidade de tempo deve ser considerada razoável para a solução de um determinado caso penal ou sobre a conveniência de determinadas causas interruptivas.

Ao lado da consciência da necessidade de prazos prescricionais, há uma sensação por parte de determinados setores da sociedade de que regras que estabelecem prazos prescricionais demasiadamente estritos funcionam como fator de impunidade quando se alia a morosidade judicial, decorrente da cada vez mais assoberbada carga de trabalho dos magistrados e serventuários, a técnicas de defesa que buscam alongar a marcha processual ao máximo mediante uso de recursos que não têm o propósito sincero de questionar o acerto da decisão jurisdicional, mas apenas o de postergar ao máximo o trânsito em julgado, o que pode ocorrer apenas após já extinta a punibilidade pela prescrição.

O legislador, recentemente, editou leis tornando mais difícil a ocorrência da prescrição. A mais contestada e criticada por parte da doutrina foi a Lei nº 12.234/10, que deu nova redação ao art. 110, § 1º, do Código Penal, extinguindo a prescrição retroativa quando os marcos temporais forem anteriores ao recebimento da denúncia. Após a entrada em vigor da Lei nº 12.234/10, a prescrição retroativa somente pode ter por marcos temporais as causas interruptivas posteriores ao recebimento da denúncia.

Apesar de acoimada de inconstitucional por vários doutrinadores, o Supremo Tribunal Federal, por seu Pleno, ao julgar o HC 122.694/SP, Rel. Min. Dias Toffoli, declarou a constitucionalidade da alteração compreendendo-a dentro da razoabilidade e de acordo com o poder de conformação conferido pela Constituição ao Poder Legislativo.

A decisão restou assim ementada:

> Habeas corpus. Penal. Prescrição da pretensão punitiva, na modalidade retroativa, com base na pena aplicada na sentença. Incidência entre a data do fato e a do recebimento da denúncia. Inadmissibilidade. Inteligência do art. 110, § 1º, do Código Penal, com a redação dada pela Lei nº 12.234/10. Abolição, apenas parcial, dessa modalidade de prescrição. Exame da proporcionalidade em sentido amplo. Submissão da alteração legislativa aos testes da idoneidade (adequação), da necessidade e da proporcionalidade em sentido estrito. Constitucionalidade reconhecida. Liberdade de conformação do legislador. Inexistência de ofensa aos princípios da dignidade da pessoa humana (art. 1º, III, CF), da humanidade da pena, da culpabilidade, da individualização da pena (art. 5º, XLVI, CF), da isonomia (art. 5º, II, CF) e da razoável duração do processo (art. 5º, LXXVIII, CF). Análise de legislação comparada em matéria de prescrição penal. Ordem denegada. 1. A Lei nº 12.234/10, ao dar nova redação ao art. 110, § 1º, do Código Penal, não aboliu a prescrição da pretensão punitiva, na modalidade retroativa, fundada na

> pena aplicada na sentença. Apenas vedou, quanto aos crimes praticados na sua vigência, seu reconhecimento entre a data do fato e a do recebimento da denúncia ou da queixa. 2. Essa vedação é proporcional em sentido amplo e não viola os princípios da dignidade da pessoa humana (art. 1º, III, CF), da humanidade da pena (art. 5º, XLVII e XLIX, CF), da culpabilidade, da individualização da pena (art. 5º, XLVI, CF), da isonomia (art. 5º, II, CF) ou da razoável duração do processo (art. 5º, LXXVIII, CF). 3. A Lei nº 12.234/10 se insere na liberdade de conformação do legislador, que tem legitimidade democrática para escolher os meios que reputar adequados para a consecução de determinados objetivos, desde que eles não lhe sejam vedados pela Constituição nem violem a proporcionalidade. 4. É constitucional, portanto, o art. 110, § 1º, do Código Penal, com a redação dada pela Lei nº 12.234/10. 5. Ordem de "habeas corpus" denegada.

Antes da Lei 12.234/10, o legislador já havia editado a Lei 11.596/2007, que deu nova redação ao art. 117, IV, do Código Penal.

O art. 117, IV, do Código Penal que previa, dentre as causas interruptivas da prescrição, apenas "a sentença penal condenatória", passou a prever, com a nova redação que lhe empregou a Lei 11.596/2007, "a publicação da sentença ou acórdão condenatórios recorríveis".

Logo que entrou em vigor a mudança legislativa, instalou-se polêmica a respeito da interpretação a ser dada ao texto quando se estiver diante de decisão proferida por tribunal de apelação que confirme sentença condenatória proferida em primeiro grau. Da literalidade do texto não resta dúvida quanto à hipótese de sentença absolutória reformada em segundo grau por **acórdão condenatório**. Evidentemente, nessa hipótese, a publicação do acórdão condenatório será causa interruptiva da prescrição.

Porém, quando a sentença penal for condenatória, a dúvida sobre se o acórdão que a confirma é também causa interruptiva, resta de solução mais complexa. Primeiro, porque a conjunção alternativa "ou" utilizada para relacionar a sentença condenatória ao acórdão condenatório dá, literalmente considerada, a ideia de que quando incide a causa interruptiva "publicação da sentença condenatória" não incide a causa "publicação do acórdão condenatório" e assim reciprocamente.

Depois, porque a técnica legislativa é sensivelmente diversa da utilizada quando o legislador inscreveu, dentre as causas interruptivas da prescrição, no art. 117, III, do Código Penal, a "decisão confirmatória da pronúncia". Nesse caso, há menção expressa à decisão confirmatória e na nova redação do art. 117, IV, do Código Penal a menção, se há, não decorre da literalidade do texto em análise.

Ainda, há quem sustente que a reforma legislativa teve por finalidade tão somente incorporar à previsão legislativa expressa o entendimento jurisprudencial pacífico no sentido de que, quando absolutória a sentença penal, o acórdão do tribunal de apelação que desse provimento a recurso de acusação era considerado causa interruptiva, a despeito da literalidade do signo "sentença".

Com efeito, embora a literalidade textual da redação anterior do art. 107, IV, do Código Penal mencionasse apenas "a sentença penal condenatória", a jurisprudência pátria era tranquila ao afirmar que o **acórdão condenatório**, quando a sentença de primeiro grau absolutória fosse reformada em grau de apelação interposta pelo Ministério Público, seria igualmente causa interruptiva do prazo prescricional:

> "HABEAS CORPUS". PRETENDIDA EXTINÇÃO DA PUNIBILIDADE DO RÉU. MENORIDADE. ALEGADA CONSUMAÇÃO DA PRESCRIÇÃO PENAL. INOCORRÊNCIA. EFICÁCIA INTERRUPTIVA DO ACÓRDÃO CONDENATÓRIO (QUE REFORMA SENTENÇA ABSOLUTÓRIA). INTERRUPÇÃO DO LAPSO PRESCRICIONAL QUE SE REGISTRA NA DATA DA SESSÃO DE JULGAMENTO DO RECURSO. PEDIDO INDEFERIDO. O acórdão condenatório, que reforma sentença penal absolutória, reveste-se de eficácia interruptiva da prescrição penal. Ao contrário do que ocorre com o acórdão meramente confirmatório de anterior condenação, que não se qualifica como causa de interrupção do lapso prescricional, o acórdão condenatório equipara-se, para os fins a que se refere o art. 117, inciso IV, do Código Penal, à sentença condenatória recorrível. A data em que o acórdão condenatório – que reformou sentença de absolvição – interrompe a prescrição é aquela em que se realizou a sessão de julgamento na qual o Tribunal decidiu o recurso interposto pelo Ministério Público ou por seu assistente, e não a data em que se deu a publicação formal de referido acórdão. (...). (HC 70810, Rel. Min. Celso de Mello, 1ª Turma, DJ 1.12.2006)

A despeito desses entendimentos, sustenta-se com base no efeito substitutivo dos recursos, que mesmo o acórdão meramente confirmatório da sentença condenatória é, também, causa interruptiva da prescrição.

O efeito substitutivo, expressamente previsto no Código de Processo Civil no seu art. 1008, segundo o qual o "julgamento proferido pelo tribunal substituirá a decisão impugnada no que tiver sido objeto de recurso" é corolário do efeito devolutivo próprio dos recursos de instância iterada.

Quando a parte apela da decisão de primeiro grau, o efeito mais sintomático desse recurso é "devolver" ao Tribunal o conhecimento do tema veiculado no recurso. A expressão "devolutivo" remonta ao tempo em que os juízes locais agiam por delegação do rei ou de cortes formadas por nobres de hierarquia superior. Logo, uma apelação nada mais fazia do que devolver ao delegante o conhecimento da causa, que só esteve sob a análise de uma instância inferior em razão da delegação. Nada mais natural, nessa lógica de hierarquia, que o provimento da instância superior substitua, em tudo, o provimento da instância inferior naquilo que houver sido objeto de recurso.

Sendo assim, o acórdão, mesmo quando confirmatório da condenação, em razão de seu efeito substitutivo, é o que pode, efetivamente, ser denominado de condenatório. A razão de ser da condenação deixa de ser o provimento do primeiro grau e passa ser o de segundo grau, o qual, portanto, deve ser considerado causa interruptiva da prescrição.

Essa foi a conclusão da maioria dos juízes federais que participaram do III FONACRIM e formularam o enunciado ora em comento.

Esse posicionamento é consentâneo, ainda, com a manifestada intenção do legislador em estabelecer a decisão de segundo grau confirmatória da sentença condenatória como uma causa extra de interrupção da prescrição. Isso resta claro ao se observar os termos do parecer do Deputado Mendes Ribeiro Filho, Relator do Projeto de Lei 5.973/2005, que deu origem à Lei 11.596/2007, apresentado perante a Comissão de Constituição e Justiça da Câmara dos Deputados em 12 de junho de 2007.

Com efeito, constou do parecer, sem grifos no original:

> Também o Projeto inclui, nesse inciso, a publicação do acórdão condenatório recorrível, **contemplando a hipótese de confirmação de condenação de primeira instância em grau recursal. A jurisprudência predominante, no Superior Tribunal de Justiça, é no sentido de considerar o acórdão que confirma a sentença de condenação como de natureza meramente declaratória. Isto se dá porque a legislação processual não contempla essa hipótese como causa de interrupção da prescrição e não compete ao juiz legislar, criando novas modalidades de causas de interrupção da prescrição. Esta função compete ao legislador, daí por que a elaboração desta proposta, com a finalidade de acrescentar, ao Código Penal, uma nova causa de interrupção da prescrição superveniente,** para aperfeiçoar o sistema vigente, sobretudo diante da morosidade da prática de certos atos. Dessa maneira, permite-se que a interposição de recursos meramente protelatórios sirva ao propósito de alcançar a prescrição superveniente. Com a previsão feita neste Projeto, renova-se a contagem do prazo, no momento do acórdão confirmatório, estreitando o lapso temporal que poderia provocar a prescrição superveniente. Com a sobrecarga de processos no Judiciário, a publicação do acórdão pode demorar a ser efetivada, diante do que o condenado acabaria por se escudar na morosidade da burocracia estatal, para obter a impunidade. O Projeto é benéfico, ao impedir essa estratégia protelatória, além de aclarar a disposição legal acerca do momento inicial de contagem do lapso prescricional. Desse modo, votamos pela constitucionalidade, juridicidade e boa técnica legislativa do Projeto de Lei nº 5.973/05, na forma da emenda em anexo, e, no mérito, pela sua aprovação. inadmissível a extinção da punibilidade pela prescrição da pretensão punitiva com fundamento em pena hipotética, independentemente da existência ou sorte do processo penal.(http://www.camara.gov.br/proposicoesWeb/prop_mostrarintegra?codteor=468779&filename=PRL+2+CCJC+%3D%3E+PL+5973/2005)

A despeito das conhecidas limitações hermenêuticas de se invocar a *mens legislatoris*, a intenção claramente manifestada durante o processo legislativo ao menos deixa claro que a alteração não teve por finalidade, tão somente, incorporar à lei um entendimento jurisprudencial pacificado sob a égide da lei anterior.

Nada obstante, o Superior Tribunal de Justiça tem mantido o entendimento contrário ao do enunciado, como se vê da seguinte ementa, que não leva grifos no original:

> (...). PENAL. CONDENAÇÃO. ACÓRDÃO CONFIRMATÓRIO. FATO POSTERIOR À LEI N. 11.596/2007. IRRELEVÂNCIA. INTERRUPÇÃO DA PRESCRIÇÃO. NÃO OCORRÊNCIA. 1. **Mesmo em se tratando de fatos posteriores à alteração do art. 117, IV, do Código Penal pela Lei n. 11.596/2007, é firme a jurisprudência desta Corte no sentido de que o acórdão que dá parcial provimento a recurso defensivo, confirma a condenação e reduz a pena aplicada não constitui marco interruptivo da prescrição**. (...). (EDcl no AgRg no REsp. 1.233.343/GO, Rel. Sebastião Reis Júnior, 6ª Turma, DJe 5.12.2013)

O Supremo Tribunal Federal tem seguido a mesma linha, como se vê do julgamento do Recurso Extraordinário 751.394/MG, cujo trecho da ementa se transcreve, com grifos acrescidos:

> (...). 4. Segundo o entendimento doutrinário e jurisprudencial da Corte, o acórdão **que confirma condenação ou diminui a reprimenda imposta na sentença não interrompe a contagem da prescrição, pois sua natureza é declaratória**. 5. Recurso extraordinário do qual não se conhece. 6. Ordem de "habeas corpus" concedida de ofício para declarar extinta a punibilidade do recorrente, em razão da consumação da prescrição da pretensão punitiva estatal. (RE 751.394/MG, Rel. Min. Dias Toffoli, 1ª Turma, DJe 28.8.2013)

Apenas quando o acórdão confirma a condenação modificando substancialmente a pena fixada na sentença é que se admite seja considerado causa interruptiva da prescrição. Nesse sentido:

HABEAS CORPUS. PENAL. PROCESSUAL PENAL. EXTORSÃO. PRESCRIÇÃO. ACÓRDÃO QUE TRAZ NOVA CONDENAÇÃO. MARCO INTERRUPTIVO. OCORRÊNCIA. ORDEM DENEGADA. I. Acórdão que altera o título da condenação, com modificação substancial da pena, constitui novo julgamento, revestindo-se da condição de marco interruptivo da prescrição. II. Inocorrência, entre os marcos legais, dos lapsos exigidos pelo Código Penal para o reconhecimento da extinção da punibilidade. III. Ordem denegada. (HC 92340, Re. Min. Ricardo Lewandowski, 1ª T. DJe 8.8.2008

"HABEAS CORPUS". PRESCRIÇÃO PENAL. PRETENSÃO PUNITIVA. RECURSOS ESPECIAL E EXTRAORDINÁRIO INDEFERIDOS. AGRAVOS IMPROVIDOS. 1. Não tendo fluído o prazo de dois anos (CP, art. 109, VI) entre os vários marcos interruptivos (data do crime, recebimento da denúncia e sentença condenatória recorrível) e sobrevindo acórdão confirmatório da condenação, antes do decurso do período fixado em lei, está exaurida a chamada prescrição da pretensão punitiva. 2. Recursos especial e extraordinário indeferidos na origem, porque inadmissíveis, em decisões mantidas pelo STF e pelo STJ, não têm o condão de empecer a formação da coisa julgada. 3. HC indeferido. (HC 86125, Rel. Min. Ellen Gracie, 2ª Turma, DJ 2.9.2005)

PENAL. PROCESSO PENAL. RECURSO ESPECIAL. PRESCRIÇÃO DA PRETENSÃO PUNITIVA. CAUSAS INTERRUPTIVAS DO PRAZO PRESCRICIONAL (CP, ART. 107). PUBLICAÇÃO DA SENTENÇA CONDENATÓRIA. ÚLTIMO MARCO. EXTINÇÃO DA PUNIBILIDADE DO CONDENADO. OCORRÊNCIA. MATÉRIA DE ORDEM PÚBLICA. DECLARAÇÃO DE OFÍCIO. 1. A jurisprudência deste Colendo Tribunal assenta que os acórdãos confirmatórios da condenação não podem ser considerados como causas interruptivas do prazo prescricional, a teor do que disciplina o art. 117, inciso IV, do Código Penal (redação da Lei n. 11.596/2007). 2. Na linha da aludida orientação, verifica-se, na hipótese, o advento da prescrição da pretensão punitiva, porquanto entre a data da publicação da sentença, ultimo marco, e a atual, transcorreram-se mais de oito anos, ex vi do art. 109, inciso IV, do Código Penal, sem a ocorrência de superveniente causa interruptiva. 4. Assim, impõe-se declarar, de ofício, por se tratar de matéria de ordem pública, a extinção da punibilidade do condenado A. N. (...). (REsp 882.415/RS, Rel. Min. Campos Marques, Des. conv. TJ/PR, DJe 26.4.2013)

▶ **CP. Art. 117.** O curso da prescrição interrompe-se: I – pelo recebimento da denúncia ou da queixa; II – pela pronúncia; III – pela decisão confirmatória da pronúncia; IV – pela publicação da sentença ou acórdão condenatórios recorríveis; V – pelo início ou continuação do cumprimento da pena; VI – pela reincidência.

# 4. DOS CRIMES CONTRA O PATRIMÔNIO (ARTS. 155 A 183)

**ENUNCIADO 26. O CRIME DE APROPRIAÇÃO INDÉBITA PREVIDENCIÁRIA É CRIME OMISSIVO PRÓPRIO E EXIGE APENAS DOLO GENÉRICO PARA A CONFIGURAÇÃO DO TIPO SUBJETIVO.**

• ***Enunciado 2*** *aprovado no II FONACRIM. Renumerado no IV FONACRIM, em 25.9.2015.*

▸ ***Por Roberto Carvalho Veloso.***

O crime de apropriação indébita previdenciária é crime omissivo próprio de mera conduta e que se aperfeiçoa independentemente do fato de o agente vir a se beneficiar com os valores arrecadados de seus empregados e não repassados à Previdência Social.

Quando deixa de repassar à Previdência Social as contribuições recolhidas dos contribuintes, no prazo e forma legais, o agente pratica ato que se amolda ao tipo penal, pois deixa de praticar uma conduta exigida por lei.

Sendo crime omissivo próprio, não há necessidade para a sua configuração do dolo de se apropriar dos valores não recolhidos (*animus rem sibi habendi*), ao contrário do tipo penal de apropriação indébita previsto no art. 168 do Código Penal

O verbo contido no tipo penal do art. 168-A é deixar de repassar e não se apropriar como pode deixar a entender o título do crime "apropriação indébita previdenciária", portanto, não há necessidade da prova da intenção de se beneficiar do não repasse aos cofres públicos das contribuições previdenciárias.

Se fosse necessária a prova do dolo específico dificilmente haveria punição por infração ao art. 168-A do Código Penal, tornando inócua a finalidade da norma que é o de proteger o patrimônio público e os segurados da Previdência Social.

(...). 3. A orientação jurisprudencial do Supremo Tribunal Federal é firme no sentido de que, para a configuração do crime de apropriação indébita previdenciária, basta a demonstração do dolo genérico, sendo dispensável um especial fim de agir, conhecido como animus "rem sibi habendi" (a intenção de ter a coisa para si). Assim como ocorre quanto ao delito de apropriação indébita previdenciária, o elemento subjetivo animador da conduta típica do crime de sonegação de contribuição previdenciária é o dolo genérico, consistente na intenção de concretizar a evasão tributária. (...). (STF, AP 516, Rel. Min. Ayres Britto, Pleno, DJe 6.12.2010)

(...). O posicionamento consolidado no âmbito da 2ª Seção deste Tribunal Superior, é no sentido de que o tipo penal do artigo 168-A do Código Penal constitui crime omissivo próprio, que se consuma com a mera omissão de recolhimento da contribuição previdenciária dentro do prazo e das formas legais, não sendo exigido, portanto, dolo específico. (...). (STJ, AgRg no REsp 1262261/PB, Rel. Min. Jorge Mussi, 5ª Turma, DJe 14.12.2015)

(...). É assente nesta Corte Superior o entendimento de que o delito de apropriação indébita previdenciária se consuma com a mera omissão de recolhimento da contribuição previdenciária dentro do prazo e das formas legais, prescindindo, portanto, do dolo específico. (...). (STJ, AgRg no REsp 1426882/AL, Rel. Min. Reynaldo Soares da Fonseca, 5ª Turma, DJe 30.9.2015)

(...). Nos termos dos precedentes desta Corte, o dolo exigível para o crime de apropriação indébita previdenciária, pela natureza omissiva, exige apenas a vontade livre e consciente de não recolher os valores descontados a título de contribuições previdenciárias ao INSS. Assim, na espécie, presente a justa causa para a ação penal. (...). (STJ, HC 183.963/SP, Rel. Min. Nefi Cordeiro, 6ª Turma, DJe 3.8.2015)

(...). Não se deve emprestar maior relevo à nomenclatura utilizada pelo legislador na edição da Lei nº 9.983/2000, para definir o crime – apropriação indébita previdenciária –, de modo a se considerar como elemento do tipo o dolo específico, a vontade livre e consciente do sujeito de se apropriar dos valores relativos às contribuições, a exemplo do que ocorre no crime de apropriação indébita. Ao contrário deste, que é crime de resultado, a apropriação indébita previdenciária é crime formal; a intenção específica ou vontade de se beneficiar com a ausência do recolhimento nada tem a ver com a consumação do fato que ocorre no momento que ele deixa de recolher as contribuições no prazo legal. (...). (STJ, EREsp 1207466/ES, Rel. Min. Gurgel de Faria, 3ª Seção, DJe 6.11.2014)

(...). O delito de apropriação indébita previdenciária constitui crime omissivo próprio, que se perfaz com a mera omissão de recolhimento da contribuição previdenciária dentro do prazo e das formas legais, prescindindo, portanto, do dolo específico. (...). (STJ, EREsp 1296631/RN, Rel. Min. Laurita Vaz, 3ª Seção, DJe 17.9.2013)

▶ **CP. Apropriação indébita previdenciária. Art. 168-A.** Deixar de repassar à previdência social as contribuições recolhidas dos contribuintes, no prazo e forma legal ou convencional: **Pena** – reclusão, de 2 (dois) a 5 (cinco) anos, e multa. **§ 1º** Nas mesmas penas incorre quem deixar de: I – recolher, no prazo legal, contribuição ou outra importância destinada à previdência social que tenha sido descontada de pagamento efetuado a segurados, a terceiros ou arrecadada do público; II – recolher contribuições devidas à previdência social que tenham integrado despesas contábeis ou custos relativos à venda de produtos ou à prestação de serviços; III – pagar benefício devido a segurado, quando as respectivas cotas ou valores já tiverem sido reembolsados à empresa pela previdência social. **§ 2º** É extinta a punibilidade se o agente, espontaneamente, declara, confessa e efetua o pagamento das contribuições, importâncias ou valores e presta as informações devidas à previdência social, na forma definida em lei ou regulamento, antes do início da ação fiscal. **§ 3º** É facultado ao juiz deixar de aplicar a pena ou aplicar somente a de multa se o agente for primário e de bons antecedentes, desde que: I – tenha promovido, após o início da ação fiscal e antes de oferecida a denúncia, o pagamento da contribuição social previdenciária, inclusive acessórios; ou II – o valor das contribuições devidas, inclusive acessórios, seja igual ou inferior àquele estabelecido pela previdência social, administrativamente, como sendo o mínimo para o ajuizamento de suas execuções fiscais.

# 5. DOS CRIMES CONTRA A INCOLUMIDADE PÚBLICA (ARTS. 250 A 285)

**ENUNCIADO 29. RECONHECIDA A INCONSTITUCIONALIDADE, NO CASO CONCRETO, DA PENA MÍNIMA COMINADA NO ART. 273 DO CÓDIGO PENAL, POR VIOLAR O PRINCÍPIO DA PROPORCIONALIDADE, PODE O JUIZ APLICAR O PRECEITO SECUNDÁRIO DE OUTRO TIPO PENAL RELACIONADO COM OS ELEMENTOS NORMATIVOS DA CONDUTA ANALISADA.**

● ***Enunciado 5****, aprovado no II FONACRIM, com nova redação e numeração dada no IV FONACRIM, em 25.9.2015.* ● *Redação anterior: "É inconstitucional a pena mínima cominada no art. 273 do Código Penal por violar o princípio da proporcionalidade, podendo o juiz fixar a pena sem limite mínimo predeterminado ou proceder à adequação típica da conduta a outra norma do sistema penal que abranja os elementos normativos da conduta analisada".*

▸ *Por Nino Toldo*

Tema que tem gerado significativa controvérsia na jurisprudência é o que diz respeito à pena aplicável ao crime tipificado no art. 273 do Código Penal, após a nova redação dada pela Lei nº 9.677, de 02.7.1998, também conhecida como *Lei dos Remédios*. Antes dessa alteração, o art. 273 do Código Penal tinha a seguinte redação: "Alterar substância alimentícia ou medicinal: Pena – reclusão, de 1 (um) a 3 (três) anos, e multa". Com a modificação introduzida pela Lei dos Remédios, o art. 273 passou a ter a seguinte redação: "Falsificar, corromper, adulterar ou alterar produto destinado a fins terapêuticos ou medicinais: Pena – reclusão, de 10 (dez) a 15 (quinze) anos, e multa". Foram ainda incluídos os §§ 1º-A e 1º-B, que incluíram no conceito de produto os medicamentos, as matérias-primas, os insumos farmacêuticos, os cosméticos, os saneantes e os de uso em diagnóstico, bem como sujeitaram às penas desse artigo outras condutas ali descritas.

As alterações introduzidas no art. 273 do Código Penal, especialmente o significativo aumento da pena em abstrato, decorreram da comoção social que seguiu ao caso das pílulas de farinha, ocorrido em 1998. Nesse episódio, a empresa "Schering do Brasil" produziu determinado lote do anticoncepcional "Microvlar" sem nenhuma eficácia, o que levou dezenas de mulheres à indesejada gravidez. Na mesma época, também houve alteração de outros remédios.

Como resposta a isso, o Congresso Nacional alterou o Código Penal e elevou em muito a pena para o crime de falsificação, corrupção, adulteração ou alteração de medicamentos, aí incluindo cosméticos, saneantes, materiais de uso em diagnóstico e respectivas matérias-primas e insumos. Mais uma vez, utilizou-se do direito penal como forma de estancar certos desvios comportamentais, como se a simples elevação de penas gerasse a transformação necessária para acabar ou diminuir atitudes prejudiciais à sociedade.

No entanto, essa alteração mostrou-se não só ineficaz, quanto ao seu escopo, mas também desproporcional e injusta nas situações concretas levadas à apreciação do Poder Judiciário.

Com efeito, a pena de reclusão, de dez a quinze anos, e multa para o crime em exame é bastante alta e, por isso, tem levado a algumas perplexidades nos casos concretos examinados, dada a evidente desproporcionalidade que se verifica. Apenas para ficar num exemplo, a pena prevista para o tráfico de drogas, crime de claríssima repulsa social, varia de cinco a quinze anos de reclusão e multa, o que significa dizer que, em certos casos, aquele que trafica cocaína poderá ter uma pena significativamente inferior à daquele que importa medicamento sem registro na Anvisa. Uma desproporção injusta.

Como forma de evitar essa injustiça, juízes federais brasileiros, isoladamente de início, reconheceram em suas sentenças a inconstitucionalidade do preceito secundário do art. 273 do Código Penal, com a redação dada pela Lei nº 9.677, de 1998. Alternativamente a essa inconstitucional e injusta pena, passaram a aplicar as penas dos crimes de contrabando, que era de um a quatro anos de reclusão antes da Lei nº 13.008, de 26.6.2014, e passou a ser de dois a cinco anos de reclusão após essa lei. Outros juízes aplicaram a pena destinada ao tráfico de drogas, que é de cinco a quinze anos de reclusão e pagamento de 500 (quinhentos) a 1.500 (mil e quinhentos) dias-multa, nos termos do art. 33 da Lei nº 11.343, de 23.8.2006.

A perplexidade decorrente da desproporcionalidade da pena mínima prevista para o art. 273 em comento levou os juízes federais reunidos no II FONACRIM (realizado em São Paulo/SP, em 2013) a reconhecer a inconstitucionalidade dessa pena e a declarar que os juízes poderiam valer-se de outro limite mínimo ou readequar a classificação jurídica do fato para adequá-lo a outra figura típica. Por isso, alguns juízes têm readequado as imputações, ora as entendendo como tráfico, ora como contrabando.

Em 2015, no IV FONACRIM, realizado em Florianópolis/SC, os juízes federais reviram o enunciado, prevendo a possibilidade de que, ante o reconhecimento, no caso concreto, da inconstitucionalidade, ante a desproporcionalidade, da pena mínima para esse delito, possa ser utilizado o preceito secundário de outro tipo penal que se adeque à conduta examinada.

A dificuldade nesse tipo de atitude está na insegurança que pode gerar, pois, segundo o entendimento de um juiz, a internação de remédios não autorizados pela Anvisa poderá ser considerada tráfico (pena: 5 a 15 anos de reclusão e multa de 500 a 1.500 dias-multa), enquanto outro juiz poderá considerar essa mesma conduta contrabando (pena: 2 a 5 anos de reclusão). Isso também pode ser desproporcional.

O Superior Tribunal de Justiça, ao analisar esse tema no âmbito de arguição de inconstitucionalidade, declarou inconstitucional o preceito secundário do art. 273 do Código Penal (AI no HC 239.363/PR, Corte Especial, maioria, Rel. Min. Sebastião Reis Júnior, DJe 10.4.2015), conforme pode ser visto na jurisprudência complementar abaixo.

A jurisprudência, no entanto, oscila quanto a esse entendimento. Na Terceira Região da Justiça Federal (SP e MS), por exemplo, o Órgão Especial do Tribunal Regional Federal, rejeitou a arguição de inconstitucionalidade do preceito secundário do art. 273 do Código Penal (ARGINC 0000793-60.2009.4.3.6124, maioria, Rel. p/ ac. Des. Fed. Diva Malerbi, DJF3 Judicial 1 23.8.2013).

Em razão disso, as Turmas desse Tribunal com competência para a matéria criminal, estão vinculadas ao que foi ali decidido, não só pelo Regimento Interno, mas também por força da Súmula Vinculante nº 10 do Supremo Tribunal Federal: "Viola a cláusula de reserva de plenário (CF, artigo 97) a decisão de órgão fracionário de tribunal que, embora não declare expressamente a inconstitucionalidade de lei ou ato normativo do Poder Público, afasta sua incidência, no todo ou em parte".

O Supremo Tribunal Federal, por sua vez, em diversos julgados, reconheceu a constitucionalidade do preceito secundário do art. 273 do Código Penal, como se verifica, a título exemplificativo, no RE 870.410/SP AgR, 1ª Turma, Rel. Min. Roberto Barroso, e no RE 844.152/SP AgR, 2ª Turma, Rel. Min. Gilmar Mendes, j. 2.12.2014.

Portanto, embora os juízes federais reunidos no FONACRIM tenham considerado inconstitucional o preceito secundário mínimo para o crime tipificado no art. 273 do Código Penal, com a redação dada pela Lei nº 9.677, de 1998, o fato é que a jurisprudência ainda oscila a respeito do tema, que deverá ser definitivamente decidido pelo Supremo Tribunal Federal, que, embora tenha sinalizado pela constitucionalidade em alguns acórdãos de suas Turmas, não decidiu a matéria em sessão plenária.

Até lá, pode-se dizer que o tema registrará algumas controvérsias e perplexidades.

DIREITO PENAL. AGRAVO REGIMENTAL EM RECURSO EXTRAORDINÁRIO. ALEGAÇÃO DE INCONSTITUCIONALIDADE DO ART. 273 DO CÓDIGO PENAL. IMPROCEDÊNCIA. INDIVIDUALIZAÇÃO DA PENA. LEGISLAÇÃO INFRACONSTICIONAL. CONTROVÉRSIA DECIDIDA COM BASE NO CONJUNTO FÁTICO-PROBATÓRIO DOS AUTOS. SÚMULA 279/STF. 1. A jurisprudência do Supremo Tribunal Federal é pela constitucionalidade do art. 273 do Código Penal. (...). 2. O Supremo Tribunal Federal tem entendimento no sentido de que a controvérsia relativa à individualização da pena passa necessariamente pelo exame prévio da legislação infraconstitucional. (...). 3. O recorrente limita-se a postular uma nova apreciação dos fatos e do material probatório constante dos autos. Nessas condições, a hipótese atrai a incidência da Súmula 279/STF. (...). (RE 870.410/SP AgR, 1ª Turma, Rel. Min. Roberto Barroso, DJe 27.5.2015)

Agravo regimental em recurso extraordinário. 2. Penal. Alegação de inconstitucionalidade do art. 273, § 1º-B do Código Penal. Constitucionalidade da imputação. Lesão ao bem jurídico "saúde pública". (...). 3. Ausência de argumentos capazes de infirmar a decisão agravada. (...). (RE 844.152/SP AgR, 2ª Turma, Rel. Min. Gilmar Mendes, DJe 18.12.2014)

ARGUIÇÃO DE INCONSTITUCIONALIDADE. PRECEITO SECUNDÁRIO DO ART. 273, § 1º-B, V, DO CP. CRIME DE TER EM DEPÓSITO, PARA VENDA, PRODUTO DESTINADO A FINS TERAPÊUTICOS OU MEDICINAIS DE PROCEDÊNCIA IGNORADA. OFENSA AO PRINCÍPIO DA PROPORCIONALIDADE. 1. A intervenção estatal por meio do Direito Penal deve ser sempre guiada pelo princípio da proporcionalidade, incumbindo também ao legislador o dever de observar esse princípio como proibição de excesso e como proibição de proteção insuficiente. 2. É viável a fiscalização judicial da constitucionalidade dessa atividade legislativa, examinando, como diz o Ministro Gilmar Mendes, se o legislador considerou suficientemente os fatos e prognoses e se utilizou de sua margem de ação de forma adequada para a proteção suficiente dos bens jurídicos fundamentais. 3. Em atenção ao princípio constitucional da proporcionalidade e razoabilidade das leis restritivas de direitos (CF, art. 5º, LIV), é imprescindível a atuação do Judiciário para corrigir o exagero e ajustar a pena cominada à conduta inscrita no art. 273, § 1º-B, do Código Penal. 4. O crime de ter em depósito, para venda, produto destinado a fins terapêuticos ou medicinais de procedência ignorada é de perigo abstrato e independe da prova da ocorrência de efetivo risco para quem quer que seja. E a indispensabilidade do dano concreto à saúde do pretenso usuário do produto evidencia ainda mais a falta de harmonia entre o delito e a pena abstratamente cominada (de 10 a 15 anos de reclusão) se comparado, por exemplo, com o crime de tráfico ilícito de drogas – notoriamente mais grave e cujo bem jurídico também é a saúde pública. 5. A ausência de relevância penal da conduta, a desproporção da pena em ponderação com o dano ou perigo de dano à saúde pública decorrente da ação e a inexistência de consequência calamitosa do agir convergem para que se conclua pela falta de razoabilidade da pena prevista na lei. A restrição da liberdade individual não pode ser excessiva, mas compatível e proporcional à ofensa causada pelo comportamento humano criminoso. 6. Arguição acolhida para declarar inconstitucional o preceito secundário da norma. (AI no HC 239.363/PR, Corte Especial, maioria, Rel. Min. Sebastião Reis Júnior, j. 26.2.2015, DJe 10.4.2015)

DIREITO PENAL. ARTIGO 273, § 1º-B, DO CÓDIGO PENAL. PENA PRIVATIVA DE LIBERDADE COMINADA EM ABSTRATO (PRECEITO SECUNDÁRIO DA NORMA). INCIDENTE DE ARGUIÇÃO DE INCONSTITUCIONALIDADE. OFENSA À PROPORCIONALIDADE E À RAZOABILIDADE. INEXISTÊNCIA. ARGUIÇÃO DE INCONSTITUCIONALIDADE REJEITADA. Incidente de Arguição de Inconstitucionalidade criminal suscitado pela Quinta Turma deste Tribunal em sede de apelação criminal (...), versando sobre a desarmonia do preceito secundário do art. 273, § 1º-B, do Código Penal com a Constituição Federal, por ausência de proporcionalidade e razoabilidade. Inexistente o aventado vício de inconstitucionalidade da pena fixada em abstrato pela norma secundária do art. 273, § 1º-B, do Estatuto Repressivo, pois o seu rigor decorre da própria natureza do bem jurídico tutelado, qual seja, a saúde pública, e da elevada potencialidade lesiva da conduta tipificada, devidamente sopesadas pelo legislador. Inadmissível a aplicação analógica de penas previstas para outros delitos, preconizada em razão das pretensas desproporcionalidade e ausência de razoabilidade, eis que atentatória aos princípios da separação dos poderes e da reserva legal, não cabendo ao julgador, no exercício da sua função jurisdicional, realizar o prévio juízo de proporcionalidade entre a pena abstratamente imposta no preceito secundário da norma com o bem jurídico valorado pelo legislador e alçado à condição de elemento do tipo penal, por se tratar de função típica do Poder Legislativo e opção política, não sujeita, portanto, ao controle judicial. Precedente do Tribunal Regional Federal da 2ª Região sobre a mesma questão (ARGINC nº 47 – processo 201051014901540 –, Rel. Des. Fed. Guilherme Couto de Castro, Plenário, j. 22.8.2011, E-DJF2R 8.9.2011) – O próprio Supremo Tribunal Federal, em mais de uma oportunidade, já reconheceu a impossibilidade de o Poder Judiciário, na ausência de lacuna da lei, se arrogar função legiferante e criar por via oblíqua, ao argumento da inadequação da sanção penal estabelecida pelo Legislativo, uma terceira norma, invadindo a esfera de atribuições do Poder competente (v.g., HC 109676/RJ, Rel. Min. Luiz Fux, 1ª Turma, DJe 14.8.2013; RE 443388/SP, Rel. Min. Ellen Gracie, 2ª Turma, DJe 11.9.2009). Precedentes, na mesma linha, do E. STJ. "Habeas corpus" a ser concedido de ofício que não se conhece, por se tratar de medida de competência da Turma julgadora da apelação criminal que deu origem ao incidente, eis que cabe àquele Órgão fracionário conhecer das questões de fato relativas ao caso concreto. Arguição de Inconstitucionalidade rejeitada. "Habeas corpus" "ex officio" não conhecido. (ARGINC 0000793-60.2009.4.3.6124, maioria, Rel. p/ ac. Des. Fed. Diva Malerbi, DJe 1 23.8.2013)

► **CP, Art. 273**. Falsificar, corromper, adulterar ou alterar produto destinado a fins terapêuticos ou medicinais: (Redação dada pela Lei nº 9.677, de 02.7.1998) Pena – reclusão, de 10 (dez) a 15 (quinze) anos, e multa. **§ 1º** Nas mesmas penas incorre quem importa, vende, expõe à venda, tem em depósito para vender ou, de qualquer forma, distribui ou entrega a consumo o produto falsificado, corrompido, adulterado ou alterado. **§ 1º-A** Incluem-se entre os produtos a que se refere este artigo os medicamentos, as matérias-primas, os insumos farmacêuticos, os cosméticos, os saneantes e os de uso em diagnóstico. **§ 1º-B** Está sujeito às penas deste artigo quem pratica as ações previstas no § 1º em relação a produtos em qualquer das seguintes condições: I – sem registro, quando exigível, no órgão de vigilância sanitária competente; II – em desacordo com a fórmula constante do registro previsto no inciso anterior; III – sem as características de identidade e qualidade admitidas para a sua comercialização; IV – com redução de seu valor terapêutico ou de sua atividade; V – de procedência ignorada; VI – adquiridos de estabelecimento sem licença da autoridade sanitária competente. **Modalidade culposa**. **§ 2º** Se o crime é culposo: **Pena** – detenção, de 1 (um) a 3 (três) anos, e multa.

## 6. DOS CRIMES CONTRA A ADMINISTRAÇÃO PÚBLICA (ARTS. 312 A 359-A)

**ENUNCIADO 48. EM CASOS DE CRIMES GRAVES CONTRA A ADMINISTRAÇÃO PÚBLICA, NÃO SE DEVE PERMITIR O APELO EM LIBERDADE, SALVO SE O PRODUTO DO CRIME TIVER SIDO INTEGRALMENTE RECUPERADO.**

• ***Enunciado 13*** *aprovado no III FONACRIM. Renumerado no IV FONACRIM, em 25.9.2015.*

Enunciado comentado no tópico *Dos Recursos em Geral (arts. 574 a 667) – Da Apelação (arts. 593 a 606).*

## 7. QUADRO SINÓPTICO

| CÓDIGO PENAL | |
|---|---|
| **1. 1. DO CRIME (ARTS. 13 A 25)** | |
| A reiteração da conduta delitiva, em regra, afasta a aplicação do princípio da insignificância. | Enunc. 31 |
| **2. DAS PENAS (ARTS. 32 A 95)** | |
| **2.1 DAS ESPÉCIES DE PENA (ARTS. 32 A 52)** | |
| A adoção da prestação pecuniária depositada em conta única, em substituição de pena (art. 44 do CP), assim como em propostas de transação penal e suspensão condicional do processo, é decisão de conteúdo jurisdicional, cabendo exclusivamente ao juiz da ação penal decidir por sua adoção ou não. Da mesma forma, caberá ao juiz da execução penal, quando remetida a ele a decisão sobre a destinação dos recursos, decidir se será adotado o procedimento de conta única ou não. | Enunc. 42 |

| 3. DA EXTINÇÃO DA PUNIBILIDADE (ARTS. 107 A 120) | |
|---|---|
| A falta de interesse em razão da prescrição pela pena em perspectiva pode ser reconhecida quando manifesta e admitida com prudente valoração de segurança acerca da pena máxima admissível e da extrapolação do tempo para sua ocorrência. | Enunc 15 |
| No curso da instrução criminal, caso o MPF, intimado para tanto, não demonstre a existência de circunstâncias que possam importar na fixação da eventual pena em patamar no qual a pretensão punitiva não estaria prescrita, o processo poderá ser extinto por falta de interesse de agir. | Enunc. 36 |
| Diante do caráter devolutivo da apelação, o acórdão que confirme a sentença condenatória constitui marco interruptivo do prazo prescricional após a edição da Lei n. 11.596/2007. | Enunc. 38 |
| **4. DOS CRIMES CONTRA O PATRIMÔNIO (ARTS. 155 A 183)** | |
| O crime de apropriação indébita previdenciária é crime omissivo próprio e exige apenas dolo genérico para a configuração do tipo subjetivo. | Enunc. 26 |
| **5. DOS CRIMES CONTRA A INCOLUMIDADE PÚBLICA (ARTS. 250 A 285)** | |
| Reconhecida a inconstitucionalidade, no caso concreto, da pena mínima cominada no art. 273 do Código Penal, por violar o princípio da proporcionalidade, pode o juiz aplicar o preceito secundário de outro tipo penal relacionado com os elementos normativos da conduta analisada. | Enunc. 29 |
| **6. DOS CRIMES CONTRA A ADMINISTRAÇÃO PÚBLICA (ARTS. 312 A 359-A)** | |
| Em casos de crimes graves contra a Administração Pública, não se deve permitir o apelo em liberdade, salvo se o produto do crime tiver sido integralmente recuperado. | Enunc. 48 |

CAPÍTULO II

# CÓDIGO DE PROCESSO PENAL

SUMÁRIO



## 1. DO INQUÉRITO POLICIAL (ARTS. 4º A 23)

**ENUNCIADO 23. NÃO HÁ NULIDADE NO DEFERIMENTO DE DILIGÊNCIAS POLICIAIS SEM A OITIVA DO MINISTÉRIO PÚBLICO.**

• ***Aprovado no*** *I FONACRIM.*

▸ *Por Rosmar Antonni Rodrigues Cavalcanti de Alencar.*

O termo "nulidade" guarda rica ambiguidade, expressando ora defeito, ora sanção. Para definição de um padrão limitativo de subjetivismo, o Enunciado nº 23-FONACRIM deveria se reportar à possibilidade de convalidação do ato investigativo ou a negação geral de aplicação do sistema de nulidades às investigações preliminares.

Da forma como foi redigido, o vocábulo "nulidade" pretendeu expressar a noção de ato defeituoso, viciado. Deveras, disse o texto, sucintamente, que "não há nulidade no deferimento de diligências policiais sem a oitiva do Ministério Público". Entrementes, o Enunciado em epígrafe não tem a força de modificar o estado de fato de um ato viciado.

Com base no regramento aplicável ao sistema de natureza acusatória, alicerçado no art. 129, I, da Constituição Federal de 1988, o titular da futura ação penal, destinatário dos elementos de informação, deve ser consultado previamente quando houver representação da autoridade policial ao juiz, visando autorização para realização de diligências. Se essa conclusão é válida, nada mais correto do que considerar viciado o procedimento que defere diligências pleiteadas pelo delegado de polícia sem que com isso anua o órgão acusador oficial.

Por outro lado, conquanto seja parca a disciplina legal do inquérito policial e das investigações preliminares em geral (eis que pouco alude à participação do Ministério Público, malgrado seja sua a atribuição de exercer o controle externo da atividade policial, a teor do art. 129, VII, da CF/1988), é possível verificar base legal indicativa da necessidade de sua oitiva para certas diligências representadas pela autoridade policial.

Veja-se que "diligências" denota toda e qualquer providência atinente à reunião de elementos de informação e que documentam ato de investigação ou probatório. A título de exemplo, o § 3º, do art. 120, do Código de Processo Penal, estatui a necessidade de ser ouvido o Ministério Público quando da apreciação do pedido de restituição de coisas apreendidas pelo juiz.

Na hipótese, é possível que o pedido tenha sido formulado pelo interessado à autoridade policial. A objeção do delegado de polícia é equivalente a uma representação para que seja a apreensão da coisa mantida, tratando-se de diligência em sentido amplo. Ainda assim, antes de deliberar, deve o juiz ouvir o Ministério Público.

Destarte, a declaração do enunciado de que "não há nulidade", notadamente se entendido o termo no sentido de "defeito", incorre em falta de sentido lógico, haja vista que não pode afirmar que não há vício onde se vê contrariedade a texto legal e ao sistema constitucional acusatório. Por outro lado, também sem respaldo deôntico, reputar que o vocábulo "nulidade" signifique sanção (invalidação), bastando substituir aquela palavra por esta última: "Não há [invalidação] no deferimento de diligências policiais sem a oitiva do Ministério Público".

A estrutura normativa do fenômeno nulificador deve ser composta de duas normas jurídicas. A primeira que reconhece o vício (nulidade) e o classifica (nulidade absoluta ou relativa, por exemplo). A segunda norma que estatui o preceito sancionador, descrevendo a espécie de nulidade e justapondo a sanção (invalidação ou convalidação, por exemplo).

Descurando da necessidade de uma estrutura lógica normativa mínima, o enunciado tem a pretensão de mitigar a atividade de controle da validade dos atos de atribuição do delegado de polícia pelo Ministério Público, assim como despreza a qualidade de autor da futura ação penal outorgada ao órgão Ministerial, pela Constituição Federal de 1988.

Os artigos dispostos nos diplomas que constituem o ordenamento jurídico dormitam em estado bruto, carente de interpretação. As leis de processo penal, dispostas de forma nem sempre organizada, mormente as que advieram em momento anterior à Constituição de 1988, necessitam de aplicação contextualizada, dando conformação ao sistema.

O Código de Processo Penal brasileiro de 1941 contém disciplina do inquérito policial bastante vetusta. À época, conhecia-se o processo judicialiforme, que conferia iniciativa à autoridade policial e ao juiz, para deflagrar ação penal por determinadas infrações penais, a exemplo das contravenções penais[1].

De tal sorte, nada mais razoável com a sistemática da época, que a autoridade policial detivesse amplos poderes para requestar diretamente ao juiz todas as providências que entendesse necessária para autorizar o início da ação penal. Todavia, depois da vigência da ordem constitucional atual, o exercício da atividade policial deve ser compreendido como limitado pelo controle externo da polícia pelo Ministério Público, bem como pela atribuição institucional ministerial de promover privativamente a ação penal pública, na forma da lei.

Daí a conclusão, que não está expressa em lei, mas é depreendida dos fragmentos de dispositivos constitucionais (art. 129, I, VII e VIII, CF/1988), de que a autoridade policial não tem capacidade postulatória suficiente para que suas representações sejam deferidas pelo juiz à míngua da anuência do membro do Ministério Público natural (princípio do promotor natural).

Aliás, a Constituição, no ponto, é explícita ao asseverar que o Ministério Público tem as funções institucionais de "exercer o controle externo da atividade policial" e "requisitar diligências investigatórias e a instauração de inquérito policial, indicados os fundamentos jurídicos de suas manifestações processuais".

Em poucas palavras, o Enunciado assentou regra de todo incompatível com o sistema. Além de ser impositiva a audiência prévia do Ministério Público quando de representações apresentadas pela autoridade policial para realização de diligências probatórias, quer-se crer que o juiz não poderá deferir a diligência se dela dissentir o membro do *Parquet*.

Havendo discordância do magistrado, segue-se a aplicação, por analogia (art. 3º, CPP), do art. 28, do Código de Processo Penal, remetendo-se os autos ao Procurador Geral de Justiça ou, no âmbito da Justiça Federal, às Câmaras de Coordenação e Revisão, (art. 62, IV, da Lei Complementar nº 75/1993), para que seja exarada a palavra final sobre a diligência policial objeto da representação.

A configuração do sistema processual penal brasileiro está arrimada na Constituição de 1988, onde é possível reunir disposições nucleares que o caracterizam como do tipo acusatório[2]. Para a compreensão do que foi sustentado sobre o Enunciado nº 23-FONACRIM, interessa destacar a necessária divisão de funções nas mãos de órgãos bem definidos pelo ordenamento jurídico.

Nesse diapasão, o Ministério Público enfeixa em sua esfera a tarefa de promover a ação penal pública, privativamente. Para efetivar o fim (promover a ação), devem ser conferidos os meios (promover a prova). A autuação da polícia, em sede investigativa, é administrativa (persecução penal fora do juízo).

---

1. Ainda está em vigor, apenas no plano textual, o art. 26 do Código de Processo Penal, que preconiza "a ação penal, nas contravenções, será iniciada com o auto de prisão em flagrante ou por meio de portaria expedida pela autoridade judiciária ou policial". Tal dispositivo não foi recepcionado pela Constituição de 1988, diante da dicção do seu art. 129, I.
2. TÁVORA, Nestor; ALENCAR, Rosmar Rodrigues. **Curso de direito processual penal.** 11. ed. Salvador: JusPodivm, 2016. 1887 p.

Eventuais pleitos ao Judiciário, para atender requisitos legais (a exemplo de representação para busca e apreensão ou para interceptação telefônica), carecem da concordância de quem tem capacidade postulatória (persecução penal em juízo). Com essa constatação, pode-se arrematar avivando ser equivocada a redação do verbete ora analisado, haja vista que haverá nulidade (vício) se o juiz deferir diligência policial ao alvedrio da ciência do titular da ação penal.

Poderes de investigação do Ministério Público. O Ministério Público pode realizar diligências investigatórias para complementar a prova produzida no inquérito policial. (...). (HC 84548, Rel. p/ ac. Min. Gilmar Mendes, Pleno, DJe 10.4.2015)

Eventuais irregularidades ocorridas na fase inquisitorial – inexistentes na hipótese – não contaminam o desenvolvimento da ação penal, tendo em vista ser o Inquérito Policial peça meramente informativa e não probatória, que tem por finalidade fornecer ao Ministério Público ou ao ofendido, conforme a natureza da infração, os elementos necessários para a propositura da ação penal. A jurisprudência do Supremo Tribunal Federal e deste Tribunal Superior é uníssona no sentido de que, tanto nos casos de nulidade relativa quanto nos casos de nulidade absoluta, o reconhecimento de vício que enseje a anulação de ato processual exige a efetiva demonstração de prejuízo ao acusado, à luz do art. 563 do Código de Processo Penal ("pas de nullité sans grief"), dano que não restou evidenciado na hipótese. (HC 282.322/RS, Rel. Min. Laurita Vaz, 5ª Turma, DJe 1.7.2014)

De acordo com entendimento consolidado na Quinta e na Sexta Turma deste Superior Tribunal de Justiça, amparado na jurisprudência do Pretório Excelso, ainda que não se permita ao Ministério Público a condução do inquérito policial propriamente dito, e tendo em vista o caráter meramente informativo de tal peça, não há vedação legal para que o parquet proceda a investigações e colheita de provas para a formação da "opinio delicti". (HC 182.829/DF, Rel. Min. Jorge Mussi, 5ª Turma, DJe 3.12.2012)

## ENUNCIADO 50. PEÇAS DE INFORMAÇÃO PRODUZIDAS NO ÂMBITO DO MINISTÉRIO PÚBLICO DEVERÃO SEGUIR AS REGRAS DE TRAMITAÇÃO DO INQUÉRITO POLICIAL, INCLUSIVE COM A COMPETENTE DISTRIBUIÇÃO E ARQUIVAMENTO PERANTE O PODER JUDICIÁRIO.

• *Aprovado no IV FONACRIM, em 25.9.2015.*

*Por Ronivon de Aragão.*

A discussão sobre o poder investigatório direto do Ministério Público é matéria superada. O STF resolveu a questão, ao confirmá-lo, com fundamento especial no art. 129, inciso VIII, da Constituição Federal de 1988.

Um dos principais óbices levantados, perante o STF, por aqueles que se opunham a esse poder investigatório direto do Ministério Público dizia respeito ao temor de que investigações paralelas se realizassem, sem que houvesse qualquer controle por parte do Poder Judiciário.

A decisão tomada pelo STF no julgamento do Recurso Extraordinário 593.727/MG (com repercussão geral) pretendeu compatibilizar o texto da Constituição Federal/1988 que, por sua decisão, comporta o poder investigatório direto, com a necessária formalização dos autos de procedimentos e a cláusula de controle ulterior do Poder Judiciário.

Tal já se revela uma garantia, seja do princípio da legalidade, seja através do que denominou atos **necessariamente documentados**, a imprescindível oficialidade de tais atos, evitando-se o que poderia denominar de **procedimentos secretos** ou apócrifos.

Importa salientar que a conclusão do STF teve como finalidade excluir a tese de que investigação criminal seria uma tarefa exclusiva da polícia. Enfim, ao passo em que firmou esse entendimento, ressaltou a complementaridade do trabalho de investigação da polícia e do Ministério Público, rechaçando, de qualquer sorte, a tese da exclusividade.

O Enunciado 50/FONACRIM demonstra a intenção de que às peças de informação que tramitarem no âmbito do Ministério Público seja dado o mesmo tratamento procedimental atribuído aos inquéritos policiais.

No que se refere à distribuição, esta poderá ser entendida como mero registro – dentro dos sistemas de protocolo da Justiça – acerca da existência de determinada investigação, permitindo que o Poder Judiciário tenha o controle, além de evitar a instauração de procedimentos sigilosos, sem que tal cláusula tenha sido atribuída pelo magistrado.

Demais disso, se se atribui ao Judiciário o controle sobre os arquivamentos – assim como ocorre na sistemática dos inquéritos policiais –, permitir-se-á que o juiz, inclusive, lance mão da regra constante do art. 28 do CPP, quando divergir das razões do arquivamento.

(...). 4. Questão constitucional com repercussão geral. Poderes de investigação do Ministério Público. Os artigos 5º, incisos LIV e LV, 129, incisos III e VIII, e 144, inciso IV, § 4º, da Constituição Federal, não tornam a investigação criminal exclusividade da polícia, nem afastam os poderes de investigação do Ministério Público. Fixada, em repercussão geral, tese assim sumulada: "O Ministério Público dispõe de competência para promover, por autoridade própria, e por prazo razoável, investigações de natureza penal, desde que respeitados os direitos e garantias que assistem a qualquer indiciado ou a qualquer pessoa sob investigação do Estado, observadas, sempre, por seus agentes, as hipóteses de reserva constitucional de jurisdição e, também, as prerrogativas profissionais de que se acham investidos, em nosso País, os Advogados (Lei 8.906/94, artigo 7º, notadamente os incisos I, II, III, XI, XIII, XIV e XIX), sem prejuízo da possibilidade – sempre presente no Estado democrático de Direito – do permanente controle jurisdicional dos atos, necessariamente documentados (Súmula Vinculante 14), praticados pelos membros dessa instituição. (STF, RE 593.727/MG, repercussão geral – mérito)

## Enunciado 51. Os inquéritos em tramitação direta entre autoridade policial e Ministério Público deverão ser distribuídos perante o Poder Judiciário.

• ***Aprovado no*** *IV FONACRIM, em 25.9.2015.*

▸ ***Por Ronivon de Aragão.***

O inquérito policial, como é sabido, trata-se de peça de informação, cuja finalidade primacial é subsidiar o Ministério Público na apuração de fatos que, em tese, se afiguram como delituosos.

Na sistemática do Código de Processo Penal, incumbe ao juiz a análise acerca dos requerimentos de dilação de prazo para a conclusão das investigações policiais, depois de ouvido o representante do Ministério Público. Ocorre que tal procedimento, para se coadunar com o disposto na Constituição Federal, mais precisamente com o art. 129, passou a ser revisto pelos magistrados. Com isso, o inquérito policial, quando o pedido nele contido dizia respeito a meras dilações de prazo para conclusão de diligências, passou a dirigido ao Ministério Público. A isso se denominou *tramitação direta*.

O fundamento para tal providência levou em conta que cabe à instituição do Ministério Público promover a persecução penal, por ser *dominus litis*. E essa providência não conflita com os princípios constitucionais da não culpabilidade e o da inafastabilidade do controle judicial. É que sempre haverá a necessidade de pronunciamento jurisdicional quanto aos atos que importem interferência em direitos fundamentais do cidadão, tais como, e a título meramente exemplificativo: medidas prisionais cautelares, apreensão, sequestro, afastamento de sigilo bancário, fiscal ou de comunicações, restituição de coisa apreendida, prorrogação de prazo para conclusão de inquérito no caso de réu preso, produção antecipada de provas, dentre outros.

Inexiste necessidade, contudo, de controle judicial quanto a meros pedidos de dilação de prazo para a conclusão de investigações policiais, os quais importam, muito mais, à função do MP – que detém interesse na investigação e é o destinatário da prova colhida – do que ao julgador.

Com o advento da Resolução nº 63/2009, do Conselho da Justiça Federal, esse procedimento que dependia de um ato decisório de cada magistrado – no que concerne à forma de encaminhamento dos procedimentos investigativos que lhe eram distribuídos – passou a ser um **trâmite comum**, ao menos no âmbito da Justiça Federal.

A Resolução nº 063/2009-CJF foi impugnada no STF por meio da ADI nº 4305, ajuizada pela Associação Nacional dos Delegados de Polícia Federal, tendo como relator o Min. Ricardo Lewandowski.

A decisão a ser proferida pelo STF deverá enfrentar os aspectos acima referidos, especialmente no que diz com a aplicação direta do art. 129 da Constituição Federal. Um dos argumentos utilizados pelos autores da ação direta de inconstitucionalidade se refere ao fato de que a tramitação direta dos inquéritos entre a Polícia e o Ministério Público retira dos magistrados a possibilidade de verificação, de ofício, de eventual abuso de poder praticado pelas autoridades que comandam a investigação. Todavia, no campo dos prognósticos, não foi apresentado, no âmbito dessa ADI, nenhum estudo sobre qual seria esse impacto e nem a quantidade de procedimentos em que os juízes perfizeram essa verificação *ex officio*. Pelo visto, trata-se de apenas um argumento teórico, no sentido de que evidencia uma hipótese, sem qualquer demonstração do alegado impacto que teria para os direitos fundamentais dos investigados.

No que se refere a um outro argumento traçado nessa demanda – quanto à cláusula de privatividade para legislar no caso, que é da União –, existe melhor possibilidade de acolhimento. Ao menos, trata-se de conclusão que o STF já externou no julgamento da ADI 2886/RJ, quando invalidou norma do Estado do Rio de Janeiro. Para o STF, o Estado-membro tem competência para legislar sobre o tema, ou seja, pode editar normas sobre o procedimento do inquérito policial. No entanto, ao fazê-lo, somente pode complementar as normas gerais trazidas pelo CPP. Ocorre que o inciso IV, do art. 35, da Lei fluminense, estabeleceu, na compreensão do STF, uma regra contrária à norma geral editada pela União.

Certamente, o Supremo Tribunal terá que reexaminar a questão, até mesmo por se tratar a norma do Conselho da Justiça Federal de uma resolução, norma infralegal.

Mas, a análise terá que perfazer, outrossim, um caminho hermenêutico quanto a ser possível extrair diretamente do texto constitucional, mormente do inciso VIII do art. 129 da Constituição Federal/1988 a autorização expressa para o que se convencionou chamar **tramitação direta** dos inquéritos policiais.

De qualquer sorte, como expresso no Enunciado 51/FONACRIM, mesmo que ao inquérito policial seja atribuída a denominada *tramitação direta* entre a Polícia e o Ministério Público, há de ser distribuído junto ao Poder Judiciário.

Essa preocupação decorre da necessidade de preservação do direito do investigado a não ter contra si procedimentos *internos*, que tramitem em determinando órgãos e que digam respeito ao *status* de liberdade, sem que ao Poder Judiciário seja dado, ao menos, o conhecimento.

No caso da Resolução nº 63/2009-CJF, previu-se que os inquéritos policiais seriam registrados com numeração própria nos sistemas de protocolos das seções judiciárias da Justiça Federal, mas sem que haja uma típica distribuição processual. E tal ocorre porque, até esse momento, esse registro existe tão somente para dar conhecimento ao Judiciário, muito embora, por não haver um pedido típico para enfrentamento do magistrado (afastamento de sigilo telefônico, busca e apreensão, etc..), não seja necessária a distribuição do feito.

A tarefa de distribuição e, por consequência, o envio dos autos do procedimento a um magistrado específico, somente ocorrerá, em havendo um pedido que demande a intervenção do juiz, um pleito de arquivamento (para homologação ou para o uso do art. 28 do CPP) ou quando do ingresso da denúncia.

Ação direta de inconstitucionalidade. Incisos IV e V do art. 35 da Lei Complementar nº 106/2003, do Estado do Rio de Janeiro. Necessidade de adequação da norma impugnada aos limites da competência legislativa concorrente prevista no art. 24 da Constituição Federal. Ação julgada parcialmente procedente apenas para declarar a inconstitucionalidade do inciso IV do art. 35 da Lei Complementar Estadual. A legislação que disciplina o inquérito policial não se inclui no âmbito estrito do processo penal, cuja competência é privativa da União (art. 22, I, CF), pois o inquérito é procedimento subsumido nos limites da competência legislativa concorrente, a teor do art. 24, XI, da Constituição Federal de 1988, tal como já decidido reiteradamente pelo Supremo Tribunal Federal. O procedimento do inquérito policial, conforme previsto pelo Código de Processo Penal, torna desnecessária a intermediação judicial quando ausente a necessidade de adoção de medidas constritivas de direitos dos investigados, razão por que projetos de reforma do CPP propõem a remessa direta dos autos ao Ministério Público. No entanto, apesar de o disposto no inc. IV do art. 35 da LC 106/2003 se coadunar com a exigência de maior coerência no ordenamento jurídico, a sua inconstitucionalidade formal não está afastada, pois insuscetível de superação com base em avaliações pertinentes à preferência do julgador sobre a correção da opção feita pelo legislador dentro do espaço que lhe é dado para livre conformação. Assim, o art. 35, IV, da Lei Complementar estadual nº 106/2003, é inconstitucional ante a existência de vício formal, pois extrapolada a competência suplementar delineada no art. 24, §1º, da Constituição Federal de 1988. Já em relação ao inciso V, do art. 35, da Lei complementar estadual nº 106/2003, inexiste infração à competência para que o estado-membro legisle, de forma suplementar à União, pois o texto apenas reproduz norma sobre o trâmite do inquérito policial já extraída da interpretação do art. 16 do Código de Processo Penal. Ademais, não há desrespeito ao art. 128, §5º, da Constituição Federal de 1988, porque, além de o dispositivo impugnado ter sido incluído em lei complementar estadual, o seu conteúdo não destoou do art. 129, VIII, da Constituição Federal de 1988, e do art. 26, IV, da Lei nº 8.625/93, que já haviam previsto que o Ministério Público pode requisitar diligências investigatórias e a instauração de inquérito policial. Ação direta julgada parcialmente procedente para declarar a inconstitucionalidade somente do inciso IV do art. 35 da Lei Complementar nº 106/2003, do Estado do Rio de Janeiro. (STF, ADI 2886, Rel. p/ ac. Min. Joaquim Barbosa, Pleno, DJe 5.8.2014)

## 2. DA AÇÃO CIVIL (ARTS. 63 A 68)

### ENUNCIADO 16. O VALOR MÍNIMO PARA REPARAÇÃO DOS DANOS CAUSADOS PELO CRIME PODE ABRANGER DANOS MORAIS.

• *Aprovado no I FONACRIM.*

▸ *Por Mauro Alencar de Barros e Renata Cortez Vieira Peixoto.*

A Lei 11.719, de 20 de junho de 2008, alterou a redação do art. 387, inciso IV, do Código de Processo Penal, que passou a dispor: "O juiz, ao proferir a sentença condenatória fixará valor mínimo para reparação dos danos causados pela infração, considerando os prejuízos sofridos pelo ofendido".

É certo que o principal escopo da modificação legislativa foi o de conferir maior simplicidade e celeridade à reparação das vítimas relativamente aos danos causados pelas condutas tipificadas criminalmente.

De fato, a prova produzida no juízo criminal, documental e oral, não raras vezes, revela em alguma medida os prejuízos sofridos pelo ofendido, a exemplo dos crimes contra o patrimônio em que o auto de apresentação e apreensão dos pertences da vítima geralmente contém a estimativa do dano material por ela sofrido.

Assim, diante de tal acervo probatório, é possível estabelecer, ainda que parcialmente, o valor da indenização que deve ser conferido às vítimas ou a seus herdeiros, que poderão utilizar a sentença penal condenatória transitada em julgado para promover a execução do montante já definido pelo juízo criminal, sem prejuízo da comprovação de outros danos ou de valores superiores no juízo cível, em fase de liquidação de sentença, conforme estabelece o art. 63, parágrafo único, do CPP.

Tal previsão legislativa cuida-se de providência que certamente acelera e simplifica a reparação dos prejuízos sofridos pela vítima, ao tempo em que reduz o número de processos, visto que a parte não precisará propor ação indenizatória no juízo cível, no qual pleiteará diretamente a execução do valor estabelecido pelo juízo criminal e buscará, se assim desejar, montante superior por meio de pedido de liquidação de sentença, o que não acontecerá necessariamente, visto que a vítima pode se satisfazer com a indenização fixada na sentença penal condenatória.

A partir da entrada em vigor do dispositivo sob comento, inúmeras controvérsias surgiram acerca de sua interpretação, tanto na doutrina como na jurisprudência, a exemplo da discussão a respeito da necessidade ou não de requerimento da vítima para a fixação da indenização pelo juízo criminal. Segundo o Superior Tribunal de Justiça (HC 318.943/RJ), é imprescindível a formulação de pedido expresso e formal pelo ofendido ou pelo representante do Ministério Público (na qualidade de substituto processual), a fim de oportunizar o contraditório ao acusado[3].

---

3. Embora a matéria esteja pacificada no âmbito dos Tribunais Superiores e da maioria dos Tribunais de Justiça, deve-se fazer a ressalva do entendimento pessoal de um dos autores dos presentes comentários (Mauro Alencar de Barros), o qual, na qualidade de Desembargador do Tribunal de Justiça do Estado de Pernambuco, tem manifestado posicionamento no sentido de que não se faz necessário

Outra relevante celeuma sobre o tema concerne à natureza dos danos suportados pela vítima que podem ser reparados por meio de indenização a ser fixada pelo juízo criminal. A questão é controversa e não alcança uniformidade na doutrina, porém o pensamento majoritário é no sentido da impossibilidade da fixação de danos morais na sentença penal condenatória[4]. As razões para tanto são variadas: a) o art. 387, IV, do CPP, ao fazer referência a "prejuízos", apenas se reportaria a danos materiais, porquanto os danos morais são mensurados pelo sofrimento, pela dor causada pelo fato gerador da indenização; b) a impossibilidade de aferição, no juízo criminal, dos danos de natureza extrapatrimonial; c) a ampliação exagerada da discussão probatória e a sua incompatibilidade com o andamento do processo criminal.

Tais argumentos, entrementes, não parecem capazes de tornar absolutamente incabível o estabelecimento de indenização por danos morais na sentença penal condenatória, com fundamento no art. 387, IV, do CPP.

Em primeiro lugar, a terminologia utilizada pelo legislador (prejuízos) não pode impedir, *de per si,* a condenação do acusado em indenização por danos morais, visto que a palavra prejuízo é sinônima de dano, que pode ter natureza patrimonial, moral, estética etc. Não se pode olvidar também que o dispositivo expressamente faz referência à fixação de valor mínimo para reparação dos danos causados pela infração.

Por outro lado, é certo que, para que haja incidência do art. 387, IV do CPP, é preciso que os danos – independentemente de sua natureza – estejam evidenciados nos autos da ação penal. Em outras palavras, não é possível fixar indenização na sentença penal com esteio em meras conjecturas ou presunções. É preciso que os prejuízos estejam concretamente demonstrados nos autos.

Por isso é que a absoluta impossibilidade prática de comprovação dos danos morais no juízo criminal pode se revelar impeditiva da fixação da indenização respectiva. Na realidade, não se trata propriamente de uma impossibilidade, mas de uma eventu-

---

pedido expresso da parte para que haja incidência da indenização prevista no art. 387, IV do CPP, por considerar que se trata de uma eficácia automática da sentença que decorre diretamente da lei, de modo que a indenização pode ser estabelecida de ofício pelo magistrado. Nesse sentido, veja-se a Apelação 323041-5, da 2ª Câmara Criminal do TJPE, julgada em 11.3.2014, DJe de 20.3.14.

4. Damásio de Jesus (in: Código de Processo Penal anotado. São Paulo: Saraiva, 2010, p.332 e 333) entende não ser possível a fixação dos danos morais: "Cremos que não devem compor o valor mínimo de indenização a ser fixado pelo juiz na sentença penal. Em primeiro lugar, não dispõe o juiz criminal de meios para aferir o montante a ser estabelecido a este título. Além disso, ampliar-se-ia exageradamente o *thema probandum*. Há que ver, ainda, o fato de a Lei autorizar tão somente a 'reparação dos danos causados pela infração'. Ora, dano moral não se repara, mas se compensa. No mesmo sentido, Eugênio Eugênio Pacelli de Oliveira (*in:* Curso de Direito Penal. 10. ed. Rio de Janeiro: Lumen Juris, 2008. p. 521): "(...). o valor mínimo que se revele suficiente para recompor os prejuízos já evidenciados na ação penal (...). eventuais acréscimos da responsabilidade civil, sob a rubrica dos lucros cessantes e eventuais danos morais, serão fixados na instância cível (...)". Em sentido contrário, Daniel Roberto Hertel (in: Aspectos processuais civis decorrentes da possibilidade de fixação de indenização civil na sentença penal condenatória. Internet. Jus Navigandi, Teresina, ano 13, n. 2150, 21 maio 2009) sustenta que o art. 387, IV não restringiu a reparação aos danos materiais sofridos pela vítima e que "(...). não se pode vislumbrar qualquer impossibilidade de o juiz criminal fixar indenização tanto pelo dano material como pelo dano moral sofrido pelo sujeito passivo".

al dificuldade, diante da complexidade da prova a ser produzida e a sua incompatibilidade com o rito do processo penal.

Ocorre que tal obstáculo deve ser avaliado concreta e casuisticamente, não sendo adequado impedir-se, *a priori*, a fixação da indenização por danos morais na sentença penal condenatória com base no art. 387, inciso IV, do CPP, uma vez que não se afigura absolutamente inviável a produção de provas capazes de demonstrar os danos extrapatrimoniais sofridos pela vítima ou seus herdeiros durante a instrução criminal.

Nesse mesmo sentido, é a conclusão de Antônio do Passo Cabral[5]:

> Portanto, embora na maioria dos casos o dano moral necessite de prova alongada para sua aferição, se a prova estiver nos autos ou puder ser facilmente obtida, pensamos ser possível a fixação.

*A contrario sensu*, se a prova não tiver como ser produzida no juízo criminal ou se a complexidade da questão demandar produção de provas incompatível com o rito mais célere que se deve imprimir ao processo penal, será incabível a fixação de indenização por danos morais na sentença penal condenatória.

Desse modo, tem-se que é possível, em tese, a reparação dos danos morais causados pelo crime por meio da sentença penal condenatória, aplicando-se à espécie o disposto no art. 387, IV, do CPP.

Esse foi o entendimento adotado pelo I FONACRIM no enunciado sob análise, a despeito da divergência verificada na doutrina, conforme alhures assinalado.

Não há precedentes dos Tribunais Superiores que tenham enfrentado diretamente a questão. Em julgado do Superior Tribunal de Justiça a respeito do art. 387, IV do CPP, entrementes, a referida Corte ressaltou a dificuldade de apuração dos prejuízos sofridos pela vítima, chamando a atenção para a circunstância de que tais prejuízos podem envolver danos de natureza material e moral, sinalizando para a possibilidade de fixação de valor mínimo para a reparação de danos morais decorrentes da infração penal, desde que evidenciados nos autos.

(...). A inovação introduzida pela Lei n. 11.719/2008, por inserir no art. 387, IV, do CPP norma de direito material mais gravosa (efeito da condenação), não pode retroagir para prejudicar o réu. (...). (STJ, AgRg no REsp 1405478/PR, Rel. Min. Rogerio Schietti Cruz, 6ª Turma, DJe 11.9.2015)

(...). A fixação, na sentença condenatória, de valor mínimo para reparação civil dos danos causados ao ofendido, requer pedido expresso e formal, de modo a oportunizar o devido contraditório. (...). (STJ, HC 318.943/RJ, Rel. Min. Maria Thereza de Assis Moura, 6ª Turma, DJe 25.8.2015)

(...). Não é possível a fixação na sentença penal condenatória de valor mínimo para reparação dos danos causados pelo crime de homicídio na hipótese em que não há nos autos nenhum elemento concreto apresentado pela acusação ou pela própria parte interessada que instrua o pedido de indenização e que possibilite ao réu a contestação do mesmo, pois, além da violação ao princípio da ampla defesa, em se tratando do crime de homicídio, não é simples a apuração dos prejuízos sofridos, que podem envolver danos de natureza material e moral. (...). (STJ, REsp 1176708/RS, Rel. Min. Sebastião Reis Júnior, 6ª Turma, DJe 20.6.2012)

5. O valor mínimo da indenização cível fixado na sentença condenatória penal: notas sobre o novo art. 387, IV do CPP. Revista da EMERJ, v. 13, nº 49, 2010. Internet.

(...). Ademais, tal indenização restringe-se aos prejuízos materiais sofridos pelo ofendido, uma vez que estes podem ser facilmente aferíveis no curso da ação penal. A condenação do réu a reparar danos morais não tem aplicabilidade no juízo criminal. (...). (TJDF, APR 20130610016980, Rel. Jesuino Rissato, 3ª Turma Criminal, DJe 7.12.2015)

# 3. DA PROVA (ARTS. 155 A 250)

## 3.1. Disposições Gerais (arts. 155 a 157)

**ENUNCIADO 58. É POSSÍVEL A UTILIZAÇÃO DAS PROVAS OBTIDAS EM ACORDO DE COOPERAÇÃO INTERNACIONAL, PARA FIM DIVERSO DAQUELE QUE JUSTIFICOU A SUA OBTENÇÃO, DESDE QUE NÃO HAJA VEDAÇÃO EXPRESSA NO TRATADO OU NO ACORDO DE COOPERAÇÃO.**

● ***Aprovado no*** *IV FONACRIM, em 25.9.2015.*

▸ *Por Marcelo Costenaro Cavali.*

Com a globalização e o desenvolvimento da criminalidade transnacional, a cooperação jurídica internacional se mostra um instrumento cada vez mais comum na prática processual penal[6]. A cooperação entre as autoridades jurisdicionais dos diferentes Estados é imprescindível para a coleta de provas, para a oitiva de testemunhas e a tomada de interrogatórios, para a apreensão de bens e valores, para a prisão de acusados ou condenados, entre outras providências, quando se faz necessária a realização dos atos pertinentes em território estrangeiro.

A cooperação pode ser classificada como ativa ou passiva, a depender do Estado interessado na efetividade da prestação jurisdicional. Na "cooperação ativa", trata-se dos procedimentos voltados à obtenção de atos auxiliares à jurisdição brasileira que devam ser praticados no exterior. Na "cooperação passiva", cuida-se da realização de atos em território brasileiro, atendendo a pedidos de autoridades estrangeiras.

Tradicionalmente, a cooperação jurídica internacional se desenvolveu através de instrumentos como as cartas rogatórias, a homologação de sentença estrangeira, os pedidos de extradição e a transferência de pessoas condenadas.

Mais recentemente, veio a somar-se a tais instrumentos o chamado auxílio direto, que permite levar a cognição do pedido diretamente ao juiz de primeira instância, sendo desnecessário o juízo prévio de delibação do STJ. A tramitação desses pedidos é coordenada pela Autoridade Central brasileira designada em cada tratado firmado, sendo que, na maioria dos tratados assinados pelo Brasil, tal função é exercida pelo.

6. Opta-se pela expressão "cooperação jurídica internacional" – ao invés de "cooperação judiciária internacional" – porque "a efetividade da jurisdição, nacional ou estrangeira, pode depender do intercâmbio não apenas entre órgãos judiciais, mas também entre órgãos administrativos ou, ainda, entre órgãos judiciais e administrativos, de Estados distintos" (SILVA, Ricardo Perlingeiro Mendes. Cooperação jurídica internacional e auxílio direto. **Revista CEJ.** Brasília, n. 32, p. 75-79, jan./mar. 2006. p. 76). A respeito da admissibilidade da cooperação direta entre autoridades administrativas, cf. STJ, Rcl 2.645/SP, Rel. Min. Teori Albino Zavascki, Corte Especial, DJe 16.12.2009.

O Departamento de Recuperação de Ativos e Cooperação Jurídica Internacional da Secretaria Nacional de Justiça[7].

O auxílio direto é mecanismo mais moderno e consentâneo à realidade atual, exercendo um papel propulsor no aumento dos casos de cooperação jurídica internacional.

O enunciado ora examinado trata de hipótese de cooperação jurídica internacional ativa, especificamente no âmbito da obtenção de provas, isto é, daqueles casos em que é do interesse da jurisdição brasileira a utilização de elementos probatórios fornecidos por autoridades estrangeiras.

Além das situações em que uma autoridade brasileira solicita e recebe determinadas provas, trata-se, também, daquelas hipóteses em que ocorre a chamada comunicação não solicitada, isto é, casos em que as autoridades competentes de um Estado estrangeiro, sem pedido prévio, comunicam informações relativas a questões penais a autoridades brasileiras, por considerarem que estas informações poderão ajudar a empreender ou concluir com êxito investigações e processos penais ou conduzir o Brasil a formular um pedido de auxílio direto.

A legislação interna que regulamenta a cooperação jurídica internacional no Brasil é fragmentada. Não existe uma lei específica que trate da matéria. Entre outros atos normativos que regulam o tema, podem ser mencionados a Lei de Introdução às normas do Direito Brasileiro o Código de Processo Civil e a Resolução nº 9/2005 do STJ.

No âmbito internacional, os acordos de cooperação jurídica internacional podem ser firmados de forma bilateral, regional ou global[8].

É preciso verificar, portanto, qual o acordo de cooperação internacional que irá reger a cooperação, para perquirir sobre a possibilidade de utilização das provas obtidas em acordo de cooperação internacional, para fim diverso daquele que justificou a sua obtenção.

Examinados tanto os acordos multilaterais como os acordos bilaterais assinados pelo Brasil, percebe-se que costuma haver regras disciplinando essa questão.

Por exemplo, o Acordo de Assistência Judiciária em Matéria Penal entre o Brasil e os Estados Unidos da América, em execução no Brasil por força do Decreto nº 3.810/01, que é provavelmente o tratado mais utilizado na cooperação ativa, dispõe, em seu artigo VII:

---

7. No que concerne à cooperação jurídica internacional em matéria penal, existem, no entanto, duas exceções à regra, em que a Procuradoria-Geral da República funciona como Autoridade Central nas questões relativas ao Tratado de Auxílio Mútuo em Matéria Penal entre o Governo da República Portuguesa e o Governo da República Federativa do Brasil (Decreto nº 1.320, de 30 de novembro de 1994) e ao Tratado de Assistência Mútua em Matéria Penal entre o Governo da República Federativa do Brasil e o Governo do Canadá (Decreto nº 6.747, de 22 de janeiro de 2009).
8. A lista dos acordos internacionais bilaterais, tanto na área cível, quanto penal, já ratificados pelo Brasil, encontra-se em em www.mj.gov.br/drci.

**Artigo VII**

**Restrições ao Uso**

1. A Autoridade Central do Estado Requerido pode solicitar que o Estado Requerente deixe de usar qualquer informação ou prova obtida por força deste Acordo em investigação, inquérito, ação penal ou procedimentos outros que não aqueles descritos na solicitação, sem o prévio consentimento da Autoridade Central do Estado Requerido. Nesses casos, o Estado Requerente deverá respeitar as condições estabelecidas.

2. A Autoridade Central do Estado Requerido poderá requerer que as informações ou provas produzidas por força do presente Acordo sejam mantidas confidenciais ou usadas apenas sob os termos e condições por ela especificadas. Caso o Estado Requerente aceite as informações ou provas sujeitas a essas condições, ele deverá respeitar tais condições.

3. Nenhum dos dispositivos contidos neste Artigo constituirá impedimento ao uso ou ao fornecimento das informações na medida em que haja obrigação constitucional nesse sentido do Estado Requerente, no âmbito de uma ação penal. O Estado Requerente deve notificar previamente o Estado Requerido de qualquer proposta de fornecimento de tais informações.

4. Informações ou provas que tenham sido tornadas públicas no Estado Requerente, nos termos do parágrafo 1 ou 2, podem, daí por diante, ser usadas para qualquer fim.

Note-se que os incisos 1 e 2 do art. VII preveem expressamente que a "autoridade Central do Estado Requerido **pode** solicitar que o Estado Requerente deixe de usar qualquer informação ou prova obtida por força deste Acordo em investigação, inquérito, ação penal ou procedimentos outros que não aqueles descritos na solicitação, sem o prévio consentimento da Autoridade Central do Estado Requerido", assim como "... **poderá** requerer que as informações ou provas produzidas por força do presente Acordo sejam mantidas confidenciais ou usadas apenas sob os termos e condições por ela especificadas".

Não se trata, portanto, de uma obrigação, mas de uma mera faculdade posta à disposição do Estado requerido[9].

Ademais, confira-se o que dispõe o artigo 1º, item 5 do tratado:

**Artigo I**

**Alcance da Assistência**

(...)

5. O presente Acordo destina-se tão-somente à assistência judiciária mútua entre as Partes. Seus dispositivos não darão direito a qualquer indivíduo de obter, suprimir ou excluir qualquer prova ou impedir que uma solicitação seja atendida.

Uma interpretação do literal do dispositivo conduziria, evidentemente, ao reconhecimento de sua inconstitucionalidade, por ofensa ao artigo 5º, LVI, da Constituição. Contudo, é possível vislumbrar nesta norma, se adequadamente compreendida, uma indicação de que os mecanismos de cooperação devem ser entendidos como meios de

9. O tratar-se de uma faculdade é a premissa que embasa decisão sobre preliminar analisada pelo STF, no famoso caso do "mensalão", ao verificar que não havia qualquer restrição imposta pelo governo norte-americano à entrega dos documentos enviados (Inq 2245, Rel. Min. Joaquim Barbosa, Tribunal Pleno, DJe 9.11.2007).

auxílio ao cumprimento da lei penal, para possibilitar a atuação dos Estados-parte na persecução penal, não veiculando aos acusados novas garantias além daquelas previstas nos respectivos ordenamentos internos – embora, evidentemente, tampouco as suprimam. É dizer que a interpretação que deve ser conferida aos seus dispositivos deve levar à sua eficácia, não condescendendo com o reconhecimento de irregularidades formais que nenhum prejuízo trazem ao réu – a não ser que o conhecimento da verdade real seja interpretado como prejuízo.

Na Convenção das Nações Unidas contra o Crime Organizado Transnacional, internalizada no nosso ordenamento jurídico pelo Decreto nº 5.015/04, o artigo 18, que trata da "assistência judiciária recíproca", dispõe em seu item 5:

> **Artigo 18**
>
> **Assistência judiciária recíproca**
>
> (...)
>
> 5. A comunicação de informações em conformidade com o parágrafo 4 do presente Artigo será efetuada sem prejuízo das investigações e dos processos penais no Estado cujas autoridade competentes fornecem as informações. As autoridades competentes que recebam estas informações deverão satisfazer qualquer pedido no sentido de manter confidenciais as referidas informações, mesmo se apenas temporariamente, ou de restringir a sua utilização. Todavia, tal não impedirá o Estado Parte que receba as informações de revelar, no decurso do processo judicial, informações que inocentem um arguido. Neste último caso, o Estado Parte que recebeu as informações avisará o Estado Parte que as comunicou antes de as revelar e, se lhe for pedido, consultará este último. Se, num caso excepcional, não for possível uma comunicação prévia, o Estado Parte que recebeu as informações dará conhecimento da revelação, prontamente, ao Estado Parte que as tenha comunicado.

A norma afirma que as autoridades competentes que recebam estas informações deverão satisfazer "**qualquer pedido no sentido de** manter confidenciais as referidas informações, mesmo se apenas temporariamente, ou de **restringir a sua utilização**". Trata-se, mais uma vez, de uma restrição que depende de um requerimento expresso por parte do Estado remetente das provas.

Em dispositivo praticamente idêntico, o item 5 do artigo 46 da Convenção das Nações Unidas contra a Corrupção, executada no Brasil por ordem do Decreto nº 5.687/06, prevê que pode haver "**solicitação** de que se respeite seu caráter confidencial, inclusive temporariamente, ou de que se imponham restrições a sua utilização".

Dessas normas se pode extrair que, como regra geral, é possível a utilização das provas obtidas em acordo de cooperação internacional, para fim diverso daquele que justificou a sua obtenção, salvo se o Estado remetente das provas impuser restrições expressas ao seu uso.

Por outro lado, existem tratados que veiculam vedações expressas à utilização das provas obtidas mediante auxílio direto para outros fins. É o caso do cujo artigo 7º, item 13, da Convenção Contra o Tráfico Ilícito de Entorpecentes e Substâncias Psicotrópicas, internalizada no Brasil pelo Decreto nº 154/91, que estabelece que "a Parte requerente não comunicará nem utilizará, sem prévia anuência da Parte requerida, a informação ou as provas coligidas pela Parte requerida para outras investigações, processos ou procedimentos diferentes dos indicados na solicitação".

Essa restrição não deve ser entendida como impeditiva da utilização da prova em relação aos crimes conexos ao de tráfico de entorpecentes, como de lavagem do dinheiro dele proveniente. Nesse caso, a investigação ou processo será o mesmo, de modo que a restrição não se aplica.

De toda sorte, tampouco será impossível a utilização dessas provas para municiar investigações desvinculadas do caso original, já que a restrição visa a resguardar a soberania do Estado solicitado – e não, *a priori*, algum direito do investigado/acusado. Assim, é possível a expedição de novo pedido de auxílio direto, solicitando do Estado estrangeiro autorização para o uso das provas remetidas para outra finalidade.

Em conclusão, deve ser examinado o tratado regente da cooperação internacional: a) não havendo nele vedação expressa à utilização das provas, esta será possível para fim diverso daquele que justificou a sua obtenção, salvo se o Estado remetente, valendo-se de faculdade prevista no tratado, restringir a sua utilização; b) havendo vedação expressa no tratado, será necessária a obtenção de nova autorização do Estado solicitado, para legitimar a utilização das provas obtidas para outra finalidade.

DIREITO PENAL E PROCESSUAL PENAL. CRIME DE LAVAGEM DE DINHEIRO (LEI 9.613/98). ALEGAÇÕES DE NULIDADE PROCESSUAL. DESNECESSIDADE DE LAUDO TOXICOLÓGICO PARA COMPROVAR CRIME DE TRÁFICO ANTECEDENTE. INDEFERIMENTO DE PROVAS. ANÁLISE DISCRICIONÁRIA DO JUIZ. INÉPCIA DA INICIAL ACUSATÓRIA ENVOLVENDO O CRIME ANTECEDENTE. IRRELEVÂNCIA. PRODUÇÃO ANTECIPADA DE PROVAS. OITIVA DE ESTRANGEIROS. APLICABILIDADE DA LEGISLAÇÃO BRASILEIRA. LOCAL DO CRIME. (ART. 6º DO CP). COOPERAÇÃO JURÍDICA INTERNACIONAL. BRASIL E ESTADOS UNIDOS DA AMÉRICA. INAPLICABILIDADE DO PRINCÍPIO DA ESPECIALIDADE. DECRETO 3.810/01 1. Para condenação pelo crime de lavagem de dinheiro é possível a comprovação do delito antecedente por intermédio de provas testemunhais ou outro conjunto de elementos indiciários que afastem qualquer dúvida razoável acerca da consumação do crime, ainda que se trate de tráfico de entorpecentes. Inteligência da jurisprudência do Superior Tribunal de Justiça, a qual afirma, muito embora o art. 158 do CPP estabeleça a indispensabilidade do exame de corpo de delito para as infrações penais que deixem vestígios, tal procedimento não é de ser reclamado como uma necessária condição para a condenação pelo crime de tráfico de drogas, pois o próprio art. 167 do mesmo diploma normativo estabelece que, não sendo possível o referido exame, por haverem desaparecido os vestígios, a prova testemunhal poderá suprir a sua falta; 2. Ao juiz, que é o destinatário da prova, é facultado indeferir as provas que entender desnecessárias, bem como "determinar, no curso da instrução, ou antes de proferir sentença, a realização de diligências para dirimir dúvida sobre ponto relevante" (CPP, art. 156, II). Não comprovado cerceamento indevido da ampla defesa, inexiste nulidade a ser pronunciada; 3. Consoante art. 2º, II, da Lei 9.613/98, o processamento pelo crime de lavagem de dinheiro independe sequer da existência de persecução criminal relativa ao delito antecedente. Eventual vício formal na peça acusatória relativa ao crime originário não tem o potencial de nulificar o feito em que se discute o crime secundário (lavagem); 4. O art. 156 do Código de Processo Penal faculta ao juiz a produção antecipada de provas consideradas urgentes e relevantes, observando a necessidade, adequação e proporcionalidade da medida. É legítima a antecipação da oitiva de agentes policiais norte-americanos, com elevado grau de conhecimento acerca dos fatos, que estavam na iminência de retornar ao seu país de origem, especialmente quando a defesa participou e concordou com a colheita da prova; 5. Em relação ao crime de lavagem de capitais previsto no art. 1º, da Lei 9.613/98 e praticado no exterior, aplica-se o art. 7º, I, b, e II, a do Código Penal, de modo que, atendidas as condições estabelecidas pelo § 2º da mesma norma, incide na espécie a legislação penal brasileira. O fato de somente o crime antecedente ter sido cometido em território estrangeiro também não impede a aplicação da norma nacional; 6. Quando as ações voltadas à lavagem de capitais são realizadas em território nacional, ainda que seja promovida a abertura de empresas "off shore", a legislação brasileira é plenamente aplicável, nos termos dos arts. 5º e 6º do Código Penal; 7. Ao contrário de outros tratados sobre assistência judiciária internacional, o Decreto 3.810/01 travado entre Brasil e Estados Unidos prevê que as restrições ao uso da prova sejam expressamente solicitadas pelo Estado Requerido. Ou seja, a regra é a ampla autorização para utilização da prova sendo, assim, irrelevante se o pedido que originou a cooperação jurídica internacional não está vinculado aos fatos da atual apuração criminal. As restrições ao uso dos elementos de convicção é que devem ser expressamente formuladas; 8. Resta tipificado o crime de lavagem de capitais previsto no art. 1º, da lei 9.613/98 quando os recursos auferidos com prática ilícita antecedente são colocados, dissimulados e, por fim, integrados no mercado para que se desvinculem de sua origem. O criminoso produz uma interação entre a economia legal e ilegal com o intuito de conferir honorabilidade ao seu patrimônio e afastar quaisquer desconfianças que recaiam sobre a fonte ilícita de seus recursos. Hipótese devidamente demonstrada nos autos. (TRF4, ACR 5055075-44.2011.404.7100, 8ª Turma, Rel. p/ ac. Leandro Paulsen, juntado aos autos em 14.4.2015)

## 3.2. Das Testemunhas (arts. 202 a 225)

**Enunciado 44. O ajuste de que trata o art. 221 do CPP deve ser efetuado mediante oportunidade de indicação pela autoridade, de acordo com opções informadas pelo juízo, respeitado o prazo de instrução do rito respectivo. Não havendo indicação pela autoridade, o juiz designará o ato.**

• ***Enunciado 9*** *aprovado no III FONACRIM. Renumerado no IV FONACRIM, em 25.9.2015.*

▸ *Por Gustavo Pontes Mazzocchi.*

O enunciado objetivou definir parâmetros para o exercício da prerrogativa de determinadas autoridades de marcar local, dia e horário para a tomada do seu depoimento.

A regra do artigo 221 do Código de Processo Penal se justifica em face da relevância das funções públicas exercidas pelas pessoas citadas no *caput*, agentes responsáveis pela orientação e condução das políticas de Estado. A esses, o legislador, compatibilizando os interesses da administração da Justiça com os compromissos inerentes aos cargos, assegurou a prerrogativa de ajustarem previamente local, dia e horário para a sua inquirição.

Embora a preocupação em harmonizar os interesses, não estabeleceu a lei a forma como se daria esse ajuste e as providências que seriam adotadas quando a autoridade arrolada como testemunha se quedar inerte.

Não poucas vezes, as pessoas com essa prerrogativa não são encontradas por telefone e não respondem aos ofícios expedidos, inviabilizando o prosseguimento das ações criminais ou as atrasando significativamente.

O enunciado, primeiramente, sedimentou a forma como se darão as tratativas: o magistrado expedirá ofício à autoridade arrolada como testemunha, colocando a ela diferentes opções de datas a horários, para a escolha de uma delas.

Essas datas devem estar dentro do prazo definido na legislação processual penal para cada um dos ritos. Para cumprir esse prazo, também é importante que o juiz solicite que a resposta seja dada dentro do tempo que fixar, a fim de não frustrar a audiência pela pouca antecedência da confirmação.

Nada contraindica e tudo antes recomenta que o magistrado, quando possível, mantenha prévio contato verbal com a autoridade, sugerindo as datas e chegando a um consenso. O anterior contato verbal acelera o trâmite, pois já se terá confirmada a disponibilidade nos dias ajustados.

Definida a opção, o magistrado expedirá o ofício sugerindo a data avençada, conforme o anterior contato, e solicitará a confirmação dentro do prazo estabelecido. Confirmada a data, expedirá o mandado de intimação.

É de ser observado que o ajuste de local, data e horário não dispensa a intimação, que deve ocorrer tão logo compatibilizadas as agendas. O artigo 221 do CPP apenas assegura a existência do ajuste, mas não exime o detentor da prerrogativa do dever de comparecimento, uma vez confirmada a data e o horário.

Em um segundo momento, o enunciado estabelece as providências que serão adotadas quando o ofício não for respondido dentro do prazo assinalado.

Tratando-se o ajuste de uma oportunidade que visa a não prejudicar as atividades públicas das pessoas que dispõem dessa prerrogativa, não sendo ela exercida, ou se exercida em desconformidade com o razoável, cumpre ao juiz designar o ato conforme a sua pauta de audiências e ordenar a normal intimação.

Nesse caso, o não comparecimento da autoridade poderá acarretar a ela as sanções estabelecidas nos artigos 218 e 219 do Código de Processo Penal.

O entendimento fixado no enunciado reflete a interpretação conferida ao dispositivo pelo Pleno do STF, no julgamento de Questão de Ordem na Ação Penal 470.

Naquele julgamento assentou-se que, decorridos mais de 30 dias sem que a autoridade que goza da prerrogativa tenha indicado dia, hora e local, ou caso não tenha comparecido conforme ajustado, "há perda da faculdade, sob pena de se admitir que a autoridade arrolada como testemunha possa, na prática, frustrar a sua oitiva, indefinidamente e sem justa causa".

---

QUESTÃO DE ORDEM. AÇÃO PENAL. DEPUTADO FEDERAL ARROLADO COMO TESTEMUNHA. NÃO INDICAÇÃO DE DIA, HORA E LOCAL PARA A OITIVA OU NÃO COMPARECIMENTO NA DATA JÁ INDICADA. AUSÊNCIA DE JUSTA CAUSA PARA O NÃO ATENDIMENTO AO CHAMADO JUDICIAL. DECURSO DE MAIS DE TRINTA DIAS. PERDA DA PRERROGATIVA PREVISTA NO ART. 221, *CAPUT*, DO CÓDIGO DE PROCESSO PENAL. Passados mais de trinta dias sem que a autoridade que goza da prerrogativa prevista no *caput* do art. 221 do Código de Processo Penal tenha indicado dia, hora e local para a sua inquirição ou, simplesmente, não tenha comparecido na data, hora e local por ela mesma indicados, como se dá na hipótese, impõe-se a perda dessa especial prerrogativa, sob pena de admitir-se que a autoridade arrolada como testemunha possa, na prática, frustrar a sua oitiva, indefinidamente e sem justa causa. Questão de ordem resolvida no sentido de declarar a perda da prerrogativa prevista no *caput* do art. 221 do Código de Processo Penal, em relação ao parlamentar arrolado como testemunha que, sem justa causa, não atendeu ao chamado da justiça, por mais de trinta dias. (AP 421 QO, Rel. Min. Joaquim Barbosa, Pleno, DJe 4.2.2011)

---

PROCESSUAL PENAL. "HABEAS CORPUS". DEPUTADO ESTADUAL. TESTEMUNHA. PRERROGATIVA PARA AJUSTAR DIA, HORA E LOCAL. OBSERVÂNCIA PELO JUÍZO *A QUO*. ORDEM DENEGADA. 1. Diante das elevadas funções exercidas pelas pessoas que exercem os cargos mencionados no artigo 221, *caput*, do Código de Processo Penal, a lei confere a elas, quando arroladas como testemunhas em ação penal, a prerrogativa de ajustar o dia, a hora e o local para a realização da audiência de inquirição. 2. Contudo, a legislação de regência não conferiu qualquer direito à testemunha, dotada da prerrogativa de ajustar o dia e o horário para a realização da audiência de inquirição, de ficar alterando e esticando, demasiadamente, sem nenhuma justificativa plausível, as datas anteriormente designadas por ela mesma, desconsiderando o interesse da Justiça de ver concluída a instrução processual e, principalmente, dos réus presos preventivamente. 3. Portanto, tratando-se de injustificada resistência por parte do paciente em comparecer a Juízo para prestar depoimento como testemunha, a sua condução coercitiva pode até constituir constrangimento, mas não pode ser qualificada de ilegal ou abusiva, quando, anteriormente, lhe foi assegurada a prerrogativa de marcar dia e hora, conforme previsto no artigo 221, do Código de Processo Penal. 4) Ordem de "habeas corpus" concedida em parte, apenas e tão-somente, para evitar eventual condução coercitiva até a próxima data remarcada pelo aludido deputado estadual, para a realização da referida audiência de inquirição. (TRF1, HC 00142429120034010000, Rel. Des. Federal Plauto Ribeiro, 3ª Turma, DJ 22.8.2003)

▶ **CPP. Art. 218.** Se, regularmente intimada, a testemunha deixar de comparecer sem motivo justificado, o juiz poderá requisitar à autoridade policial a sua apresentação ou determinar seja conduzida por oficial de justiça, que poderá solicitar o auxílio da força pública. ▶ **Art. 219.** O juiz poderá aplicar à testemunha faltosa a multa prevista no art. 453, sem prejuízo do processo penal por crime de desobediência, e condená-la ao pagamento das custas da diligência. ▶ **Art. 221.** O Presidente e o Vice-Presidente da República, os senadores e deputados federais, os ministros de Estado, os governadores de Estados e Territórios, os secretários de Estado, os prefeitos do Distrito Federal e dos Municípios, os deputados às Assembleias Legislativas Estaduais, os membros do Poder Judiciário, os ministros e juízes dos Tribunais de Contas da União, dos Estados, do Distrito Federal, bem como os do Tribunal Marítimo serão inquiridos em local, dia e hora previamente ajustados entre eles e o juiz.

## ENUNCIADO 59. SEM PREJUÍZO DA PRERROGATIVA PREVISTA NO ARTIGO 222, § 3º, DO CPP, DE EXPEDIÇÃO DE CARTA PRECATÓRIA PARA REALIZAÇÃO DE ATOS PROCESSUAIS, DEVE-SE PRIORIZAR A UTILIZAÇÃO DOS MEIOS ELETRÔNICOS CONSENTÂNEOS À VIRTUALIZAÇÃO DO PROCESSO.

● ***Aprovado no** IV FONACRIM, em 25.9.2015.*

▸ ***Por Marcel Peres de Oliveira.***

A crescente utilização do processo eletrônico, que tem como marco normativo a Lei 11.419/06[10], tem ocasionado o surgimento de diversas ferramentas tecnológicas especificamente voltadas à prática de atos processuais, inclusive a colheita de provas em audiência[11]. Nos termos do art. 1º, § 1º, da referida lei, as normas ali presentes aplicam-se, indistintamente, aos processos civil, penal e trabalhista, bem como aos juizados especiais, em qualquer grau de jurisdição.

10. Apesar de a Lei 9.800/99 ter sido a pioneira na admissão da utilização de sistemas de transmissão de dados para a prática de atos processuais, a lógica do papel ainda reinava, até porque as peças eram materializadas após a efetiva recepção.
11. Mesmo que eventualmente não tenha havido a migração do processo físico para o eletrônico, não há obstáculo à utilização de meios eletrônicos para a captação de provas em audiência, bastando que haja o armazenamento em mídia digital, com posterior encarte aos autos, proporcionando-se o amplo acesso dos interessados ao respectivo conteúdo.

Tais ferramentas proporcionam um evidente incremento da prestação jurisdicional, indo ao encontro dos princípios constitucionais da eficiência (art. 37, *caput*) e da razoável duração do processo (art. 5º, LXXVIII), a exemplo da maior agilização de rotinas, notadamente as repetitivas, e do aumento da segurança[12] na preservação dos atos e fatos eletronicamente documentados, bem como da maior fidelização de seu conteúdo.

Entretanto, a fim de que a evolução seja mais significativa, principalmente depois da instituição do **princípio da identidade física do juiz**[13], igualmente relevante é a utilização de instrumentos tecnológicos que possibilitem a realização de atos à distância, em **tempo real**, ou seja, sem que haja a necessidade da presença física de eventual interessado no ambiente onde estão se desenvolvendo os trabalhos sob a presidência do magistrado. A principal ferramenta de que dispomos na atualidade é a videoconferência[14].

O Código de Processo Penal[15] traz regras sobre o assunto, tais como as previstas nos artigos 185, 217 e 222, com a redação dada pela Lei 11.690/08 e pela Lei 11.900/09, nas quais expressamente permite a realização de videoconferência, destinada a viabilizar, de forma célere e eficaz, a prática de atos à distância[16].

Com o objetivo de disseminar a utilização de tais ferramentas tecnológicas, o Conselho Nacional de Justiça editou a Resolução 105, de 6 de abril de 2010, que dispõe sobre a documentação dos depoimentos por meio do sistema audiovisual e realização de interrogatório e inquirição de testemunhas por videoconferência[17]. Para tanto, nos

12. Questionamentos a respeito da efetiva segurança dos dados armazenados fogem da abordagem deste trabalho. De qualquer forma, eventual receio não justifica a não implementação do processo eletrônico. Trata-se de realidade cada vez mais presente na vida das pessoas, nas mais diversas áreas. Em outras palavras, por mais importante que seja o serviço prestado pelo Poder Judiciário, não há razão plausível para afastar-se dessa tendência universal.
13. A ausência de previsão expressa do princípio da identidade física do juiz no CPP era objeto de críticas da doutrina especializada. Finalmente, com a vigência da Lei 11.719/08, a omissão foi sanada (art. 399, § 2º). De qualquer forma, à falta de regulamentação mais detalhada, aplica-se, no couber, o disposto no art. 132 do CPC (art. 3º do CPP). O NCPC (Lei 13.105/15) não traz regra semelhante, o que irá demandar uma solução viável por parte dos operadores do direito.
14. As principais vantagens da videoconferência são: a) *supressão da barreira geográfica*, que, no caso do Brasil, país de dimensões continentais, assume vital importância; b) *economia de tempo e de custos operacionais*, justamente pela desnecessidade dos deslocamentos físicos; c) incremento da segurança, no caso de interrogatório on-line de pessoas integrantes de organizações criminosas, em situação de efetivo risco à ordem pública.
15. Não foi correta a tentativa de se implantar a videoconferência, por lei estadual, por se tratar de competência privativa da União (STF, HC 90.900/SP).
16. O NCPC também constitui um relevante passo à consolidação da videoconferência como instrumento apto a viabilizar a prática de atos à distância, conforme artigos 236, 385, 453, 461 e 937. O destaque fica por conta deste último dispositivo, que permite, nos processos em tramitação no tribunal, que a sustentação oral ocorra por tal sistema (**telessustentação**), desde que requerida até o dia anterior ao da sessão (§ 4º).
17. A Resolução também foi editada com o objetivo de proteger os juízes contra despachos oriundos da instância superior, em que se determinava a degravação de depoimentos coletados mediante utilização de sistema audiovisual.

termos do art. 1º, foi instituído o Sistema Nacional de Videoconferência[18], ficando o armazenamento dos depoimentos a cargo dos tribunais (parágrafo único).

No âmbito da Justiça Federal, a Corregedoria-Geral editou o Provimento 13, de 15 de março de 2013, que disciplina a utilização da videoconferência, com destaque para a criação de sistema de agendamento eletrônico, dispensando-se a expedição de carta precatória e a intervenção do juízo deprecado (art. 1º, § 3º). A videoconferência também passa a ser a regra para a oitiva de pessoas (**teledepoimento**), salvo impossibilidade técnica (art. 3º).

No caso do interrogatório, contudo, a utilização do instrumento é medida excepcional, como determina o art. 185, § 2º, do CPP, basicamente reproduzido no art. 5º do Provimento. Tais situações envolvem o acusado preso. Se o réu estiver solto, o citado ato normativo até incentiva a sua utilização, contanto que haja relevante dificuldade para o comparecimento do denunciado em juízo, por enfermidade, insuficiência financeira para deslocamento ou outra circunstância pessoal (art. 6º)[19].

Apesar de sofrer críticas de parte da doutrina[20], o interrogatório on-line, também conhecido como **teleinterrogatório**, vem sendo continuamente validado pelo Superior Tribunal de Justiça, à exceção do período anterior à vigência da Lei 11.900/09.

Além dos benefícios já listados, a videoconferência é um importante instrumento para o fortalecimento da **oralidade**[21], que teve sua influência aumentada no processo penal após a adoção expressa do princípio da identidade física do juiz, acima comentado. Dessa forma, permite-se a **concentração** dos atos em audiência, sob a análise direta do magistrado (**imediatidade**), trazendo mais eficiência à prestação jurisdicional. Por essa razão, se houver viabilidade técnica, recomenda-se que a colheita da

---

18. Disponível em https://vc.cnj.jus.br
19. Apesar de não mencionada, defendemos a possibilidade de se realizar o interrogatório *on-line*, se houver consentimento do réu.
20. Vale destacar o contraponto: "Toda a discussão travada sempre girou em torno das formas, e estas devem ser instrumentos da efetividade do processo penal, campo em que estão em jogo direitos individuais, principalmente o de liberdade e dignidade, e os interesses sociais de repressão à criminalidade e de realização da justiça. Tais direitos, aparentemente contrapostos, devem ser harmonizados pelo critério de ponderação constitucional, dentro da diretriz da razoabilidade. (...). Ademais, o interrogatório, momento culminante da autodefesa do réu, não é nulificado simplesmente porque se optou por este ou por aquele modo de captação da mensagem. Destarte, tanto o réu pode falar diante do juiz, quanto pode fazê-lo em audiência gravada *in loco*, ou em interrogatório transmitido remotamente por *video-link*". (FIOREZE, Juliana. **Videoconferência no processo penal brasileiro**. 2. ed. Curitiba: Juruá, 2009, p. 160-161)
21. "Mais que a verdadeira oralidade, em seu sentido primitivo, a oralidade entre nós representa um complexo de ideias e de caracteres que se traduzem em vários princípios distintos, ainda que intimamente ligados entre si, dando ao procedimento oral seu aspecto particular: os princípios da concentração, da imediação ou imediatidade, da identidade física do juiz, da irrecorribilidade das interlocutórias". (CINTRA, Antonio Carlos de Araújo; GRINOVER, Ada Pellegrini; DINAMARCO, Cândido Rangel. **Teoria Geral do Processo**. 31. ed. rev. e ampl. São Paulo: Malheiros Editores, 2015, p. 409)

prova oral e o interrogatório ocorram na mesma ocasião (art. 222, § 3º, parte final, do CPP), podendo, se for o caso, utilizar o sistema de videoconferência **multiponto**[22].

Em suma, o Enunciado 59 encontra-se em sintonia com a moderna tendência de priorizar a prática de atos processuais por meio eletrônico, já existente em outros países, sendo passo importante em direção ao ideal da razoável duração do processo, sem que isso implique, na atualidade, qualquer ofensa às garantias constitucionais conferidas aos acusados em geral.

"Habeas corpus". Processual penal e constitucional. Interrogatório do réu. Videoconferência. Lei nº 11.819/05 do Estado de São Paulo. Inconstitucionalidade formal. Competência exclusiva da União para legislar sobre matéria processual. Art. 22, I, da Constituição Federal. 1. A Lei nº 11.819/05 do Estado de São Paulo viola, flagrantemente, a disciplina do art. 22, inciso I, da Constituição da República, que prevê a competência exclusiva da União para legislar sobre matéria processual. 2. "Habeas corpus" concedido. (STF, HC 90900, Rel. p/ ac. Min. Menezes Direito, Pleno, DJe 23.10.2009)

(...). 1. INTERROGATÓRIO REALIZADO POR VIDEOCONFERÊNCIA APÓS A VIGÊNCIA DA LEI N. 11.900/2009. MEDIDA DEVIDAMENTE FUNDAMENTADA. LEGALIDADE 2. TRÁFICO DE ENTORPECENTES. PENA-BASE ACIMA DO MÍNIMO LEGAL. POSSIBILIDADE. 3. APLICAÇÃO DA CAUSA DE DIMINUIÇÃO DE PENA PREVISTA NO ART. 33, § 4º, DA LEI N. 11.343/2006. NÃO CABIMENTO. PERSONALIDADE E CONDUTA SOCIAL DO AGENTE. NATUREZA E QUANTIDADE DE DROGA APREENDIDA (...). 1. A Lei n. 11.900/09 alterou a redação do art. 185 do CPP para permitir a realização do interrogatório on-line. Tal procedimento é excepcional, somente justificável quando presente pelo menos um dos requisitos do § 2º do art. 185, devidamente fundamentado pelo magistrado – o que aqui ocorre. (...). (STJ, AgRg no HC 199.414/SP, Rel. Min. Marco Aurélio Bellizze, 5ª Turma, DJe 21.9.2012)

"HABEAS CORPUS". PROCESSUAL PENAL. TRÁFICO DE DROGAS INTERNACIONAL. INSTRUÇÃO CRIMINAL. INTERROGATÓRIO REALIZADO POR VIDEOCONFERÊNCIA. IMPOSSIBILIDADE. NORMA CONSTITUCIONAL PROCESSUAL DE GARANTIA. CONTRARIEDADE AOS PRINCÍPIOS DA LEGALIDADE, DO DEVIDO PROCESSO LEGAL E DA AMPLA DEFESA. NULIDADE ABSOLUTA. ORDEM CONCEDIDA EM PARTE. (...). 2. A jurisprudência consolidada nesta Corte Superior firmou-se no sentido de que a audiência realizada por videoconferência, anteriormente à vigência da Lei nº 11.900/09, ocorreu em afronta aos princípios constitucionais do devido processo legal e da ampla defesa. 3. O ato processual realizado em infringência à norma constitucional processual de garantia é absolutamente nulo. Contudo, a decretação de nulidade de um ato processual apenas acarreta a nulidade de outros que dele sejam dependentes. (...). (STJ, HC 162.772/SP, Rel. Min. Adilson Vieira Macabu, Des. conv. TJ/RJ, 5ª Turma, DJe 28.6.2012)

► **CPP. Art. 185.** O acusado que comparecer perante a autoridade judiciária, no curso do processo penal, será qualificado e interrogado na presença de seu defensor, constituído ou nomeado. (...). **§ 2º** Excepcionalmente, o juiz, por decisão fundamentada, de ofício ou a requerimento das partes, poderá realizar o interrogatório do réu preso por sistema de videoconferência ou outro recurso tecnológico de transmissão de sons e imagens em tempo real, desde que a medida seja necessária para atender a uma das seguintes finalidades:

22. Como o próprio nome já evidência, trata-se de videoconferência realizada entre três ou mais terminais. A videoconferência ponto a ponto é a menor configuração possível, por contar com apenas dois terminais.

I – prevenir risco à segurança pública, quando exista fundada suspeita de que o preso integre organização criminosa ou de que, por outra razão, possa fugir durante o deslocamento; II – viabilizar a participação do réu no referido ato processual, quando haja relevante dificuldade para seu comparecimento em juízo, por enfermidade ou outra circunstância pessoal; III – impedir a influência do réu no ânimo de testemunha ou da vítima, desde que não seja possível colher o depoimento destas por videoconferência, nos termos do art. 217 deste Código; IV – responder à gravíssima questão de ordem pública. **§ 3º** Da decisão que determinar a realização de interrogatório por videoconferência, as partes serão intimadas com 10 (dez) dias de antecedência. **§ 4º** Antes do interrogatório por videoconferência, o preso poderá acompanhar, pelo mesmo sistema tecnológico, a realização de todos os atos da audiência única de instrução e julgamento de que tratam os arts. 400, 411 e 531 deste Código. **§ 5º** Em qualquer modalidade de interrogatório, o juiz garantirá ao réu o direito de entrevista prévia e reservada com o seu defensor; se realizado por videoconferência, fica também garantido o acesso a canais telefônicos reservados para comunicação entre o defensor que esteja no presídio e o advogado presente na sala de audiência do Fórum, e entre este e o preso. **§ 6º** A sala reservada no estabelecimento prisional para a realização de atos processuais por sistema de videoconferência será fiscalizada pelos corregedores e pelo juiz de cada causa, como também pelo Ministério Público e pela Ordem dos Advogados do Brasil. **§ 7º** Será requisitada a apresentação do réu preso em juízo nas hipóteses em que o interrogatório não se realizar na forma prevista nos §§ 1º e 2º deste artigo. **§ 8º** Aplica-se o disposto nos §§ 2º, 3º, 4º e 5º deste artigo, no que couber, à realização de outros atos processuais que dependam da participação de pessoa que esteja presa, como acareação, reconhecimento de pessoas e coisas, e inquirição de testemunha ou tomada de declarações do ofendido. **§ 9º** Na hipótese do § 8º deste artigo, fica garantido o acompanhamento do ato processual pelo acusado e seu defensor. ▶ **Art. 217.** Se o juiz verificar que a presença do réu poderá causar humilhação, temor, ou sério constrangimento à testemunha ou ao ofendido, de modo que prejudique a verdade do depoimento, fará a inquirição por videoconferência e, somente na impossibilidade dessa forma, determinará a retirada do réu, prosseguindo na inquirição, com a presença do seu defensor. **Parágrafo único.** A adoção de qualquer das medidas previstas no *caput* deste artigo deverá constar do termo, assim como os motivos que a determinaram. ▶ **Art. 222.** A testemunha que morar fora da jurisdição do juiz será inquirida pelo juiz do lugar de sua residência, expedindo-se, para esse fim, carta precatória, com prazo razoável, intimadas as partes. **§ 1º** A expedição da precatória não suspenderá a instrução criminal. **§ 2º** Findo o prazo marcado, poderá realizar-se o julgamento, mas, a todo tempo, a precatória, uma vez devolvida, será junta aos autos. **§ 3º** Na hipótese prevista no *caput* deste artigo, a oitiva de testemunha poderá ser realizada por meio de videoconferência ou outro recurso tecnológico de transmissão de sons e imagens em tempo real, permitida a presença do defensor e podendo ser realizada, inclusive, durante a realização da audiência de instrução e julgamento.

▶ **Resolução CNJ 105/2010. Art. 1º** O Conselho Nacional de Justiça desenvolverá e disponibilizará a todos os tribunais sistemas eletrônicos de gravação dos depoimentos e de realização de interrogatório e inquirição de testemunhas por videoconferência. Parágrafo Único. Os tribunais deverão desenvolver sistema eletrônico para o armazenamento dos depoimentos documentados pelo sistema eletrônico audiovisual. ▶ **Art. 2º** Os depoimentos documentados por meio audiovisual não precisam de transcrição. **Parágrafo único.** O magistrado, quando for de sua preferência pessoal, poderá determinar que os servidores que estão afetos a seu gabinete ou secretaria procedam à degravação, observando, nesse caso, as recomendações médicas quanto à prestação desse serviço. ▶ **Art. 3º** Quando a testemunha arrolada não residir na sede do juízo em que tramita o processo, deve-se dar preferência, em decorrência do princípio da identidade física do juiz, à expedição da carta precatória para a inquirição pelo sistema de videoconferência.

**§ 1º** O testemunho por videoconferência deve ser prestado na audiência una realizada no juízo deprecante, observada a ordem estabelecida no art. 400, *caput*, do Código de Processo Penal. **§ 2º** A direção da inquirição de testemunha realizada por sistema de videoconferência será do juiz deprecante. **§ 3º** A carta precatória deverá conter: I – A data, hora e local de realização da audiência una no juízo deprecante; II – A solicitação para que a testemunha seja ouvida durante a audiência una realizada no juízo deprecante; III – A ressalva de que, não sendo possível o cumprimento da carta precatória pelo sistema de videoconferência, que o juiz deprecado proceda à inquirição da testemunha em data anterior à designada para a realização, no juízo deprecante, da audiência uma. ▶ **Art. 4º** No fórum deverá ser organizada sala equipada com equipamento de informática conectado com a rede mundial de computadores (internet), destinada para o cumprimento de carta precatória pelo sistema de videoconferência, assim como para ouvir a testemunha presente à audiência una, na hipótese do art. 217 do Código de Processo Penal. ▶ **Art. 5º** De regra, o interrogatório, ainda que de réu preso, deverá ser feito pela forma presencial, salvo decisão devidamente fundamentada, nas hipóteses do art. 185, § 2º, incisos I, II, III e IV, do Código de Processo Penal. ▶ **Art. 6º** Na hipótese em que o acusado, estando solto, quiser prestar o interrogatório, mas haja relevante dificuldade para seu comparecimento em juízo, por enfermidade ou outra circunstância pessoal, o ato deverá, se possível, para fins de preservação da identidade física do juiz, ser realizado pelo sistema de videoconferência, mediante a expedição de carta precatória. **Parágrafo único.** Não deve ser expedida carta precatória para o interrogatório do acusado pelo juízo deprecado, salvo no caso do *caput*. ▶ **Art. 7º** O interrogatório por videoconferência deverá ser prestado na audiência una realizada no juízo deprecante, adotado, no que couber, o disposto nesta Resolução para a inquirição de testemunha, asseguradas ao acusado as seguintes garantias: I – direito de assistir, pelo sistema de videoconferência, a audiência una realizada no juízo deprecante; II – direito de presença de seu advogado ou de defensor na sala onde for prestado o seu interrogatório; III – direito de presença de seu advogado ou de defensor na sala onde for realizada a audiência una de instrução e julgamento; IV – direito de entrevista prévia e reservada com o seu defensor, o que compreende o acesso a canais telefônicos reservados para comunicação entre o defensor ou advogado que esteja no presídio ou no local do interrogatório e o defensor ou advogado presente na sala de audiência do fórum, e entre este e o preso. ▶ **Art. 8º** Esta Resolução entrará em vigor na data de sua publicação.

▶ **Provimento Corregedoria-Geral CJF 13/2013. Art. 1º** Fica instituído o sistema nacional de audiência por videoconferência no âmbito da Justiça Federal, a ser gerido pelo Conselho da Justiça Federal. **§ 1º** Os Tribunais Regionais Federais deverão instalar salas de videoconferência em todas as subseções judiciárias, preferencialmente exclusivas para oitivas requeridas por outros juízos. **§ 2º** Todas as varas com competência criminal deverão ser dotadas dos equipamentos necessários à realização de audiências por videoconferência. **§ 3º** A reserva das salas de videoconferência dar-se-á mediante agendamento no sistema eletrônico do Conselho da Justiça Federal ou do Tribunal Regional Federal, dispensada a expedição de carta precatória, bem como a intervenção judicial no juízo requerido. **§ 4º** As providências necessárias à realização da audiência são de atribuição do juízo processante, que deverá requisitar a apresentação de preso ao juízo requerido; a apresentação de servidores públicos para prestarem depoimento na qualidade de testemunhas; e, eventualmente, providências de segurança, inclusive solicitando auxílio de força policial. **§ 5º** O Centro de Estudos Judiciários do Conselho da Justiça Federal promoverá a capacitação de juízes e servidores por meio de ensino a distância. ▶ **Art. 2º** O Conselho da Justiça Federal e os Tribunais Regionais Federais implantarão sistema de agendamento eletrônico de audiência por videoconferência. **Parágrafo único.** Incumbe aos Tribunais Regionais Federais informar ao Conselho da Justiça Federal a implantação das salas de videoconferência.

▶ **Art. 3º** A oitiva de pessoas fora da sede do Juízo se dará por videoconferência, somente sendo realizado o ato por outro meio se não houver condições técnicas para tanto, preferindo-se o adiamento do ato e a renovação da videoconferência, caso a impossibilidade da realização do ato processual por essa via tenha sido eventual. ▶ **Art. 4º** Quando a testemunha arrolada não residir na sede do juízo em que tramita o processo, deverá ser inquirida pelo sistema de videoconferência. **Parágrafo único.** Cabe ao juízo do processo presidir o ato de inquirição da testemunha. ▶ **Art. 5º** O interrogatório, ainda que de réu preso, deverá ser feito pela forma presencial, salvo decisão, mas, o juiz, excepcionalmente, por decisão fundamentada, de ofício ou a requerimento, poderá determinar a realização do interrogatório por sistema de videoconferência, desde que a medida seja necessária para atender a uma das seguintes finalidades: I- prevenir risco à segurança pública, quando exista fundada suspeita de que o preso integre organização criminosa ou de que, por outra razão, possa fugir durante o deslocamento; II- viabilizar a participação do réu no referido ato processual, quando haja relevante dificuldade para seu comparecimento em juízo, por enfermidade ou outra circunstância pessoal; III- impedir a influência do réu no ânimo de testemunha ou da vítima; IV- responder à gravíssima questão de ordem pública. ▶ **Art. 6º** Na hipótese em que o acusado, estando solto e fora da sede da Vara Federal, tiver que prestar o interrogatório, mas haja relevante dificuldade para seu comparecimento em juízo, por enfermidade, insuficiência financeira para deslocamento ou outra circunstância pessoal, o ato poderá ser realizado pelo sistema de videoconferência. **Parágrafo único.** Não deve ser expedida carta precatória para o interrogatório do acusado pelo juízo deprecado. ▶ **Art. 7º** O réu será interrogado preferencialmente no mesmo ato em que forem inquiridas as testemunhas. **Parágrafo único.** Em qualquer hipótese, deverá ser assegurado ao réu o direito de entrevista prévia e reservada com o seu defensor, sempre que possível por meio de videoconferência. ▶ **Art. 8º** A requerimento do interessado, a participação de órgão do Ministério Público, de advogado ou defensor público na audiência também poderá se realizar por videoconferência, caso em que o requerente deverá indicar ao juiz da causa, com antecedência mínima de 10 dias, a seção ou subseção judiciária a que pretenda comparecer, para que se proceda ao agendamento. **Parágrafo único.** Mediante convênio a ser firmado com o Conselho da Justiça Federal, o Ministério Público Federal, a OAB e a Defensoria Pública da União poderão integrar suas salas próprias de videoconferência ao sistema nacional de audiência da Justiça Federal, observados os padrões e requisitos técnicos mínimos exigidos, para que possam ser utilizadas por procuradores da República, advogados e defensores públicos em audiência judiciais a distância. ▶ **Art. 9º** Os Tribunais Regionais Federais desenvolverão, no prazo de 180 (cento e oitenta) dias da publicação do presente provimento plano de ação com previsão de cronograma para a efetiva implantação do sistema de videoconferência.

## 3.3. Da Busca e da Apreensão (arts. 240 a 250)

**ENUNCIADO 22. O CUMPRIMENTO DE MANDADOS DE BUSCA E APREENSÃO DEVE INICIAR-SE DURANTE O DIA, PODENDO ESTENDER-SE PELO PERÍODO NOTURNO, CASO NECESSÁRIO AO ENCERRAMENTO DA DILIGÊNCIA.**

● ***Aprovado no** I FONACRIM.*

▸ *Por Fábio Moreira Ramiro.*

O enunciado trata de uma das mais importantes medidas cautelares no processo penal, utilizada tanto para a coleta de provas quanto para o acautelamento de outros bens jurídicos.

O Código de Processo Penal dispõe sobre a busca e apreensão nos arts. 240 a 250, e é no art. 245 que se estabelece a restrição de execução da medida em apreço apenas durante o dia, salvo se houver consentimento do morador, em situações em que não se configura flagrância no cometimento de crime.

A norma legal encontra sustentáculo no art. 5º, XI, da Constituição, que dispõe ser a casa asilo inviolável do indivíduo, ninguém nela podendo penetrar sem consentimento do morador, salvo em caso de flagrante delito ou desastre, ou para prestar socorro, ou, durante o dia, por determinação judicial.

Assim, a ordem judicial para a busca e apreensão (ou mesmo para outras medidas, como a prisão) somente autoriza o ingresso na residência do investigado ou acusado durante o dia.

Logo, é sobre a extensão dessa norma constitucional, na execução da medida de busca e apreensão, de que cuida o Enunciado 22, do Fórum Nacional dos Juízes Federais Criminais – FONACRIM.

A uma primeira vista, tem-se que a regra constitucional veda o cumprimento de medida de busca e apreensão no período noturno, normalmente compreendido, na doutrina e na jurisprudência, como o período que começa às 6 (seis) e vai até às 18 (dezoito) horas.

Como não poderia deixar de ser, o enunciado reitera a regra encartada na Constituição no tocante ao início do cumprimento da medida, e faz a correta interpretação no que concerne à continuação da execução do mandado judicial pelo período noturno, quando necessária ao encerramento da diligência.

E não poderia ser diferente.

A busca e apreensão, sendo medida eminentemente cautelar, requer a observância dos requisitos que cercam toda e qualquer medida acautelatória, quais sejam o *fumus boni iuris* (no processo penal, o *fumus comissi delicti),* ou especificamente, em se tratando de busca e apreensão, *quando fundadas razões a autorizarem* (art. 240, § 1º, CPP), e o *periculum in mora.*

Acerca desse segundo requisito, a necessidade de se determinar a busca e arrecadação de coisas e provas reside na possibilidade, *in concreto,* de que elas possam ser suprimidas no decorrer de uma investigação ou de um processo criminal, porquanto revelariam o crime ou identificariam seus agentes.

Assim, a execução da medida já iniciada não poderia ser interrompida pelo advento da noite, porquanto poderia restar comprometida a integridade das provas ou de outros bens jurídicos.

Nesse mesmo sentido, ensina Cleunice Bastos Pitombo que "O limite temporal impõe-se para o início da busca e não para sua finalização. Assim, superveniência da noite, no curso do varejamento, não a paralisa". E, citando Bento de Faria, conclui:

"Com efeito, 'a diligência, sendo regularmente iniciada, não se torna irregular pelo motivo de superveniência da noite antes de sua terminação'".[23]

Tem idêntica opinião Tourinho Filho, segundo o qual[24]:

> (...) iniciada a busca domiciliar durante o dia, sua execução não se interromperá pelo advento da noite. Nem de outra maneira poderia ser; se os executores fossem obrigados a interrompê-la pela chegada da noite, muitas vezes a diligência estaria fadada a fracassar, pois os moradores, interessados em ocultar a coisa procurada, poderiam, com a saída dos executores, ganhar tempo e providenciar, dentro da casa, um esconderijo melhor.

De igual forma, pontua Aury Lopes Jr. que, iniciado o cumprimento do mandado judicial entre as 6h e 20h, nada impede que se prolongue noite adentro, concluindo que o que importa é que o início do cumprimento do ato se dê nesse intervalo.[25]

O novo Código de Processo Civil (Lei 13.105, de 2015) dispõe que os atos processuais serão realizados em dias úteis, das 6 (seis) às 20 (vinte) horas (art. 212), mas estabelece também "que serão concluídos após as 20 (vinte) horas os atos iniciados antes, quando o adiamento prejudicar a diligência ou causar grave dano".

À míngua de regra específica prevista no Código de Processo Penal, a norma processual civil serve para colmatar essa lacuna, e vai ao encontro do que sempre foi defendido pela doutrina processualística penal.

Portanto, além de não encerrar nenhuma afronta à regra insculpida no art. 5º, XI, da Constituição a continuação, pela noite, da execução de busca e apreensão iniciada durante o dia é medida que se faz imprescindível para assegurar o resultado útil do processo penal mediante a preservação de provas que podem ser obtidas através dessa diligência.

- **CF. Art. 5º. XI** – a casa é asilo inviolável do indivíduo, ninguém nela podendo penetrar sem consentimento do morador, salvo em caso de flagrante delito ou desastre, ou para prestar socorro, ou, durante o dia, por determinação judicial.

- **CPP. Art. 245.** As buscas domiciliares serão executadas de dia, salvo se o morador consentir que se realizem à noite, e, antes de penetrarem na casa, os executores mostrarão e lerão o mandado ao morador, ou a quem o represente, intimando-o, em seguida, a abrir a porta.

23. **Da busca e da apreensão no processo penal.** 2. ed., Revista dos Tribunais, São Paulo: 2005, p. 213.
24. **Processo penal**. 29. ed., Saraiva, São Paulo: 2007.
25. **Direito Processual Penal.** 9. ed., Saraiva, São Paulo: 2012, p. 714.

# 4. DO JUIZ, DO MINISTÉRIO PÚBLICO, DO ACUSADO E DEFENSOR, DOS ASSISTENTES E DOS AUXILIARES DA JUSTIÇA (ARTS. 251 A 281)

## 4.1. Do Acusado e seu Defensor (arts. 259 a 267)

**ENUNCIADO 10. PARA APLICAÇÃO DA SANÇÃO PROCESSUAL DO ARTIGO 265, *CAPUT*, DO CPP, É IMPRESCINDÍVEL A PRÉVIA INTIMAÇÃO DO ADVOGADO PARA OPORTUNIZAR A JUSTIFICAVA DA OMISSÃO.**

● ***Aprovado no*** *I FONACRIM, com nova redação dada no IV FONACRIM, em 25.9.2015.* ● *Redação anterior: "A sanção processual do art. 265, caput, do CPP depende de prévia intimação do advogado para o ato omisso, sob pena de caracterização do abandono".*

▸ *Por Marco Frattezi Gonçalves.*

Muito embora a elaboração de "enunciados" ao final de congressos jurídicos invariavelmente trazer à memória a lembrança de certa ingenuidade da tentativa jurisprudência dos conceitos de ordenar a realidade e prever *ex ante* as respostas dos inúmeros problemas que a prática faz aparecer, penso que estes pronunciamentos podem nos ser úteis, não se olvidando que nascem de respostas a grupos de casos ou problemas similares. Assim, com o pensamento voltado para problemas concretos, não se tomando isoladamente um "enunciado" como se fosse uma regra, creio que podem fornecer importantes subsídios.

O art. 265 do CPP obteve nova redação com a Lei nº 11.719/08, que atualizou a multa prevista no *caput,* e trouxe um melhor tratamento acerca do adiamento da audiência e da nomeação de defensor *ad hoc.*

A regra do *caput,* que nos interessa, trata de sanção aplicada pelo magistrado ao advogado no curso do próprio processo em caso de abandono da causa:

> **Art. 265.** O defensor não poderá abandonar o processo senão por motivo imperioso, comunicado previamente o juiz, sob pena de multa de 10 (dez) a 100 (cem) salários mínimos, sem prejuízo das demais sanções cabíveis.

A multa prevista no art. 265 do CPP é importante instrumento de garantia de efetividade da jurisdição e resguardo da dignidade da Justiça, possuindo, assim, caráter sancionatório de comportamento que incorra em *contempt of court.* Com efeito, infelizmente, não são tão raras as situações em que a omissão na prática de atos nos processos penais é deliberada, com o intuito de prolongar o curso do feito.

O dispositivo, todavia, perpetua o mau vezo das leis processuais brasileiras, que, não raro lacunosas, deixam de prever um procedimento específico para que o juízo determine alguma penalidade ou providência.

Esclareça-se, de início, que o enunciado pressupõe caracterizar abandono do processo a falta de prática de ato **essencial** que incumbia ao defensor do acusado, tal qual a apresentação de alegações finais (doutrinariamente chamado de abandono indireto[26]). É justamente essa hipótese que se tomará para análise.

Assim, verificada a omissão de ato essencial, deve-se providenciar a intimação do advogado para, querendo, informar as razões da ocorrência. Não sendo a justificativa acatada pelo magistrado, ou no silêncio, deverá ser reconhecido o abandono da causa e imposta a multa processual ao advogado, bem como intimado o acusado para que constitua novo patrono sob pena de nomeação de defensoria dativa.

Caso o abandono seja reconhecido, mas o causídico retome a prática de atos que lhe competem, torna-se desnecessária sua substituição, mas isso não o exime da penalidade (STJ, AgRg no REsp 1.416.501).

Ocorrendo o abandono em audiência, como no caso de recusa à apresentação de alegações finais orais, que adentrem ao mérito da demanda (STJ, HC 108.732), parece melhor que a oportunidade de defesa ao advogado seja-lhe franqueada no próprio ato, decidindo o magistrado em seguida.

A intimação para justificação, desde logo, da omissão supre, a fim de caracterizar o abandono, as intimações reiteradas para prática do ato, que costumavam ser exigidas pela jurisprudência (cf. redação original do enunciado).

Como se trata de sanção processual que recai diretamente sobre o advogado, nada mais natural que, antes de sua aplicação, seja ele ouvido, em observância ao direito ao contraditório e à ampla defesa, previsto no art. 5º, LV, da CR/88.

Embora haja julgados admitindo o "contraditório diferido" (STJ, RMS 31.966), parece mais acertada a intimação prévia à aplicação da sanção, vez que não se trata de medida de urgência a exigir decisão *inaudita altera parte*.

Vale salientar que a renúncia ao mandato não importa abandono do feito, sendo direito do advogado, observado o decêndio previsto no Estatuto da Advocacia, pelo qual o advogado responde pela defesa de seu cliente, e deverá praticar os atos que lhe couberem. Assim, é possível a ocorrência de abandono da causa após a renúncia, desde que o advogado devesse praticar algum ato no curso dos dez dias previsto na lei.

PENAL E PROCESSUAL PENAL. AGRAVO REGIMENTAL NO RECURSO EM MANDADO DE SEGURANÇA. 1. JULGAMENTO MONOCRÁTICO. POSSIBILIDADE. 2. MULTA COMINADA A ADVOGADO POR ABANDONO DO PROCESSO. ART. 265, *CAPUT*, DO CPP. NORMA CONSIDERADA CONSTITUCIONAL PELO STJ. 3. NÃO APRESENTAÇÃO DE ALEGAÇÕES FINAIS. NÃO CUMPRIMENTO DE ATO INDISPENSÁVEL. ABANDONO INDIRETO DA CAUSA. 4. AGRAVO REGIMENTAL IMPROVIDO. 1. A prolação de decisão monocrática pelo ministro relator está autorizada, conforme disciplina o art. 557 do Código de Processo Civil, a Lei n. 8.038/1990 e o próprio Regimento Interno do Superior Tribunal de Justiça. Ademais, os temas sempre poderão ser levados ao colegiado, por meio do controle recursal, o qual foi efetivamente utilizado no caso dos autos, com a interposição do presente agravo regimental. 2. O Superior Tribunal de Justiça já se manifestou no sentido

26. Assim, definição doutrinária: "**Abandono indireto**: o causídico pode abandonar a causa por meio indireto, vale dizer, sem expressa menção a respeito, mas deixando de cumprir atos indispensáveis da sua alçada. NUCCI, Guilherme de Souza. **Código de Processo Penal Comentado.** 12. ed. São Paulo: RT, 2012.

da constitucionalidade do art. 265 do Código de Processo Penal. Portanto, não há se falar em ofensa ao contraditório ou ilegalidade da multa aplicada, mas apenas em devida observância do regramento legal. Dessa forma, enquanto não sobrevier decisão do Supremo Tribunal Federal em sentido contrário, não há qualquer óbice à sua aplicação. 3. Os causídicos deixaram de apresentar as alegações finais de seus clientes, sob a alegação de que não haviam sido juntadas todas as diligências requeridas, bem como em virtude de não terem conseguido fazer carga dos autos. Contudo, os argumentos utilizados não autorizam a inércia da defesa, que, até mesmo para justificar sua inação, o fez de forma intempestiva, conforme anotado pelo Magistrado de origem. Dessarte, mostra-se pertinente a aplicação da multa prevista em lei. Portanto, não se verifica a alegada violação a direito líquido e certo. (...). (STJ, AgRg no RMS 48.066/GO, Rel. Min. Reynaldo Soares da Fonseca, 5ª Turma, DJe 30.9.2015)

(...). 1. MULTA COMINADA A ADVOGADO POR ABANDONO DO PROCESSO. ART. 265, *CAPUT*, DO CPP. NORMA CONSIDERADA PELO STJ CONSTITUCIONAL. 2. NÃO APRESENTAÇÃO DE RAZÕES DE APELAÇÃO. NÃO CUMPRIMENTO DE ATO INDISPENSÁVEL. ABANDONO INDIRETO DA CAUSA. (...). 1. O Superior Tribunal de Justiça já se manifestou no sentido da constitucionalidade do art. 265 do Código de Processo Penal. Portanto, não há se falar em ofensa a normas da Constituição Federal, mas apenas em devida observância do regramento legal. Ademais, as leis possuem presunção de constitucionalidade, não sendo necessário observar a cláusula de reserva de plenário para declará-las aplicáveis. Dessa forma, enquanto não sobrevier decisão do Supremo Tribunal Federal em sentido contrário, não há qualquer óbice à aplicação da multa trazida no artigo em comento. 2. Tendo o causídico deixado de apresentar as razões do recurso de apelação – mesmo após o Magistrado ter determinado sua intimação para apresentar a peça recursal ou a renúncia formal ao mandato, sob pena de aplicação da multa do art. 265 do Código de Processo Penal – mostra-se pertinente a aplicação da multa prevista em lei. Portanto, não se verifica a alegada violação de direito líquido e certo. (...). (STJ, AgRg no RMS 47.508/SP, Rel. Min. Reynaldo Soares da Fonseca, 5ª Turma, DJe 17.6.2015)

(...). OFENSA AO PRINCÍPIO DO COLEGIADO. NÃO OCORRÊNCIA. INÉRCIA DOS PATRONOS DO RÉU APÓS INTIMAÇÃO POR DUAS VEZES PARA OFERECIMENTO DAS ALEGAÇÕES FINAIS. APRESENTAÇÃO EXTEMPORÂNEA APÓS A IMPOSIÇÃO DE MULTA E DETERMINAÇÃO DE INTIMAÇÃO DO RÉU PARA QUE CONSTITUÍSSE NOVO DEFENSOR. ARTIGO 265 DO CÓDIGO DE PROCESSO PENAL. MULTA POR ABANDONO DA CAUSA. CABIMENTO. PRECEDENTES. INCIDÊNCIA DAS SÚMULAS 282 E 356/STF. DIVERGÊNCIA JURISPRUDENCIAL NÃO DEMONSTRADA. 1. O artigo 557 do Código de Processo Civil franqueia ao relator a possibilidade de negar seguimento ao recurso não apenas quando manifestamente inadmissível, mas também quando improcedente ou em confronto com súmula ou jurisprudência dominante deste Tribunal, não havendo afronta ao princípio da colegialidade em razão do exame do mérito do recurso pelo Ministro relator. 2. É devida a aplicação da multa prevista no artigo 265 do Código de Processo Penal na hipótese em que os procuradores do réu, embora devidamente intimados por mais de uma vez, sem qualquer justificativa deixam de apresentar a respectiva defesa no prazo assinalado, protocolando a respectiva petição somente após a disponibilização no Diário de Justiça da decisão de aplicação de multa por abandono do processo e de determinação de intimação do réu para que constituísse novo defensor. 3. É indispensável o efetivo exame da matéria pelo acórdão recorrido, em atenção ao disposto no artigo 105, inciso III, da Constituição Federal, que exige o prequestionamento por meio da apreciação da questão federal pelo Tribunal a quo, de modo a se evitar a supressão de instância. 4. Para a comprovação da divergência jurisprudencial, deve a parte recorrente evidenciar a existência de similitude fática e jurídica entre os arestos confrontados, nos termos do artigo 255, § 2º, do RISTJ. (...). (STJ, AgRg no REsp 1416501/PR, Rel. Min. Maria Thereza de Assis Moura, 6ª Turma, DJe 27.11.2014)

(...). SANÇÃO AO ADVOGADO QUE ABANDONA A CAUSA SEM PRÉVIA COMUNICAÇÃO AO JUÍZO (NÃO COMPARECIMENTO A AUDIÊNCIA). ART. 265 DO CPP. DESRESPEITO AO DEVIDO PROCESSO LEGAL (ART. 5º., LIV E LV DA CF/88). RECURSO PROVIDO. 1. Não é lícito ao Advogado abandonar sem justo motivo previamente comunicado ao Juízo, o patrocínio da causa, no momento da realização de ato processual ao qual, devidamente intimado, deve comparecer, por configurar, prima facie, menoscabo às atividades do Poder Judiciário, nas quais desempenha função essencial e insubstituível (art. 133 da Carta Magna). 2. Não se deve confundir a ausência a determinado ato processual com o abandono do processo, tal como previsto no art. 265 do CPP (redação da Lei 11.719/08), tanto que cumpre ao Juiz, em tal hipótese, se for o caso, nomear defensor substituto, como dispõe o art. 265, § 2° do CPP (redação da Lei 11.719/08), mas sem afastar a atuação do causídico em atos processuais futuros. 3. A aplicação de qualquer sanção, ainda que de cunho administrativo, mas com reflexo patrimonial, se sujeita aos rígidos padrões de procedimento que integram o "due process of law" (justo processo jurídico), que não admite a noção de responsabilidade objetiva por ato infracional disciplinar, a exigir a devida apuração de sua prática e do correspondente contexto circunstancial em que ocorreu, haja vista o disposto nos incisos LIV e LV do art. 5° da Constituição Federal. 4. Cabe ao Juiz prover medidas de pronta eficácia para impedir delongas processuais, inclusive suscitando ao órgão de classe dos Advogados a adoção de sanções administrativas, mas deve abster-se de exercer diretamente essa atividade de controle disciplinar. 5. Recurso a que se dá provimento, para conceder a ordem de segurança. (STJ, RMS 32.742/MG, Rel. Min. Napoleão Nunes Maia Filho, 5ª Turma, DJe 9.3.2011)

RECURSO EM MANDADO DE SEGURANÇA. MULTA COMINADA A ADVOGADO POR ABANDONO DO PROCESSO. INTIMAÇÃO PARA COMPARECER À AUDIÊNCIA. AUSÊNCIA INJUSTIFICADA. ART. 265, *CAPUT*, DO CPP. ARGUIÇÃO DE INCONSTITUCIONALIDADE. REJEIÇÃO. DECISÃO PLENAMENTE MOTIVADA. DESPROVIMENTO DO RECURSO ORDINÁRIO. 1. Intimado para comparecer à audiência de interrogação do acusado, deixou o patrono de fazê-lo, sem justo motivo, comprometendo o bom andamento do processo e a ampla defesa do réu, impondo, assim, a aplicação da penalidade de multa prevista no art. 265, *caput*, do CPP. 2. Não se vislumbra inconstitucionalidade do art. 265, *caput*, do CPP, ou ofensa aos princípios do juiz natural, do devido processo legal, do contraditório e da ampla defesa, em se tratando de sanção de natureza processual, incluindo-se na esfera de discricionariedade regrada do juiz natural do processo, sendo exercidos a ampla defesa e o contraditório através da possibilidade de impugnar a decisão atacada por pedido de reconsideração ou mandado de segurança. 3. Evidenciada a ausência de ofensa a direito líquido e certo do advogado, ora recorrente, refoge à via mandamental determinar a suspensão da multa arbitrada. 4. Recurso Ordinário a que se nega provimento. (STJ, RMS 31.966/PR, Rel. Min. Adilson Vieira Macabu (Des. conv. TJ/RJ), 5ª Turma, DJe 18.5.2011)

**CPP. Art. 265.** O defensor não poderá abandonar o processo senão por motivo imperioso, comunicado previamente o juiz, sob pena de multa de 10 (dez) a 100 (cem) salários mínimos, sem prejuízo das demais sanções cabíveis. **§ 1°** A audiência poderá ser adiada se, por motivo justificado, o defensor não puder comparecer. **§ 2°** Incumbe ao defensor provar o impedimento até a abertura da audiência. Não o fazendo, o juiz não determinará o adiamento de ato algum do processo, devendo nomear defensor substituto, ainda que provisoriamente ou só para o efeito do ato.

# 5. DA PRISÃO, DAS MEDIDAS CAUTELARES E DA LIBERDADE PROVISÓRIA (ARTS. 282 A 350)

## 5.1. Disposições Gerais (arts. 282 a 300)

**ENUNCIADO 9. A DECRETAÇÃO DAS MEDIDAS CAUTELARES NÃO SIGNIFICA PREJULGAMENTO NEM GERA SUSPEIÇÃO OU IMPEDIMENTO DO JUIZ PARA O JULGAMENTO DA AÇÃO PENAL.**

• *Aprovado no I FONACRIM.*

*Por Fernando Marcelo Mendes.*

A decretação de medidas cautelares, sejam restritivas de direito, sejam elas limitadoras da liberdade de locomoção do acusado no curso da investigação ou da ação penal é providência que pode se revelar necessária e justificada para o balizamento de dois valores igualmente protegido pela Constituição Federal: se de um lado o devido processo legal, o princípio da presunção de inocência, da ampla defesa e da dignidade da pessoa humana recomendam que a atuação do Estado em face do indivíduo tem de se observada pela ótica da garantia dos direitos daqueles que são réus ou indiciados, por outro lado, à sociedade tem de ter garantido o direito de resposta adequada àqueles que afrontam o sistema jurídico positivado. De maneira geral, essa foi a manifestação que a Ministra Carmen Lúcia, do Supremo Tribunal Federal, fez por ocasião da realização do I Fórum Nacional dos Juízes Federais Criminais no painel que teve por finalidade discutir a aplicação das prisões cautelares em face dos princípios constitucionais que informam a atividade judicial[27].

As providências cautelares que podem ser decretadas no curso da investigação ou da ação penal visam tanto à garantia da utilidade do provimento final da prestação jurisdicional penal, como no caso da preventiva fundada na conveniência da instrução criminal ou na garantia da aplicação da lei penal, como para o fim de resguardar interesses públicos legítimos que a tutela penal estatal protege, como são a ordem pública e a ordem econômica.

Quando se fala na possibilidade de o juiz decretar medidas cautelares na fase da investigação ou da própria ação penal, a questão que pode ser colocada é a seguinte: o juiz que decreta uma medida cautelar qualquer, como uma prisão preventiva com fundamento na garantia da ordem pública, ou que defere um pedido de interceptação telefônica ou de busca e apreensão, teria sua imparcialidade objetiva de julgamento prejudicada pelo fato de já ter antecipado uma valoração negativa em relação à conduta do investigado ou acusado?

A doutrina que reconhece a conveniência da separação da figura do juiz que atua na fase investigatória daquele que vai ser, posteriormente, responsável pela instrução e julgamento da causa, entende que essa atuação do juiz nas duas fases do procedimento penal brasileiro seria, sim, causa de comprometimento dessa imparcialidade.

Escrevendo sobre o tema, Gustavo Henrique Righi Ivahy Badaro[28]:

> O tema da imparcialidade não tem merecido a devida atenção da doutrina nacional. Mesmo na jurisprudência, há poucos casos em que a questão foi analisada sob uma ótica de garantia processual, sendo normalmente tratada apenas sob a ótica dos impedimentos e suspeições dos magistrados disciplinados no Código de Processo Penal. Assim, a análise sobre a imparcialidade do juiz ou tribunal terá que buscar subsídios nas convenções internacionais de direitos humanos e na jurisprudência das cortes internacionais. Desde o julgamento pelo Tribunal Europeu de Direitos Humanos, do caso *Piersack vs. Bélgica*, a doutrina passou a fazer uma distinção entre *imparcialidade objetiva* e *imparcialidade subjetiva*. Naquela oportunidade afirmou o Tribunal: "Se a imparcialidade se define ordinariamente pela ausência de pré-juízos ou parcialidades,

---

27. Disponível em: https://www.youtube.com/watch?v=6tNjCBOwbY8&feature=youtu.be (9h35 min).
28. Direito ao julgamento por juiz imparcial: como assegurar a imparcialidade objetiva no juiz nos sistemas em que não há a função do juiz de garantias (http://badaroadvogados.com.br/direito-ao-julgamento-por-juiz-imparcial-como-assegurar-a-imparcialidade-objetiva-no-juiz-nos-sistemas-em-que-nao-ha-a-funcao-do-juiz-de-garantias.html)

> sua existência pode ser apreciada, especialmente conforme o art. 6.1 da Convenção, de diversas maneiras. Pode se distinguir entre *um aspecto subjetivo*, que trata de verificar a convicção de um juiz determinado em um caso concreto, e *um aspecto objetivo*, que se refere a se este oferece garantias suficientes para excluir qualquer dúvida razoável ao respeito". Embora com alguma contestação doutrinária, tal posicionamento se mantém firme atualmente. No presente estudo importa a análise do aspecto objetivo da imparcialidade. A imparcialidade objetiva do juiz resta evidentemente comprometida quando o magistrado realiza pré-juízos ou pré-conceitos sobre o fato objeto do julgamento. Aliás, a imparcialidade é denominada "objetiva" justamente porque deriva não da relação do juiz com as partes, mas de sua prévia relação com o *objeto* do processo. No já citado julgamento do *Caso Piersack* vs. *Bélgica*, o Tribunal Europeu de Direitos Humanos afirmou que "todo juiz em relação ao qual possa haver *razões legítimas para duvidar de sua imparcialidade* deve abster-se de julgar o processo. O que está em jogo é a confiança que os tribunais devem inspirar nos cidadãos em uma sociedade democrática"; e concluiu: "é possível afirmar que *o exercício prévio no processo de determinadas funções processuais pode provocar dúvidas de parcialidade*". Em outro julgado igualmente significativo, o *Caso De Cubber* vs. *Bélgica*, o Tribunal Europeu de Direitos Humanos decidiu que "na própria direção, praticamente exclusiva, da instrução preparatória das ações penais empreendidas contra o Requerente, *o citado magistrado havia formado já nesta fase do processo, segundo toda verossimilhança, uma idéia sobre a culpabilidade daquele*. Nestas condições, é legítimo temer que, quando começaram os debates, o magistrado não disporia de uma inteira liberdade de julgamento e não ofereceria, em consequência, as garantias de imparcialidade necessárias". **Em suma, quando o juiz assume um juízo positivo sobre a participação do investigado nos fatos criminosos, estará produzindo em seu espírito determinados pré-juízos sobre a culpabilidade que lhe impedirão de decidir, posteriormente, com total isenção e imparcialidade. Esta situação é particularmente mais sensível no caso em que um mesmo julgador, fisicamente considerado, atuar na fase de investigação preliminar e depois também julgar a causa. Em outras palavras, há um conjunto de medidas cautelares como decretação de prisão temporária ou preventiva, concessão de liberdade provisória, ou determinação de sequestro de bens, bem como de meios de obtenção de provas, como interceptações telefônicas, quebras de sigilos, busca e apreensão, que têm entre os seus pressupostos ou requisitos dados que envolvem, ainda que em um mero juízo de probabilidade, questões referentes à existência do crime e à autoria delitiva. O juiz que, em tais casos, na fase de investigação, conclui positivamente sobre a existência do crime e a probabilidade de o investigado ser o seu autor, em alguma medida está exercendo um prejulgamento que poderá comprometer sua imparcialidade para o julgamento da causa. Inegável, portanto, que a imparcialidade em seu aspecto objetivo restará melhor assegurada se houver uma absoluta separação entre as figuras do juiz que irá proferir decisões na fase de investigação e o juiz que irá julgar a causa.** (Grifou-se).

A ideia de que a imparcialidade dos juízes que, na fase da investigação ou da ação penal, decretem medidas processuais que impliquem restrições aos investigados e réus ficaria comprometida é hoje rejeitada pela jurisprudência, não havendo falar em impedimento ou suspeição do magistrado para o julgamento da causa, uma vez que o direito positivo não faz essa distinção de juízos. Os impedimentos e suspeições, quando houver, serão aqueles em que se demonstrarem os requisitos dos artigos 252 a 256 do Código de Processo Penal.

É certo que pelo projeto do Novo Código de Processo Penal que tramita no Congresso Nacional (PLS 156/09)[29] essa situação seria modificada, com a criação da figura do juízo de garantias, que seria o responsável pelo controle da legalidade da

29. Disponível em: http://www25.senado.leg.br/web/atividade/materias/-/materia/90645.

investigação criminal e pela salvaguarda dos direitos individuais cuja franquia tenha sido reservada à autorização prévia do Poder Judiciário e que está regulamentado nos artigos 14 a 17 do projeto de lei. Haveria a separação dos papéis: o juiz que atuaria na fase investigatória seria um e teria a competência cessada a partir da propositura da ação penal (art. 16). A partir daí, atuaria o juiz da causa.

Sobre esse novo instituto, o relator do projeto do Novo CPP, Senador Renato Casagrande (PSB-ES), assim definiu a noção do chamado juiz das garantias:

> A ideia é garantir ao juiz do processo ampla liberdade crítica em relação ao material colhido na fase de investigação. O raciocínio é o seguinte: o juiz que atua no inquérito, seja mantendo o flagrante ou decretando a prisão preventiva do investigado, seja autorizando a quebra dos dados resguardados por sigilo constitucional, incluindo a interceptação das conversas telefônicas, seja permitindo técnicas invasivas como a infiltração de agentes, pois bem, esse juiz tende, cedo ou tarde, a assumir a perspectiva dos órgãos de persecução criminal (polícia e Ministério Público). Por isso, para que o processo tenha respeitado o equilíbrio de forças e assegurada a imparcialidade do magistrado, seria melhor, na ótica do PLS nº 156, de 2009, separar as duas funções. Além do mais, como teríamos um juiz voltado exclusivamente para a investigação, estima-se que isso se traduza em maior especialização e, portanto, ganho de celeridade. Com efeito, a competência do juiz das garantias cessa com a propositura da ação penal e alcança todas as infrações penais (art. 16), ressalvadas as de menor potencial ofensivo, que seguem o rito dos juizados especiais. Todavia, é preciso ter claro que o juiz das garantias difere do juiz das varas de inquérito policial, hoje instituídas em algumas capitais, como São Paulo e Belo Horizonte. É que o juiz das garantias deve ser compreendido na estrutura do modelo acusatório que se quer adotar. Por conseguinte, o juiz das garantias não será o gerente do inquérito policial, pois não lhe cabe requisitar a abertura da investigação tampouco solicitar diligências à autoridade policial. Ele agirá mediante provocação, isto é, a sua participação ficará limitada aos casos em que a investigação atinja direitos fundamentais da pessoa investigada. O inquérito tramitará diretamente entre polícia e Ministério Público. Quando houver necessidade, referidos órgão dirigir-se-ão ao juiz das garantias. Hoje, diferentemente, tudo passa pelo juiz da vara de inquéritos policiais.

Embora do ponto de vista dogmático a separação do juízo de garantia do juízo da causa pareça de todo recomendado, entendemos que essa modificação não poderia ser feita de forma pontual no sistema jurídico penal brasileiro. A discussão tem de ser mais profunda. Se por um lado essa modificação atende aos princípios constitucionais da ampla defesa e do devido processo legal, não há dúvida de que a mera inclusão de mais uma instância no processo, tornando o juiz da causa uma instância revisora da atuação judicial na fase investigativa, implicaria que o exercício da pretensão punitiva estatal ficasse sujeita a pelo menos cinco instâncias processuais: juiz de garantia, primeiro grau de jurisdição, segundo grau de jurisdição, instância especial (STJ) e instância extraordinária (STF). A inserção de mais uma fase processual sem a devida reformulação sistemática da fase recursal, e de uma discussão séria e adequada quanto ao tempo da resposta do Estado às condutas criminais, traria um evidente prejuízo a outro valor constitucional igualmente albergado pela Constituição Federal: a da efetividade da jurisdição criminal e a duração razoável do processo (art. 5º, LXXVIII).

Dessa forma, enquanto não modificada a estrutura do direito positivo penal, válido o entendimento sedimentado no Enunciado nº 9 do FONACRIM que dispõe: "A decretação das medidas cautelares não significa prejulgamento nem gera suspeição ou impedimento do juiz para o julgamento da ação penal".

## Enunciado 47. É cabível a fixação de "astreintes" no processo criminal.

- *Enunciado 12 aprovado no III FONACRIM. Renumerado no IV FONACRIM, em 25.9.2015.*

▶ *Por Mauro Alencar de Barros e Renata Cortez Vieira Peixoto.*

Criadas pela jurisprudência francesa no início do século XIX[30], as *astreintes* correspondem às multas pecuniárias coercitivas, por meio das quais se impõe ao devedor uma multa periódica, que vai aumentando conforme vai se perfazendo o intervalo de tempo fixado pelo órgão jurisdicional para sua incidência, que pode ser em dias, meses ou anos, até que se cumpra a obrigação devida, de fazer, não fazer ou entregar coisa, ou até que cesse o descumprimento.

As *astreintes,* portanto, servem como instrumento de pressão psicológica, destinado a convencer (ainda que forçosamente) o devedor a cumprir a obrigação, porquanto não a cumprir pode onerá-lo em vultuosa quantia, mais dispendiosa do que a persistência no descumprimento.

A multa trata-se, portanto, de uma medida de coerção indireta. Leciona Marinoni[31] que as obrigações de fazer e não fazer infungíveis não podem ser tuteladas mediante mecanismos de sub-rogação. Daí porque o meio processual adequado para a sua tutela é uma "ameaça" que conduza o réu a cumprir voluntariamente a obrigação. Trata-se da multa cominatória.

Isso não significa dizer, entretanto, que relativamente às obrigações fungíveis não possa ser imposta multa cominatória. Nessa ordem de ideias, afirma Marinoni:

> Quando se diz que a obrigação infungível deve ser tutelada através de multa, não se quer dizer que apenas a obrigação infungível pode ser tutelada desta forma, mas que a obrigação infungível somente pode ser tutelada adequadamente mediante a imposição de multa.

Desse modo, para forçar o devedor ao cumprimento das obrigações de fazer, não fazer (fungíveis ou infungíveis) e entregar coisa pode o juiz brasileiro utilizar-se da multa cominatória.

O Código de Processo Civil brasileiro de 1973 estabelece a possibilidade de imposição de astreintes, ou multa cominatória, para a hipótese de descumprimento das obrigações de fazer, não fazer e entregar coisa. São as regras constantes dos arts. 287, 461, §§ 4º, 5º e 6º e 461-A, § 3º do referido diploma legal.

O CPC de 2015 também trata da matéria em seu art. 537, em termos similares ao diploma processual anterior, porém com maior especificidade e acomodando na legislação alguns posicionamentos doutrinários e jurisprudenciais já sedimentados.

Segundo o novo estatuto processual, a multa não depende de requerimento da parte e pode ser aplicada na fase de conhecimento ou na fase de execução, desde que seja suficiente e compatível com a obrigação e que se determine prazo razoável para cumprimento do preceito.

---

30. SILVA, João Calvão da. *Op. cit.,* p. 375.
31. MARINONI, Luiz Guilherme. **Tutela específica:** arts. 461, CPC e 84, CDC. São Paulo: Revista dos Tribunais, 2000, p. 71-72.

O valor da multa pode ser modificado pelo juiz, de ofício ou a requerimento da parte, caso se torne insuficiente ou excessivo ou se o obrigado demonstrar cumprimento parcial superveniente da obrigação ou justa causa para o descumprimento. Pelos mesmos fundamentos, a sanção pode ser integralmente excluída. A periodicidade também pode ser alterada.

O montante da multa reverte para o credor e a decisão que a fixa pode ser executada provisoriamente, devendo ser depositada em juízo, permitindo-se o levantamento do valor após o trânsito em julgado da sentença favorável à parte ou na pendência do agravo interposto contra as decisões do presidente ou vice-presidente do tribunal de origem em caso de interposição de recurso especial ou extraordinário.

A multa será devida desde o dia em que se configurar o descumprimento da decisão e incidirá enquanto não for cumprida a decisão que a tiver cominado.

É certo que a multa cominatória ou astreintes trata-se de importante instrumento posto à disposição dos juízes para impor ao obrigado o cumprimento das decisões judiciais. Tais sanções processuais pecuniárias são largamente utilizadas pelos tribunais como medidas coercitivas.

No Código de Processo Penal, há alguns dispositivos que estabelecem sanções processuais, a exemplo do art. 655, que prevê uma multa para o caso de embaraço ou procrastinação na expedição de ordem de "habeas corpus", no fornecimento de informações sobre a causa da prisão, na condução e apresentação do paciente ou na sua soltura, que devem ser impostas ao carcereiro ou diretor da prisão, ao escrivão, ao oficial de justiça ou à autoridade judiciária ou policial que der causa a esses fatos. Não há, entrementes, qualquer regramento a respeito das astreintes no CPP para a hipótese de descumprimento das ordens judiciais expedidas pelo juízo criminal.

Inobstante, é pacífico o entendimento doutrinário e jurisprudencial acerca da aplicabilidade no processo penal de inúmeros institutos contidos no Código de Processo Civil.

Isto porque o art. 3º do CPP dispõe que a lei processual penal admite a interpretação extensiva e aplicação analógica, além de que há diversos artigos que expressamente fazem referência à legislação processual civil, como se pode notar da leitura dos arts. 139, 362 e 790.

Diversas normas contidas no CPC/73 são diuturnamente utilizadas pelos juízes e tribunais brasileiros em demandas de natureza penal, a exemplo da sistemática dos recursos repetitivos (art. 543-C), dos poderes do relator (art. 557, *caput* e § 1º-A), das regras relacionadas à identidade física do juiz (art. 132), da interrupção do prazo para interposição de outros recursos quando da oposição de embargos de declaração (art. 538) etc.

Da mesma forma, é perfeitamente cabível a imposição da multa cominatória prevista na legislação processual civil às ações penais, com esteio no já referido art. 3º do CPP, por meio da analogia.

O Supremo Tribunal Federal e o Superior Tribunal de Justiça têm julgados nos quais se evidencia a aplicabilidade das astreintes ao processo penal.

No HC 86254, o STF assentou o entendimento no sentido de que se a conduta do agente que desobedece determinada ordem judicial se submete ao pagamento de astreintes, descaracteriza-se o crime de desobediência, previsto no art. 330 do CP, relativamente à mesma conduta.

Já a Corte Especial do STJ, no Inquérito 784/DF, de Relatoria da Ministra Laurita Vaz, apreciando questão de ordem por ela suscitada, determinou, por maioria de votos, a imposição de multa diária à Google Brasil Internet LTDA em face do descumprimento de ordem judicial de quebra de sigilo das comunicações por e-mail. No voto da Relatora, restou consignado o seguinte:

> Nesse contexto, conquanto se reconheça a obrigação da empresa Google Brasil entregar os dados armazenados, como estes não estão em seu poder direto, não há como imputar a seus dirigentes, aqui, o crime de desobediência, na medida em que, efetivamente, dependem da colaboração de seus agentes na empresa sediada no exterior. Todavia, a solução do impasse gerado pela renitência da empresa controladora passa pela imposição de medida coercitiva pecuniária pelo atraso no cumprimento da ordem judicial, a teor dos arts. 461, § 5º, 461-A, do Código de Processo Civil, c.c. o art. 3º do Código de Processo Penal.

Assim, fixou-se à sobredita empresa o prazo improrrogável de 10 (dez) dias para cumprimento da ordem de quebra do sigilo telemático deferida, sob pena de multa diária no valor de R$ 50.000,00 (cinquenta mil reais) por dia de atraso, contado do recebimento do ofício.

A empresa interpôs embargos de declaração, os quais foram rejeitados à unanimidade de votos.

Em seguida, impetrou mandado de segurança contra a decisão da Corte Especial (MS 20116/DF), o qual não foi conhecido por unanimidade de votos, reconhecendo-se, porém, a ausência de teratologia na decisão que, fundamentadamente, comina multa diária a empresa que não cumpre ordem judicial.

Em outro processo tratando do mesmo tema (fornecimento de dados telemáticos em inquérito policial), cuja ordem judicial foi dirigida à empresa *Facebook* Serviços *Online* do Brasil Ltda., o STJ, por maioria de votos, assentou que o prazo para oposição de embargos de declaração por quem não é parte na relação processual penal é de cinco dias, de acordo com o art. 536 do CPC/73 e não de 2 dias, nos termos do art. 619 do CPP.

Entendeu a corte que a autoridade judicial, ao aplicar multa diária a terceiro no bojo de um inquérito policial, estabelece com este uma relação jurídica de natureza cível. Em primeiro lugar, porque a empresa responsável pelo cumprimento da ordem judicial não é parte na ação penal, qualificando-se como terceiro interessado; em segundo lugar, porque a decisão baseou-se no CPC (determinando a imposição de astreintes), utilizando por analogia o CPP; finalmente, considerando haver dúvida razoável na espécie, fez incidir o princípio da boa-fé objetiva, inclusive fazendo referência ao novo CPC, destacando que terá a referida norma fundamental incidência também no processo penal, ante o já mencionado art. 3º do CPP.

A súmula sob análise, portanto, está em absoluta consonância com a jurisprudência já sedimentada dos tribunais superiores brasileiros, que considera aplicáveis as astreintes no processo penal.

- Este Superior Tribunal tem reiteradamente decidido que não há ofensa ao princípio da identidade física do juiz no caso de substituição do magistrado em decorrência de férias, exceção prevista no Código de Processo Civil (art. 132), aplicável nos termos do art. 3º do Código de Processo Penal. (STJ, AgRg no HC 174.014/RJ, Rel. Min. Sebastião Reis Júnior, 6ª Turma, DJe 4.12.2015)

- A 2ª Seção ao julgar, sob o rito do art. 543-C do Código de Processo Civil, o Recurso Especial 1.112.748/TO, de relatoria do Ministro Felix Fischer, firmou o entendimento de que "incide o princípio da insignificância aos débitos tributários que não ultrapassem o limite de R$ 10.000,00 (dez mil reais), a teor do disposto no art. 20 da Lei n. 10.522/02". A tese foi reafirmada no julgamento do Recurso Especial 1.393.317/PR, de relatoria do Ministro Rogerio Schietti Cruz, em 12.11.2014. (STJ, AgRg no REsp 1300661/PR, Rel. Min. Ribeiro Dantas, 5ª Turma, DJe 23.11.2015)

- Nos termos do art. 557, *caput*, do Código de Processo Civil, c/c o art. 3º do Código de Processo Penal, é possível, em matéria criminal, que o relator negue seguimento ao recurso ou ao "habeas corpus" manifestamente inadmissível, improcedente, prejudicado ou em confronto com súmula ou jurisprudência dominante, sem que, em tese, se configure ofensa ao princípio da colegialidade, desde que o tema tratado seja exclusivamente de direito. Ademais, o cabimento de agravo regimental contra decisão proferida singularmente pelo relator, por si só, afasta a alegada violação ao princípio da colegialidade. (...). (STJ, AgRg no HC 256.818/ES, Rel. Min. Marco Aurélio Bellizze, 5ª Turma, DJe 15.2.2013)

- O Código de Processo Penal não prevê a interrupção de prazo para outros recursos quando opostos embargos de declaração, como ocorre no Código de Processo Civil, em seu art. 538, *caput*. Contudo, por força do disposto no art. 3º da citada Lei Adjetiva Penal, o mesmo princípio pode ser aplicado nos embargos de declaração na área processual penal. (STJ, EREsp 287.390/RR, Rel. Min. Antônio de Pádua Ribeiro, Corte Especial, DJ 11.10.2004)

- 1. O juízo criminal, ao aplicar multa cominatória à empresa responsável pelo fornecimento de dados decorrentes da quebra de sigilo determinada em inquérito policial, estabelece com ela uma relação jurídica de natureza cível, seja porque o responsável pelo cumprimento da ordem judicial não é parte no processo criminal, seja porque a aplicação de multa por eventual descumprimento – ou retardo no adimplemento – tem amparo no art. 475-J do Código de Processo Civil. 2. Existência, ademais, de dúvida razoável quanto à natureza – cível ou criminal – da matéria, a justificar a aplicação do princípio da boa-fé processual, reforçado no novo Código de Processo Civil, de inegável valor como referência do direito que está por vir. 3. Aplicabilidade, na hipótese, do art. 536 do CPC, que fixa em cinco dias o prazo para a oposição de embargos de declaração, por constituir a cominação de multa diária por atraso no cumprimento de ordem judicial tema tipicamente cível. (STJ, REsp 1455000/PR, Rel. p/ ac. Min. Rogerio Schietti Cruz, 6ª Turma, DJe 9.4.2015)

- Não há falar em teratologia da decisão que, após exaustiva fundamentação, comina multa diária a empresa que não cumpre ordem de quebra de sigilo telemático deferida em inquérito judicial. (STJ, MS 20.116/DF, Rel. Min. Arnaldo Esteves Lima, Corte Especial, DJe 17.3.2014)

- Questão de ordem. Decisão da ministra relatora que determinou a quebra de sigilo telemático (gmail) de investigados em inquérito em trâmite neste STJ. Google Brasil Internet Ltda. Descumprimento. Alegada impossibilidade. Inverdade. Google International LLC e Google inc. Controladora americana. Irrelevância. Empresa instituída e em atuação no país. Obrigatoriedade de submissão às leis brasileiras, onde opera em relevante e estratégico seguimento de telecomunicação. Troca de mensagens, via e-mail, entre brasileiros, em território nacional, com suspeita de envolvimento em crimes cometidos no brasil. Inequívoca jurisdição brasileira. Dados que constituem elementos de prova que não podem se sujeitar à política de estado ou empresa estrangeiros. Afronta à soberania nacional. Imposição de multa diária pelo descumprimento. (STJ, Inq 784/DF, Rel. Min. Laurita Vaz, Corte Especial, DJe 28.8.2013)

Não se reveste de tipicidade penal – descaracterizando-se, desse modo, o delito de desobediência (CP, art. 330) – a conduta do agente, que, embora não atendendo a ordem judicial que lhe foi dirigida, expõe-se, por efeito de tal insubmissão, ao pagamento de multa diária ("astreinte") fixada pelo magistrado com a finalidade específica de compelir, legitimamente, o devedor a cumprir o preceito. Doutrina e jurisprudência. (HC 86254, Rel. Min. Celso de Mello, 2ª Turma, DJ 10.3.2006)

## 5.2. Da Prisão em Flagrante (arts. 301 a 310)

**ENUNCIADO 46. NÃO É OBRIGATÓRIA A PRÉVIA MANIFESTAÇÃO DO MINISTÉRIO PÚBLICO FEDERAL QUANTO ÀS PROVIDÊNCIAS DO ART. 310 DO CPP.**

● ***Enunciado 11*** *aprovado no III FONACRIM. Renumerado no IV FONACRIM, em 25.9.2015.*

▸ ***Por Rosmar Antonni Rodrigues Cavalcanti de Alencar.***

A prisão em flagrante é instituto que pode ser classificado como ato jurídico complexo[32]. Isso em virtude de ter início, como regra, fora das dependências oficiais do Estado e por meio de forma preponderantemente empírica (voz de prisão) e de ser finalizada mediante crivo judicial, notadamente aquele estabelecido pelo art. 310, do Código de Processo Penal.

O procedimento da prisão em flagrante pode ser exposto analiticamente, conforme a seguinte ordem:

**(1)** ato cerceativo da liberdade do indivíduo, mediante voz de prisão, diante da presença de situação amoldável aos casos do art. 302, do Código de Processo Penal. Na hipótese, o responsável pela prisão em flagrante (fato) deve assegurar os direitos constitucionais do autuado. Trata-se do suporte fático para a incidência de normas jurídicas que se encadeiam sucessivamente até o arremate do procedimento total;

**(2)** condução à presença da autoridade policial, medida necessária para a adoção das formalidades ulteriores. Deve-se cuidar para manter incólume a integridade física e psicológica do preso em flagrante delito, bem como observar criteriosamente os requisitos para o uso de algemas (Súmula Vinculante nº 11, STF);

**(3)** lavratura do auto de prisão em flagrante, que deve observar a forma legal estampada no art. 304, do CPP. Imediatamente à apresentação do preso, a autoridade policial deve comunicar formalmente a prisão em flagrante ao juiz e ao Ministério Público. Após a lavratura, remete-se o auto de prisão em flagrante ao juiz e, não

32. TÁVORA, Nestor; ALENCAR, Rosmar Rodrigues. **Curso de direito processual penal.** 11. ed. Salvador: JusPodivm, 2016. 1887p.

havendo advogado constituído pelo conduzido, deve ser enviada cópia daquele à defensoria pública;

**(4)** adoção das providências do art. 310, do CPP. Deve ser observado o Pacto de São José da Costa Rica, que reza que todo preso deve ser apresentado à autoridade judiciária sem demora. Cuida-se da audiência de custódia (audiência de justificação ou interrogatório de garantia) que visa propiciar canal comunicativo ao preso tendente a evitar violações de direitos fundamentais, a exemplo da prevenção ou tomada de providências relativamente à violência policial;

**(5)** condução ao cárcere (cadeia pública), observadas as disposições que regram a separação de presos provisórios e definitivos (Lei de Execução Penal).

É quanto a essa penúltima etapa normativa acima que se coloca o Enunciado nº 46/FONACRIM. Seu teor aviva que "não é obrigatória a prévia manifestação do Ministério Público Federal quanto às providências do art. 310 do CPP". Esse dispositivo legal, com redação determinada pela Lei nº 12.403/2011, não prevê oitiva prévia do *Parquet* para que o juiz adote qualquer de suas alternativas. Interpretação isolada daquele enunciado pode conduzir à afirmação de que o enunciado é compatível com o sistema processual penal constitucional.

Deveras, nos termos do art. 310, do Código de Processo Penal, ao receber o auto de prisão em flagrante, o juiz deverá, fundamentadamente, adotar uma das seguintes providências:

**(1)** relaxar a prisão ilegal;

**(2)** converter a prisão em flagrante em preventiva, quando presentes os requisitos constantes do seu art. 312, e se revelarem inadequadas ou insuficientes as medidas cautelares diversas da prisão; ou

**(3)** conceder liberdade provisória, com ou sem fiança.

Frise-se que a letra do artigo em tela não dita que o juiz deve ouvir o Ministério Público previamente. O verbete do FONACRIM ora analisado partiu de exegese literal. No entanto, não se deve olvidar que as providências do art. 310 são típicas da fase preliminar à instauração de processo penal.

Tratando-se de etapa investigativa, coerente que o juiz não possua competência para ter iniciativa prisional ou probatória, eis que o art. 129, I, da Constituição de 1988, estatuiu a função institucional do Ministério Público de promover, privativamente, a ação penal pública nos termos da lei. A fim de não generalizar, importa examinar cada uma das possibilidades, em confronto com os postulados acusatórios e com a possibilidade de o juiz atuar como garante de direitos fundamentais.

A atuação do juiz, aplicando o art. 310, do CPP, independentemente de provocação do Ministério Público, atende fins relacionados à celeridade. No entanto, pode-se depreender que tanto esse atuar pode se revelar como apto a tutelar a liberdade do imputado (e, no ponto, o sistema autoriza a atuação protagonista do magistrado), quando pode significar medida drástica, prejudicial ao agente e, inclusive, destoar do entendimento do titular da futura ação penal.

Desse modo, a fim de compatibilizar a sistemática do art. 310, do Código de Processo Penal, com a Constituição de 1988 (art. 129, I), deve ser avaliada se a consequência jurídica prevista equivale à atuação de ofício na fase investigativa em desfavor do imputado. Caso isso ocorra, outra conclusão não deve ser senão a de que o juiz não pode aplicar a regra sem antes ouvir o Ministério Público.

A hipótese de ilegalidade da prisão equivale a fazer cessar um cerceamento indevido da liberdade de alguém. Enquanto antes o juiz decidir sobre o ponto, menos lesão a direito fundamental haverá. Verificando a ilegalidade, urge que ele faça cessar. Desse modo, não deve o magistrado abrir vista prévia ao Ministério Público para falar sobre a possibilidade de relaxamento da prisão ilegal e soltura do autor da infração penal.

Afinal, o inciso LXVI, da Constituição é expresso ao gizar que "a prisão ilegal será imediatamente relaxada pela autoridade judiciária". Ora, se a prisão ilegal deve ser objeto imediato de decisão judicial de relaxamento, plausível deduzir que a oitiva prévia do Ministério Público para o caso do inciso I, do art. 310, do Código, seria de todo incompatível com a Lei Maior.

No ponto, correto o entendimento consubstanciado no Enunciado do FONACRIM aqui examinado. Como a providência prevista é *favor libertatis*, fomentado deve ser que o juiz a aplique independentemente de manifestação ministerial, dada a urgência verificada.

Situação diversa é relativa à decisão de conversão do flagrante em prisão preventiva, em razão das dúvidas sobre sua natureza jurídica. Pode-se entender, como o faz a maior parte da doutrina, que é indispensável que o Ministério Público se manifeste previamente, a fim de evitar atuação de ofício pelo juiz vedada pelos parâmetros do sistema acusatório.

Entendendo-se dessa maneira, os termos genéricos do Enunciado nº 46/FONACRIM não devem ser estendidos ao caso do art. 310, II, do CPP, exigindo-se manifestação expressa do Ministério Público de maneira prévia.

Sem embargo, merecem ser ponderados os seguintes aspectos.

**(1)** Natureza pré-cautelar da prisão em flagrante

Para supedanear o entendimento de que é necessária manifestação prévia do Ministério Público para que se dê a conversão da prisão em flagrante, parte da doutrina recorre à definição de sua natureza como pré-cautelar.

No entanto, a expressão pré-cautelar pouco explica a natureza do instituto "prisão em flagrante", como Advertiu Afrânio Silva Jardim[33].

Dizer pré-cautelar só tem lugar se tomada a referência de argumentação, ou seja, é "pré", se considerada a "prisão preventiva-conversão". A nota de cautelaridade, que

33. JARDIM, Afrânio Silva. Reforma do CPP deve corrigir distorções sobre prisão e liberdade provisórias. **Conjur.** Internet.

pressupõe judicialidade, pode ser ainda invocada se considerarmos a necessidade de comunicação imediata do flagrante à autoridade judiciária, como a própria CF exige.

**(2)** Subsistência do flagrante como prisão autônoma

Pode-se sustentar que não há identidade completa entre as prisões preventivas do art. 310, II, e aquela do art. 312, CPP. Os pressupostos são os mesmos, mas os permissivos para serem emitidas a norma são diversos. Vale dizer, há uma preventiva-conversão e uma preventiva-decretação, sendo esta última dotada de duas subespécies (a pedido/representação e *ex officio* somente durante o processo).

A prisão preventiva-conversão, segundo o enunciado, não requer pedido/representação, eis que decorre do procedimento da prisão em flagrante. Repise-se, contudo, que a doutrina majoritária entende que não é possível prisão preventiva decretada de ofício na fase de investigação preliminar, em respeito as regras da jurisdição e do sistema acusatório.

Pode-se compreender que o legislador pretendeu, com o texto do art. 310, II, CPP, conferir maior efetividade à CF para evitar que a prisão em flagrante permanecesse sem crivo expresso do Judiciário. Em outros termos, chancelar a prisão em flagrante como o timbre de preventiva-conversão seria, sob essa ótica, a garantia para que nenhuma prisão em flagrante permaneça sem que seja comunicada ao juiz e efetivamente examinada a sua necessidade de manutenção.

Nesses termos, a prisão em flagrante continua com seus efeitos, apenas com um novo rótulo "preventiva-conversão", que visa atribuir maior efetividade aos direitos fundamentais nucleares do processo penal constitucional. Com essa linha de raciocínio, ela tem maior proximidade com a natureza cautelar do que com a pré-cautelar.

A alegada pré-cautelaridade tem tão-somente a utilidade de dizer que nenhuma prisão em flagrante pode, dentro do seu *iter* complexo, deixar de ser criteriosamente examinada pelo juiz competente, devendo ser comunicada imediatamente, a teor da Constituição.

Nessa perspectiva, possível sustentar o acerto integral do Enunciado nº 46/FONACRIM, nos termos propostos.

Para a concessão de liberdade provisória não se deve abrir vista dos autos ao Ministério Público. Pensar o contrário pode indicar maior tempo de prisão para quem, segundo os termos do ordenamento jurídico, tem direito a permanecer em liberdade. Essa ilação é inferida do enunciado do inciso LXVI da Constituição Federal, que aduz que "ninguém será levado à prisão ou nela mantido, quando a lei admitir a liberdade provisória, com ou sem fiança".

Sob outra vertente, também apropriado é o enunciado do parágrafo único do mesmo art. 310 do CPP, ao assentar que, se o juiz verificar, pelo auto de prisão em flagrante, que o agente praticou o fato em situação de excludente de antijuridicidade, poderá, fundamentadamente, conceder ao acusado liberdade provisória, mediante termo de comparecimento a todos os atos processuais, sob pena de revogação.

Compatível com o sistema acusatório, para essas hipóteses, é a oitiva posterior do Ministério Público, porquanto se cuida de procedimento que confere maior tutela à liberdade do imputado, restando justificável a cristalização do verbete sob análise.

A prisão preventiva pode ser decretada, de ofício, em qualquer fase do inquérito policial ou da instrução do processo (CPP, art. 311). Não há, pois, ilegalidade consubstanciada na circunstância de a prisão dos pacientes ter sido decretada de ofício, sem a oitiva do Ministério Público. A manutenção dos pacientes na prisão está justificada não apenas na prisão em flagrante, mas em fundamentação robusta respaldada na prática reiterada do crime de tráfico de entorpecentes, a constituir meio de vida dos integrantes da organização criminosa. (HC 98968, Rel. Min. Eros Grau, 2ª Turma, DJe 23.10.2009)

Em que pese inexista hierarquia entre juiz plantonista e juiz titular, eis que examinam o caso e proferem decisão final sobre a questão posta, pode o juiz fazer novo juízo, decidindo de forma fundamentada e desde que tenha sido provocado para tanto. "In casu", o juiz plantonista homologou a prisão em flagrante e concedeu a liberdade provisória mediante pagamento de fiança, nos estritos termos do art. 310, III, do CPP. De ofício, o magistrado titular da vara proferiu novo juízo, decidindo pela decretação da prisão preventiva e revogando a liberdade provisória antes concedida, sem qualquer provocação ministerial ou da autoridade policial, em desconformidade com a previsão legal do art. 311 do CPP. "Habeas corpus" concedido para cassar a decisão que decretou a prisão preventiva do paciente e restabelecer a decisão de concessão da liberdade provisória mediante pagamento de fiança. (STJ, HC 338.827/SP, Rel. Min. Nefi Cordeiro, 6ª Turma, DJe 3.12.2015)

A nova redação do art. 311 do CPP, que teve acrescido ao seu texto a expressão "se no curso da ação penal" pela Lei n. 12.403/11, impõe uma mudança interpretativa e jurisprudencial quanto aos poderes do magistrado no que tange à decretação da prisão preventiva na fase investigatória. Ao juiz só é dado decretar de ofício a prisão preventiva quando no curso da ação penal, isto é, após o oferecimento da denúncia ou queixa-crime, sendo-lhe vedado, todavia, decretá-la de ofício na fase investigativa. Na fase investigativa da persecução penal, o decreto de prisão preventiva não prescinde de requerimento do titular da ação penal – Ministério Público ou querelante –, ou, ainda, de representação do órgão responsável pela atividade investigatória para que possa ser efetivada pelo magistrado, sob pena de violação à imparcialidade do juiz, da inércia da jurisdição e do sistema acusatório. Contudo, a impossibilidade de decretação da prisão preventiva "ex officio" pelo juiz na fase investigativa não se confunde com a hipótese dos autos, retratada no art. 310, II, do CPP, que permite ao magistrado, quando do recebimento do auto de prisão em flagrante, e constatando ter sido esta formalizada nos termos legais, convertê-la em preventiva quando presentes os requisitos constantes do art. 312 do CPP. Isso porque a conversão da prisão em flagrante, nos termos já sedimentados por ambas as Turmas que compõem a 2ª Seção desta Corte Superior de Justiça, pode ser realizada de ofício pelo juiz. (RHC 63.862/MG, Rel. Min. Maria Thereza de Assis Moura, 6ª Turma, DJe 25.11.2015)

► **CPP. Art. 310.** Ao receber o auto de prisão em flagrante, o juiz deverá fundamentadamente: I – relaxar a prisão ilegal; ou II – converter a prisão em flagrante em preventiva, quando presentes os requisitos constantes do art. 312 deste Código, e se revelarem inadequadas ou insuficientes as medidas cautelares diversas da prisão; ou III – conceder liberdade provisória, com ou sem fiança. **Parágrafo único.** Se o juiz verificar, pelo auto de prisão em flagrante, que o agente praticou o fato nas condições constantes dos incisos I a III do *caput* do art. 23 do Decreto-Lei n. 2.848, de 7 de dezembro de 1940 – Código Penal, poderá, fundamentadamente, conceder ao acusado liberdade provisória, mediante termo de comparecimento a todos os atos processuais, sob pena de revogação.

**ENUNCIADO 53. NA AUDIÊNCIA DE CUSTÓDIA, A PRESENÇA DO JUIZ, MEMBRO DO MINISTÉRIO PÚBLICO, ADVOGADO OU DEFENSOR PÚBLICO PODERÁ OCORRER POR VIDEOCONFERÊNCIA.**

• ***Enunciado 53** aprovado no IV FONACRIM, em 25.9.2015.*

▸ *Por Marco Bruno Miranda Clementino.*

A audiência de custódia – que o Supremo Tribunal Federal (STF), no julgamento da ADIN nº 5240, sugeriu denominar de audiência de apresentação – consiste em instituto decorrente da incidência, no direito brasileiro, do disposto no artigo 7º, item 5, da Convenção Americana de Direitos Humanos, conhecida como Pacto de São José da Costa Rica, assim como do artigo 9º, item 3, do Pacto de Direitos Civis e Políticos da Organização das Nações Unidas, tratados internacionais regularmente incorporados à ordem jurídica brasileira segundo os procedimentos constitucionais.

A despeito de não haver previsão expressa, no Código de Processo Penal (CPP), da realização de audiência de custódia após a realização da prisão em flagrante, o reconhecimento da validade do instituto resultou de evolução da ordem jurídica brasileira após o STF, no âmbito do RE 466.343, atribuir caráter supralegal aos tratados internacionais de direitos humanos, escalonando-os em patamar superior à lei e inferior à Constituição.

A Convenção Americana de Direitos Humanos foi ratificada e, assim, incorporada ao sistema jurídico brasileiro pelo Decreto nº 678/92. Seu texto estabelece, no artigo 7º, item 5, que "toda pessoa detida ou retida deve ser conduzida, sem demora, à presença de um juiz ou outra autoridade autorizada pela lei a exercer funções judiciais". Por esse enunciado, instituiu o tratado o que a Corte Interamericana de Direitos Humanos (CIDH) denomina de controle judicial imediato.

O controle judicial imediato tem por fundamento o fato de que, a bem da verdade, a restrição à liberdade em função do estado de flagrância, ainda que decorrente da ação da autoridade policial, não implica tecnicamente prisão, senão mera detenção. Somente o juiz pode determinar a prisão do indivíduo, jamais a autoridade policial e muito menos o particular. Dessa forma, embora a Constituição brasileira empregue a expressão "prisão em flagrante", no rigor técnico de prisão não se trata, mas apenas detenção, razão por que se exige o controle judicial imediato, no caso brasileiro através da audiência de custódia, através da qual será efetivamente decretada a prisão ou assegurada a liberdade do indivíduo.

A propósito, é importante ressaltar que, segundo entendimento da CIDH, não é suficiente à observância da garantia do controle judicial imediato a mera comunicação formal da prisão ao juiz, conforme previsto no artigo 306 do CPP. No caso Bayarri vs. Argentina, decidiu a CIDH pela necessidade de apresentação pessoal do detido ao juiz, conforme estabelecido de forma literal no artigo 7º, item 5, da Convenção Americana de Direitos Humanos, sob pena de frustração da efetividade do controle judicial imediato e para fins de valoração adequada acerca da manutenção da privação da liberdade ou da liberação do indivíduo.

Diante do descumprimento de obrigação internacional praticada pelo Estado brasileiro por estabelecer, na legislação processual penal, rito diverso do controle judicial imediato para fins de verificação da regularidade das prisões em flagrante, por estímulo do Conselho Nacional de Justiça (CNJ), os tribunais brasileiros, a partir do reconhecimento da validade da norma convencional, passaram a regulamentar a realização de audiências de custódia, no prazo de 24 (vinte e quatro) horas da comunicação do flagrante, mediante interpretação sistemática dos artigos 7º, item 5, da Convenção Americana de Direitos Humanos, e 306 do CPP. Inicialmente, foi editado o Provimento Conjunto nº 03/2015 do Tribunal de Justiça de São Paulo (TJSP), havendo, em pouco tempo, adesão por outros tribunais, através de regulamentações próprias. Na Justiça Federal, as audiências de custódia foram implementadas pioneiramente na Seção Judiciária do Rio Grande do Norte, mediante a edição da Portaria nº 181/2015.

Muito em função do pioneirismo na adoção de regulamentação de medidas visando operacionalizar a realização de audiências de custódia, o Provimento Conjunto nº 03/2015 do TJSP teve sua constitucionalidade questionada no STF em controle concentrado. O STF, por sua vez, apreciando o objeto na Adin nº 5240, decidiu pela constitucionalidade do ato normativo e indicou a adoção da prática por todos os órgãos jurisdicionais brasileiros. Logo em seguida, no julgamento da ADPF nº 347, o STF, sob o pressuposto do reconhecimento de um "estado de coisas inconstitucional" no sistema carcerário brasileiro, fixou prazo para implementação de audiências de custódia, de modo a assegurar o comparecimento do detido em flagrante delito perante o juiz, em 24 horas, para fins de realização do ato.

Tendo em vista a determinação do STF, o CNJ editou enfim a Resolução nº 213/2015, dispondo sobre a apresentação de toda pessoa presa à autoridade judicial no prazo de 24 (vinte e quatro) horas, contadas da comunicação do flagrante. Reconheceu-se, pois, na ordem jurídica brasileira, o direito de audiência da pessoa detida, em mais um exemplo de incidência do fenômeno de aproximação entre os sistemas jurídicos da *civil* e da *common law*, num processo às vezes chamado de "americanização do direito", considerando ser da tradição jurídica norte-americana a apresentação do detido ao juiz, em prazo razoável, através da *arraignment hearing*.

Especificamente quanto ao Enunciado nº 53 do FONACRIM, entendeu-se pela aplicação analógica do artigo 185, § 2º, do CPP, de modo a possibilitar a participação, por videoconferência, do juiz, do membro do Ministério Público, do advogado ou do defensor público, na audiência de custódia. Por óbvio, o enunciado estabelece uma interpretação que somente pode ser considerada viável diante da excepcionalidade de uma situação concreta, a inviabilizar a efetiva condução do detido para a realização do ato processual, consideradas as hipóteses do artigo 185, § 2º, I a IV, do CPP.

Porém, duas observações precisam ser feitas no que se refere a esse enunciado. Primeiramente, deve-se salientar que a Resolução nº 213/2015 não estabeleceu de forma expressa a possibilidade de participação dos atores processuais por meio de videoconferência, regulando as situações excepcionais de forma diversa, nos artigos 1º, § 5º, e 3º, seja estabelecendo a possibilidade de prazo mais elástico para a apresentação do detido, seja prevendo a realização do ato processual por substituto legal do juiz competente. Em segundo lugar, é preciso esclarecer que a audiência de custódia não pode ser instrumento para antecipação de interrogatório, pelo que a analogia, no caso, somente se aplica ao aspecto puramente operacional da utilização da videoconferência para a realização do ato.

Quanto ao primeiro aspecto, impõe-se reconhecer que o silêncio da Resolução nº 213/2015 não induz necessariamente à vedação da realização da audiência de custódia por videoconferência, até porque, em determinadas situações, sua utilização pode ser mais favorável ao detido do que a aplicação das exceções contempladas nos artigos 1º, § 5º, e 3º. Todavia, a omissão quanto ao tema, aliada à ênfase à apresentação pessoal, reforça o caráter restritivo e excepcional da incidência da regra expressa pelo enunciado.

No mais, no que se refere ao segundo ponto, é importante frisar que, na audiência de custódia, há mera entrevista do cidadão detido para verificação da higidez da detenção, assim como para subsidiar decisão sobre a manutenção da restrição à liberdade ou determinação de liberação do indivíduo. Essa entrevista não se presta propriamente à produção de prova para a investigação ou para eventual ação penal futura, não figurando, pois, como espécie de substitutivo de interrogatório ou de interrogatório invertido.

Isso não significa, evidentemente, a vedação absoluta a que sejam formuladas perguntas sobre a materialidade e autoria do fato que ensejara o flagrante, até porque necessárias à verificação da presença dos pressupostos necessários para a decretação da prisão preventiva e mesmo para uma decisão de relaxamento. Porém, as perguntas devem ser feitas nos estritos limites da necessidade de aferição desses requisitos, evitando-se que o ato processual adquira viés deliberadamente instrutório.

---

AÇÃO DIRETA DE INCONSTITUCIONALIDADE. PROVIMENTO CONJUNTO 03/2015 DO TRIBUNAL DE JUSTIÇA DE SÃO PAULO. AUDIÊNCIA DE CUSTÓDIA. 1. A Convenção Americana sobre Direitos do Homem, que dispõe, em seu artigo 7º, item 5, que "toda pessoa presa, detida ou retida deve ser conduzida, sem demora, à presença de um juiz", posto ostentar o status jurídico supralegal que os tratados internacionais sobre direitos humanos têm no ordenamento jurídico brasileiro, legitima a denominada "audiência de custódia", cuja denominação sugere-se "audiência de apresentação". (...). 7. Os artigos 5º, inciso II, e 22, inciso I, da Constituição Federal não foram violados, na medida em que há legislação federal em sentido estrito legitimando a audiência de apresentação. 8. A Convenção Americana sobre Direitos do Homem e o Código de Processo Penal, posto ostentarem eficácia geral e erga omnes, atingem a esfera de atuação dos Delegados de Polícia, conjurando a alegação de violação da cláusula pétrea de separação de poderes (...). (STF. ADIN 5240/SP. Tribunal Pleno. Rel. Min. Luiz Fux. DJ 29.1.2016)

---

O Tribunal, apreciando os pedidos de medida cautelar formulados na inicial, por maioria e nos termos do voto do Min. Marco Aurélio (Relator), deferiu a cautelar em relação à alínea "b", para determinar aos juízes e tribunais que, observados os artigos 9.3 do Pacto dos Direitos Civis e Políticos e 7.5 da Convenção Interamericana de Direitos Humanos, realizem, em até noventa dias, audiências de custódia, viabilizando o comparecimento do preso perante a autoridade judiciária no prazo máximo de 24 horas, contados do momento da prisão, com a ressalva do voto da Ministra Rosa Weber, que acompanhava o Relator, mas com a observância dos prazos fixados pelo CNJ, vencidos, em menor extensão, os ministros Teori Zavascki e Roberto Barroso, que delegavam ao CNJ a regulamentação sobre o prazo da realização das audiências de custódia (...). (STF. ADPF 347/DF. Tribunal Pleno. Rel. Min. Marco Aurélio).

La Corte ha reiterado que el juez debe oír personalmente al detenido y valorar todas las explicaciones que este le proporcione, para decidir si procede la liberación o el mantenimiento de la privación de libertad. Lo contrario equivaldría a despojar de toda efectividad el control judicial dispuesto en el artículo 7.5 de la Convención. (Corte Interamericana de Direitos Humanos. Caso Bayarri vs. Argentina. Sentencia de 30 de octubre de 2008)

▶ **Convenção Americana de Direitos Humanos. Art. 7º. Item 5:** Toda pessoa detida ou retida deve ser conduzida, sem demora, á presença de um juiz ou outra autoridade autorizada pela lei a exercer funções judiciais e tem direito a ser julgada dentro de um prazo razoável ou a ser posta em liberdade, sem prejuízo de que prossiga o processo. Sua liberdade pode ser condicionada a garantias que assegurem o seu comparecimento em juízo.

▶ **Pacto Internacional sobre Direitos Civis e Políticos. Art. 9º. Item 3:** Qualquer pessoa presa ou encarcerada em virtude de infração penal deverá ser conduzida, sem demora, à presença do juiz ou de outra autoridade habilitada por lei a exercer funções judiciais e terá o direito de ser julgada em prazo razoável ou de ser posta em liberdade. A prisão preventiva de pessoas que aguardam julgamento não deverá constituir a regra geral, mas a soltura poderá estar condicionada a garantias que assegurem o comparecimento da pessoa em questão à audiência, a todos os atos do processo e, se necessário for, para a execução da sentença

▶ **CPP. Art. 306.** A prisão de qualquer pessoa e o local onde se encontre serão comunicados imediatamente ao juiz competente, ao Ministério Público e à família do preso ou à pessoa por ele indicada. ▶ **Art. 185. § 2º** Excepcionalmente, o juiz, por decisão fundamentada, de ofício ou a requerimento das partes, poderá realizar o interrogatório do réu preso por sistema de videoconferência ou outro recurso tecnológico de transmissão de sons e imagens em tempo real, desde que a medida seja necessária para atender a uma das seguintes finalidades: I – prevenir risco à segurança pública, quando exista fundada suspeita de que o preso integre organização criminosa ou de que, por outra razão, possa fugir durante o deslocamento; II – viabilizar a participação do réu no referido ato processual, quando haja relevante dificuldade para seu comparecimento em juízo, por enfermidade ou outra circunstância pessoal; III – impedir a influência do réu no ânimo de testemunha ou da vítima, desde que não seja possível colher o depoimento destas por videoconferência, nos termos do art. 217 deste Código; IV – responder à gravíssima questão de ordem pública.

▶ **Resolução nº 213/2015-CNJ. Art. 1º. § 5º** O CNJ, ouvidos os órgãos jurisdicionais locais, editará ato complementar a esta Resolução, regulamentando, em caráter excepcional, os prazos para apresentação à autoridade judicial da pessoa presa em Municípios ou sedes regionais a serem especificados, em que o juiz competente ou plantonista esteja impossibilitado de cumprir o prazo estabelecido no *caput*. ▶ **Art. 3º** Se, por qualquer motivo, não houver juiz na comarca até o final do prazo do art. 1º, a pessoa presa será levada imediatamente ao substituto legal, observado, no que couber, o § 5º do art. 1º.

## Enunciado 54. O prazo de vinte e quatro horas para a realização da audiência de custódia pode ser flexibilizado em situações excepcionais.

• ***Aprovado no*** *IV FONACRIM, em 25.9.2015.*

▸ ***Por Marco Bruno Miranda Clementino.***

O artigo 7º, item 5, da Convenção Americana de Direitos Humanos não prescreve um prazo específico para exercício do controle judicial imediato, apenas estabelecendo sua realização "sem demora". Essa indeterminação é até natural quando se trata de normas internacionais, em particular sobre direitos humanos, expressas como cláusulas abertas, de conteúdo marcadamente ético, objetivando irradiar valores para as ordens jurídicas nacionais, sem lhes afastar o necessário grau de adaptabilidade.

Em diversos precedentes, a CIDH chegou se pronunciar sobre leis nacionais quanto ao prazo de apresentação do detido para fins de exercício do controle judicial imediato. Em Chaparro Álvarez e Lapo Iñiguez vs. Equador, por exemplo, decidiu a CIDH como violadora da garantia convencional a apresentação do detido para fins de exercício do controle judicial imediato em 4 (quatro) dias. Porém, não existe jurisprudência regional da CIDH no que se refere à fixação de um prazo específico, cabendo às leis nacionais regularem a matéria. Nesse sentido, o legislador nacional deve ter como parâmetro, no estabelecimento do prazo, os limites negativos estabelecidos na jurisprudência da CIDH, as realidades concretas de cada sistema jurídico e certas limitações materiais presentes em cada Estado.

O Enunciado nº 54 do FONACRIM toma em consideração esses pressupostos e emite ao mesmo tempo duas interpretações: a primeira, quanto ao estabelecimento do prazo regular para realização da audiência de custódia; a segunda, no sentido da possibilidade de flexibilização do prazo em situações de excepcionalidade.

No tocante ao prazo de 24 (vinte e quatro) horas, a fixação decorre de interpretação sistemática entre o conceito aberto prescrito no tratado e a regra do artigo 306, § 1º, do CPP, que prevê o prazo de 24 (vinte e quatro) horas, contados da realização da prisão em flagrante, para comunicação respectiva ao juiz. Considerando que esse prazo não afronta os limites negativos da jurisprudência da CIDH, foi possível uma compatibilização com a tradição jurídica brasileira, permitindo que o CPP se amoldasse de forma a absorver procedimentalmente a norma convencional sem a necessidade de intervenção legislativa.

O Enunciado nº 54, todavia, reconhece a possibilidade de flexibilização do prazo de 24 (vinte e quatro) horas. Trata-se de exceção à regra geral decorrente a interpretação sistemática entre a norma convencional e o CPP, expressa em certas limitações materiais que impossibilitem o cumprimento do prazo de 24 (vinte e quatro) horas.

Não se trata, evidentemente, de limitação material decorrente da má execução de políticas públicas pelo Estado, cuja ineficiência não pode servir de fundamento para restringir direitos fundamentais. No entanto, há de se reconhecer que, no território do Estado brasileiro, há inúmeras situações de rigorosa impossibilidade material de cumprimento desse prazo, como ocorre nos casos de necessidade de deslocamento a locais de difícil acesso, a exemplo da Amazônia.

Diante dessa óbvia constatação, o próprio CNJ, na Resolução nº 213/2015, dispôs, no artigo 1º, § 5º, que ato complementar deve regulamentar "em caráter excepcional, os prazos para apresentação à autoridade judicial da pessoa presa em Municípios ou sedes regionais a serem especificados, em que o juiz competente ou plantonista esteja impossibilitado de cumprir o prazo estabelecido no *caput*".

▶ **CPP. Art. 306, § 1º** Em até 24 (vinte e quatro) horas após a realização da prisão, será encaminhado ao juiz competente o auto de prisão em flagrante e, caso o autuado não informe o nome de seu advogado, cópia integral para a Defensoria Pública.

▶ **Resolução nº 213/2015-CNJ. Art. 1º. § 5º** O CNJ, ouvidos os órgãos jurisdicionais locais, editará ato complementar a esta Resolução, regulamentando, em caráter excepcional, os prazos para apresentação à autoridade judicial da pessoa presa em Municípios ou sedes regionais a serem especificados, em que o juiz competente ou plantonista esteja impossibilitado de cumprir o prazo estabelecido no *caput*.

**ENUNCIADO 55. É DISPENSÁVEL A REALIZAÇÃO DE AUDIÊNCIA DE CUSTÓDIA SE, AO RECEBER A COMUNICAÇÃO DE FLAGRANTE, O JUIZ ENTENDER DE PRONTO QUE É CASO DE CONCESSÃO DE LIBERDADE.**

● ***Aprovado no*** *IV FONACRIM, em 25.9.2015.*

▸ *Por Marco Bruno Miranda Clementino.*

O Enunciado nº 55 do FONACRIM tem por fundamento o que prescreve o artigo 310, I, do CPP, que estabelece o dever do juiz de relaxar a prisão ilegal tão logo receba a comunicação do flagrante pela autoridade policial. Segundo o enunciado, vislumbrando o juiz *ictu oculi* a ilegalidade da prisão, deve dispensar a realização da audiência de custódia e determinar o seu relaxamento.

Trata-se de interpretação que privilegia a liberdade como valor fundamental do direito processual penal. O enunciado parte do raciocínio de que não se pode submeter a garantia da liberdade a uma formalidade procedimental, razão por que, detectando a ilegalidade da prisão tão logo receba a comunicação do flagrante, deve o juiz assegurar a liberdade do indivíduo. Do contrário, estaria indiretamente prorrogando a restrição à liberdade e, como consequência, ensejando coação ilegal ao detido.

A interpretação estabelecida no enunciado não afasta, porém, a possibilidade de as decisões de relaxamento serem proferidas durante as audiências de custódia. É que, em determinados casos, somente quando da realização do ato processual tem o juiz, mediante o contato direto com o detido e a colheita de seu depoimento, elementos suficientes para reconhecimento da ilegalidade da prisão. Essa é realidade que até reforça a importância do controle judicial imediato como instrumento de salvaguarda da liberdade.

A propósito, a necessidade eventual de realização de audiência para fins de verificação da ilegalidade de uma prisão é formalmente reconhecida pelo próprio CPP, ao dispor, no artigo 656, que, "recebida a petição de "habeas corpus", o juiz, se julgar necessário, e estiver preso o paciente, mandará que este lhe seja imediatamente apresentado em dia e hora que designar". Aliás, é interessante ressaltar que o STF, na Adin nº 5240, até suscitou esse preceito do CPP, em interpretação extensiva, como motivação para afastar a alegação de inconstitucionalidade do Provimento Conjunto nº 03/2015 do TJSP.

Convém esclarecer que o Enunciado nº 55 do FONACRIM não ostenta nenhuma incompatibilidade com a lógica do sistema acusatório, que tem como premissa a impossibilidade de restrição à liberdade de ofício pelo juiz. Ora, no relaxamento da prisão em flagrante determinado imediatamente após a comunicação respectiva, a decisão do juiz tem conteúdo justamente oposto ao de restrição à liberdade, já que deliberadamente a assegura. A formalidade da audiência de custódia, até pela natureza de controle judicial imediato, consiste, a rigor, em pressuposto apenas para a decretação da prisão preventiva ou para a concessão de medidas cautelares alternativas à prisão. Em outras palavras, se é a liberdade como valor que fundamenta a necessidade de realização da audiência de custódia, seria contraditório exigi-la para fins de relaxamento da prisão.

Contudo, não se pode perder de vista que, além de instrumento de verificação da legalidade em si da prisão, o controle judicial imediato também consiste em mecanismo destinado a evitar arbitrariedades praticada pelo Estado, noção extraída da jurisprudência da CIDH em vários precedentes, como Chaparro Álvarez e Lapo Iñiguez vs. Equador, Irmãos Gómez Paquiyauri Vs. Peru, Maritza Urrutia Vs. Guatemala, Bulacio Vs. Argentina. O próprio CNJ, dada a importância de se coibir a prática de torturas, ao aprovar a Resolução nº 213/2015, editou também o Protocolo II sobre procedimentos para a oitiva, registro e encaminhamento de denúncias de tortura.

Nesse sentido, tendo em vista a finalidade também de controle social que ostenta o instituto da audiência de custódia, é de se concluir que o Enunciado nº 55 do FONACRIM tem aplicação restrita aos casos de relaxamento em que, a partir da análise do auto de prisão em flagrante, não se detecte o mínimo indício de arbitrariedade praticada na sua efetivação. Na dúvida, deve a audiência ser realizada, ainda que isso implique retardo de algumas horas no relaxamento de uma prisão ilegal.

(...). 2. O direito convencional de apresentação do preso ao Juiz, consectariamente, deflagra o procedimento legal de "habeas corpus", no qual o Juiz apreciará a legalidade da prisão, à vista do preso que lhe é apresentado, procedimento esse instituído pelo Código de Processo Penal, nos seus artigos 647 e seguintes. 3. O "habeas corpus ad subjiciendum", em sua origem remota, consistia na determinação do juiz de apresentação do preso para aferição da legalidade da sua prisão, o que ainda se faz presente na legislação processual penal (artigo 656 do CPP) (...). (STF. ADI 5240/SP, Pleno. Rel. Min. Luiz Fux. DJ 29.1.2016)

▶ **CPP. Art. 310.** Ao receber o auto de prisão em flagrante, o juiz deverá fundamentadamente: I – relaxar a prisão ilegal (...); ▶ **Art. 656.** Recebida a petição de "habeas corpus", o juiz, se julgar necessário, e estiver preso o paciente, mandará que este lhe seja imediatamente apresentado em dia e hora que designar.

## 5.3. Da Prisão Preventiva (arts. 311 a 316)

**ENUNCIADO 5. SÃO FUNDAMENTOS IDÔNEOS DA PRISÃO PREVENTIVA, PARA GARANTIA DA ORDEM PÚBLICA, DENTRE OUTROS: A) EVITAR A REITERAÇÃO DA PRÁTICA DE INFRAÇÕES PENAIS; OU B) A GRAVIDADE EM CONCRETO DA INFRAÇÃO PENAL OU A PERICULOSIDADE REVELADA PELO *MODUS OPERANDI*, ESPECIALMENTE EM CRIMES PRATICADOS COM GRAVE VIOLÊNCIA OU COM GRANDE LESÃO A INTERESSES COLETIVOS OU À ADMINISTRAÇÃO PÚBLICA.**

• ***Aprovado no*** *I FONACRIM.*

▸ *Por Fernando Marcelo Mendes.*

A presunção de inocência, direito fundamental de primeira geração previsto no artigo 5º, LVII, da Constituição Federal de 1988, consubstancia uma limitação à atuação punitiva estatal, que só poderá ser exercida quando houver o trânsito em julgado da ação penal em que se reconheceu a procedência da pretensão acusatória. Em razão desse balizamento constitucional, a prisão, sanção máxima que o Estado pode aplicar em decorrência de uma ação penal, só poderá ser concretizada, como regra, quando ao réu não restar mais a possibilidade de recorrer à instância superior competente.

Se a prisão como pena só é admitida após o trânsito em julgado da ação penal, as prisões que ocorrerem antes desse marco temporal – **e nas hipóteses em que a legislação permitir** –, são classificadas como **prisões processuais penais**. Não têm natureza de sanção penal e sim de instrumento processual cautelar que visa garantir, em última análise, a utilidade da sentença penal condenatória futura, o que vem ao encontro também de um **valor** protegido pela Constituição Federal que é o da efetividade do processo.

Todavia, sendo uma medida que desafia o direito fundamental da presunção de inocência, "só deve decretada quando absolutamente necessária. Ela é uma exceção à regra de liberdade" (HC 80282, Rel. Min. Nelson Jobim, 2ª Turma, DJ 2.2.2001).

A Constituição Federal, no art. 5º, LXI, dispõe que ninguém será preso senão em flagrante delito ou por ordem escrita e fundamentada da autoridade judiciária competente. No plano ordinário, é o Código de Processo Penal que estabelece quais as hipóteses de prisão possíveis no sistema penal brasileiro.

As prisões processuais são classificadas em três espécies: a) prisão em flagrante, b) prisão temporária e c) prisão preventiva. Também está prevista nesse artigo a prisão-pena, que é aquela cabível após o trânsito em julgado do processo.

A prisão-pena, com base no que prevê o art. 283 do Código Processo Penal em sua redação dada pela Lei 12.403/11, estava em harmonia com o entendimento consolidado no Supremo Tribunal Federal no julgamento do HC 84.078 (Pleno, Rel. Min. Eros Grau, por maioria, DJe 26.10.2010) pelo qual fora revisto o anterior – HC 68.726 – sendo reputada inválida a execução provisória da pena, resguardada a validade da prisão cautelar antes do julgamento definitivo.

Contudo, em julgamento ocorrido na sessão do dia 17 de fevereiro de 2016, no HC 126.292, o Supremo Tribunal Federal, por maioria de votos[34], retomou a orientação adotada até 2009, voltando a admitir a execução provisória da pena a partir da confirmação da condenação no segundo grau de jurisdição.

Embora o tema não esteja diretamente ligado ao conteúdo do Enunciado nº 5, que é aqui objeto da nossa análise, necessário destacar que essa revisão que o Supremo

34 "Decisão: "O Tribunal, por maioria e nos termos do voto do Relator, denegou a ordem, com a conseqüente revogação da liminar, vencidos os Ministros Rosa Weber, Marco Aurélio, Celso de Mello e Ricardo Lewandowski (Presidente). Falou, pelo Ministério Público Federal, o Dr. Rodrigo Janot Monteiro de Barros, Procurador-Geral da República". Plenário, 17.2.2016.

Tribunal Federal fez em seu posicionamento trouxe grandes discussões na doutrina, sendo a decisão submetida a imensas críticas e a grandes elogios. E isso porque ela coloca em questão a extensão do princípio da presunção da inocência. O STF ao voltar a admitir a execução provisória da pena colocou na balança dois valores constitucionalmente protegidos dando prevalência ao da efetividade da jurisdição criminal.

Isso observado, vamos aqui limitar nossos comentários à espécie de prisão processual que é classificada como prisão preventiva. Também é o Código de Processo Penal que define, em seu art. 312, os pressupostos e os fundamentos para que ela possa ser decretada.

Além dos pressupostos e fundamentos previstos no art. 312, a prisão preventiva, de acordo com o art. 313, *caput* e parágrafo único, do mesmo diploma processual, poderá ser decretada em caso de: I – crime para o qual seja cominada pena máxima superior a 4 anos; II – reincidência do investigado/acusado; III – crime praticado em contexto de violência doméstica, para assegurar o cumprimento de medida protetiva de urgência aplicada na forma da Lei nº 11.340/06 (Lei Maria da Penha); ou, ainda, "quando houver dúvida sobre a identidade civil da pessoa ou quando esta não fornecer elementos suficientes para esclarecê-la, devendo o preso ser colocado imediatamente em liberdade após a identificação" (art. 313, Parágrafo único).

Assim, observadas as hipóteses do art. 313 do CPP, a prisão preventiva só poderá ser decretada quando presentes os requisitos da **prova da existência do crime** (materialidade) e a **presença de indícios de autoria** (*fumus delicti*) – que é o requisito da fumaça do bom direito, pressuposto para a adoção de qualquer providência cautelar.

Se e quando estiverem presentes esses dois requisitos, a prisão preventiva poderá ser decretada com um dos seguintes fundamentos: i) garantia da ordem pública, ii) garantia da ordem econômica, iii) pela conveniência da instrução criminal, iv) para assegurar a aplicação da lei penal ou, ainda, quando houver descumprimento por parte do acusado de outras medidas cautelares penais que lhe tenham sido aplicadas.

O Enunciado nº 5 do FONACRIM – Fórum Nacional dos Juízes Federais Criminais – trata exatamente de um dos fundamentos aptos a justificar prisão preventiva, qual seja, **a garantia da ordem pública**.

Mas o que é a garantia da ordem pública? O legislador processual penal ao utilizar um conceito indeterminado como o é de *ordem pública* de alguma maneira violou o princípio da legalidade ao deixar nas mãos dos juízes a função de estabelecer se o fundamento da prisão **preventiva** está caracterizado? Seria recomendável que a legislação fosse mais precisa no sentido de identificar situações objetivas que caracterizassem essa violação?

Eugênio Pacelli de Oliveira critica a adoção desse critério e traz exemplo da legislação portuguesa, que daria contornos mais precisos para a aplicação desse fundamento[35]:

---

35. **Curso de Processo Penal**. 15. ed. Rio de Janeiro, 2011. Lúmen Juris.

> É tempo, então, de examinarmos da prisão preventiva para a garantia da ordem pública, tema dos mais controvertidos nos tribunais e mesmo na doutrina. Porque razão a nova Lei 12.403/11, em pleno século XXI, resolveu insistir em manter a esdrúxula expressão? (...). O Direito português, por exemplo, desce a detalhes para esclarecer os requisitos necessários à imposição de quaisquer medidas cautelares, entre as quais poderíamos incluir a prisão preventiva para a garantia da ordem pública. Prevê o art. 204, c, do CPP de Portugal, a hipótese de "Perigo, em razão da natureza e circunstâncias do crime ou da personalidade do arguido, de que este continue a atividade criminosa ou perturbe gravemente a ordem a e a tranquilidade públicas".

Como se sabe, todo conceito indeterminado reúne uma esfera de certeza positiva e outra negativa[36]. É dizer, quando se fala, por exemplo, em garantia de ordem pública, certos comportamentos certamente podem ser identificados positivamente como englobados pelo conceito enquanto outros claramente estariam fora de seus limites. O grande problema quando trabalhamos com um conceito aberto ou indeterminado se dá na identificação da hipótese ao conceito quando aquela se encontra na chamada zona cinzenta, de forma que alguns podem a identifica-la como englobadas pelo conceito enquanto outros não.

Vamos aqui tomar emprestado um pouco da doutrina do direito administrativo que tanto se preocupa com a questão do controle judicial e os conceitos indeterminados que alguns autores identificam com a própria discricionariedade administrativa. Esse paralelo nos parece importante porque o mesmo cuidado que o juiz tem de ter ao examinar a legalidade da atuação administrativa fundamentada em uma competência que contenha aspectos de discricionariedade, deve ter o juiz penal ao definir se determinado comportamento individual consubstancia perigo à ordem pública que venha fundamentar um decreto de preventiva.

Dizemos isso porque a existência de um conceito indeterminado em uma norma não se traduz em um cheque em branco para que a sua concreção se dê a partir de critérios subjetivos próprios. Esse espaço só pode ser preenchido com base em parâmetros objetivos fixados tanto pela doutrina como pela jurisprudência.

Garcia de Enterría, juntamente com Ramon Fernandez[37], desenvolveu no direito espanhol, sob confessada influência do direito alemão, a doutrina que diferencia em campos absolutamente distintos a discricionariedade administrativa das hipóteses de aplicação dos conceitos jurídicos indeterminados. A principal preocupação dos autores espanhóis foi de estabelecer um controle sobre a objetividade e regularidade das apreciações subjetivas da Administração que são fundamentadas em seu poder discricionário, como forma de evitar que essa liberdade de apreciação se transmudasse em uma pura e simples arbitrariedade[38]. Em síntese, sustentam os autores espanhóis que a lei, ao utilizar conceitos de experiência (**incapacidade para o exercício**

36. Todo conceito indeterminado possui aquilo que Fernando Sainz Moreno chamou de "zona de certeza positiva" ou "zona de certeza negativa", hipóteses em que a própria indeterminação inicial abstrata do conceito não subsistiria quando contrastada com o caso concreto (*Conceptos Jurídicos, Interpretación y discrecionalidad administrativa.* Madri: Editoral Civitas, 1976).
37. ***Curso de derecho administrativo.*** I. Madrid: Civitas, 1997.
38. Citando Hans Huber, qualificam a discricionariedade como "*el caballo de Troya dentro del Estado de Derecho*".

**de suas funções, premeditação, força irresistível)** ou de valor (**boa-fé, padrão de conduta do bom pai de família, justo preço**), exatamente porque as realidades que pretendem individualizar não permitem uma significação mais precisa, refere-se a situações concretas, de tal sorte que na subsunção só pode haver uma solução possível: ou há boa-fé ou não há; ou o preço é justo ou não é. *Tertium non datur*. Vale dizer, a indeterminação do conceito na norma não se traduz em indeterminação no momento de sua aplicação, que só admite uma solução como possível.

Entendemos que o mesmo raciocínio tem de ser aplicado à subsunção da norma processual quando da decretação da prisão preventiva fundamentada na garantia de ordem pública: ou há fundamento na garantia da ordem pública ou não há.

Sendo um conceito aberto, definir o que caracteriza ordem pública para fundamentar a preventiva é um desafio para a doutrina. Guilherme Souza Nucci[39] ensina que essa é:

> a hipótese de interpretação mais ampla e flexível na avaliação da necessidade da prisão preventiva. Entende-se pela expressão a indispensabilidade de se manter a ordem na sociedade, que, como regra, é abalada pela prática de um delito. Se este for grave, de particular repercussão, com reflexos negativos e traumáticos na vida de muitos, propiciando àqueles que tomam conhecimento da sua realização um forte sentimento de impunidade e de insegurança, cabe ao Judiciário determinar o recolhimento do agente.

Buscando definir essa zona de incerteza que caracteriza a concreção do conceito de **garantia de ordem pública** é que o Enunciado nº 5 estabelece quais situações concretas poderiam justificar a preventiva a partir desse fundamento.

Dessa forma, são considerados fundamentos idôneos da prisão preventiva, para garantia da ordem pública:

a) evitar a reiteração da prática de infrações penais e

b) a gravidade em concreto da infração penal ou a periculosidade revelada pelo *modus operandi,* especialmente em crimes praticados com grave violência ou com grande lesão a interesses coletivos ou à Administração Pública.

Vamos analisar cada um deles. A jurisprudência brasileira tem reconhecido que violaria a ideia de garantia da ordem pública **a prática reiterada de delitos**. É dizer se o réu que responde ao processo penal em liberdade continua a praticar crimes, é evidente que a credibilidade da própria Justiça e do papel do Estado de garantir a segurança é colocada à prova, pois a sociedade não aceita – **e nem poderia aceitar** – como razoável que alguém que já está sendo processado por um determinado crime, continue em liberdade praticando novas condutas criminosas. A Lei 12.403/11, de certa forma, positivou esse entendimento ao reconhecer a possibilidade de decretação de medidas cautelares para evitar **a prática de infrações penais** (art. 282, I, CPP). Todavia, se a liberdade do acusado levar à continuidade da prática delituosa, a medida cautelar restritiva de direitos não seria suficiente porquanto "quando a segregação encontra-se justificada na periculosidade social do denunciado, dada a proba-

---

39. ***Código de Processo Penal Comentado.*** São Paulo: Forense, 13. ed., 2014.

bilidade efetiva de continuidade no cometimento da grave infração denunciada" (RHC 50.924/SP, Rel. Min. Jorge Mussi, 5ª Turma, j. 7.10.2014).

Mas para que o fundamento seja idôneo, o Juiz na motivação da decisão deverá demonstrar porque haveria efetiva possibilidade de que a prática criminosa não venha a cessar acaso o acusado seja mantido em liberdade. É o que o Supremo Tribunal Federal denomina de **real possibilidade de reiteração delitiva**, como pode ser visto na jurisprudência complementar *infra*.

O entendimento de que a segregação cautelar da preventiva se encontra justificado quando a medida tem por finalidade interromper ou evitar continuidade da prática do delito também é assentado no Supremo Tribunal Federal, assim como no Superior Tribunal de Justiça.

A **gravidade em concreto da infração penal** ou a **periculosidade revelada** pelo *modus operandi*, especialmente em crimes praticados com grave violência ou com grande lesão a interesses coletivos ou à Administração Pública também são considerados pela doutrina e jurisprudência como fundamentos idôneos à decretação da prisão preventiva.

Com isso quer dizer que o Juiz, ao fundamentar a decisão, não pode se bastar a fazer alusões genéricas à gravidade da infração praticada, sem relacionar a situação concreta que foi colocada a exame e que estaria a justificar a medida.

A mera menção à **gravidade abstrata** do crime não justificaria a segregação cautelar da prisão preventiva, hipótese que outras medidas restritivas poderiam ser adotadas.

No julgamento do HC 127.186/PR, ao analisar o fundamento da gravidade dos crimes imputados como justificativa para a preventiva, o Ministro do Supremo Tribunal Federal Teori Zavascki pontuou:

> "Outro fundamento do decreto prisional é da necessidade de resguardar a ordem pública, ante a gravidade dos crimes imputados, a necessidade de 'resgatar a confiança da sociedade no regular funcionamento das instituições' e o receio de reiteração delitiva. Ocorre que a jurisprudência desta Suprema Corte, em reiterados pronunciamentos, tem afirmado que, por mais graves e reprováveis que sejam as condutas supostamente perpetradas, isso não justifica, por si só, a decretação da prisão cautelar (...). De igual modo, a jurisprudência do Tribunal tem orientação segura de que, em princípio, não se pode legitimar a decretação da prisão preventiva unicamente com o argumento da credibilidade das instituições públicas, 'nem a repercussão nacional de certo episódio, nem o sentimento de indignação da sociedade'." (HC 101537, Rel. Min. Marco Aurélio, 1ª Turma, DJe 14.11.2011)

A periculosidade revelada pelo modo de atuação da prática criminosa também é considerada fundamento idôneo para a preventiva. No julgamento do HC 130911, o Supremo Tribunal Federal reconheceu isso.

A possibilidade de que a prática delituosa implique grave lesão a interesses da administração pública também é justificadora da prisão cautelar exatamente porque o prejuízo ao interesse coletivo reflexamente atinge direitos individuais. Nos exemplos vários que temos de crime de corrupção e desvios de recursos públicos, muito embora a vítima direta dessas condutas seja a Fazenda Pública – que vê seus recursos serem dilapidados – indiretamente sofre a população que tem para a deficiência da prestação dos serviços públicos a reposta da ausência de orçamento adequado pela falta de recursos.

O tema relacionado com a execução provisória de sentenças penais condenatórias envolve reflexão sobre (a) o alcance do princípio da presunção da inocência aliado à (b) busca de um necessário equilíbrio entre esse princípio e a efetividade da função jurisdicional penal, que deve atender a valores caros não apenas aos acusados, mas também à sociedade, diante da realidade de nosso intricado e complexo sistema de justiça criminal (...). Nesse quadro, cumpre ao Poder Judiciário e, sobretudo, ao Supremo Tribunal Federal, garantir que o processo – único meio de efetivação do "jus puniendi" estatal – resgate essa sua inafastável função institucional. A retomada da tradicional jurisprudência, de atribuir efeito apenas devolutivo aos recursos especial e extraordinário (como, aliás, está previsto em textos normativos), é, sob esse aspecto, mecanismo legítimo de harmonizar o princípio da presunção de inocência com o da efetividade da função jurisdicional do Estado. Não se mostra arbitrária, mas inteiramente justificável, a possibilidade de o julgador determinar o imediato início do cumprimento da pena, inclusive com restrição da liberdade do condenado, após firmada a responsabilidade criminal pelas instâncias ordinárias (...). Essas razões são suficientes para justificar a proposta de orientação, que ora apresento, restaurando o tradicional entendimento desta Suprema Corte, no seguinte sentido: a execução provisória de acórdão penal condenatório proferido em grau de apelação, ainda que sujeito a recurso especial ou extraordinário, não compromete o princípio constitucional da presunção de inocência. (HC 126.292, Rel. Min. Teori Zavascki, voto, j. 17.2.2016)

1. "Habeas corpus". 2. Roubo majorado e corrupção de menores. 3. Prisão em flagrante convertida em preventiva. 4. Alegação de ausência dos requisitos autorizadores da custódia cautelar (art. 312 do CPP). 5. Demonstrada a necessidade da segregação provisória para garantia da ordem pública. Real possibilidade de reiteração delitiva. Paciente em gozo de liberdade provisória, quando da prática do delito. 6. As medidas cautelares alternativas diversas da prisão, previstas na Lei 12.403/2011, não se mostram suficientes a acautelar o meio social. 7. Ausência de constrangimento ilegal. Ordem denegada. (HC 127979, Rel. Min. Gilmar Mendes, 2ª Turma, DJe 3.11.2015)

1. A prisão cautelar com fundamento na garantia da ordem pública ressai legítima quando evidenciada a necessidade de cessar a atuação de organização criminosa constituída para a disseminação reiterada de drogas (...). (HC 122911 AgR, Rel. Min. Luiz Fux, 1ª Turma, DJe 24.10.2014)

1. A prisão processual deve ser configurada no caso de situações extremas, em meio a dados sopesados da experiência concreta, porquanto o instrumento posto a cargo da jurisdição reclama, antes de tudo, o respeito à liberdade. 2. Hipótese em que a custódia cautelar foi decretada e mantida para o resguardo da ordem pública, em razão da periculosidade da agente, integrante da facção criminosa denominada PCC – Primeiro Comando da Capital. O decreto prisional ainda particulariza a participação de cada um dos acusados, inclusive da ora recorrente, além de mencionar a reiteração delitiva da mesma. (...). (RHC 56.976/SC, Rel. Min. Maria Thereza de Assis Moura, 6ª Turma, DJe 27.3.2015)

1. "Habeas corpus". 2. Latrocínio tentado. Condenação. 3. Alegação de ausência dos requisitos da prisão preventiva. 4. A jurisprudência desta Corte considera idônea a segregação decretada para resguardo da ordem pública, tendo em vista a gravidade concreta do crime. 5. Ainda, permanecendo o paciente custodiado durante toda a instrução criminal, tendo o Juízo de primeiro grau entendido por sua manutenção no cárcere, em razão da presença dos requisitos previstos no art. 312 do CPP, não deve ser revogada a prisão cautelar se, após a sentença condenatória, não houve alteração fática apta a autorizar-lhe a devolução do "status libertatis". 6. Ausência de constrangimento ilegal. Ordem denegada. (HC 130458, Rel. Min. Gilmar Mendes, 2ª Turma, DJe 7.12.2015)

(...). 3. No caso, a prisão preventiva do paciente, decretada com fundamento na gravidade em abstrato da conduta e no temor no âmbito da comunidade local dada a crescente prática de delitos, pode ser eficazmente substituída por medidas alternativas, sobretudo se considerados (a) a ausência de elementos concretos acerca da periculosidade do agente e da possibilidade da reiteração delitiva, comumente extraídos do modus operandi da conduta; e (b) o decurso do tempo desde o fato ensejador de condenação anterior (10 anos). 4. A jurisprudência desta Corte é firme no sentido da impossibilidade de decretação da prisão preventiva com base apenas em presunção de fuga. (...). (HC 130803, Rel. Min. Teori Zavascki, 2ª Turma, DJe 1.2.2016)

1. Os fundamentos utilizados revelam-se idôneos para manter a segregação cautelar do paciente, na linha de precedentes desta Corte. É que a decisão lastreou-se em aspectos concretos e relevantes para resguardar a ordem pública, ante a periculosidade do agente, evidenciada (a) pelas circunstâncias em que o delito teria sido praticado; e (b) pelo risco concreto de reiteração delitiva. (...).. (HC 130911 AgR, Rel. Min. Teori Zavascki, 2ª Turma, DJe 11.2.2016)

▶ **CPP. Art. 283.** Ninguém poderá ser preso senão em flagrante delito ou por ordem escrita e fundamentada da autoridade judiciária competente, em decorrência de sentença condenatória transitada em julgado ou, no curso da investigação ou do processo, em virtude de prisão temporária ou prisão preventiva. **§ 1º** As medidas cautelares previstas neste Título não se aplicam à infração a que não for isolada, cumulativa ou alternativamente cominada pena privativa de liberdade. **§ 2º** A prisão poderá ser efetuada em qualquer dia e a qualquer hora, respeitadas as restrições relativas à inviolabilidade do domicílio. ▶ **Art. 312.** A prisão preventiva poderá ser decretada como garantia da ordem pública, da ordem econômica, por conveniência da instrução criminal, ou para assegurar a aplicação da lei penal, quando houver prova da existência do crime e indício suficiente de autoria. **Parágrafo único.** A prisão preventiva também poderá ser decretada em caso de descumprimento de qualquer das obrigações impostas por força de outras medidas cautelares (art. 282, § 4º).

## ENUNCIADO 7. A DECRETAÇÃO DA PRISÃO PREVENTIVA NÃO SE VINCULA NECESSARIAMENTE À QUANTIDADE DE PENA COMINADA À INFRAÇÃO PENAL.

• ***Aprovado no** I FONACRIM e cancelado no IV FONACRIM.*

▸ ***Por Fernando Marcelo Mendes.***

O Enunciado nº 7 do FONACRIM, cancelado no IV FONACRIM, dispunha que a decretação da prisão preventiva não se vinculava necessariamente à quantidade de pena.

O art. 313, I do Código de Processo Penal, em sua redação originária, dispunha que seria admitida a decretação de prisão preventiva, quando presentes as circunstâncias do art. 312, **para os crimes dolosos punidos com reclusão.**

Contudo, a Lei 12.403/11, ao modificar o art. 313, I do CPP, admitiu a decretação de prisão preventiva nos crimes dolosos punidos com pena privativa de liberdade máxima superior a 4 (quatro) anos.

Em razão, disso ficou prejudicado o entendimento anterior consolidado quanto a não vinculação da pena à possibilidade da preventiva de forma absoluta.

Embora o art. 313, I do CPP traga como requisito para a decretação da prisão preventiva a prática de crime doloso com pena privativa de liberdade máxima superior a quatro anos, isso não significa que em hipóteses que a pena máxima não atinja esse patamar não caiba a prisão preventiva. O fundamento da medida será outro, contudo. É o que dispõe, por exemplo, o art. 312, parágrafo único, do CPP, que autoriza a prisão preventiva em **substituição** à medida cautelar eventualmente descumprida, por exemplo.

**ENUNCIADO 52. EM CASO DE DESCUMPRIMENTO DAS MEDIDAS CAUTELARES ANTERIORMENTE FIXADAS, A DECRETAÇÃO DA PRISÃO PREVENTIVA NÃO SE SUBMETE AO LIMITE DE PENA DO ART. 313, I, DO CPP.**

● ***Aprovado no*** *IV FONACRIM, em 25.9.2015.*

▸ *Por Danielle Souza de A. e S. Cavalcanti.*

Após a reforma promovida pela Lei 12.403/2001, o Código de Processo Penal passou a prever, no art. 319, novas medidas cautelares de natureza pessoal – diversas da prisão –, quais sejam: comparecimento periódico em juízo, proibição de acesso ou frequência a determinados lugares, proibição de manter contato com pessoa determinada, proibição de ausentar-se da comarca ou do país, recolhimento domiciliar no período noturno e nos dias de folga, suspensão do exercício de função pública ou de atividade econômica, internação provisória e monitoração eletrônica.

O rol assim ampliado possibilita que o juiz, com base no princípio da proporcionalidade, se utilize da medida mais gravosa ao direito de liberdade do acusado (a prisão cautelar) apenas quando as demais medidas cautelares, adotadas isolada ou cumulativamente (art. 282, § 1º, CPP), se revelem imprestáveis para assegurar a eficácia da persecução penal (art. 282, § 6º, CPP).

Entretanto, não adianta aplicar medidas cautelares alternativas se elas não atingirem a sua finalidade, e para isso precisam ter força coercitiva. Nesse sentido é que, verificando o descumprimento injustificado da medida cautelar alternativa, revelando-se assim insuficiente ou inadequada, o juiz poderá substituí-la, impor outra em cumulação ou, como *ultima ratio*, decretar a prisão preventiva, tal qual previsto no art. 282, § 4º, do CPP.

O art. 312, parágrafo único, do CPP não deixa dúvidas de que o descumprimento injustificado das medidas cautelares menos gravosas pode justificar a decretação da prisão preventiva. A hipótese encerra mais um fundamento para a decretação da prisão preventiva, a chamada prisão preventiva **subsidiária**.

Regra geral, a prisão preventiva somente é cabível nos crimes dolosos cuja pena máxima seja superior a quatro anos (art. 313, I, do CPP). No entanto, a decretação da preventiva subsidiária é possível mesmo na ausência de qualquer das hipóteses de cabimento previstas no art. 313 do CPP, portanto independentemente da pena máxima cominada ao delito. De fato, se assim não fosse, as medidas cautelares diversas da prisão restariam desacreditadas, despidas de qualquer coercibilidade, pois o seu descumprimento injustificado ocorreria deliberadamente, sem que qualquer medida pudesse ser tomada como consequência ao descumpridor, de modo a inibir a sua recalcitrância.

Renato Brasileiro de Lima explica[40]:

> Afinal, se o acusado sabe, antecipadamente, que a inobservância das cautelares jamais poderá dar ensejo à conversão em preventiva, isso implica em retirar qualquer força coercitiva das medidas cautelares recém criadas pela Lei 12.403/2011. De nada terá adiantado, assim, a criação de um amplo e variado leque de medidas cautelares diversas da prisão se, uma vez aplicadas e descumpridas, nada puder ser feito para neutralizar as situações de perigo do art. 282, I, do CPP.

No mesmo sentido: Guilherme de Souza Nucci (Manual de processo penal e execução penal. 11. ed. Rio de Janeiro: Forense, 2014, p. 568). Contra, embora reconhecendo o descrédito gerado com a ineficácia da cautelar diversa: Hidejalma Muccio (Curso de processo penal. 2. ed. São Paulo: Método, 2011, p. 1189-1190).

Assim como o descumprimento de uma pena restritiva de direitos autoriza a conversão em pena privativa de liberdade, o mesmo raciocínio deve ser estendido ao descumprimento da medida cautelar diversa da prisão, decretando-se a preventiva independentemente das circunstâncias do art. 313 do CPP. Tal hipótese se soma, portanto, àqueloutras exceções trazidas no próprio art. 313 do CPP (incisos II e III e parágrafo único), não submetidas ao limite de pena do inciso I do mesmo preceito.

"HABEAS CORPUS". IMPETRAÇÃO ORIGINÁRIA. SUBSTITUIÇÃO AO RECURSO ESPECIAL CABÍVEL. IMPOSSIBILIDADE. FURTO. TENTATIVA. PRISÃO EMFLAGRANTE. DEFERIMENTO DE LIBERDADE PROVISÓRIA MEDIANTE CONDIÇÕES. DESCUMPRIMENTO. NÃO COMPARECIMENTO PARA ASSINATURA DO TERMO DE COMPROMISSO. PREVENTIVA ORDENADA EM SEDE DE RECURSO EM SENTIDO ESTRITO. MODALIDADE DE CONSTRIÇÃO ANTECIPADA QUE NÃO ESTARIA SUBMETIDA ÀS EXIGÊNCIAS DO ART. 313 DO CPP. SEGREGAÇÃO FUNDADA NO ART. 312 DO CPP. RÉU QUE PERMANECE FORAGIDO. NECESSIDADE DE ASSEGURAR A CONVENIÊNCIA DA INSTRUÇÃO CRIMINAL E DE GARANTIR A APLICAÇÃO DA LEI PENAL. CONDIÇÕES PESSOAIS FAVORÁVEIS. IRRELEVÂNCIA. CONSTRANGIMENTO ILEGAL NÃO EVIDENCIADO. 1. Necessária a racionalização da utilização do "habeas corpus", que passou a não ser mais admitido nesta Corte Superior para contestar decisão contra a qual exista previsão de recurso específico no ordenamento jurídico, ressalvados os casos de flagrante ilegalidade, quando a ordem poderá ser concedida de ofício. 2. A prisão preventiva decretada em razão do descumprimento de medidas cautelares alternativas não está submetida às circunstâncias e hipóteses previstas no art. 313 do CPP, de acordo com a sistemática das novas cautelares pessoais. 3. Não há o que se falar em constrangimento ilegal quando a custódia está devidamente justificada na necessidade de assegurar-se a conveniência da instrução criminal e a aplicação da lei penal, uma vez que, beneficiado com a liberdade provisória, mediante condições, o réu deixou de comparecer em Juízo para assinar o termo de compromisso e não foi localizado para citação pessoal. 4. Nos termos dos arts. 282, § 4º, e 312, parágrafo único, ambos do CPP, o descumprimento das medidas cautelares impostas quando da liberdade provisória constitui motivação idônea para justificar a necessidade da segregação ante tempus. 5. O fato de o acusado ter cometido o ilícito penal em questão após ser beneficiado com a soltura clausulada pela prática de delito anterior semelhante é circunstância a mais a autorizar a constrição, diante do risco concreto de reiteração. 6. Permanecendo o réu foragido, a custódia se mostra realmente imprescindível, diante da fundada necessidade de se assegurar o cumprimento de eventual condenação, pois nítida a intenção de obstaculizar o andamento da ação criminal contra si deflagrada e de evitar a ação da Justiça. 7. Condições pessoais favoráveis – não comprovadas na espécie – não teriam o condão de, isoladamente, revogar a prisão cautelar, quando há elementos suficientes a demonstrar a sua necessidade. 8.

40. **Manual de processo penal.** 3. ed., Salvador: Juspodium, 2015, p. 829.

"Habeas corpus" não conhecido". (STJ, HC 289340/SP, Rel. Min. Jorge Mussi, 5ª Turma, v.u., DJe 5.12.2014)

RECURSO ORDINÁRIO EM "HABEAS CORPUS". RECEPTAÇÃO. PRISÃO EM FLAGRANTE. DEFERIMENTO DE LIBERDADE PROVISÓRIA MEDIANTE FIANÇA E CONDIÇÕES. DESCUMPRIMENTO DAS OBRIGAÇÕES ASSUMIDAS. PREVENTIVA ORDENADA. MODALIDADE DE CONSTRIÇÃO ANTECIPADA QUE NÃO ESTARIA SUBMETIDA ÀS EXIGÊNCIAS DO ART. 313 DO CPP. SEGREGAÇÃO FUNDADA NO ART. 312 DO CPP. RÉU QUE PERMANECE FORAGIDO. NECESSIDADE DE ASSEGURAR A CONVENIÊNCIA DA INSTRUÇÃO CRIMINAL E DE GARANTIR A APLICAÇÃO DA LEI PENAL. SUBSTITUIÇÃO POR OUTRAS MEDIDAS CAUTELARES. INSUFICIÊNCIA. CONSTRANGIMENTO ILEGAL NÃO EVIDENCIADO. RECLAMO IMPROVIDO. 1. A prisão preventiva decretada em razão do descumprimento de medida cautelar anteriormente imposta não está submetida às circunstâncias e hipóteses previstas no art. 313 do CPP, de acordo com a sistemática das novas cautelares pessoais. 2. Não há o que se falar em constrangimento ilegal quando a custódia está devidamente justificada especialmente na garantia de aplicação da lei penal, uma vez que, beneficiado com a liberdade provisória, o réu descumpriu o compromisso firmado, deixando de informar a mudança de endereço, inviabilizando a regularidade da relação processual. 3. Nos termos dos arts. 282, § 4º, e 312, parágrafo único, ambos do CPP, o descumprimento das medidas cautelares impostas quando da liberdade provisória constitui motivação idônea para justificar a necessidade da segregação ante tempus. 4. Permanecendo o réu foragido, a constrição se mostra de fato imprescindível, diante da fundada necessidade de se assegurar o cumprimento de eventual condenação, pois nítida a intenção de obstaculizar o andamento da ação criminal contra si deflagrada e de evitar a ação da Justiça. 5. Insuficiente a aplicação de medidas diversas da prisão quando o agente, beneficiado com a liberdade provisória mediante condições, não as cumpriu deliberadamente. (...). (STJ, RHC 52314/SP, Rel. Min. Jorge Mussi, 5ª Turma, v.u., DJe 4.11.2014)

PENAL E PROCESSUAL PENAL. "HABEAS CORPUS". PRISÃO PREVENTIVA. CONTRABANDO. CONCESSÃO DE LIBERDADE PROVISÓRIA SUJEITA À PRESTAÇÃO DE FIANÇA. PROIBIÇÃO DE AUSENTAR-SE DA COMARCA SEM AUTORIZAÇÃO JUDICIAL. CONCESSÃO DA ORDEM. 1. A prisão preventiva do paciente se fundamentou na necessidade de garantia da ordem pública, tendo o Magistrado feito menção ao fato de o paciente já responder à ação penal pela mesma conduta. Registrou, ainda, quando de suas informações, que o paciente já foi preso em flagrante delito pelo mesmo crime, além de ter incorrido em possível quebramento de fiança e descumprimento de condições necessárias à suspensão condicional do processo, benefícios concedidos no Pedido de Liberdade Provisória (...) e da Ação Penal (...). 2. Em que pese os fundamentos da decisão que decretou a prisão preventiva, na situação, tem-se por mais coerente a aplicação de outras medidas alternativas à prisão, como sugerido pelo Parquet com atuação nesta Corte Regional. 3. Tal acolhimento se faz por ser a técnica mais sensata nesta ocasião, e não por aplicação do art. 313, inciso I, do CPP, como o fez o Parquet no Parecer, até porque a prisão preventiva convertida (art. 310, inciso II, do CPP), como aconteceu na hipótese, independe da pena máxima cominada ao crime. Filiação ao entendimento de que tal condição de admissibilidade, decretação de prisão preventiva apenas nos crimes dolosos punidos com pena privativa de liberdade máxima superior a 4 anos (art. 313, inciso I do CPP), vale apenas para o caso da denominada prisão preventiva autônoma ou independente. 4. Mais ainda, o art. 313, inciso I do CPP, trazido pela Lei 12.403/2011, mesmo no caso da prisão preventiva autônoma, deve realmente ser interpretado em conjunto com o art. 44, do CPB, que prevê a substituição da pena privativa de liberdade por penas restritivas de direitos. E já que é assim, deve-se considerar no exame da custódia cautelar não só o limite de pena de 4 anos, mas também as circunstâncias subjetivas do agente (conduta social, antecedentes criminais etc) e as circunstâncias objetivas do caso concreto (modo de execução do crime), o que termina na possibilidade de custódia preventiva independentemente da pena máxima cominada ao delito. 5. Diante do fato perpetrado, de conotação econômica, bem assim tendo em consideração a primariedade, residência fixa e alegação de ocupação lícita, tem-se por possível se excepcionar a prisão, o que se faz com a imposição de outras medidas alternativas à prisão, já que não se pode também desconsiderar a informação de que o paciente já responde a outra ação penal pela prática de conduta delitiva idêntica. 6. Entende-se pela concessão de liberdade provisória ao paciente, liberdade esta sujeita às medidas cautelares do art. 319, do CPP, medidas estas que deverão ser fixadas pelo Magistrado de Primeiro Grau, naquilo que entender necessário e suficiente ao caso em apreciação. 7. Ante o exposto, voto por conceder parcialmente a ordem de "habeas corpus" para afastar a prisão preventiva e conceder a liberdade provisória ao paciente, sujeita à imposição de outras medidas do art. 319, do CPP, a serem especificadas pelo Magistrado de Primeiro Grau, naquilo que entender necessário. (TRF5, HC 5432, Rel. Des. Fed. Manoel Erhardt, 1ª Turma, v.u., DJe 2.5.2014)

► **CPP. Art. 284.** As medidas cautelares previstas neste Título deverão ser aplicadas observando-se a: I – necessidade para aplicação da lei penal, para a investigação ou a instrução criminal e, nos casos expressamente previstos, para evitar a prática de infrações penais; II – adequação da medida à gravidade do crime, circunstâncias do fato e condições pessoais do indiciado ou acusado. **§ 1º** As medidas cautelares poderão ser aplicadas isolada ou cumulativamente. **§ 2º** As medidas cautelares serão decretadas pelo juiz, de ofício ou a requerimento das partes ou, quando no curso da investigação criminal, por representação da autoridade policial ou mediante requerimento do Ministério Público. **§ 3º** Ressalvados os casos de urgência ou de perigo de ineficácia da medida, o juiz, ao receber o pedido de medida cautelar, determinará a intimação da parte contrária, acompanhada de cópia do requerimento e das peças necessárias, permanecendo os autos em juízo. **§ 4º** No caso de descumprimento de qualquer das obrigações impostas, o juiz, de ofício ou mediante requerimento do Ministério Público, de seu assistente ou do querelante, poderá substituir a medida, impor outra em cumulação, ou, em último caso, decretar a prisão preventiva (art. 312, parágrafo único). **§ 5º** O juiz poderá revogar a medida cautelar ou substituí-la quando verificar a falta de motivo para que subsista, bem como voltar a decretá-la, se sobrevierem razões que a justifiquem. (Incluído pela Lei nº 12.403, de 2011). **§ 6º** A prisão preventiva será determinada quando não for cabível a sua substituição por outra medida cautelar (art. 319). ► **Art. 312.** A prisão preventiva poderá ser decretada como garantia da ordem pública, da ordem econômica, por conveniência da instrução criminal, ou para assegurar a aplicação da lei penal, quando houver prova da existência do crime e indício suficiente de autoria. **Parágrafo único.** A prisão preventiva também poderá ser decretada em caso de descumprimento de qualquer das obrigações impostas por força de outras medidas cautelares (art. 282, § 4º). ► **Art. 313.** Nos termos do art. 312 deste Código, será admitida a decretação da prisão preventiva: I – nos crimes dolosos punidos com pena privativa de liberdade máxima superior a 4 (quatro) anos; (...).

## 5.4. Da Liberdade Provisória com ou sem Fiança (arts. 321 a 350)

### ENUNCIADO 49. UM DOS PARÂMETROS PARA A FIXAÇÃO DA FIANÇA É O VALOR DO DANO CAUSADO.

• ***Enunciado 14*** *aprovado no III FONACRIM. Renumerado no IV FONACRIM, em 25.9.2015.*

▸ ***Por Ivo Höhn Junior.***

Como corolário do princípio da presunção de inocência (art. 5º, inciso LVII, da Constituição da República), a prisão há de ser situação excepcional durante o curso do processo penal.

A liberdade provisória, com ou sem a prestação de fiança, figura entre os direitos e garantias individuais (inciso LXVI) e sua natureza jurídica é de medida cautelar, seja para proteger a ordem processual, impondo ao réu determinadas restrições a fim de garantir sua participação no processo, seja para garantir a aplicação de eventual sentença condenatória.

O Código de Processo Penal, com a redação original de 1941, partia do pressuposto da culpa, decorrente da força das evidencias da prisão em flagrante. A partir da presunção da culpa, estabelecia algumas hipóteses em que o réu "livrava-se solto" sem a necessidade de pagamento de fiança ou obediência a qualquer condição; outras, nas quais era possível a concessão da liberdade mediante o pagamento de fiança (crimes afiançáveis), e ainda aquelas em que o réu permanecia preso durante todo o processo (crimes inafiançáveis). O réu livrava-se solto, sem fiança, quando incidia alguma excludente da ilicitude (*caput* do art. 310), quando fosse cominada pena não privativa de liberdade ou quando a pena privativa não ultrapasse três meses.

A Lei 6.416/77 acrescentou o parágrafo único ao art. 310, modificando substancialmente a disciplina da liberdade provisória. A regra passou a ser a concessão da liberdade provisória, quando ausentes razões para a decretação de prisão preventiva. O preso em flagrante, após cessada a atividade criminosa ou evitado o exaurimento do crime, e não presentes os requisitos e fundamentos para a segregação cautelar, deve ser posto em liberdade. Em decorrência, esvaziou-se o instituto da fiança, pois a ausência de motivos para a prisão cautelar, por si mesma, impunha a concessão de liberdade provisória.

Recente alteração legislativa modificou, novamente, as regras concernentes à decretação e à manutenção da prisão. A Lei 12.403/2011 instituiu diversas medidas cautelares, alternativas à prisão, que devem ser decretadas pelo juiz, se suficientes e necessárias à garantia da aplicação da lei penal ou à investigação ou instrução criminal. Entre essas medidas, ressurge, fortalecida, a fiança. Antes de prosseguirmos, contudo, deve-se destacar que a Constituição considera inafiançáveis os crimes de racismo, tortura, tráfico ilícito de entorpecentes, terrorismo, os definidos como crimes hediondos (Lei 8.072/90) e a ação de grupos armados, civis ou militares, contra a ordem constitucional e o Estado Democrático (incisos XLII, XLIII e XLIV do art. 5º).

A fiança é, portanto, na atual sistemática, umas das medidas cautelares que pode ser decretada pelo juiz quando necessária uma medida cautelar, mas ausentes os requisitos da prisão preventiva (art. 321). Quando ao crime for cominada pena máxima igual ou inferior a quatro anos, a autoridade policial poderá conceder a fiança (art. 322 do CPP, com a redação da Lei 12.403/2011). Sendo a pena máxima *in abstrato* superior a quatro anos, o requerimento para concessão da fiança deve ser dirigido ao juiz competente. O inciso VIII do art. 319 do CPP dispõe que a fiança deverá ser decretada "para assegurar o comparecimento a atos do processo, evitar a obstrução do seu andamento ou em caso de resistência injustificada à ordem judicial". Além daqueles casos previstos na Constituição, também não será concedida fiança quando tiver havido anterior quebra de fiança no mesmo processo (arts. 324, 327, 328 e 341, todos do CPP).

Chegamos, finalmente, ao tema do Enunciado 49 do FONACRIM: os parâmetros para a fixação do valor da fiança. A nova disciplina, instituída pela Lei 12.403/2011, estabelece limites, relacionados à quantidade da pena máxima cominada em abstrato. Nos crimes cuja pena privativa de liberdade não for superior a quatro anos, a fiança deve ser arbitrada entre um e cem salários mínimo; entre dez e duzentos salários mínimos, se ao crime for cominada pena superior a quatro anos (art. 325). Dentro daqueles limites, a autoridade policial e o juiz, nos casos em que lhes competir arbitrar, fixarão a fiança levando em consideração os seguintes critérios: a natureza da infração, as condições pessoais de fortuna, a vida pregressa do acusado, as circunstâncias indicativas de sua periculosidade e o provável valor das custas do processo (art. 326). A autoridade competente poderá, ainda, levando em conta a situação econômica do acusado, dispensar a prestação de fiança, (art. 325, inciso I, c.c. o art. 350), reduzi-la em até 2/3 (inciso II) ou aumenta-la em até mil vezes (inciso III).

Outro critério para a determinação do valor da fiança é o valor do dano causado pela conduta criminosa. Isto porque o art. 336 do CPP vincula o destino do valor ou dos objetos dados como fiança ao pagamento das custas do processo, às prestações pecuniárias e às multas eventualmente impostas ao condenado, e também à indenização do dano. Evidentemente, o valor da fiança não deve, necessariamente, corresponder ao *quantum* do dano material causado. A fiança deve ser arbitrada dentro dos parâmetros e limites previstos nos arts. 325 e 326 do CPP, mas de modo a possibilitar, efetivamente, que o acusado possa pagá-la, sob pena de se lhe negar o direito à liberdade provisória.

"HABEAS CORPUS" SUBSTITUTIVO DO RECURSO PRÓPRIO (NÃO CONHECIMENTO). ESTELIONATO. PRISÃO PREVENTIVA. LIBERDADE PROVISÓRIA CONDICIONADA AO PAGAMENTO DE FIANÇA ARBITRADA EM R$ 1.350.000,00 (UM MILHÃO E TREZENTOS E CINQUENTA MIL REAIS). VALOR INCOMPATÍVEL COM A SITUAÇÃO ECONÔMICA DA ENCARCERADA. CONSTRANGIMENTO ILEGAL CONFIGURADO. 1. O "habeas corpus" não pode ser utilizado como substitutivo de recurso próprio, a fim de que não se desvirtue a finalidade dessa garantia constitucional, com a exceção de quando a ilegalidade apontada é flagrante, hipótese em que se concede a ordem de ofício (Precedentes). 2. A fixação da fiança, como contracautela à prisão provisória, não detém o objetivo de atribuir punição ao agente que, em tese, praticou uma conduta típica, uma vez que a segregação preventiva não se confunde com a prisão-pena ("carcer ad poenam"). 3. Ademais, a fiança não há de ter o condão de garantir a futura reparação civil decorrente de uma condenação criminal. Para a garantia de uma futura reparação civil, decorrente de uma eventual condenação penal, há uma série de outros institutos, tal qual o sequestro de bens móveis e a hipoteca de bens imóveis (art. 130 e segs. do Código de Processo Penal). 4. Preceitua o Código de Processo Penal que o valor da fiança, fixado entre 10 e 200 salários mínimos, somente poderá ser aumentado em até mil vezes, "se assim recomendar a situação econômica do preso" (art. 325, § 1º, III), circunstância que não se coaduna com o caso presente. 5. Ressalte-se que os valores a serem pagos a título de reparação pelos danos sofridos pelas vítimas dependem de pedido expresso, sendo vedada a fixação de ofício de indenização correspondente. Se é assim, mais ainda evidente se constata o constrangimento ilegal, quando não há nem mesmo sentença prolatada, e o valor do suposto dano afligido pelas vítimas foi, em verdade, utilizado como justificador para a mantença da prisão cautelar. 6. "Habeas corpus" não conhecido. Ordem concedida de ofício, a fim de reduzir o valor da fiança para o máximo previsto no art. 325, inciso II, do Código de Processo Penal, desde que a paciente se comprometa ao comparecimento a todos os atos do processo para os quais seja intimada, bem como não se ausente da comarca por mais de 30 dias. (HC 276.103/MG, Rel. Min. Reynaldo Soares da Fonseca, 5ª Turma, DJe 22.9.2015)

"HABEAS CORPUS" SUBSTITUTIVO. DANO QUALIFICADO. AFASTAMENTO DA FIANÇA ARBITRADA. POSSIBILIDADE. FUNDAMENTAÇÃO INSUFICIENTE. HIPOSSUFICIÊNCIA DOS PACIENTES. ORDEM CONCEDIDA. 1 A decisão judicial que homologa a fiança arbitrada pela autoridade policial e a decisão que reduz o valor fixado não demonstraram, à luz do que dispõe o art. 282 do CPP, a necessária presença de exigência cautelar a justificar a medida. 2. Tem-se como evidenciada a hipossuficiência financeira dos pacientes, pelas particularidades do caso, visto que, após dois meses, continuam presos e não demonstraram possuir meios para pagar a fiança. 3. "Habeas corpus" concedido, para que, confirmada a liminar, os pacientes sejam colocados em liberdade, independentemente do pagamento da fiança arbitrada, sem prejuízo da decretação de outra providência cautelar, se efetivamente demonstrada sua necessidade e adequação, nos termos dos arts. 282 e 319 do Código de Processo Penal. (HC 305.614/DF, Rel. Min. Rogerio Schietti Cruz, 6ª Turma, DJe 21.5.2015)

PROCESSUAL PENAL. AGRAVO REGIMENTAL NO "HABEAS CORPUS". PRISÃO PREVENTIVA. ARBITRAMENTO DE FIANÇA. HIPOSSUFICIÊNCIA DO RÉU. DEFENSORIA PÚBLICA. 1. O Superior Tribunal de Justiça entende não ser possível a manutenção da custódia cautelar tão somente em razão do não pagamento do valor arbitrado a título de fiança, a teor do art. 350 do Código de Processo Penal, notadamente quando se tratar de acusado que se declara pobre, tendo sido assistido pela Defensoria Pública. 2. (...). (AgRg no HC 335.412/SP, Rel. Min. Gurgel de Faria, 5ª Turma, DJe 22.2.2016)

PENAL E PROCESSO PENAL. RECURSO ORDINÁRIO EM "HABEAS CORPUS". ARTIGOS 288 E 334 DO CÓDIGO PENAL. PEDIDO DE LIBERDADE PROVISÓRIA. AUSÊNCIA DOS REQUISITOS DO ART. 312 DO CPP. NÃO CONHECIMENTO. PLEITO DEFERIDO PELO TRIBUNAL DE ORIGEM, QUE CONCEDEU PARCIALMENTE A ORDEM LÁ IMPETRADA. FIANÇA. REDUÇÃO. VALOR ARBITRADO DE ACORDO COM OS ARTS. 325 E 326 DO CPP. MANUTENÇÃO. RECURSO PARCIALMENTE CONHECIDO E, NESTA EXTENSÃO, NÃO PROVIDO. 1. A alegação de ausência do preenchimento dos requisitos do art. 312 do Código de Processo Penal não comporta conhecimento, uma vez que, mediante fiança, a liberdade provisória foi concedida pelo Tribunal de origem, carecendo de interesse processual o recorrente quanto ao ponto em tela. 2. Pela leitura do acórdão recorrido, observa-se que houve fundamentação efetiva pelo Tribunal local, o qual asseverou que o patamar a ser estabelecido a título de fiança, tendo em vista a grandiosidade da quadrilha e os vultuosos lucros, em tese, auferidos com o delito previsto no art. 334 do CP, não poderia ser módico, sob pena de pouco influenciar o comportamento do acusado. 3. Não se constata, de plano, que o ora recorrente esteja na mesma situação fático-processual do corréu beneficiado com a fiança de menor valor. Como bem asseverou o magistrado a quo, o mandado de prisão expedido contra o acusado nunca foi cumprido (e-STJ fl. 17198) e, além disso, a matéria não foi apreciada pelo juízo nem pelo Tribunal de origem. 4. Fixada a fiança de acordo com os arts. 325 e 326 do CPP e com as circunstâncias em que os crimes foram praticados, destaco que não há que se falar em constrangimento ilegal a ser sanado por este Tribunal. (...). (RHC 34.457/PR, Rel. Min. Leopoldo de Arruda Raposo, Des. conv. TJ/PE, 5ª Turma, DJe 16.9.2015)

PROCESSUAL PENAL. "HABEAS CORPUS". OPERAÇÃO FRATELLI. PEDIDO DE REDUÇÃO DO VALOR DA FIANÇA. VALOR EXCESSIVO. ARTIGO 326 CPP. ORDEM CONCEDIDA. EXTENSÃO AOS DEMAIS CORRÉUS AFIANÇADOS. 1. "Habeas corpus" impetrado contra ato da MM. Juíza Federal da Subseção Judiciária de Jales/SP, que estipulou fiança aos pacientes no valor de R$ 60.000,00. 2. Quanto à natureza da infração, este Tribunal, nos autos da medida cautelar nº 0011252-24.2013.4.3.0000, já afastou a possibilidade de consideração, nesta ação penal, dos supostos danos provocados por outras fraudes que teriam sido praticadas pelo suposto esquema fraudulento mantido pelos réus, estimando o valor cabível para o sequestro. 3. Não há como se considerar, para o arbitramento da fiança nesta ação penal originária 0000373-16.2013.403.6124, de eventuais danos supostamente causados pelo esquema fraudulento que estaria sendo apurado em outras ações penais. O arbitramento da fiança está sendo feito pelo Juízo impetrado em razão da determinação deste Tribunal, que nos autos de diversos dos "habeas corpus" substituiu a prisão preventiva decretada pelo Juízo impetrado, com relação a todos os corréus, por medidas cautelares (com exceção do corréu Olívio Scamatti). Dessa forma, é nenhuma a pertinência da invocação, na decisão impugnada, de eventuais danos supostamente apurados em outras ações penais posteriormente ajuizadas. 5. Quanto às circunstâncias indicativas da periculosidade dos réus, este Tribunal já afastou o cabimento da prisão preventiva em "habeas corpus" anteriores, inclusive pelo fundamento invocado da garantia da ordem pública, com relação a todos os réus da ação penal originária, com exceção do réu Olívio Scamatti, concluindo não estarem presentes indícios de periculosidade que justifiquem a prisão cautelar, não havendo como se concluir de forma diversa na estipulação do valor da fiança. 6. Quanto à importância provável das custas do processo até final julgamento, observo que não são de grande monta, como se constata da Resolução nº 426/2011. 7. Quanto às condições pessoais de fortuna e vida pregresssa dos acusados, infere-se da análise da documentação anexada que o montante da fiança supera em muito os rendimentos declarados pelos pacientes. É certo que as declarações constituem informações unilaterais dos contribuintes, mas servem de parâmetro para a verificação do patrimônio e condição econômica dos declarantes, até porque tais declarações submetem-se também à verificação da autoridade fiscal. Desta feita, não cabe nesta via desprestigiar a documentação apresentada, se inexistentes veementes indícios da falsidade de tais declarações 8. Do exame do caso concreto, revela-se exacerbada a fixação de fiança dos pacientes em R$ 60.000,00 (sessenta mil reais), porquanto não atendidos os critérios do artigo 326 do Código de Processo Penal, a configurar constrangimento ilegal. 9. As considerações apontadas, quanto à natureza da infração, às circunstâncias indicativas da periculosidade, e à importância provável das custas do processo, aplicam-se também aos demais corréus afiançados na ação penal originária. A fundamentação da decisão impugnada, quanto à estimativa do valor dos supostos danos causados pelo esquema fraudulento, para fins de arbitramento da fiança, contraria a decisão deste Tribunal, que nos autos da medida cautelar nº 0011252-24.2013.4.3.0000, concedeu a liminar para limitar o sequestro dos bens aos valores dos contratos de licitação objeto da denúncia, da ação penal originária. Tal valor é superado em muito pelos valores de fiança arbitrados pelo Juízo impetrado. Por tais razões, é de todo conveniente a extensão dos efeitos desta decisão aos demais correús afiançados, nos termos do artigo 580 do Código de Processo Penal. 10. Considerado que a soma dos valores de todas as fianças inicialmente arbitradas pelo DD. Juízo impetrado corresponde a R$ 1.800.000,00 (um milhão e oitocentos mil reais), cumpre ajustar tal montante ao valor já assentado por este Tribunal da mencionada medida cautelar o que implica na redução dos valores arbitrados a título de fiança para aproximadamente 15% (quinze por cento) do montante originariamente arbitrado. (...). (TRF3, HC 00203945220134030000, Rel. Márcio Mesquita, Juiz conv., 1ª Turma, e-DJ 24.10.2013)

► **CF. Art. 5º.** (...). **XLII** – a prática do racismo constitui crime inafiançável e imprescritível, sujeito à pena de reclusão, nos termos da lei; **XLIII** – a lei considerará crimes inafiançáveis e insuscetíveis de graça ou anistia a prática da tortura, o tráfico ilícito de entorpecentes e drogas afins, o terrorismo e os definidos como crimes hediondos, por eles respondendo os mandantes, os executores e os que, podendo evitá-los, se omitirem; **XLIV** – constitui crime inafiançável e imprescritível a ação de grupos armados, civis ou militares, contra a ordem constitucional e o Estado Democrático; **LVII** – ninguém será considerado culpado até o trânsito em julgado de sentença penal condenatória; **LXVI** – ninguém será levado à prisão ou nela mantido, quando a lei admitir a liberdade provisória, com ou sem fiança;

► **CPP. Art. 310.** Quando o juiz verificar pelo auto de prisão em flagrante que o agente praticou o fato, nas condições do art. 19, I, II e III, do Código Penal, poderá, depois de ouvir o Ministério Público, conceder ao réu liberdade provisória, mediante termo de comparecimento a todos os atos do processo, sob pena de revogação. **Parágrafo único.** Igual procedimento será adotado quando o juiz verificar, pelo auto de prisão em flagrante, a inocorrência de qualquer das hipóteses que autorizam a prisão preventiva (arts. 311 e 312).

▶ **Art. 310.** Ao receber o auto de prisão em flagrante, o juiz deverá fundamentadamente: I – relaxar a prisão ilegal; ou II – converter a prisão em flagrante em preventiva, quando presentes os requisitos constantes do art. 312 deste Código, e se revelarem inadequadas ou insuficientes as medidas cautelares diversas da prisão; ou III – conceder liberdade provisória, com ou sem fiança. **Parágrafo único.** Se o juiz verificar, pelo auto de prisão em flagrante, que o agente praticou o fato nas condições constantes dos incisos I a III do *caput* do art. 23 do Decreto-Lei n. 2.848, de 7 de dezembro de 1940 – Código Penal, poderá, fundamentadamente, conceder ao acusado liberdade provisória, mediante termo de comparecimento a todos os atos processuais, sob pena de revogação. (Redação dada pela Lei nº 12.403, de 2011). ▶ **Art. 319.** São medidas cautelares diversas da prisão: VIII – fiança, nas infrações que a admitem, para assegurar o comparecimento a atos do processo, evitar a obstrução do seu andamento ou em caso de resistência injustificada à ordem judicial. ▶ **Art. 321.** Ausentes os requisitos que autorizam a decretação da prisão preventiva, o juiz deverá conceder liberdade provisória, impondo, se for o caso, as medidas cautelares previstas no art. 319 deste Código e observados os critérios constantes do art. 282 deste Código. ▶ **Art. 322.** A autoridade policial somente poderá conceder fiança nos casos de infração cuja pena privativa de liberdade máxima não seja superior a 4 (quatro) anos. ▶ **Art. 324.** Não será, igualmente, concedida fiança: I – aos que, no mesmo processo, tiverem quebrado fiança anteriormente concedida ou infringido, sem motivo justo, qualquer das obrigações a que se referem os arts. 327 e 328 deste Código; II – em caso de prisão civil ou militar; III – (Revogado pela Lei nº 12.403, de 2011). IV – quando presentes os motivos que autorizam a decretação da prisão preventiva (art. 312). ▶ **Art. 325.** O valor da fiança será fixado pela autoridade que a conceder nos seguintes limites: I – de 1 (um) a 100 (cem) salários mínimos, quando se tratar de infração cuja pena privativa de liberdade, no grau máximo, não for superior a 4 (quatro) anos; II – de 10 (dez) a 200 (duzentos) salários mínimos, quando o máximo da pena privativa de liberdade cominada for superior a 4 (quatro) anos. ▶ **§ 1º** Se assim recomendar a situação econômica do preso, a fiança poderá ser: I – dispensada, na forma do art. 350 deste Código; II – reduzida até o máximo de 2/3 (dois terços); ou III – aumentada em até 1.000 (mil) vezes. ▶ **Art. 326.** Para determinar o valor da fiança, a autoridade terá em consideração a natureza da infração, as condições pessoais de fortuna e vida pregressa do acusado, as circunstâncias indicativas de sua periculosidade, bem como a importância provável das custas do processo, até final julgamento. ▶ **Art. 327.** A fiança tomada por termo obrigará o afiançado a comparecer perante a autoridade, todas as vezes que for intimado para atos do inquérito e da instrução criminal e para o julgamento. Quando o réu não comparecer, a fiança será havida como quebrada. ▶ **Art. 328.** O réu afiançado não poderá, sob pena de quebramento da fiança, mudar de residência, sem prévia permissão da autoridade processante, ou ausentar-se por mais de 8 (oito) dias de sua residência, sem comunicar àquela autoridade o lugar onde será encontrado. ▶ **Art. 336.** O dinheiro ou objetos dados como fiança servirão ao pagamento das custas, da indenização do dano, da prestação pecuniária e da multa, se o réu for condenado. ▶ **Art. 341.** Julgar-se-á quebrada a fiança quando o acusado: I – regularmente intimado para ato do processo, deixar de comparecer, sem motivo justo; II – deliberadamente praticar ato de obstrução ao andamento do processo; III – descumprir medida cautelar imposta cumulativamente com a fiança; IV – resistir injustificadamente a ordem judicial; V – praticar nova infração penal dolosa. ▶ **Art. 350.** Nos casos em que couber fiança, o juiz, verificando a situação econômica do preso, poderá conceder-lhe liberdade provisória, sujeitando-o às obrigações constantes dos arts. 327 e 328 deste Código e a outras medidas cautelares, se for o caso.

# 6. DAS CITAÇÕES E INTIMAÇÕES (ARTS. 351 A 372)

## 6.1. Das Citações (arts. 351 a 369)

**ENUNCIADO 18. É CONSTITUCIONAL A CITAÇÃO COM HORA CERTA PREVISTA NO ART. 362 DO CPP, DEVENDO-SE COMPROVAR A OCULTAÇÃO DO RÉU POR SATISFATÓRIAS DILIGÊNCIAS.**

• *Aprovado no I FONACRIM.*

▸ *Por Walter Nunes da Silva Júnior.*

A preocupação com a celeridade, pela própria razão de ser do sistema criminal, é algo bastante evidente, seja ele de perfil ditatorial ou arquitetado sob perfil democrático. Nessa toada, a celeridade do processo foi pensamento dominante e latente na redação originária do Código de Processo Penal, embora, não se deva esconder, e se tenha de compreender, que isso foi próprio da ideologia ditatorial e policialesca abraçada pelo legislador de então, orientado pela Carta de 1937.

Assim, quanto à comunicação ao acusado do ajuizamento de ação penal, em relação às hipóteses de sua realização por meio de edital, ao invés de prever a citação por hora certa, o legislador, tendo em mira imprimir maior celeridade ao andamento do processo, incluiu a situação em que ele se esquivava para não ser encontrado pelo oficial de justiça.

Com efeito, consoante a redação primitiva do Código de Processo Penal, "Verificando que o réu se oculta para não ser citado, a citação far-se-á por edital, com o prazo de 5 (cinco) dias" (art. 362 do CPP), restando salientado que "O processo seguirá à revelia do acusado que, citado inicialmente ou intimado para qualquer ato do processo, deixar de comparecer sem motivo justificado" (art. 366 do CPP).

Com essa disciplina, observa-se que a **citação por edital** na hipótese em que, sendo certo o endereço do acusado, ele se esquivava para não ser citado, foi concebida pelo legislador na redação originária do Código de Processo penal para não atrapalhar o trâmite processual.

Era uma forma de sancionar processualmente com a citação por edital, o acusado que, sabedor da demanda que havia contra ele, procurava, com a atitude de se esconder e evitar a comunicação processual, comprometer o andamento do processo ou, apenas, ganhar tempo, até mesmo para beneficiar-se da prescrição. Privilegiava-se, assim, o andamento do processo em detrimento da estratégia do acusado.

Todavia, com a modificação introduzida no art. 366 do CPP pela Lei nº 9.271, de 1996, aquela intenção do legislador restou frustrada. Isso porque a norma em foco foi alterada para preceituar que:

> Art. 366. Se o acusado, citado por edital, não comparecer, nem constituir advogado, ficarão suspensos o processo e o curso do prazo prescricional, podendo o juiz determinar a produção antecipada das provas consideradas urgentes e, se for o caso, decretar prisão preventiva, nos termos do disposto no art. 312.

Dessa forma, devido à nova redação emprestada ao art. 366 do CPP, a então disciplina do art. 362 do mesmo Diploma Legal, determinando a citação por edital quando o acusado se ocultava para não ser citado – que foi preferida em detrimento da realização dessa espécie de comunicação processual por meio de *hora certa*, tal qual previsto no Ordenamento Processual Civil – perdeu sentido, pois, ao invés de servir para evitar a paralisação do caminhar processual, passou a ter como efeito a *suspensão do processo*.

Assim, atento à necessidade de **rearrumação do sistema**, comprometido em razão dessas alterações tópicas a que foi submetido o Código de Processo Penal, o legislador, acertadamente, por meio da Lei nº 11.719, de 2008, procurou dar novo tratamento para a situação, conferindo ao art. 362, mediante a Lei 11.719, de 2008, nova redação, com a seguinte dicção: "Verificando que o réu se oculta para não ser citado, o oficial de justiça certificará a ocorrência e procederá à citação com hora certa, na forma estabelecida nos arts. 227 a 229 da Lei nº 5.869, de 11 de janeiro de 1973 – Código de Processo Civil". No escopo de espancar qualquer dúvida a respeito da intenção perquirida com a alteração legislativa, foi acrescido ao dispositivo um parágrafo único, nos seguintes termos: "Completada a citação com hora certa, se o acusado não comparecer, ser-lhe-á nomeado defensor dativo".

Não se há de negar, portanto, que a Lei nº 11.719, de 2008, em consonância com o pensamento aqui esposado, em boa hora, introduziu no Código de Processo Penal o instituto da **citação por hora certa**, nas hipóteses em que o acusado se oculta para não ser citado. Essa previsão diminui a aplicação do art. 366, pois, agora, quando não for caso de acusado foragido, que se encontra em lugar incerto e não sabido, mas que apenas se esconde para não ser citado, ao invés da expedição de edital, o juiz deve determinar a citação por hora certa, preservando, assim, o andamento do processo, mesmo se ocorrer a revelia.

Nesse particular, são imerecidas as críticas que, aqui e ali, são ouvidas a respeito desse assunto. Não se pode negar que a citação por hora certa, tal qual a por edital, é hipótese de *citação ficta*. Mas a primeira difere, substancialmente, da segunda. Na citação por hora certa, sabe-se que o acusado ainda reside em um determinado local, mas, de toda sorte, o oficial de justiça, após diligências frustradas, conclui que ele não está sendo encontrado, pois está se esquivando. Para diferenciar substancialmente essa situação daquela em que o acusado é considerado em lugar incerto e não sabido que é hipótese de citação por edital, o legislador teve a cautela de determinar a aplicação da disciplina alvitrada pelo Código de Processo Civil em relação à material, estampada do art. 227 ao 229.

Por conseguinte, para a validade da citação por hora certa, o oficial de justiça terá de realizar **três diligências** à procura do acusado em seu domicílio ou residência e, caso tenha suspeita de que ele está se ocultando para não receber a comunicação judicial, deve intimar uma pessoa da família, ou, não sendo possível, qualquer vizinho, com a informação de que no dia imediato, em hora fixada, voltará para realizar o ato (art. 227 do CPC/73 e art. 253, *caput*, do NCPC).

Observe-se que, em verdade, o oficial de justiça realiza 04 (quatro) *visitas* ao domicílio ou residência do acusado, sendo que a última com prévia intimação de um familiar ou vizinho, informando o dia e hora em que comparecerá novamente ao local (art. 228, *caput*, do CPC/73 e art. 253, § 2º, do NCPC).

A presunção de veracidade da certificação do oficial de justiça, que deve ser feita no mandado, gera a certeza, *juris tantum*, de que o acusado sabe que há no Judiciário uma imputação criminosa contra ele, mas, por não querer responder por ela, procura embaraçar a movimentação da máquina jurisdicional, esquivando-se da citação pessoal.

Ora, se o acusado, possuindo endereço certo, se esquiva para não receber a comunicação processual, isso é prova inconteste de que ele sabe que há uma demanda contra si. A situação é substancialmente diferente daquela em que o acusado está em **lugar incerto e não sabido**, a exigir que a citação seja feita pela via editalícia, pois nesse caso não se tem certeza de que ele possui ciência de que há uma demanda contra si.

O acusado, por óbvio, não pode se beneficiar com a suspensão do processo, ainda que temporária, mediante o artifício de sabendo que está sendo procurado em seu endereço, utilizar de artifícios para não ser encontrado. Não adianta dizer que a suspensão do processo, com a consequente suspensão do prazo prescricional, solução alvitrada para a hipótese em que o acusado está em lugar incerto e não sabido, por si só, já se traduz em **ônus processual** a ser suportado pelo acusado diante de sua atitude. É certo que a defesa é ampla, porém, mesmo na seara criminal, há limites, dentre eles o que não tolera a utilização de ardis para evitar o trâmite normal do processo. Isso não é legítimo nem muito menos admissível.

Por outro lado, a paralisação do processo criminal é maléfica sobre os mais variados aspectos, notadamente no que diz respeito à aplicação da sanção ou medida criminal que, quanto mais tardia, mais ineficiente e menos necessária se mostra, de modo que deve ser reservada como **solução** apenas para aqueles casos em que o prosseguimento do processo com o acusado revel caracteriza compromete efetivamente a ampla defesa.

A suspensão do processo traz grave prejuízo para a qualidade da prestação jurisdicional, especialmente no que diz respeito à instrução do processo, pois sempre é calcada em fatos sobre os quais são imprescindíveis os depoimentos da vítima e das testemunhas, elementos probatórios cuja credibilidade tem muito a ver com o lapso temporal existente entre a data da ocorrência do fato criminoso e aquela em que se dá a audiência judicial. Isso porque a psicologia judiciária comprova que, naturalmente, com o passar do tempo, a memória sobre os fatos passa por processo de glosa, de modo que detalhes, por vezes deveras importantes, são esquecidos, permanecendo vivas apenas as partes nucleares do acontecimento.

Ademais, o desgaste decorrente da demora do processo recai única e exclusivamente sobre o Judiciário, a gerar uma sensação de impunidade que compromete, sobremaneira, a credibilidade, em si, do sistema e é, sim, fator que alimenta a criminalidade. Não se pode esquecer, nessa questão, até em homenagem à justiça restaurativa, que a família da vítima e as pessoas que se sentem mais atingidas com o fato criminoso reclamam, até para uma satisfação psicológica, o encerramento do processo, com o respectivo julgamento. É evidente que o pronunciamento judicial não fica comprometido com aquilo que a **sociedade/opinião pública** quer, porém, deve-se ter preocupação com a duração razoável do processo, preceito encartado dentre os direitos fundamentais, com a Emenda Constitucional nº 45, de 2004.

Há precedente do Superior Tribunal de Justiça sobre a validade da citação por hora certa na seara criminal, cuja ementa do acórdão redigida nos seguintes termos:

> RECURSO ORDINÁRIO EM "HABEAS CORPUS". PROCESSUAL PENAL. CITAÇÃO POR HORA CERTA. VALIDADE. ESGOTAMENTO DOS MEIOS. ALEGADA AUSÊNCIA DOS REQUISITOS LEGAIS. VIA IMPRÓPRIA. INEXISTÊNCIA DE PREJUÍZO. CONSTRANGIMENTO LEGAL NÃO EVIDENCIADO. Tem-se por válida a citação por hora certa realizada nos autos, diante da informação de que foram empreendidas as diligências necessárias à localização do denunciado, bem assim de que havia indícios da sua ocultação para não ser citado. (...). (STJ, RHC 31421/SP, Rel. Min. Laurita Vaz, 5ª Turma, un., DJe 21.5.2012)

Seja como for, o assunto ainda não está pacificado em nosso meio, até mesmo porque o Supremo Tribunal Federal (STF) reconheceu, em votação no Plenário Virtual, a existência de repercussão geral no Recurso Extraordinário nº 635145, no qual se discute a constitucionalidade ou não da citação por hora certa prevista no Código de Processo Penal (CPP), questão que ainda está pendente de decisão.

No nosso entendimento, assim como sufragado no Enunciado nº 18 do FONACRIM, a citação por hora certa para o ambiente do processo penal não contém vício de inconstitucional, em especial porque o legislador, atento à necessidade de que a ampla defesa no ambiente criminal seja efetiva, tratou de esclarecer que o acusado revel será assistido juridicamente (Parágrafo único do art. 362 do CPP, com a redação dada pela Lei nº 11.719, de 2008), não sendo, assim, corretamente, prejudicado o andamento do processo.

TRF/1: RESE 287-RO, Rel. Des. Fed. Assusete Magalhães, data de publicação 24.4.2009; TRF/3: HC 10963-91, Rel. Des. Fed. Cotrim Guimarães, data de publicação 17.9.2013; ACR 0005716-55, Rel. Des. Fed. Luis Stefanni, DJe 11.9.2015; TRF/5: HC 3874-PE, Rel. Des. Fed. Paulo Gadelha, data de publicação 29.4.2010; ACR 9816-RN, Rel. Des. Fed. Luiz Alberto Gurgel de Faria; DJe 14.5.2013;

> ▶ **CPP. Art. 362.** Verificando que o réu se oculta para não ser citado, o oficial de justiça certificará a ocorrência e procederá à citação com hora certa, na forma estabelecida nos arts. 227 a 229 da Lei no 5.869, de 11 de janeiro de 1973 – Código de Processo Civil. **Parágrafo único.** Completada a citação com hora certa, se o acusado não comparecer, ser-lhe-á nomeado defensor dativo.

## 7. DA SENTENÇA (ARTS. 381 A 393)

**ENUNCIADO 11. A "EMENDATIO LIBELLI", NA NOVA REDAÇÃO DO ART. 383 DO CPP, PODE SER APLICADA EM QUALQUER FASE DA PERSECUÇÃO PENAL PARA DEFINIÇÃO DE DIREITOS DO ACUSADO OU PARA O RECONHECIMENTO DE INCOMPETÊNCIA.**

● *Aprovado no I FONACRIM.*

▸ *Por Fábio Moreira Ramiro.*

A *emendatio libelli* é definida como a correção da tipificação do delito ou definição jurídica diversa, quando em cotejo com os fatos descritos na denúncia. Regra geral é que essa correção seja realizada quando da prolação da sentença, consoante dispõe o Código de Processo Penal, ao dispor que:

> Art. 383. O juiz, sem modificar a descrição do fato contida na denúncia ou queixa, poderá atribuir-lhe definição jurídica diversa, ainda que, em consequência, tenha de aplicar pena mais grave.

Trata-se de corolário do princípio basilar da correlação acusação-sentença, em que o ato judicial que põe termo ao processo penal não poderia estar em desacordo com o que fora postulado pela acusação. E por esta entendem-se os fatos imputados ao réu, não a capitulação legal contida ao final da peça incoativa.

Assim, ao proferir a sentença condenatória, o juiz deveria ater-se aos fatos narrados, dos quais se defende o acusado, não à tipificação exposta pelo Ministério Público ou pelo querelante.

Todavia, parte da doutrina e da jurisprudência já se manifestava no sentido da aplicação do instituto em apreço em momento anterior à prolação da sentença condenatória – porquanto, em se tratando de sentença absolutória, ficaria prejudicada a necessidade de correção da denúncia.

Nesse sentido, já defendia Benedito Roberto Garcia Pozer, em obra publicada em 2001, que[41]:

> Não procede o entendimento de que ao juiz é vedado determinar a emenda da denúncia, desde o início, para, de acordo com os fatos expostos, determinar-lhes a correção da classificação jurídica. Se o próprio representante do Ministério Público pode aditá-la a qualquer tempo, com mais razão está autorizado o julgador determinar a correção, afastando-se sensíveis prejuízos à defesa e nulidades processuais. Consigne-se, contudo, que, em algumas hipóteses, descabe a emenda da acusação, por se mostrar caso de rejeição, de recusa. O aproveitamento da acusação defectiva depende da natureza do engano.

A Lei 9.099/95, que trata dos Juizados Especiais Cíveis e Criminais, trouxe importantes inovações ao procedimento penal comum, em especial no que toca à possibilidade de suspensão condicional do processo naqueles casos em que, satisfeitas condições outras previstas no referido diploma legal, a pena mínima cominada não fosse superior a um ano de privação da liberdade (art. 89 da Lei 9.099/95).

Logo, não seria razoável levar-se o processo adiante, mediante instrução probatória plena, quando, em favor do acusado, pudesse ser proposto, objetivamente, o *sursis* processual, para, somente ao fim e cabo do processo em grau inicial de jurisdição, o julgador fizesse a provocação ao Ministério Público ou querelante para que avaliasse a possibilidade de propositura da suspensão do processo. Isto porque, a suspensão

---

41. **Correlação entre acusação e sentença no processo penal brasileiro**. IBCCRIM, São Paulo: 2001, p. 156.

condicional do processo, posto que de exclusiva iniciativa do órgão acusador, deve ser por este rechaçada quando não ocorrentes as condições subjetivas para sua propositura.

Na hipótese de alguém ser denunciado por ter subtraído coisa alheia móvel, e constar da denúncia a capitulação dos fatos no art. 155, 4º, do CP, que trata do furto qualificado, ficaria evidenciada a necessidade de se proceder à *emendatio libelli* com o fim de possibilitar ao titular da ação penal a propositura da suspensão condicional do processo, cabível no crime de furto simples (art. 155, *caput*), apenado com reclusão de 1 a 4 anos, porém inviável em se tratando do mesmo crime na modalidade qualificada (2 a 8 anos de reclusão).

Da mesma forma, dar-se-ia a *emendatio libelli* quando a adequada capitulação dos fatos narrados na denúncia pudesse implicar modificação da competência do juízo, em especial quando decorrente de regras locais de organização judiciária, que implica hipótese de competência absoluta, ou mesmo na desclassificação de uma infração comum para outra de menor potencial ofensivo, da competência do Juizado Especial Criminal, em que são

Diante dos aparentemente rígidos termos do art. 383, do CPP, na sua redação original, o legislador da reforma processual penal de 2008 adicionou ao referido artigo dois parágrafos. No primeiro deles, abriu a possibilidade de se proceder de acordo com o que determina o art. 89, da Lei 9099, de 1995, que trata da proposta de suspensão condicional do processo. No segundo, cuidou da hipótese de desclassificação do delito e consequente reconhecimento da incompetência do juízo processante, com remessa dos autos ao juízo competente.

A leitura que se extrai das normas acima transcritas é a de permitir a correção da denúncia ou queixa, na parte relativa à capitulação do crime, em qualquer fase da persecução penal em juízo, devendo, portanto, ocorrer tão logo se evidencie o descompasso entre os fatos narrados e a tipificação exposta pelo Ministério Público ou querelante.

E não poderia ser diferente.

A *emendatio libelli* realizada antes da prolação da sentença não viola nenhum princípio do processo penal, pelo contrário, homenageia vários deles que são muito caros ao sistema acusatório, dentre os quais, os princípios do juiz natural, da economia processual, da razoável duração do processo e da efetividade.

Com efeito, estender o processo penal até o ato final, em primeira instância, que é a sentença, representaria enorme perda de tempo e de recursos, especialmente porque, na hipótese em que cabível a suspensão condicional do processo, estaria sendo negado ao acusado o direito a um benefício ou no mínimo o direito à verificação de que se fazem ou não preenchidos os requisitos para obtenção do *sursis* processual.

Não socorre o dispositivo legal, todavia, quando se está diante do chamado fenômeno da *overcharging* do sistema da *common law,* em que se promove acusação excessiva com o propósito de obter uma vantagem processual, traduzida num bom acordo[42] (*plea bargaining*). No Brasil, o denominado excesso de acusação, qualquer que seja o seu propósito, não tem lugar na aplicação, precoce ou tardia, do art. 383 do CPP. A falta de justa causa - ausência de suporte probatório mínimo para iniciar a ação penal - poderá implicar a rejeição da denúncia, mesmo que parcialmente, com supedâneo inequívoco no art. 395, III, da lei processual penal.

Assim, dispõe o julgador, no art. 383 do Código de Processo Penal, em especial em seus §§ 1º e 2º, de instrumento eficaz na correção da definição jurídica atribuída pela acusação, para que seja desde logo o processo colocado nos seus trilhos de atendimento a um instituto que representa inequívoca vantagem ao acusado - a suspensão condicional do processo - ou que sejam seus autos remetidos ao juízo competente, evitando-se que atos processuais sejam praticados por juiz absolutamente incompetente e, portanto, eivados de nulidade.

(...). A jurisprudência do Supremo Tribunal Federal admite a possibilidade de o magistrado processante antecipar o juízo desclassificatório, sempre que "da qualificação jurídica do fato imputado depender a fixação da competência ou a eleição do procedimento a seguir. (...). (HC 94226, Rel. Min. Ayres Britto, 2ª Turma, DJe 29.11.2011)

(...). Se a aplicação do direito aos fatos denunciados dá-se em regra pela sentença, mantendo ou não a tipificação indicada pela inicial acusatória – arts. 383 e 384 do Código de Processo Penal–, o reconhecimento de incontroversos direitos processuais ou materiais, caracterizados como temas de ordem pública, pode dar-se em qualquer fase do processo, inclusive com fundamentação então necessária de correto enquadramento típico. Nada impede possa o magistrado, mesmo antes da sentença condenatória, evitando a mora e os efeitos de indevida persecução criminal, reconhecer desde logo clara incompetência, prescrição, falta de justa causa, direitos de transação, sursis processual, ou temas outros de ordem pública, relevantes, certos e urgentes. Válido é o reconhecimento do direito à transação penal, por fatos denunciados que compreende o magistrado claramente configurarem crime de pequeno potencial ofensivo. Inválido o acórdão que em "habeas corpus" anula essa decisão de primeiro grau, explicitando o efeito de prosseguimento da persecução criminal pelo crime comum originalmente tipificado na denúncia, já que prejudica condição processual assegurada ao acusado em impugnação exclusiva da defesa. (...). (HC 241.206/SP, Rel. Min. Nefi Cordeiro, 6ª Turma, DJe 11.12.2014)

(...). Em razão das alterações promovidas pela Lei n. 11.719/08, o Superior Tribunal de Justiça vem entendendo que, quando o magistrado verificar, de plano, que a conduta narrada na inicial não se amolda ao tipo penal capitulado, por questão de economia processual e para evitar nulidades de atos processuais, poderá corrigir, desde logo, a definição jurídica aos fatos ali narrados. (...). (REsp 1069151/RJ, Rel. Min. Og Fernandes, 6ª Turma, DJe 2.9.2013)

► **CPP. Art. 383.** O juiz, sem modificar a descrição do fato contida na denúncia ou queixa, poderá atribuir-lhe definição jurídica diversa, ainda que, em consequência, tenha de aplicar pena mais grave. **§ 1°** Se, em consequência de definição jurídica diversa, houver possibilidade de proposta de suspensão condicional do processo, o juiz procederá de acordo com o disposto na lei. **§ 2°** Tratando-se de infração da competência de outro juízo, a este serão encaminhados os autos. ► **Art. 395.** A denúncia ou queixa será rejeitada quando: (...). III – faltar justa causa para o exercício da ação penal.

42. LOPES JR., Aury. **Direito Processual Penal.** 9. ed. p. 1098.

> ▶ **Lei 9.099/95. Art. 89.** Nos crimes em que a pena mínima cominada for igual ou inferior a um ano, abrangidas ou não por esta Lei, o Ministério Público, ao oferecer a denúncia, poderá propor a suspensão do processo, por dois a quatro anos, desde que o acusado não esteja sendo processado ou não tenha sido condenado por outro crime, presentes os demais requisitos que autorizariam a suspensão condicional da pena (art. 77 do Código Penal).

# 8. DO PROCESSO COMUM (ARTS. 394 A 502)

## 8.1. Da Instrução Criminal (arts. 394 a 405)

### ENUNCIADO 12. O § 4º DO ART. 394 DO CPP REVOGOU A DEFESA PRELIMINAR DA LEI DE DROGAS, EM PRIMEIRO GRAU DE JURISDIÇÃO.

● ***Aprovado no** I FONACRIM, cancelado no IV FONACRIM, em 25.9.2015.*

▸ *Por Ivo Höhn Junior.*

A Lei 11.343/06, atual Lei de Drogas, prevê, em seu art. 55, que o acusado terá a oportunidade de manifestar-se antes de o juiz decidir pelo recebimento ou pela rejeição da denúncia. Nessa oportunidade, o acusado poderá apresentar preliminares, questões prejudiciais, exceções e debater o mérito da acusação; poderá oferecer documentos, indicar as provas que pretende produzir e arrolar testemunhas. A finalidade da defesa preliminar é permitir que o denunciado apresente argumentos em sua defesa, processuais ou de mérito, visando o não recebimento da peça acusatória. Poderá, a título de exemplo, arguir defeitos na peça acusatória, prescrição, negativa de autoria, causas excludentes da ilicitude ou alegar princípio da insignificância, dentre outras matérias de defesa.

Em outros procedimentos, também há previsão legal para apresentação de defesa preliminar, como, por exemplo, nos processos contra funcionário público acusado de crime afiançável, nos processos penais de competência originária dos tribunais e mesmo na anterior Lei de Drogas (Lei 10.409/02), de curta vigência.

Com o advento da Lei 11.719/08, que promoveu diversas alterações no CPP, prevaleceu, inicialmente, a posição que entendia não mais necessária a defesa preliminar no procedimento da Lei de Drogas. Isso em decorrência do disposto nos arts. 394, § 4º, 396 e 396-A do Código de Processo Penal, os quais tratam do procedimento ordinário e instituíram a Resposta à Acusação. De fato, o § 4º do art. 394 determina que "as disposições dos arts. 395 a 398 deste Código aplicam-se a todos os procedimentos penais de primeiro grau, ainda que não regulados neste Código". Parte da doutrina compreendeu, portanto, que, ao determinar a aplicação do processo comum a todos os procedimentos, a Lei 11.719/08 havia derrogado o rito previsto em leis especiais, entre elas a Lei de Drogas, eliminando a defesa preliminar. Argumentou-se, também, que o conteúdo da defesa preliminar prevista pelo art. 55 da Lei de Drogas é idêntico ao conteúdo da Resposta à Acusação (art. 396-A do CPP), o que importaria em *bis in idem* procedimental. Essa interpretação orientou a edição do Enunciado 12 do FONACRIM.

Prevaleceu, todavia, na doutrina e na jurisprudência, posição contrária, segundo a qual permanecem vigentes os ritos previstos em leis especiais, sendo aplicáveis, subsidiariamente, as regras do processo comum. De acordo com o *caput* do art. 55, o acusado deverá ser notificado para apresentar a defesa preliminar escrita no prazo de 10 dias. Não sendo apresentada, o juiz deverá nomear defensor dativo para fazê-lo (§ 3º). A apresentação da defesa preliminar, portanto, é obrigatória.

Os tribunais superiores, contudo, firmaram jurisprudência no sentido de que só haverá nulidade, absoluta ou relativa, se comprovado prejuízo para a defesa do réu (STF: HC 85.155/SP). Igualmente, se o recebimento da denúncia se der antes da apresentação da defesa preliminar, a nulidade, relativa, será declarada apenas se demonstrado prejuízo à defesa do acusado. Trata-se do princípio *pas de nullité sans grief* (não há nulidade sem prejuízo), inscrito no art. 563 do CPP.

Antes de apreciar a denúncia e a defesa preliminar, o juiz poderá determinar a realização de diligências, conforme dispõe o § 5º do art. 55 da Lei 11.343/06.

Deve-se destacar que o STJ admite a adoção do procedimento ordinário comum nos casos em que haja conexão entre crime previsto na Lei de Drogas e crime ao qual não cabe rito especial, tendo em vista ser o procedimento ordinário mais amplo (RHC 60.415/SP).

"HABEAS CORPUS". PROCESSUAL PENAL. PACIENTE CONDENADO PELO DELITO DE TRÁFICO DE DROGAS SOB A ÉGIDE DA LEI 11.343/2006. PEDIDO DE NOVO INTERROGATÓRIO AO FINAL DA INSTRUÇÃO PROCESSUAL. ART. 400 DO CPP. IMPOSSIBILIDADE. PRINCÍPIO DA ESPECIALIDADE. AUSÊNCIA DE DEMONSTRAÇÃO DO PREJUÍZO. CAUSA DE DIMINUIÇÃO DE PENA PREVISTA NO ART. 33, § 4º, DA LEI 11.343/06. PREENCHIMENTO DOS PRESSUPOSTOS. QUESTÃO QUE DEMANDA REVOLVIMENTO DE ELEMENTOS FÁTICO-PROBATÓRIOS. IMPOSSIBILIDADE. ORDEM DENEGADA. I. Se o paciente foi processado pela prática do delito de tráfico ilícito de drogas, sob a égide da Lei 11.343/2006, o procedimento a ser adotado é o especial, estabelecido nos arts. 54 a 59 do referido diploma legal. II. O art. 57 da Lei de Drogas dispõe que o interrogatório ocorrerá em momento anterior à oitiva das testemunhas, diferentemente do que prevê o art. 400 do Código de Processo Penal. III. Este Tribunal assentou o entendimento de que a demonstração de prejuízo, "a teor do art. 563 do CPP, é essencial à alegação de nulidade, seja ela relativa ou absoluta, eis que (...) o âmbito normativo do dogma fundamental da disciplina das nulidades "pas de nullité sans grief" compreende as nulidades absolutas" (HC 85.155/SP, Rel. Min. Ellen Gracie). IV. No tocante à incidência da causa de diminuição de pena prevista no art. 33, § 4º, da Lei 11.343/06, as instâncias anteriores entenderam de modo diverso quanto ao preenchimento dos requisitos exigidos no referido diploma legal, de modo que a questão posta não é passível de ser decidida em sede de "habeas corpus", por demandar o revolvimento de elementos fático-probatórios. (...). (HC 122229, Rel. Min. Ricardo Lewandowski, 2ª Turma, DJe 30.5.2014)

(...). TRÁFICO DE DROGAS. RITO ESPECIAL. INOBSERVÂNCIA. NULIDADE. NECESSIDADE DE DEMONSTRAÇÃO DO PREJUÍZO PARA A DEFESA. VIOLAÇÃO DO ART. 563 DO CPP. RECURSO PROVIDO. 1. Para a declaração de nulidade de determinado ato processual, deve haver a demonstração de eventual prejuízo concreto suportado pela parte, não sendo suficiente a mera alegação da ausência de alguma formalidade, principalmente quando se alcança a finalidade que lhe é intrínseca, consoante o disposto no art. 563 do Código de Processo Penal. 2. Embora seja certo que o princípio do devido processo legal compreenda também a observância ao procedimento previsto em lei, não se admitindo a inversão da ordem processual ou a substituição de um rito por outro, este Superior Tribunal firmou o entendimento de que a inobservância do rito previsto no art. 55 da Lei n. 11.343/2006, que determina o recebimento da denúncia depois da apresentação da defesa preliminar, constitui nulidade relativa e somente enseja o reconhecimento da nulidade do processo se demonstrados, concretamente, eventuais prejuízos suportados pela defesa. 3. O acórdão recorrido, ao anular o processo sem a comprovação de prejuízo para o acusado, violou o art. 563 do CPP. A defesa, em momento nenhum, foi privada da oportunidade de arrolar testemunhas, especificar as provas que pretendia produzir, apresentar documentos, requerer diligências ou desempenhar outros atos relativos ao exercício da ampla defesa, o que reforça a impossibilidade de reconhecimento da aventada nulidade do processo. 4. Recurso especial provido para cassar o acórdão recorrido e determinar ao Tribunal Regional da 3ª Região que prossiga no julgamento das apelações das partes. (REsp 1560937/SP, Rel. Min. Rogerio Schietti Cruz, 6ª Turma, DJe 11.12.2015)

AGRAVO REGIMENTAL. TRÁFICO DE DROGAS. RITO ESPECIAL. ART. 55 DA LEI N. 11.343/2006. INOBSERVÂNCIA. NULIDADE RELATIVA. PREJUÍZO NÃO DEMONSTRADO. 1. A jurisprudência desta Corte Superior de Justiça é no sentido de que a inobservância do rito procedimental previsto no art. 55 da Lei nº 11.343/06, que prevê a apresentação de defesa preliminar antes do recebimento da denúncia, gera nulidade relativa, desde que demonstrados, concretamente, eventuais prejuízos suportados pela defesa, o que não ocorreu no presente caso. (...). (AgRg no AREsp 292.376/MG, Rel. Min. Reynaldo Soares da Fonseca, 5ª Turma, DJe 21.9.2015)

RECURSO ORDINÁRIO EM "habeas corpus". TRÁFICO DE DROGAS, ASSOCIAÇÃO PARA O TRÁFICO, USO DE DOCUMENTO FALSO, FALSA IDENTIDADE, POSSE ILEGAL DE ARMA DE FOGO DE USO PERMITIDO E POSSE ILEGAL DE ARMA DE FOGO DE USO RESTRITO. NULIDADE DO PROCESSO EM FACE DA INOBSERVÂNCIA DO RITO PREVISTO NA LEI 11.343/2006. CONEXÃO ENTRE OS DELITOS DE TRÁFICO E DE ASSOCIAÇÃO PARA O TRÁFICO IMPUTADOS A TODOS OS ACUSADOS E OS DEMAIS ILÍCITOS ASSESTADOS APENAS AOS CORRÉUS. ADOÇÃO DO PROCEDIMENTO MAIS AMPLO. EIVA NÃO EVIDENCIADA. 1. Embora o princípio do devido processo legal compreenda a garantia ao procedimento tipificado em lei, não se admitindo a inversão da ordem processual ou a adoção de um rito por outro, não se pode olvidar que as regras procedimentais não possuem vida própria, servindo ao regular desenvolvimento do processo, possibilitando a aplicação do direito ao caso concreto. 2. A adoção de procedimento incorreto só pode conduzir à nulidade do processo se houver prejuízo às partes, circunstância não evidenciada na hipótese dos autos, em que se apura numa mesma ação penal a prática dos crimes de uso de documento falso, de falsa identidade, de posse ilegal de arma de fogo de uso permitido e de posse ilegal de arma de fogo de uso restrito, submetidos ao procedimento comum ordinário, e de tráfico de drogas e de associação para o tráfico, cujo processo e julgamento segue o rito da Lei 11.343/2006. 3. Havendo conexão entre os ilícitos previstos nos artigos 33 e 35 da Lei 11.343/2006 – imputados a todos os acusados – e os dispostos nos artigos 304 e 307 do Código Penal e 12 e 16 da Lei 10.826/2003 – atribuídos apenas aos corréus –, a observância do procedimento comum ordinário é medida que se impõe, já que o mencionado rito proporciona maiores condições de defesa ao recorrente. (...). (STJ, RHC 55780/PA, Rel. Min. Jorge Mussi, 5ª Turma, DJe 20.5.2015)

EXCESSO DE PRAZO DA PRISÃO PREVENTIVA. PARTICULARIDADES DA CAUSA. PLURALIDADE DE AGENTES E DE CRIMES. NECESSIDADE DE EXPEDIÇÃO DE CARTAS PRECATÓRIAS PARA A INQUIRIÇÃO DE TESTEMUNHAS E INTERROGATÓRIO DOS RÉUS. INSTRUÇÃO CRIMINAL QUE SEGUE SEU CURSO NORMAL. AUSÊNCIA DE DESÍDIA DA AUTORIDADE JUDICIÁRIA. OBSERVÂNCIA AO PRINCÍPIO DA RAZOABILIDADE. ILEGALIDADE NÃO CONFIGURADA. 1. Os prazos para a conclusão da instrução criminal não são peremptórios, podendo ser flexibilizados diante das peculiaridades do caso concreto, em atenção aos limites da razoabilidade. 2. Tratando-se de ação penal em que se apura a prática dos crimes de tráfico de drogas, associação para o tráfico, uso de documento falso, falsa identidade, posse ilegal de arma de fogo de uso permitido e posse ilegal de arma de fogo de uso restrito envolvendo 3 (três) réus, e no qual foi necessária a expedição de cartas precatórias para a oitiva de testemunhas e para o interrogatório dos acusados, revela-se plenamente justificado o prolongamento da instrução processual. 3. O andamento do processo encontra-se dentro dos limites da razoabilidade, não havendo notícias de que esteja ocorrendo morosidade ou retardo excessivo na implementação dos atos processuais, tampouco desídia ou inércia por parte do Juízo processante. (...). (RHC 55.780/PA, Rel. Min. Jorge Mussi, 5ª Turma, DJe 20.5.2015)

PENAL E PROCESSUAL PENAL. TRÁFICO INTERNACIONAL DE ENTORPECENTES. AUSÊNCIA DE NULIDADE DA AUDIÊNCIA DE INSTRUÇÃO. DENÚNCIA. MATERIALIDADE. AUTORIA. ERRO DE TIPO. PENA-BASE. CONFISSÃO ESPONTÂNEA. SÚMULA 231 DO STJ. TRANSNACIONALIDADE. ARTIGO 33, § 4º, DA LEI 11.343/2006. REGIME DE CUMPRIMENTO. SUBSTITUIÇÃO 1. Não há nulidade por negativa de vigência dos artigos 394, § 4º, e 400, ambos do CPP, porque a Lei nº 11.719/2008 é posterior à Lei nº 11.343/2006. O artigo 394 da Lei Processual Penal dispõe que "o procedimento será comum ou especial", o que significa dizer que o procedimento comum é o utilizado, como regra, para a maioria das infrações penais, salvo quando existir, seja em lei especial, seja no próprio Código, procedimento específico, hipótese dos autos, porquanto a ré responde pelo delito de tráfico de entorpecentes, cujo rito processual é atualmente disciplinado na Lei nº 11.343/06. Em estrita observância ao princípio da especialidade, existindo procedimento próprio para a apuração do delito cometido pela ré – tráfico de substância entorpecente –, afastam-se as regras do procedimento comum ordinário previstas no Código de Processo Penal, cuja aplicação pressupõe, por certo, a ausência de regramento específico para a hipótese. Ademais, eventual nulidade decorrente da inversão da ordem prevista no artigo 400 do Código de Processo Penal é relativa, necessitando, portanto, se fosse o caso, da comprovação de efetivo prejuízo para a defesa, em observância ao princípio "pas de nullité sans grief", disposto no artigo 563 do Código de Processo Penal, o que não ocorreu. 2. A materialidade do delito de tráfico de substância entorpecente restou demonstrada através do Laudo de Constatação (preliminar), posteriormente confirmado pelo Laudo de Exame Químico Toxicológico, os quais comprovaram que o material encontrado em poder do réu tratava-se de cocaína, acondicionada em embalagens plásticas, envoltas em fita adesiva junto ao corpo do acusado, cuja massa líquida total correspondia a 1,53Kg (um quilo e quinhentos e trinta gramas). 3. A autoria do delito restou comprovada à saciedade. O réu, NAGIB SALIM KASSIM, foi preso em flagrante no Porto de Santos quando tentava embarcar no navio FEDERAL, no qual era tripulante, com destino a África do Sul, transportando consigo substância entorpecente conhecida como cocaína, acondicionada em embalagens plásticas, envoltas em fita adesiva junto ao seu corpo, cuja massa líquida total correspondia a 1,53Kg (um quilo e quinhentos e trinta gramas). A prova testemunhal foi uníssona e coerente no depoimento administrativo e judicial, no sentido de que, ao se perceber uma saliência anormal na barriga do acusado, pediram para ele levantar a camisa, o que de pronto foi atendido, na qual encontraram 2 (dois) pacotes envoltos em fita adesiva parda, na cintura do acusado. 4. A mera alegação sobre o desconhecimento da empreitada criminosa não é suficiente ao afastamento do dolo, não se desincumbindo o réu, portanto, do ônus de comprovar essa alegação. Demonstrado que ele, de forma livre, voluntária e consciente, praticou o crime de tráfico de drogas, sua conduta amolda-se ao tipo descrito no art. 33 da Lei 11.343/06, devendo ser mantido o decreto condenatório. 5. A quantidade da droga é indicador do grau de envolvimento do agente com o tráfico, revelando a natureza de sua índole e a medida de sua personalidade perigosa, devendo a pena-base ser dosada de forma a atender aos fins de prevenção e justa retribuição do delito e sua exacerbação deve guardar razoável proporção com as circunstâncias judiciais. Conforme demonstrado pelo laudo apresentado, o réu transportava somente 1,53Kg de cocaina, de forma que, embora expressiva, não justifica o aumento da pena-base. Deve ser reduzida, portanto, para o mínimo legal. 6. Muito embora a atenuante da confissão tenha sido reconhecida pelo Juízo, não poderá ser utilizada como elemento para redução da pena, em conformidade com o entendimento da Súmula nº 231 do Egrégio Superior Tribunal de Justiça ("A incidência da circunstância atenuante não pode conduzir à redução da pena abaixo do mínimo legal"), eis que a pena já fora fixada no mínimo legal. 7. Restou comprovada, de forma inequívoca, a transnacionalidade do delito, eis que o réu, natural da Tanzânia, embarcou como tripulante de navio, com destino a Santos – Brasil, adquirindo a droga em território brasileiro, com o fim de introduzi-la em território estrangeiro, mais precisamente na África do Sul. 8. Impõe-se alterar o regime inicial de cumprimento da pena para semiaberto, nos termos do artigo 33, §§ 2º, alínea "b", e 3º do Código Penal. Tendo em conta o § 2º do artigo 387 do Código de Processo Penal, introduzido pela Lei nº 12.736/2012, o tempo de prisão provisória será computado para fins de determinação do regime inicial de pena privativa de liberdade. No caso em apreciação, o apelante foi preso em flagrante delito em 7.8.2013, permanecendo em prisão cautelar até a prolação da sentença, em 14.1.2014. Descontando-se a pena cumprida desde o flagrante até o momento da prolação da sentença condenatória, tem-se que a pena restante ainda seria superior a 4 (quatro) anos de reclusão, razão pela qual, resta mantido o regime semiaberto ora fixado. 9. A pena de multa fixada é compatível com o delito praticado e com a pena privativa aplicada ao réu. E nem se diga que a falta de pagamento da pena de multa se constituiria em ofensa à proibição constitucional de prisão civil por dívida, uma vez que não se está punindo a inadimplência civil, mas sim a prática de um crime. Decorre do preceito secundário expresso no artigo 33 da Lei de Drogas, previsão legal e incondicional, como ocorre com tantos outros tipos penais, e que incide obrigatoriamente em cumulação com a pena privativa de liberdade, independentemente da situação econômica do réu. Também não está configurada qualquer afronta ao princípio da isonomia, pois, se o réu optou pela prática do crime, não pode agora buscar igualdade com as pessoas que optaram por uma vida honesta. Tampouco se pode cogitar em desrespeito ao mesmo princípio dentre as várias espécies de agentes que cometem o crime de tráfico de drogas. Se o réu carece de recursos financeiros, esse fato não o isenta do pagamento de multa, justificando, apenas a fixação do valor unitário no mínimo legal, como, aliás, acertadamente decidiu o Juiz sentenciante. 10. A condenação ao pagamento das custas processuais decorre do comando normativo inserto no artigo 864 do Código de Processo Penal, ainda que beneficiário da assistência judiciária gratuita. Como não há nos autos elementos que infirmem a hipossuficiência do réu, ou seja, por não haver prova de que, estando preso, possa arcar com as despesas do processo, é de ser deferido o pedido de isenção do pagamento das custas, nos termos da Lei 1.060/1950. Consigno, no entanto, que a assistência judiciária ora deferida não abrange a pena pecuniária, "ex vi" do artigo 3º da referida Lei. 11. Apelação parcialmente provida. (TRF3, ACR 00072840720134036104, Des. Fed. Cecilia Mello, 11ª Turma, e-DJF16.3.2015)

► **CPP. Art. 394. § 4º** As disposições dos arts. 395 a 398 deste Código aplicam-se a todos os procedimentos penais de primeiro grau, ainda que não regulados neste Código. ► **Art. 396** Nos procedimentos ordinário e sumário, oferecida a denúncia ou queixa, o juiz, se não a rejeitar liminarmente, recebê-la-á e ordenará a citação do acusado para responder à acusação, por escrito, no prazo de 10 (dez) dias. **Parágrafo único.** No caso de citação por edital, o prazo para a defesa começará a fluir a partir do comparecimento pessoal do acusado ou do defensor constituído. ► **Art. 396-A**. Na resposta, o acusado poderá arguir preliminares e alegar tudo o que interesse à sua defesa, oferecer documentos e justificações, especificar as provas pretendidas e arrolar testemunhas, qualificando-as e requerendo sua intimação, quando necessário. ► **Art. 514**. Nos crimes afiançáveis, estando a denúncia ou queixa em devida forma, o juiz mandará autuá-la e ordenará a notificação do acusado, para responder por escrito, dentro do prazo de quinze dias. ► **Art. 563.** Nenhum ato será declarado nulo, se da nulidade não resultar prejuízo para a acusação ou para a defesa.

► **Lei 8.038/90. Art. 4º** Apresentada a denúncia ou a queixa ao Tribunal, far-se-á a notificação do acusado para oferecer resposta no prazo de quinze dias.

► **Lei 11.343/06. Art. 55.** Oferecida a denúncia, o juiz ordenará a notificação do acusado para oferecer defesa prévia, por escrito, no prazo de 10 (dez) dias. **§ 1º** Na resposta, consistente em defesa preliminar e exceções, o acusado poderá arguir preliminares e invocar todas as razões de defesa, oferecer documentos e justificações, especificar as provas que pretende produzir e, até o número de 5 (cinco), arrolar testemunhas. **§ 2º** As exceções serão processadas em apartado, nos termos dos arts. 95 a 113 do Decreto-Lei n. 3.689, de 3 de outubro de 1941 – Código de Processo Penal. **§ 3º** Se a resposta não for apresentada no prazo, o juiz nomeará defensor para oferecê-la em 10 (dez) dias, concedendo-lhe vista dos autos no ato de nomeação. **§ 4º** Apresentada a defesa, o juiz decidirá em 5 (cinco) dias. **§ 5º** Se entender imprescindível, o juiz, no prazo máximo de 10 (dez) dias, determinará a apresentação do preso, realização de diligências, exames e perícias.

**Enunciado 13. O magistrado receberá a denúncia acaso não ocorrida hipótese de sua liminar rejeição, com a interrupção do curso prescricional, dando-se, após a resposta do acusado, decisão voltada ao cabimento da absolvição sumária.**

• ***Aprovado no*** *I FONACRIM, cancelado no IV FONACRIM, em 25.9.2015.*

▸ *Por Cíntia Menezes Brunetta.*

Esse enunciado foi aprovado por ocasião do I FONACRIM, realizado em Brasília em abril de 2009, poucos meses após a vigência da Lei 11.719/2008, que trouxe inúmeras modificações ao Código de Processo Penal.

O contexto de sua edição foi, assim, marcado por uma tentativa de os magistrados federais conferirem uma interpretação uniforme ao novel artigo 397 do CPP, que trazia previsão, até então inédita na legislação geral, de absolvição sumária.

Havia, inicialmente, uma discussão sobre se haveria, a partir da Lei 11.719/2008, dois momentos distintos de recebimento de denúncia e, em havendo, em qual deles seria encontrado o marco interruptivo da prescrição previsto no inciso I do Código Penal.

Firmou-se, então, o entendimento de que o recebimento da denúncia (e, consequentemente a interrupção da prescrição) se dá no momento previsto no artigo 396 do Código de Processo Penal ("oferecida a denúncia ou queixa, o juiz, se não a rejeitar liminarmente, recebê-la-á ...") e não mais na frente, como pareceu induzir a alguns a redação do artigo 399 do CPP ("Recebida a denúncia ou queixa, o juiz designará dia e hora para a audiência...").

Da mesma forma, no momento da edição do enunciado, havia ainda dúvidas sobre a decisão de cabimento da absolvição sumária e se achou necessário reforçar a previsão legal de obrigatoriedade de tal decisão, mesmo que fosse o conteúdo da mesma de mera rejeição da pretensão absolutória e continuação da persecução penal.

Acerca do assunto, houve, inclusive, decisões dos nossos Tribunais Superiores (confira-se abaixo) reafirmando a necessidade não só da decisão em si de cabimento da absolvição sumária, mas, também, de fundamentação (ainda que concisa) da mesma.

O enunciado foi cancelado no IV FONACRIM, realizado em Florianópolis em setembro de 2015, sob o argumento de que, passados mais de sete anos da vigência das alterações advindas da Lei 11.719/2008, não haveria mais necessidade de um enunciado que reproduzisse simplesmente a letra da lei.

- A assertiva de nulidade do processo por ausência de fundamentação da decisão que rejeitou o pedido de absolvição sumária não deve ser acolhida, pois o magistrado processante examinou, ainda que de forma concisa, a tese defensiva apresentada e concluiu pelo prosseguimento da ação penal por entender que a análise da totalidade dos argumentos expendidos diz respeito ao julgamento do mérito da pretensão punitiva. (...). (STF, HC 110321, Ricardo Lewandowski)

- Nulidade da decisão que marca audiência de instrução e julgamento antes da manifestação da defesa e da análise da possibilidade de absolvição sumária do acusado. (STF, HC 112191, Gilmar Mendes)

Com o advento da Lei nº 11.719/08, o recebimento da denúncia passou a tratar-se de ato complexo, a ser exercido em duas fases distintas. Assim, após o recebimento da denúncia o juiz ordenará a citação do acusado para oferecer resposta à inicial acusatória, devendo se manifestar sobre as razões deduzidas na resposta à acusação. 2. A inobservância do disposto no art. 397 do Código de Processo Penal contraria o devido processo legal, sendo evidente o prejuízo ocasionado ao paciente, que não teve as suas razões previamente analisadas pelo magistrado de origem. 3. "Se não fosse necessário exigir que o Magistrado apreciasse as questões relevantes trazidas pela defesa – sejam preliminares ou questões de mérito – seria inócua a previsão normativa que assegura o oferecimento de resposta ao acusado". (HC 138.089/SC, Rel. Min. Félix Fischer, DJe 2.3.10) 4. "Habeas corpus" concedido para anular o processo desde a apresentação da resposta à acusação, determinando-se que o Juízo de primeiro grau analise as matérias arguidas pela defesa, nos termos do art. 396 e seguintes do Código de Processo Penal. (STJ, HC 201001576099, Marco Aurélio Bellizze, 5ª Turma, DJe 19.9.2012)

▶ **CP. Art. 117.** O curso da prescrição interrompe-se: I – pelo recebimento da denúncia ou da queixa; ▶ **Art. 396-A.** Na resposta, o acusado poderá arguir preliminares e alegar tudo o que interesse à sua defesa, oferecer documentos e justificações, especificar as provas pretendidas e arrolar testemunhas, qualificando-as e requerendo sua intimação, quando necessário. **§ 1º** A exceção será processada em apartado, nos termos dos arts. 95 a 112 deste Código. **§ 2º** Não apresentada a resposta no prazo legal, ou se o acusado, citado, não constituir defensor, o juiz nomeará defensor para oferecê-la, concedendo-lhe vista dos autos por 10 (dez) dias. ▶ **Art. 397.** Após o cumprimento do disposto no art. 396-A, e parágrafos, deste Código, o juiz deverá absolver sumariamente o acusado quando verificar: I – a existência manifesta de causa excludente da ilicitude do fato; II – a existência manifesta de causa excludente da culpabilidade do agente, salvo inimputabilidade; III – que o fato narrado evidentemente não constitui crime; ou IV – extinta a punibilidade do agente.

▶ **CPP. Art. 396.** Nos procedimentos ordinário e sumário, oferecida a denúncia ou queixa, o juiz, se não a rejeitar liminarmente, recebê-la-á e ordenará a citação do acusado para responder à acusação, por escrito, no prazo de 10 (dez) dias. **Parágrafo único.** No caso de citação por edital, o prazo para a defesa começará a fluir a partir do comparecimento pessoal do acusado ou do defensor constituído.

## ENUNCIADO 14. A DISPENSA LEGAL DE TRANSCRIÇÃO COMPREENDE APENAS A GRAVAÇÃO DE VOZ E IMAGEM, NÃO ABRANGENDO A GRAVAÇÃO SOMENTE DE ÁUDIO.

● ***Aprovado no*** *I FONACRIM, cancelado no IV FONACRIM, em 25.9.2015.*

▸ ***Por Cesar Arthur Cavalcanti de Carvalho.***

Para compreender esse enunciado, editado no I FONACRIM – que ocorreu em 2009 –, é essencial observar o contexto da sua edição, qual seja, pouco tempo após a publicação da Lei nº 11.719, de 20 de junho de 2008, que alterou diversos dispositivos do Código de Processo Penal, inclusive para dispensar a transcrição de registros audiovisuais (nova redação do art. 405, § 2º, do CPP).

A previsão de dispensa legal de transcrição no caso de registro por meio audiovisual trazida pela Lei nº 11.719/08 inovou não só na esfera do direito processual penal, mas, também, do direito processual como um todo. Até aquele momento, havia dispositivos expressos afastando a necessidade de transcrição de atos judiciais gravados em mídia eletrônica apenas na legislação do juizado especial ou no caso de processo exclusivamente eletrônico.

O novo artigo 405 do CPP pareceu claramente influenciado pela lei do processo eletrônico (Lei nº 11.419/06) que entrou em vigor menos de dois anos antes das modificações no Código de Processo Penal e acabou se tornando referencial de ingresso do Poder Judiciário na era digital.

Logo no início da mudança legislativa, porém, houve resistência, especialmente por parte dos tribunais, em aceitar um arquivo de mídia audiovisual em substituição à clássica degravação (ou transcrição).

Também houve necessidade de adequar a tecnologia a ser usada nas salas de audiência, as quais eram comumente preparadas para abranger a gravação somente de áudio.

Nesse contexto, o enunciado foi aprovado como uma forma de tentar consolidar a interpretação da lei e uniformizar o procedimento a ser adotado, incentivando, inclusive, um aprimoramento tecnológico das unidades jurisdicionais.

Destacam-se quanto ao tema as precisas palavras de Guilherme Nucci[43]:

> 79-A. Desnecessidade da transcrição em papel: conforme já expusemos na nota 213 ao art. 475, a reforma processual penal teve a finalidade de promover a agilização do processo, enaltecendo o princípio constitucional da economia processual, sem ferir direitos e garantias individuais. Por isso, os registros dos depoimentos devem ser feitos, sempre que possível (onde houver instrumento para isso), utilizando meios ou recursos de gravação magnética, estenotipia, digital ou técnica similar, inclusive audiovisual, com o fim de obter maior fidelidade das informações. Não se menciona ser obrigatória a transcrição em papel de tudo o que foi colhido em audiência. Ao contrário, no § 2º, referindo-se às partes, deixa-se clara a possibilidade de se entregar cópia dos registros originais a elas, pois os originais seguem ao Tribunal. Logo, para que possam manipular a prova colhida em audiovisual, sem necessidade de transcrição, que seria medida incompatível com o tipo de registro, recebem cópia. Por outro lado, não pode haver fidelidade das informações, por completo, se filmado o depoimento de uma testemunha, feita a degravação das palavras, somente o texto escrito chegar ao tribunal. E as expressões corporais da testemunha? E o tom de voz? Nada disso será conhecido. Ademais, imaginar a transcrição em papel de prova colhida em audiovisual seria o mesmo que criar uma "revista em quadrinhos" nos autos do processo, algo caro, complexo e inútil pelo tempo gasto. Por outro lado, pretender a transcrição em papel somente da voz, desprezando a imagem colhida, significa talhar a prova, retirando-lhe justamente a fidelidade apregoada em lei. Se foram colhidas imagem e som, ambos devem ser do conhecimento da instância superior, tanto quanto o foi para o juiz de primeiro grau. Se este fizer referência, na sentença, a determinados gestos da testemunha, que lhe pareceram característicos de quem mente, como o tribunal saberá o caminho a tomar se não possui o vídeo? Fidelidade + agilização = gravação de voz ou audiovisual. Nenhum outro meio consegue transparecer maior fidelidade, nem conceder maior agilidade. A estenotipia, como regra, comparada à gravação, é lenta. Se a testemunha falar muito rápido, a estenotipista não consegue registrar. E se colocar qualquer sinal para não perder o ritmo de captação, posteriormente, quando for transcrever, não se lembrará exatamente o que ouviu. Muitas foram as vezes em que, como magistrado, tivemos que auxiliar a estenotipista da Vara a relembrar o que se passou em audiência, pois ela havia colocado um código que não tinha sentido em determinado trecho do depoimento. Isso não é método fiel, nem ágil, porém é muito mais eficiente que o antigo ditado por meio do juiz, reduzido a termo pelo escrevente de sala. Em outros países,

43. NUCCI, Guilherme de Souza. **Código de Processo Penal Comentado.** 13. ed. Rio de Janeiro: Forense, 2014, p. 756-757.

há anos, utiliza-se o sistema audiovisual para gravar audiências e jamais houve problemas. É fundamental que o Brasil avance nesses termos para que a informatização do processo não seja atropelada pela vetusta leitura de depoimentos, quando já se poderia ver e sentir o que as pessoas (testemunhas, vítimas, peritos etc) dizem ao Judiciário. Caminha-se para a eliminação do papel (inicial, contestação, impugnação, sentença etc) como método para agilizar as Varas e os Tribunais, de modo que a captação da prova oral precisa andar lado a lado com esse projeto. Por isso, interpretar a norma restritivamente para obrigar os magistrados de primeiro grau a reduzir a termo tudo o que colheu em audiência é agir em sentido oposto, cultivando o elemento escrito em detrimento de mecanismo tecnológica muito mais dinâmico. Um depoimento armazenado num arquivo de imagem pode ser acessado, com absoluta fidelidade de imagem e som, por qualquer computador (da parte, do juiz, do desembargador ou do ministro). A otimização do registro em DVDs, com geração de índices e rápido acesso ao conteúdo dos depoimentos, separados por capítulos, é medida imperiosa para facilitar o acesso dos magistrados de instâncias superiores. A par disso, cabe às partes apontar, em seus recursos, quais os exatos trechos dos depoimentos que lhes parecem interessantes e importantes para a análise das questões de fato. Os juízes de graus superiores poderão seguir diretamente a tais pontos controversos. Enfim, o trabalho de agilização da Justiça é comum a todos os que dela fazem parte, no interesse maior da sociedade brasileira.

Em 2015, foi cancelado o Enunciado nº 14, sob o argumento de que, uma vez consolidada sua interpretação (e, consequentemente, aplicação), não havia mais necessidade de sua permanência entre os demais enunciados. Ressalte-se que o cancelamento ocorreu, destarte, apenas pela sistemática adotada pelo FONACRIM de apenas manter os enunciados que ainda suscitavam alguma dúvida na jurisprudência e doutrina, o que não era o caso da súmula sob análise.

(...). 3. Registro na ata da audiência de que a cópia do registro original do depoimento colhido, nos termos do art. 405 do Código de Processo Penal, está disponível nos autos. O princípio do "pas de nullité sans grief" exige, sempre que possível, a demonstração de prejuízo concreto pela parte que suscita o vício. (...). Prejuízo não demonstrado pela defesa. 4. Nos termos do art. 405, § 2º, do Código de Processo Penal, é desnecessária a degravação da audiência realizada por meio audiovisual, sendo obrigatória apenas a disponibilização da cópia do que registrado nesse ato. A ausência de transcrição não impede o acesso à prova. (STF, RHC 116.173/RS, Rel. Min. Cármen Lúcia, 2ª Turma, DJe 10.9.2013)

1. No campo da nulidade no processo penal, vigora o princípio "pas de nullité sans grief", segundo o qual, o reconhecimento de nulidade exige a comprovação de efetivo prejuízo (art. 563 do Código de Processo Penal). 2. O art. 405, § 2º, do Código de Processo Penal estabelece que "no caso de registro audiovisual, será encaminhado às partes cópia do registro original, sem necessidade de transcrição". Dessa forma, basta que o acesso à mídia eletrônica seja franqueado às partes, o que ocorreu na espécie. (STJ, RHC 44.393/SP, Rel. Min. Reynaldo Soares da Fonseca, 5ª Turma, DJe 23.2.2016)

1. Não se verifica cerceamento de defesa no indeferimento do pleito formulado pela Procuradoria de Justiça, de conversão do julgamento em diligência, para degravação de prova oral, consoante se extrai do art. 405, § 2º, do Código de Processo Penal, segundo o qual os registros por meio audiovisual não requerem a respectiva transcrição. 2. O Superior Tribunal de Justiça possui entendimento pacífico no sentido de que a busca da celeridade na prestação jurisdicional é hoje imperativo constitucional, estabelecido no art. 5º, inciso LXXVIII, da Constituição da República, segundo o qual "a todos, no âmbito judicial e administrativo, são assegurados a razoável duração do processo e os meios que garantam a celeridade de sua tramitação". No caso, a decisão recorrida, ao não determinar a degravação e a transcrição dos depoimentos orais registrados em meio audiovisual alinhou-se ao espírito da referida norma constitucional. (...). (RMS 32.818...). (STJ, RMS 34.866/MT, Rel. Min. Nefi Cordeiro, 6ª Turma, DJe 29.10.2015)

1. O art. 405, § 2º, do Código de Processo Penal possibilitou o registro dos depoimentos por meio de recursos audiovisuais, sem a necessidade de transcrição. 2. A decisão que indeferiu o pedido de degravação não acarretou o cerceamento de defesa. (STJ, AgRg no HC 239.459/RS, Rel. Min. Gurgel de Faria, 5ª Turma, DJe 4.8.2015)

1. A "mens legis" do artigo 405 do Código de Processo Penal, com a redação dada pela Lei nº 11.719/08, consiste em impor como regra o registro dos depoimentos por meios ou recursos de gravação, dentre os quais se declina o audiovisual, afastando-se a necessidade de sua transcrição. 2. Ao entender o legislador por tratar de forma diversa da regra insculpida, o fez expressamente, como no artigo 475, alterado pela Lei n. 11.689/08, do Estatuto Processual Repressivo, ao determinar a transcrição no procedimento do júri, especificamente na instrução em Plenário. 3. "In casu", não se demonstrou a imprescindibilidade da transcrição dos depoimentos, sendo que foram devidamente colhidos sob o crivo do contraditório, respeitando-se a ampla defesa, não se vislumbrando, portanto, qualquer pecha no trâmite processual. (STJ, RHC 47.283/RS, Rel. Min. Maria Thereza de Assis Moura, 6ª Turma, DJe 17.12.2014)

1. O Código de Processo Penal, com as alterações promovidas pela Lei n. 11.719/08, em consagração ao princípio da duração razoável do processo, prevê, em seu art. 405, o registro dos depoimentos em meio audiovisual, sempre que possível, dispensando a transcrição do material colhido. 2. Segundo orientação do Conselho Nacional de Justiça, disponibilizado no Manual Prático de Rotinas das Varas Criminais e de Execução Penal, não há necessidade de degravação no caso de depoimentos colhidos por gravação audiovisual, cabendo ao interessado promovê-la, a suas expensas e com sua estrutura, se assim o desejar, "ficando vedado requerer ou determinar tal providência ao Juízo de primeiro grau". (STJ, HC 246.770/RS, Rel. Min. Jorge Mussi, 5ª Turma, DJe 9.10.2012)

► **CPP. Art. 405.** Do ocorrido em audiência será lavrado termo em livro próprio, assinado pelo juiz e pelas partes, contendo breve resumo dos fatos relevantes nela ocorridos. **§ 1º** Sempre que possível, o registro dos depoimentos do investigado, indiciado, ofendido e testemunhas será feito pelos meios ou recursos de gravação magnética, estenotipia, digital ou técnica similar, inclusive audiovisual, destinada a obter maior fidelidade das informações. **§ 2º** No caso de registro por meio audiovisual, será encaminhado às partes cópia do registro original, sem necessidade de transcrição.

## ENUNCIADO 17. PODE O JUIZ ABSOLVER SUMARIAMENTE O ACUSADO CUJA AÇÃO PENAL TENHA SIDO INICIADA.

• ***Aprovado no*** *I FONACRIM, cancelado no IV FONACRIM, em 25.9.2015.*

► *Por Cíntia Menezes Brunetta.*

Como no caso do enunciado nº 13, esse enunciado foi também aprovado em um momento de grande mudança na jurisdição penal, por ocasião do I FONACRIM, realizado em Brasília em abril de 2009, poucos meses após a vigência da Lei 11.719/2008, que trouxe inúmeras modificações ao Código de Processo Penal.

O contexto de sua edição foi, assim, marcado por uma tentativa de os magistrados federais conferirem uma interpretação uniforme ao novel artigo 397 do CPP, que trazia previsão, até então inédita na legislação geral, de absolvição sumária.

A absolvição sumária prevista no enunciado deve ser entendida como aquela objeto de sentença prolatada antes de iniciada a instrução na ação penal e, por isso, é chamada por alguns doutrinadores de julgamento antecipado da lide.

A decisão do juiz no sentido de absolver sumariamente o réu só é possível nas hipóteses do artigo 397 do Código de Processo Penal, que traz em seu bojo expressões como "existência manifesta" e "evidentemente", como forma de reforçar a excepcionalidade de sua aplicação. Havendo dúvida, a decisão deve ser no sentido de iniciar a instrução processual.

O enunciado foi aprovado com o intuito de reforçar que a nova legislação abriu a possibilidade dessa absolvição sumária e foi cancelado quando os magistrados presentes no FONACRIM entenderam que era desnecessária tal previsão, uma vez que prevista expressamente nos novos artigos.

Hipótese em que a sentença – confirmada pelo acórdão –, antes de iniciada a instrução, julgou improcedente a denúncia, e, com fulcro no art. 386, III, do CPP, absolveu o réu do delito do art. 334, § 1°, d, do Código Penal, por erro de tipo ou inexistência de dolo, por desconhecimento de que a mercadoria era estrangeira e de importação proibida. III. Não houve, no caso, reapreciação da matéria de prova do processo, pelo STJ, mas apenas sua valoração, em face de elementos incontroversas nos autos, para considerar que a ocorrência de erro acerca de um dos elementos constitutivos do tipo, com a consequente exclusão do dolo, não pode ser aferida de plano, recomendando-se a completa instrução do feito para a sua apuração. IV. Na forma da jurisprudência do STJ, "é incabível a absolvição sumária quando não evidenciada qualquer das hipóteses previstas nos incisos I a IV do art. 397 do Código de Processo Penal. No caso dos autos, sendo ponto controvertido o conhecimento, por parte da Acusada, da procedência estrangeira das máquinas apreendidas e de seus componentes, mostra-se descabido o afastamento do dolo do agente sem a devida instrução probatória. Recurso Especial provido" (STJ, REsp 1.206.320...). (STJ, AGRESP 201001628095, Assusete Magalhães, 6ª Turma, DJe 19.12.2013)

Após a reforma legislativa operada pela Lei 11.719/2008, o momento do recebimento da denúncia se dá, nos termos do artigo 396 do Código de Processo Penal, após o oferecimento da acusação e antes da apresentação de resposta à acusação, seguindo-se o juízo de absolvição sumária do acusado, tal como disposto no artigo 397 do aludido diploma legal. 2. A alteração proporcionou ao magistrado, em observância ao princípio da duração razoável do processo e do devido processo legal, a possibilidade de absolver sumariamente o acusado ao deparar-se com hipótese de evidente atipicidade da conduta, com a ocorrência de causas excludentes da ilicitude ou culpabilidade, ou ainda com a extinção da punibilidade, situação em que deverá, por imposição do artigo 93, inciso IX, da Constituição Federal, motivadamente fazê-lo, como assim deve ser feito, em regra, em todas as suas decisões. 3. Esta Corte Superior de Justiça firmou o entendimento de que a motivação acerca das teses defensivas apresentadas por ocasião da resposta escrita deve ser sucinta, limitando-se à admissibilidade da acusação formulada pelo órgão ministerial, evitando-se, assim, o prejulgamento da demanda. (...). 4. Tendo o magistrado singular afirmado que os fatos e fundamentos contidos nas defesas preliminares não evidenciaram a ocorrência de quaisquer das hipóteses de absolvição sumária, consideram-se afastadas as teses defensivas ventiladas nas respostas à acusação, não havendo que se falar em falta de fundamentação da decisão. 5. "Habeas corpus" não conhecido. (HC 201200250710, Jorge Mussi, 5ª Turma, DJe 26.9.2013)

► **CPP. Art. 396.** Nos procedimentos ordinário e sumário, oferecida a denúncia ou queixa, o juiz, se não a rejeitar liminarmente, recebê-la-á e ordenará a citação do acusado para responder à acusação, por escrito, no prazo de 10 (dez) dias. **Parágrafo único.** No caso de citação por edital, o prazo para a defesa começará a fluir a partir do comparecimento pessoal do acusado ou do defensor constituído.

▶ **CP. Art. 396-A.** Na resposta, o acusado poderá arguir preliminares e alegar tudo o que interesse à sua defesa, oferecer documentos e justificações, especificar as provas pretendidas e arrolar testemunhas, qualificando-as e requerendo sua intimação, quando necessário. **§ 1º** A exceção será processada em apartado, nos termos dos arts. 95 a 112 deste Código. **§ 2º** Não apresentada a resposta no prazo legal, ou se o acusado, citado, não constituir defensor, o juiz nomeará defensor para oferecê-la, concedendo-lhe vista dos autos por 10 (dez) dias. ▶ **Art. 397.** Após o cumprimento do disposto no art. 396-A, e parágrafos, deste Código, o juiz deverá absolver sumariamente o acusado quando verificar: I – a existência manifesta de causa excludente da ilicitude do fato; II – a existência manifesta de causa excludente da culpabilidade do agente, salvo inimputabilidade; III – que o fato narrado evidentemente não constitui crime; ou IV – extinta a punibilidade do agente.

## Enunciado 19. A regra do parágrafo segundo do art. 399 do CPP, ao consagrar no processo penal o princípio da identidade física do juiz, não tem caráter absoluto, aplicando-se a ela as mesmas exceções previstas no art. 132 do CPC.

• *Aprovado no I FONACRIM.*

▸ *Por Walter Nunes da Silva Júnior.*

Estando o interrogatório inserido dentro do princípio da ampla defesa, que significa, em verdade, o direito de audiência do acusado com a autoridade judiciária responsável pelo seu julgamento, é evidente que, a partir daí, passou a vigorar no âmbito criminal, como corolário lógico, o princípio da identidade física do juiz. Assim, deve ser assegurado ao acusado o direito de ser julgado pelo magistrado que lhe conheceu e lhe ouviu no interrogatório. De que serve dizer que se trata de direito fundamental do acusado ser ouvido em Juízo, como forma de permitir que ele se faça conhecer pelo julgador e tenha a oportunidade de se explicar, dando a sua versão para o caso, se, de outra banda, o processo pudesse ser julgado por um magistrado diferente?

Em que pese em sua redação originária o Código de Processo Penal não tenha adotado o princípio da identidade física do juiz, mesmo assim, não fez previsão quanto à expedição da carta precatória para o interrogatório do acusado, exatamente porque essa circunstância tinha a intenção de deixar claro que o certo é o acusado ser ouvido pelo magistrado responsável pelo seu julgamento. Marco Antônio Marques Silva[44], dando ênfase ao contato pessoal que o juiz faz com o acusado no interrogatório, realça que o "... magistrado que não participou dos atos processuais, por mais cuidadoso e minucioso que seja, não terá jamais condições de avaliar como um todo o conjunto probatório".

De fato, o processo criminal, mais do que o civil sempre e sempre está calcado na apreciação de fatos, os quais devem ser investigados e interpretados não apenas para o fim de determinar quem é o responsável pela autoria e identificar as circunstâncias mediante as quais eles foram perpetrados, como ainda se impõe ao julgador analisar os elementos subjetivos da conduta, que não se contenta na constatação da culpa a título de dolo ou *stricto sensu*. Por isso mesmo, cabe ao juiz apurar, no interrogató-

44. **A vinculação do juiz no processo penal.** São Paulo: Saraiva, 1993. p. 17.

rio, aspectos da personalidade, do comportamento social e da conduta imputada nos autos ao acusado, a fim de, com base nesses elementos, passar à dosagem da pena, tendo em mira cumprir o direito fundamental de individualizar a pena, tal como garantido no art. 5º, XLVI, *caput*, primeira parte, da Constituição de 1988[45]. Não se pode esquecer, com supedâneo em lição haurida de ENRICO ALTAVILLA[46], que o acusado é "... o principal actor de qualquer drama judiciário", daí por que o interrogatório deve "... ser proclamado o acto processual mais importante, visto que, tendo o processo como finalidade precípua a averiguação da culpa ou da inocência do acusado, claro que toda a actividade processual deste deve ser o centro de polarização de qualquer investigação."[47]. O juiz, quando julga o processo sem ele próprio ouvir o acusado, é como se aquele que vai ser julgado não tivesse rosto e alma, assentando-se a decisão apenas nos registros ou sombras existentes sobre ele nos autos.

Felizmente, em obséquio a esse alcance do direito ao interrogatório, que se traduz em *direito de audiência* com a pessoa encarregada de seu julgamento, a Lei nº 11.719, de 2008, introduziu o princípio da identidade física do juiz no Processo Penal, mediante a previsão de que "O juiz que presidiu a instrução deverá proferir a sentença" (art. 399, § 2º)[48]. Se mais de um juiz tiver funcionado no processo, não há a menor dúvida, a identidade física recai na pessoa daquele que presidiu a audiência na qual se deu o interrogatório do acusado.

De toda sorte, ainda que importante a adoção do princípio da identidade física, não se pode burocratizar o processo nem muito menos utilizá-lo como fonte de nulidade. Qual o prejuízo gerado com a inobservância do princípio da identidade física do juiz, desde que mantida a cláusula do juiz natural, ou seja, a regra de competência? Se o juiz que procedeu a toda a instrução for convocado para o tribunal por um período longo ou se afastar da jurisdição, por exemplo, para exercer mandato no Conselho Nacional de Justiça ou atuar como juiz auxiliar em algum órgão jurisdicional? E no caso, por exemplo, de um juiz federal substituto, designado, temporariamente, para desempenhar suas funções em outra unidade da federação? O processo ficará paralisado, aguardando o seu retorno? Óbvio que não. A efetiva razão de ser da identidade física do juiz é dar efetividade ao interrogatório como meio de defesa, ou melhor, direito de audiência do acusado perante o juiz responsável pelo seu julgamento, de modo que mais importante do que o juiz que encerrou a instrução do processo é aquele que cuidou de ouvir as explicações prestadas com o interrogatório.

---

45. SILVA JÚNIOR, Walter Nunes da. **Curso de processo penal:** teoria (constitucional) do processo penal. 2. ed. Natal: OWL, 2015, p. 522.
46. **Psicologia judiciária:** personagens do processo penal. 4. ed. Trad. Fernando de Miranda. Coimbra: Armênio Amado Editor Sucessor. 1959, p. 5.
47. *Ibid.*, p. 9.
48. Note-se que, com as modificações introduzidas pela Lei n. 11.719, de 2008, a instrução probatória, de regra, é feita em uma única audiência, cujo último ato é, exatamente, o interrogatório. No caso de fracionamento da instrução, tendo mais de um juiz atuado, o mais correto é entender que a identidade física será em relação ao juiz que tomou o depoimento do acusado e, por isso mesmo, concluiu a instrução.

Sem embargo dessa consideração, a regra não é absoluta, aplicando-se, subsidiariamente, o disposto no *caput* do art. 132 do Código de Processo Civil, de modo que a identidade física do juiz é excepcionada, nos casos em que o juiz estiver convocado, licenciado, afastado por qualquer motivo, promovido ou aposentado, devendo, nesse caso, o processo ser julgado por quem deva lhe substituir.

Ademais, a jurisprudência, acertadamente, tem esclarecido que a cláusula da identidade física do juiz não tem um fim em si mesmo, de modo que a sua inobservância não gera nulidade absoluta, senão relativa, razão pela qual, no caso concreto, para que se tenha por inválida eventual sentença prolatada, mister se faz a demonstração do prejuízo legado à parte pela atuação do juiz. Nesse caso, a prova do prejuízo se faz com a demonstração de que o *decisum* foi exarado dissociado das provas coligidas no processo.

A esse respeito, o Supremo Tribunal Federal possui precedente que, conquanto tenha sido em caso no qual se refutou a aplicação retroativa do princípio da identidade física do juiz, deixou consignado que o sopesar das cláusulas da identidade física do juiz e da instrumentalidade das formas leva à conclusão de que a nulidade há de ser reconhecida "... apenas no caso de patente descompasso entre a decisão e as provas colhidas...", pelo que entendeu que na hipótese em julgamento não ocorreu, pois "... a sentença condenatória foi proferida em consonância com as provas dos autos.." (HC 104075/SE, Rel. Min. Luiz Fux, 1ª Turma, unânime. j. 27.9.2011)

Em lapidar decisão sobre a questão, o Superior Tribunal de Justiça, no CC 99023/PR, relatado pelo Ministro Napoleão Maia Filho, asseverou

> (...). A adoção do princípio da identidade física do juiz no processo penal não pode conduzir ao raciocínio simplista de dispensar totalmente e em todas as situações a colaboração de outro juízo na realização de atos judiciais, inclusive do interrogatório do acusado, sob pena de subverter a finalidade da reforma do processo penal, criando entraves à realização da jurisdição penal que somente interessam aos que pretendem se furtar à aplicação da lei.

Essa posição assumida pelo Superior Tribunal de Justiça foi lembrada na redação da ementa do acórdão lavrado pelo Ministro Felix Fischer no HC 163425/RO, que achou por bem adicionar que "... Ademais, no sistema das nulidades pátrio, somente se proclama a nulidade de um ato processual quando houver efetiva demonstração de prejuízo à defesa, o que não ocorreu na hipótese dos autos". Por sua vez, ao apreciar o HC 135496/DF, o Min. Og Fernandes, a par de reconhecer que a Lei 11.719, de 2008, introduziu, no sistema processual penal, o princípio da identidade física, "... segundo o qual o magistrado que colhe a prova se vincula ao julgamento da causa...", advertiu que "... Na seara processual penal, vigora o princípio do *pás de nulité sans grief*, segundo o qual não há nulidade sem que seja demonstrado o efetivo prejuízo para a parte, não tendo o impetrante logrado demonstrar qualquer gravame..."[49].

Por conseguinte, a nulidade processual sob o argumento de que malferido o princípio do juiz natural, porquanto relativa, só há de ser acolhida se demonstrado

49. *Ibid.*

o prejuízo ocasionado à parte, o que, conquanto não seja ônus da defesa, tem de ser evidenciado pelo julgador, a fim de identificar vício que compromete a regularidade do processo.

TRF1: ACR 6285-MG, Rel. Des. Mônica Sifuentes, data de publicação 21.3.211; ACR 4143-PI, Rel. Des. Fed. Mário César Ribeiro, data de publicação 08.2.2013; ACR 6285-MG, Rel. Des. Fed. Hamilton Queiroz, data de publicação 25.9.2012; TRF/2: ACR 200351020070067-RJ, Rel. Des. Fed. Liliane Roriz, data de publicação 19.6.2012; ACR 200251070003781-RJ, Rel. Des. Fed. Liliane Roriz, data de publicação 04.7.2012; ACR 200951190008338, Rel. Des. Fed. Paulo Espírito Santo, data de publicação 15.1.2013. TRF/3 HC 8890-SP, Rel. Des. Fed. Luiz Stefanini, data de publicação 03.6.2013;

- **CPP. Art. 399.** Recebida a denúncia ou queixa, o juiz designará dia e hora para a audiência, ordenando a intimação do acusado, de seu defensor, do Ministério Público e, se for o caso, do querelante e do assistente. **§ 1º** O acusado preso será requisitado para comparecer ao interrogatório, devendo o poder público providenciar sua apresentação. **§ 2º** O juiz que presidiu a instrução deverá proferir a sentença.

- **CPC. Art. 132.** O juiz, titular ou substituto, que concluir a audiência julgará a lide, salvo se estiver convocado, licenciado, afastado por qualquer motivo, promovido ou aposentado, casos em que passará os autos ao seu sucessor. **Parágrafo único.** Em qualquer hipótese, o juiz que proferir a sentença, se entender necessário, poderá mandar repetir as provas já produzidas.

# 9. DOS RECURSOS EM GERAL (ARTS. 574 A 667)

## 9.1. Da Apelação (arts. 593 a 606)

**ENUNCIADO 48. EM CASOS DE CRIMES GRAVES CONTRA A ADMINISTRAÇÃO PÚBLICA, NÃO SE DEVE PERMITIR O APELO EM LIBERDADE, SALVO SE O PRODUTO DO CRIME TIVER SIDO INTEGRALMENTE RECUPERADO.**

- ***Enunciado 13*** *aprovado no III FONACRIM. Renumerado no IV FONACRIM, em 25.9.2015.*

*Por Fábio Moreira Ramiro.*

O enunciado aborda a situação do réu condenado em primeira instância pela prática de crimes graves contra a Administração Pública (Título XI do Código Penal), quando não tenha ocorrido a recuperação integral do produto do crime.

Segundo o enunciado, havendo condenação por crime grave contra a Administração Pública e não haja sido integralmente recuperado o produto do crime, estar-se-ia diante de hipótese de um novo requisito para apelação da sentença condenatória, que seria o recolhimento do réu condenado em primeiro grau de jurisdição.

Diante da ausência de normas legais a respeito do que seriam "*crimes graves contra a Administração*" e considerando o silêncio do próprio enunciado em apreço, despontam dúvidas acerca da extensão e natureza da gravidade apontada, se referente ao número ou tipos de crimes em detrimento da Administração Pública ou relacionado com a intensidade da lesão causada ao ente público.

A despeito da clara intenção de inibir a prática de delitos graves contra a Administração Pública, dos quais a corrupção passiva e ativa são os mais recorrentes, o teor do enunciado, ao condicionar o recurso de apelação à prisão do réu condenado em primeira instância, esbarra nas disposições previstas no ordenamento jurídico nacional de somente autorizar a prisão antes da condenação do réu em segunda instância, quando demonstrada a sua necessidade cautelar (art. 312, CPP).

A regra antes encartada no art. 594 do Código de Processo Penal previa que o réu não poderia apelar sem recolher-se à prisão, ou prestar fiança, salvo se fosse primário e de bons antecedentes, assim reconhecido na sentença condenatória, ou condenado por crime de que se livrasse solto. Tal dispositivo restou revogado pela Lei 11.719, de 2008.

Tratava-se, sem sombra de dúvidas, de prisão cautelar obrigatória. O legislador antecipava-se abstratamente (dispensando o juiz de qualquer consideração) a considerar esta ou aquela situação como suficiente para a decretação de uma medida cautelar[50].

É certo que houve alteração da jurisprudência – ou da leitura dessa jurisprudência –, em especial do Superior Tribunal de Justiça, que editou a Súmula 09, segundo a qual "A exigência da prisão provisória, para apelar, não ofende a garantia constitucional da presunção de inocência".

Todavia, o Supremo Tribunal Federal, apesar de haver dado validade à norma restritiva do art. 594 do CPP durante muitos anos de vigência da ordem constitucional inaugurada em 1988, ainda antes da revogação do art. 594 já decidia pela sua não recepção pela Constituição de 1988, sob o argumento de que a exigência de recolhimento à prisão para apelar feriria os princípios da ampla defesa e da igualdade entre as partes, e que a decretação de prisão deveria encontrar supedâneo nas regras que regem a prisão preventiva.

A hipótese prevista no enunciado também não se coaduna com a recente decisão do Supremo Tribunal Federal, nos autos do HC 126.692/SP, Rel. Min. Teori Zavascki, Plenário, 17.2.2016, segundo a qual "a execução provisória de acórdão penal condenatório proferido em grau de apelação, ainda que sujeito a recurso especial ou extraordinário, não compromete o princípio constitucional da presunção de inocência". Nesse caso, o Supremo retomou seu antigo entendimento, que havia sido alterado em 2009 (HC 84.078/MG), quando decidiu pela impossibilidade de execução penal antes de decisão definitiva em que não coubesse mais nenhum recurso, ainda que sem eficácia suspensiva.

Na recente decisão, a Corte Suprema amparou-se na impossibilidade de se revolverem os fatos e as provas em sede recursal extraordinária, porquanto já concretizado o duplo grau de jurisdição.

---

50. GOMES, Luiz Flávio. **Direito de apelar em liberdade.** 2. ed. São Paulo: Revista dos Tribunais, 1996. p. 26-27.

Diferente, todavia, é a possibilidade defendida no enunciado em apreço, em que o direito ao duplo grau de jurisdição ficaria condicionado ao encarceramento do acusado, condição que não encontra supedâneo na normatização da prisão cautelar, porquanto obrigatória sem demonstração de um de seus fundamentos, o *periculum libertatis.*

Assim, o enunciado cria restrição ao direito de apelar, direito esse decorrente dos princípios da ampla defesa, da igualdade entre as partes, do duplo grau de jurisdição e da presunção de inocência, indo de encontro ao entendimento sedimentado na jurisprudência do Pretório Excelso, porquanto a ausência de recuperação integral do produto do crime praticado contra a Administração Pública, posto que dotado de gravidade, não encontra respaldo na sistemática que rege as medidas cautelares no processo penal, em especial de restrição à liberdade de locomoção.

(...). O recolhimento do condenado à prisão não pode ser exigido como requisito para o conhecimento do recurso de apelação, sob pena de violação aos direitos de ampla defesa e à igualdade entre as partes no processo. 2. Não recepção do art. 594 do Código de Processo Penal da Constituição de 1988. (...). (STF, RHC 83810, Rel. Min. Joaquim Barbosa, Pleno, DJe 23.10.2009)

É firme a jurisprudência deste Supremo Tribunal no sentido de que, para negar ao recorrente o direito de apelar em liberdade, pode o juízo local amparar-se em fundamentação cautelar nova e idônea a comprovar a necessidade da prisão. (STF, RHC 93.123, Rel. Min. Cármen Lúcia, Plenário, DJe 1.7.2009)

(...). A gravidade em abstrato do crime não basta para justificar a privação cautelar da liberdade individual do paciente. O STF tem advertido que a natureza da infração penal não se revela circunstância apta, só por si, para justificar a privação cautelar do "status libertatis" daquele que sofre a persecução criminal instaurada pelo Estado. (...). Também não se reveste de idoneidade jurídica, para efeito de justificação do ato excepcional de privação cautelar da liberdade individual, a alegação de que o paciente 'tem domicílio diverso do distrito da culpa' (...). Na realidade, o fato de o réu não possuir domicílio no distrito da culpa não legitima nem justifica, só por si, a decretação de sua prisão preventiva (...). (STF, HC 95.110, voto do min. Celso de Mello, 2ª Turma, DJe 28.6.2013)

(...). A execução provisória de acórdão penal condenatório proferido em grau de apelação, ainda que sujeito a recurso especial ou extraordinário, não compromete o princípio constitucional da presunção de inocência. (STF, HC 126.692/SP, Rel. Min. Teori Zavascki, Plenário, DJe 17.2.2016).

(...). As Turmas componentes da 2ª Seção do Superior Tribunal de Justiça já cristalizaram o entendimento de inexistir constrangimento ilegal quando a manutenção da custódia cautelar, suficientemente fundamentada, retratar a necessidade da medida para a garantia da ordem pública e aplicação da lei penal. No caso presente, considerou-se que o réu possui antecedentes criminais, responde por outros delitos e fugiu do presídio no decorrer da instrução criminal. O reconhecimento do duplo grau não afasta a legalidade da custódia cautelar, podendo ela subsistir, inclusive, independentemente de admitir-se o recurso. Inteligência do verbete nº 9, da Súmula de jurisprudência do Superior Tribunal de Justiça: a exigência contida no "decisum", no sentido de manter-se o sentenciado preso para recorrer, não viola o princípio constitucional da presunção de inocência. Ausência de constrangimento ilegal de que tratam os arts. 5º, LXVIII, da CF/88 e 647, do diploma processual penal. (...). (STJ, HC 188.884/CE, Rel. Min. Adilson Vieira Macabu, Des. conv. TJ/RJ, 5ª Turma, DJe 3.5.2011).

► **CF. Art. 5º. LVII** – ninguém será considerado culpado até o trânsito em julgado de sentença penal condenatória.

► **CPP. Art. 311.** Em qualquer fase da investigação policial ou do processo penal, caberá a prisão preventiva decretada pelo juiz, de ofício, se no curso da ação penal, ou a requerimento do Ministério Público, do querelante ou do assistente, ou por representação da autoridade policial. ► **Art. 312.** A prisão preventiva poderá ser decretada como garantia da ordem pública, da ordem econômica, por conveniência da instrução criminal, ou para assegurar a aplicação da lei penal, quando houver prova da existência do crime e indício suficiente de autoria. **Parágrafo único.** A prisão preventiva também poderá ser decretada em caso de descumprimento de qualquer das obrigações impostas por força de outras medidas cautelares (art. 282, § 4º). ► **Art. 313.** Nos termos do art. 312 deste Código, será admitida a decretação da prisão preventiva: I – nos crimes dolosos punidos com pena privativa de liberdade máxima superior a 4 (quatro) anos; II – se tiver sido condenado por outro crime doloso, em sentença transitada em julgado, ressalvado o disposto no inciso I do *caput* do art. 64 do Decreto-Lei n. 2.848, de 7 de dezembro de 1940 – Código Penal; III – se o crime envolver violência doméstica e familiar contra a mulher, criança, adolescente, idoso, enfermo ou pessoa com deficiência, para garantir a execução das medidas protetivas de urgência. **Parágrafo único.** Também será admitida a prisão preventiva quando houver dúvida sobre a identidade civil da pessoa ou quando esta não fornecer elementos suficientes para esclarecê-la, devendo o preso ser colocado imediatamente em liberdade após a identificação, salvo se outra hipótese recomendar a manutenção da medida. ► **Art. 387.** O juiz, ao proferir sentença condenatória: (...). **§ 1º** O juiz decidirá, fundamentadamente, sobre a manutenção ou, se for o caso, a imposição de prisão preventiva ou de outra medida cautelar, sem prejuízo do conhecimento de apelação que vier a ser interposta.

## 9.2. Do "Habeas Corpus" e seu Processo (arts. 647 a 667)

**ENUNCIADO 6. O "HABEAS CORPUS" NÃO DEVE SER ADMITIDO PARA IMPUGNAÇÃO DE DECISÃO INTERLOCUTÓRIA, QUANDO O RISCO DE RESTRIÇÃO À LIBERDADE DE LOCOMOÇÃO FOR REMOTO, OU PARA ANTECIPAR A DISCUSSÃO DE QUESTÕES DE DIREITO OU DE FATO CUJA RESOLUÇÃO É APROPRIADA NA SENTENÇA OU NOS RECURSOS CABÍVEIS CONTRA ESTA.**

• *Aprovado no I FONACRIM.*

› *Por Jorge André de Carvalho Mendonça.*

O enunciado nº 6 do FONACRIM (Fórum Nacional dos Juízes Federais Criminais) parece dizer o óbvio, já que o art. 5º, LXVIII, da Constituição Federal (CF/88) estabelece que o "habeas corpus" será concedido sempre que alguém sofrer (espécie repressiva ou liberatória) ou se achar ameaçado de sofrer (espécie preventiva) violência ou coação em sua liberdade de locomoção. Se o *writ* é cabível para proteger o direito de liberdade física das pessoas, não deveria servir para impugnar decisões interlocutórias que sequer o ameaçam naquele momento, muito menos para antecipar o julgamento de ação penal, podando fases processuais previstas em lei e prejulgando o próprio mérito da causa. A legislação processual penal brasileira já prevê recursos contra vários atos judiciais proferidos ao longo do andamento dos processos e, se não prevê, é porque optou pela efetividade em determinada etapa, não tendo o legislador constituinte, ao estabelecer a garantia do remédio heroico, a menor intenção de admitir um recurso por via transversa. Não fosse assim, toda ação penal em curso ensejaria a impetração do remédio automaticamente, o que certamente não é a melhor orientação.

A questão, porém, não é tão simples assim. Para melhor explicá-la, comecemos, de forma bastante sucinta, por um histórico do instituto.

Constitui tarefa difícil estabelecer, com precisão, a genealogia do "habeas corpus", tantos são os remédios encontráveis ao longo da história para a garantia do direito à liberdade[51]. Alguns dizem que ele deriva do Direito Romano Antigo[52], enquanto outros apontam suas origens na Magna Carta outorgada por João Sem-Terra, em 1215, na Inglaterra[53]. Pontes de Miranda, no seu "História e Prática do "habeas corpus"", parece aderir a esta última orientação, uma vez que, logo após a introdução, na parte I de sua obra, trata da Carta Magna Inglesa, inclusive de forma extremamente detalhada, dizendo ser ali que surgiram os princípios essenciais do *writ*[54]. Ficamos também com esta posição, não apenas por ser a preferência da maioria da doutrina, mas por estar o *interdictum de libero homine exhibendo* dos romanos ainda muito distante da filosofia do "habeas corpus" moderno.

Originariamente o "habeas corpus" era simplesmente um meio de se obter o comparecimento físico de alguém perante uma Corte[55], isto é, consistia numa ordem ao detentor para apresentar o preso e o caso pendente perante o juízo imediatamente[56].

Do direito inglês, o instituto foi transplantado para as colônias da América do Norte, depois espalhando-se por quase todas as legislações, inclusive a brasileira, que inicialmente conheceu a sua espécie liberatória, estendendo-se, em 1.871, para o tipo preventivo[57].

O instituto, não obstante, ganhou amplitude muito maior no Brasil do que a existente, ainda hoje, na sua origem anglo-saxônica. Com efeito, sustenta a doutrina pátria que ele é cabível para o trancamento de ação penal, ou até de inquérito policial, mesmo que o acusado ou investigado não esteja preso ou com ordem de prisão expedida, pois a simples tramitação do procedimento penal já encerra, potencialmente, o risco de uma futura restrição à liberdade[58]. Apesar de ressalvar, na teoria, que não é pos-

---

51. GRINOVER, Ada Pelegrini; GOMES FILHO, Antonio Magalhaes; FERNANDES, Antonio Scarance. **Recursos no Processo Penal**. 4. ed., São Paulo: Revista dos Tribunais, p. 344, 2005.
52. PIMENTEL, Bruno Freire. Una análisis comparativa del "habeas corpus" en los ordenamientos constitucionales brasileño y español. *In:* **Revista da ESMAPE**, v. 14, n. 29. Recife: ESMAPE, jan/jun 2009. p. 91.
53. TOURINHO FILHO, Fernando da Costa. **Processo Penal.** v. 4. 16. ed., São Paulo: Saraiva, p. 438, 1994.
54. MIRANDA, Pontes de. **História e Prática do *habeas corpus*.** Tomo I. 1. ed., Campinas: Bookseller, p. 43, 1999.
55. Embora o art. 656 do CPP estabeleça que "recebida a petição de "habeas corpus", o juiz, se julgar necessário, e estiver preso o paciente, mandará que este lhe seja imediatamente apresentado em dia e hora que designar", na prática a medida muito raramente é utilizada. Agora, porém, por força de decisão do STF na Arguição de Descumprimento de Preceito Fundamental (ADPF) 347, mesmo sem "habeas corpus" os juízes e tribunais deverão realizar audiência de custódia, viabilizando o comparecimento do preso perante a autoridade judiciária no prazo máximo de 24 horas, contadas do momento da prisão, o que pode ser conferido na jurisprudência complementar *infra*.
56. GRINOVER, Ada Pelegrini; GOMES FILHO, Antonio Magalhaes; FERNANDES, Antonio Scarance. Ob. cit., p. 344-345, 2005.
57. TOURINHO FILHO, Fernando da Costa. Ob. cit., p. 439, 1994;
58. GRINOVER, Ada Pelegrini; GOMES FILHO, Antonio Magalhaes; FERNANDES, Antonio Scarance. Ob. cit., p. 351, 2005.

sível a verificação aprofundada dos fatos por meio de "habeas corpus", afirma que nada impede o exame das provas[59]. É dizer, em outras palavras, que o "habeas corpus" sempre poderá ser utilizado para impedir que o réu seja apenas processado criminalmente em primeiro grau de jurisdição, em verdadeira antecipação da discussão a respeito de questões de direito e de fato.

Ao falarmos da efetividade da jurisdição penal não defendemos nenhuma novidade, embora possa parecer estranho para alguns brasileiros. No âmbito do direito internacional, Cafferata Nores já fala no direito da vítima à tutela judicial efetiva, fazendo referências à Convenção Americana sobre Direitos Humanos, sua incorporação à constituição argentina e, principalmente, a inúmeros julgados da Comissão Interamericana de Direitos Humanos. Neste passo, destaca que a proteção judicial se manifesta no direito que toda pessoa tem à via judicial do processo, de forma fácil e rápida. Diante disso, a vítima tem direito de obter do Estado uma investigação judicial que se realize seriamente com os meios a seu alcance, a fim de identificar os responsáveis e impor-lhes as sanções pertinentes. É assim que, no âmbito supranacional, se menciona que a razão principal pela qual o Estado deve perseguir o delito é a necessidade de dar cumprimento à sua obrigação de garantir o direito à justiça para as vítimas[60].

Certamente também pensando nisso, a Inglaterra, criadora do remédio, sequer conhece a sua modalidade preventiva[61]. Nos Estados Unidos, de outro lado, apesar da sua ampla aceitação no que tange à impugnação da restrição da liberdade, há uma tendência limitativa à revisão de processos judiciais[62]. Lá o "habeas corpus" não serve para trancar a ação penal, ficando praticamente limitado aos casos de excesso de prazo na prisão provisória. Por isso, muito raramente alguém reclama sobre um aspecto do julgamento penal antes de a ação chegar ao fim. Geralmente as impugnações das decisões de 1ª instância somente podem ser efetuadas contra o julgamento final[63].

Tanto nos Estados Unidos da América quanto na Inglaterra o *writ* consiste em remédio sumário contra as violações da liberdade física, com função especial e única que se circunscreve a livrar da prisão ou de quaisquer constrangimentos ao direito de locomoção os que alegarem e provarem insuficiência de razões para isso[64].

Antiga doutrina argentina, ainda que escrita sob a vigência de legislação anterior, costumava apontar minuciosas espécies de "habeas corpus": a) reparador – equivalente ao nosso repressivo ou liberatório; b) preventivo, contra ameaça de prisão; c) restritivo, relacionado a questões não penais que no Brasil são objeto de mandado

59. TOURINHO FILHO, Fernando da Costa. Ob. cit., p. 466, 1994.
60. NORES, José I. Cafferata. **Derecho de la víctima a la tutela judicial efectiva**. Buenos Aires: Editorial Astrea, p. 1/2 e 5/6, 2004.
61. TOURINHO FILHO, Fernando da Costa. Ob. cit., p. 439, 1994.
62. GRINOVER, Ada Pelegrini; GOMES FILHO, Antonio Magalhaes; FERNANDES, Antonio Scarance. Ob. cit., p. 346, 2005.
63. DODGE, Jaime. ***Procedure in Civil Cases***: Illustration and Discussion of Fundamental Concepts and Basic Principles, Perspective from the Federal Rules. Athens: Universidade da Geórgia/EUA, 9.12.2013. Palestra ministrada no Curso de Administração Judiciária, Administração Pública e Sistema Judiciário Americano.
64. MIRANDA, Pontes de. Ob. cit., p. 143, 1999.

de segurança; d) corretivo, ligado a transferências indevidas de presos; e) de pronto despacho, referente à demora no trâmite das causas penais; f) por demora na transferência de preso para jurisdição do juízo responsável pela medida[65]. Nenhuma delas, como se pode observar, serve para o trancamento de uma ação penal[66].

A existência do remédio heroico é muito importante, ninguém duvida disso. Em muitos lugares o Poder Legislativo pode chegar ao ponto de excluir direito ao recurso para Cortes inferiores e Tribunais Superiores, mas não pode retirar o direito de "habeas corpus". Portanto, é fácil ver como ele tem sido conhecido como uma fundamental garantia de direitos humanos[67]. Todavia, no Brasil há um exagero na utilização do instituto, pois ao lado das amplas possibilidades recursais, o "habeas corpus" termina sendo uma via de impugnação paralela e, algumas vezes, até mais ampla.

A falta de visão crítica à forma como o "habeas corpus" vem sendo aplicado no Brasil é um dos nossos inúmeros problemas. A academia processual penal brasileira, ao menos em sua grande maioria, costuma refletir apenas umas das importantes tendências do sistema persecutório no pós-guerra: a do fortalecimento de direitos dos réus frente aos órgãos do Estado. Claro que essa tendência é realmente muito importante, como nos mostra a história. Olvida-se, no entanto, outras duas tendências igualmente presentes, inclusive em outros países democráticos, até mais desenvolvidos que o nosso, seja na parte econômica, seja na social ou mesmo na educacional e acadêmica. Nesse sentido, veja-se que o renomado Roxin, ainda que não pareça concordar inteiramente, não omite a tendência germânica de colocar o processo penal a serviço de uma luta frontal contra o terrorismo, o que tem sido feito através de distintas leis e um múltiplo número de modificações legislativas, com ataques significativos ao direito de defesa. E também lembra da tendência alemã de perseguir, com igual intensidade, uma aceleração do processo penal, recordando o leitor, ainda, do problema atual da administração da justiça penal[68]. Nada disso pode ser alcançado mediante a permissão de impugnação de decisão interlocutória por meio de "habeas corpus", quando o tema poderá ser levado ao tribunal por intermédio da futura apelação, e apenas caso realmente seja o réu condenado, o que não se sabe antecipadamente[69].

65. BERTOLINO, Pedro J. ***El habeas corpus en la Provincia de Buenos Aires.*** La Plata: Libreria Editora Platense, p. 62-75, 1983.
66. É verdade que a arguição de exceções poderia ser feita mediante "habeas corpus" antes da acusação, o que não deixaria de ser uma forma de trancar a investigação em caso de defesa peremptória, como ocorre com a coisa julgada. Todavia, não impetrado, ou rejeitado naquele momento, sua alegação posterior somente pode ser feita para análise por meio de sentença que ponha fim à lide em 1º grau de jurisdição (BERTOLINO. Pedro J. Ob. cit., p. 137-138, 1983).
67. iMinds. ***Politics, law & business: habeas corpus***, p. 3/4, 2009.
68. ROXIN, Claus. ***Pasado, presente y futuro del Derecho Procesal Penal.*** 1. ed., Santa Fé: Rubinzal - Culzoni, p. 143-149, 2009.
69. Importante lembrar, embora isso não seja muito mencionado pela doutrina brasileira, que na mensagem de veto nº 350, de 9 de junho de 2008, ao rejeitar a inclusão de um § 4º no art. 157 do CPP pela Lei 11.690/2008, o Presidente da República disse que o objetivo primordial da reforma processual penal é **imprimir celeridade e simplicidade ao desfecho do processo**. Disponível em http://www.planalto.gov.br/ccivil_03/_Ato2007-2010/2008/Msg/VEP-350-08.htm. Acesso em 28.8.2008.

A despeito disso, e do correto esforço do enunciado 6, que reflete o pensamento da maioria dos juízes federais criminais brasileiros, a jurisprudência nacional, na linha da doutrina pátria, vem aceitando o trancamento de ações penais por meio do "habeas corpus", conforme se vê na jurisprudência complementar abaixo transcrita[70]. A simples leitura de ementa de julgados do STF demonstra que, ao contrário do enunciado do FONACRIM, mesmo sendo remoto o risco de restrição à liberdade de locomoção, como naquele inerente a qualquer processo penal em curso, o remédio constitucional pode ser utilizado para obstar o prosseguimento da ação, verdadeiramente antecipando discussões de mérito, como ocorre na apreciação de questões jurídicas, necessária para a aferição da "atipicidade da conduta" ou da "extinção da punibilidade", o que normalmente chega àquelas instâncias quando o tema é polêmico e complexo, sem que a decisão impugnada apresente nenhum conteúdo teratológico.

Pior ainda o terceiro fundamento para a admissão do "habeas corpus" em tais situações. É a abertura à possibilidade de verificação da "patente inocência do acusado" ou da "ausência de indícios mínimos de autoria, por meio de via que deveria ser estreita. Embora alguns julgados afirmem que não é possível a "incursão no acervo fático-probatório dos autos", não vemos como analisar a patente inocência ou a falta de indícios mínimos sem um detalhado exame dos fatos, o que termina desvirtuando todo o sistema recursal.

Se fizermos uma pesquisa nos *sites* do STF e STJ com as expressões "habeas corpus" e "trancamento", veremos que são inúmeros os casos nos quais os réus pretendem levar a discussão antecipada de mérito ao exame dos Tribunais Superiores. Enquanto no STF são encontrados 2.001 acórdãos[71], no STJ são encontrados 8.689 acórdãos e 26.833 decisões monocráticas[72]. Fora todo o restante das suas enormes competências. Seria realmente possível que tão poucos julgadores pudessem dar conta de tanto trabalho? Não acreditamos, sendo também por isso que preferimos, na linha do FONACRIM, uma diretriz que relacione a finalidade do "habeas corpus" àquela tida nos países estrangeiros citados, limitada à proteção imediata e direta à liberdade de locomoção.

---

70. Uma interpretação sistemática dos arts. 647, 648, 651, 652 e 656 do CPP demonstra que a coação ilegal ensejadora da concessão do "habeas corpus" tem por fim a imediata soltura do acusado, não importando, porém, o generalizado trancamento de ações penais, salvo na dificílima hipótese descrita na parte final do art. 651. A ampliação dos trancamentos, portanto, foi realizada pela jurisprudência brasileira sem previsão constitucional ou legal, não tendo base, outrossim, o direito comparado dos países citados neste breve ensaio.
71. Disponível em http://www.stf.jus.br/portal/jurisprudencia/listarConsolidada.asp. Acesso em 5.3.2016
72. Disponível em http://www.stj.jus.br/SCON/pesquisar.jsp?acao=pesquisar&novaConsulta=true&i=1&data=&livre=habeas+corpus+e+trancamento&chkAjuda=on&opAjuda=SIM&tipo_visualizacao=null&chkThesaurus=on&thesaurus=null&chkPlurais=on&p=null&operador=e&processo=&livreMinistro=&relator=&data_inicial=&data_final=&tipo_data=DTDE&livreOrgaoJulgador=&orgao=&ementa=&ref=&siglajud=&numero_leg=&tipo1=&numero_art1=&tipo2=&numero_art2=&tipo3=&numero_art3=&nota=&b=ACOR&b=SUMU&b=DTXT&b=INFJ, acesso no dia 05.3.2016.

CUSTODIADO. INTEGRIDADE FÍSICA E MORAL. SISTEMA PENITENCIÁRIO. ARGUIÇÃO DE DESCUMPRIMENTO DE PRECEITO FUNDAMENTAL. ADEQUAÇÃO. (...) AUDIÊNCIA DE CUSTÓDIA. OBSERVÂNCIA OBRIGATÓRIA. Estão obrigados juízes e tribunais, observados os artigos 9.3 do Pacto dos Direitos Civis e Políticos e 7.5 da Convenção Interamericana de Direitos Humanos, a realizarem, em até noventa dias, audiências de custódia, viabilizando o comparecimento do preso perante a autoridade judiciária no prazo máximo de 24 horas, contado do momento da prisão. (ADPF 347 MC/DF, Rel. Min. Marco Aurélio, Pleno, j. 9.9.2015)

Agravo regimental em recurso ordinário em "habeas corpus". (...). 5. Pedido de trancamento da ação penal. 6. A jurisprudência do STF consolidou entendimento de que o trancamento do feito só é possível em situações excepcionais, desde que constatada, sem necessidade de dilação probatória, inequívoca improcedência do pedido, seja pela patente inocência do acusado, seja pela atipicidade ou extinção da punibilidade, (...) (RHC 125787 AgR/RJ, Rel. Min. Gilmar Mendes, 2ª Turma, j. 23.6.2015).

(...). 1. A jurisprudência do Supremo Tribunal firmou entendimento no sentido de que a extinção da ação penal em curso (bem como do antecedente inquérito policial) de forma prematura, pela via do "habeas corpus", só é possível em situações excepcionais, nas quais seja patente (a) a atipicidade da conduta; (b) a ausência de indícios mínimos de autoria; e (c) a presença de causa extintiva da punibilidade, (...). (HC 132170 AgR/SP, Rel. Min. Teori Zavascki, 2ª Turma, j. 16.2.2016).

(...) 2. O trancamento de ação penal ou de inquérito policial, na via do "habeas corpus", só se mostra cabível em casos excepcionalíssimos, quando manifesta a atipicidade da conduta, a presença de causa extintiva de punibilidade ou a ausência de suporte probatório mínimo de autoria e materialidade delitivas. 3. A análise minuciosa dos fatos que ensejaram a representação fiscal para fins penais, não prescinde da incursão no acervo fático-probatório dos autos, inviável em sede de "habeas corpus". (...). (HC 122434 AgR/SP, Rel. Min. Rosa Weber, 1ª Turma, j. 15.12.2015).

PENAL E PROCESSUAL PENAL. "HABEAS CORPUS". TRANCAMENTO DE AÇÃO PENAL. MEDIDA EXCEPCIONAL. AUSÊNCIA, NO CASO, DE JUSTA CAUSA PARA O SEU PROSSEGUIMENTO, POR ATIPICIDADE DA CONDUTA. ORDEM CONCEDIDA. I. O trancamento de ação penal pela via do "habeas corpus", segundo pacífica jurisprudência desta Casa, constitui medida excepcional só admissível quando evidente a falta de justa causa para o seu prosseguimento, seja pela inexistência de indícios de autoria do delito, seja pela não comprovação de sua materialidade, seja ainda pela atipicidade da conduta do indiciado. II. Há ausência de justa causa para ação penal quando os fatos imputados ao paciente, como no caso, "ictu oculi", não configuram crime. (...). (HC 95058/ES, Rel. Min. Ricardo Lewandowski, 1ª Turma, j. 4.9.2012).

(...). 1. A jurisprudência do Superior Tribunal de Justiça, acompanhando a orientação da Primeira Turma do Supremo Tribunal Federal, firmou-se no sentido de que o "habeas corpus" não pode ser utilizado como substituto de recurso próprio, sob pena de desvirtuar a finalidade dessa garantia constitucional, exceto quando a ilegalidade apontada é flagrante, hipótese em que se concede a ordem de ofício. 2. O trancamento de ação penal constitui "medida excepcional, só admitida quando restar provada, inequivocamente, sem a necessidade de exame valorativo do conjunto fático-probatório, a atipicidade da conduta, a ocorrência de causa extintiva da punibilidade, ou, ainda, a ausência de indícios de autoria ou de prova da materialidade do delito" (HC 281.588...) e que "só deve ser adotada quando se apresenta indiscutível a ausência de justa causa e em face de inequívoca ilegalidade da prova pré-constituída". (STF, HC 107948 AgR...). (...) (HC 314050/SP, Rel. Min. Gurgel de Faria, 5ª Turma, j. 16.2.2016).

RECURSO EM "HABEAS CORPUS". CRIME CONTRA AS RELAÇÕES DE CONSUMO (ART. 7º, IX, PARÁGRAFO ÚNICO, DA LEI N. 8.137/1990). PRETENSÃO DE TRANCAMENTO DA AÇÃO PENAL. INÉPCIA DA DENÚNCIA. INICIAL QUE LOGRA ATRIBUIR A CONDUTA DELITUOSA AO PACIENTE QUE, NA CONDIÇÃO DE ÚNICO RESPONSÁVEL PELO SETOR, FALTOU COM O DEVER OBJETIVO DE CUIDADO, AO NÃO TOMAR AS PROVIDÊNCIAS RELATIVAS À EXPOSIÇÃO DAS MERCADORIAS,

EM TESE, IMPRÓPRIAS PARA O CONSUMO. AUSÊNCIA DE JUSTA CAUSA. EXISTÊNCIA DE LAUDOS ATESTANDO A NORMALIDADE DOS GÊNEROS ALIMENTÍCIOS. IMPUTAÇÃO QUE SE LIMITA A CONSIDERAR A AUSÊNCIA DE INFORMAÇÕES OBRIGATÓRIAS DE ROTULAGEM E O PRAZO DE VALIDADE VENCIDO. INEXISTÊNCIA DE COMPROVAÇÃO DA IMPROPRIEDADE AO CONSUMO. AUSÊNCIA DE MATERIALIDADE. RECONHECIMENTO DE QUE A CONDUTA DEVE SER RESPONSABILIZADA NO ÂMBITO ADMINISTRATIVO. JUSTA CAUSA PARA A AÇÃO PENAL. AUSÊNCIA. CONSTRANGIMENTO ILEGAL EVIDENCIADO. ADESÃO ÀS RAZÕES DECLINADAS NO VOTO-VISTA. 1. Esta Corte pacificou o entendimento de que o trancamento de ação penal pela via eleita é medida excepcional, cabível apenas quando demonstrada, de plano, a atipicidade da conduta, a extinção da punibilidade ou a manifesta ausência de provas da existência do crime e de indícios de autoria. 2. Segundo o disposto no artigo 41 do Código de Processo Penal, a denúncia ou queixa conterá a exposição do fato criminoso, com todas as suas circunstâncias, a qualificação do acusado ou esclarecimentos pelos quais se possa identificá-lo, a classificação do crime e, quando necessário, o rol das testemunhas. 3. No caso, forçoso reconhecer que a inicial acusatória não é inepta, porquanto atribui conduta culposa ao recorrente, descrevendo as circunstâncias que, em tese, configurariam a violação de seu dever objetivo de cuidado na conservação e exposição de gêneros alimentícios em setor do estabelecimento comercial sob sua responsabilidade. 4. Inobstante parte da doutrina e da jurisprudência entendam que o delito previsto no art. 7º, IX, da Lei n. 8.137/1990, crime formal, de perigo abstrato, é norma penal em branco, cujo elemento normativo do tipo "impróprio para consumo" deve ser complementado pelo disposto no art. 16, § 8º, do Código de Defesa do Consumidor, a jurisprudência do Superior Tribunal de Justiça entende que há necessidade de realização de exame pericial nos produtos pretensamente impróprios, a fim de que seja comprovada a sua real nocividade para consumo, sob pena de inaceitável responsabilidade penal objetiva. 5. Evidenciado nos autos que há prova pericial, produzida pelo Instituto de Criminalística Carlos Éboli e consubstanciada em três laudos, os quais, não obstante atestem características sensoriais normais, consideram, paradoxalmente, a impropriedade do consumo exclusivamente na ausência de informações obrigatórias de rotulagem e/ ou no prazo de validade vencido, não há falar em justa causa para a ação penal, já que ausente a prova da materialidade do crime. 6. Tendo o laudo pericial atestado a normalidade dos gêneros alimentícios apreendidos no estabelecimento comercial, afastando a prova direta, necessária in casu, do elemento objetivo do tipo (produto "impróprio para o consumo"), reserva-se apenas ao Direito Administrativo eventual punição pelo descumprimento de normas relativas à conservação e exposição, para venda, de gêneros alimentícios. 7. Recurso provido para determinar o trancamento da ação penal, por ausência de justa causa (adesão às razões do voto-vista proferido pelo Min. Rogério Schietti). (RHC 60937/RJ, Rel. Min. Sebastião Reis Júnior, 6ª Turma, j. 1.10.2015).

▶ **CF/88. Art. 5º. LXVIII** – conceder-se-á *"habeas corpus"* sempre que alguém sofrer ou se achar ameaçado de sofrer violência ou coação em sua liberdade de locomoção, por ilegalidade ou abuso de poder.

▶ **CPP. Art. 647.** Dar-se-á "habeas corpus" sempre que alguém sofrer ou se achar na iminência de sofrer violência ou coação ilegal na sua liberdade de ir e vir, salvo nos casos de punição disciplinar. ▶ **Art. 648.** A coação considerar-se-á ilegal: I – quando não houver justa causa; II – quando alguém estiver preso por mais tempo do que determina a lei; III – quando quem ordenar a coação não tiver competência para fazê-lo; IV – quando houver cessado o motivo que autorizou a coação; V – quando não for alguém admitido a prestar fiança, nos casos em que a lei a autoriza; VI – quando o processo for manifestamente nulo; VII – quando extinta a punibilidade. ▶ **Art. 651.** A concessão do "habeas corpus" não obstará, nem porá termo ao processo, desde que este não esteja em conflito com os fundamentos daquela. ▶ **Art. 652.** Se o "habeas corpus" for concedido em virtude de nulidade do processo, este será renovado. ▶ **Art. 656.** Recebida a petição de "habeas corpus", o juiz, se julgar necessário, e estiver preso o paciente, mandará que este lhe seja imediatamente apresentado em dia e hora que designar.

## 10. QUADRO SINÓPTICO

| CÓDIGO DE PROCESSO PENAL | |
|---|---|
| **1. DO INQUÉRITO POLICIAL (ARTS. 4º A 23)** | |
| Não há nulidade no deferimento de diligências policiais sem a oitiva do Ministério Público. | Enunc. 23 |
| Peças de informação produzidas no âmbito do Ministério Público deverão seguir as regras de tramitação do inquérito policial, inclusive com a competente distribuição e arquivamento perante o Poder Judiciário. | Enunc. 50 |
| Os inquéritos em tramitação direta entre autoridade policial e Ministério Público deverão ser distribuídos perante o Poder Judiciário. | Enunc. 51 |
| **2. DA AÇÃO CIVIL (ARTS. 63 A 68)** | |
| O valor mínimo para reparação dos danos causados pelo crime pode abranger danos morais. | Enunc. 16 |
| **3. DA PROVA (ARTS. 155 A 250)** | |
| **3.1. DISPOSIÇÕES GERAIS (ARTS. 155 A 157)** | |
| É possível a utilização das provas obtidas em acordo de cooperação internacional, para fim diverso daquele que justificou a sua obtenção, desde que não haja vedação expressa no tratado ou no acordo de cooperação. | Enunc. 58 |
| **3.2. DAS TESTEMUNHAS (ARTS. 202 A 225)** | |
| O ajuste de que trata o art. 221 do CPP deve ser efetuado mediante oportunidade de indicação pela autoridade, de acordo com opções informadas pelo juízo, respeitado o prazo de instrução do rito respectivo. Não havendo indicação pela autoridade, o juiz designará o ato. | Enunc. 44 |
| Sem prejuízo da prerrogativa prevista no artigo 222, § 3º, do CPP, de expedição de carta precatória para realização de atos processuais, deve-se priorizar a utilização dos meios eletrônicos consentâneos à virtualização do processo. | Enunc. 59 |
| **3.3. DA BUSCA E DA APREENSÃO (ARTS. 240 A 250)** | |
| O cumprimento de mandados de busca e apreensão deve iniciar-se durante o dia, podendo estender-se pelo período noturno, caso necessário ao encerramento da diligência. | Enunc. 22 |
| **4. DO JUIZ, DO MINISTÉRIO PÚBLICO, DO ACUSADO E DEFENSOR, DOS ASSISTENTES E DOS AUXILIARES DA JUSTIÇA (ARTS. 251 A 281)** | |
| **4.1. DO ACUSADO E SEU DEFENSOR (ARTS. 259 A 267)** | |
| Para aplicação da sanção processual do artigo 265, caput, do CPP, é imprescindível a prévia intimação do advogado para oportunizar a justificava da omissão. | Enunc. 10 |
| **5. DA PRISÃO, DAS MEDIDAS CAUTELARES E DA LIBERDADE PROVISÓRIA (ARTS. 282 A 350)** | |
| **5.1. DISPOSIÇÕES GERAIS (ARTS. 282 A 300)** | |
| A decretação das medidas cautelares não significa prejulgamento nem gera suspeição ou impedimento do juiz para o julgamento da ação penal. | Enunc. 9 |
| É cabível a fixação de "astreintes" no processo criminal. | Enunc. 47 |

| 5.2. DA PRISÃO EM FLAGRANTE (ARTS. 301 A 310) | |
|---|---|
| Não é obrigatória a prévia manifestação do Ministério Público Federal quanto às providências do art. 310 do CPP. | Enunc. 46 |
| Na audiência de custódia, a presença do juiz, membro do Ministério Público, advogado ou defensor público poderá ocorrer por videoconferência. | Enunc. 53 |
| O prazo de vinte e quatro horas para a realização da audiência de custódia pode ser flexibilizado em situações excepcionais. | Enunc. 54 |
| É dispensável a realização de audiência de custódia se, ao receber a comunicação de flagrante, o juiz entender de pronto que é caso de concessão de liberdade. | Enunc. 55 |
| **5.3. DA PRISÃO PREVENTIVA (ARTS. 311 A 316)** | |
| São fundamentos idôneos da prisão preventiva, para garantia da ordem pública, dentre outros: a) evitar a reiteração da prática de infrações penais; ou b) a gravidade em concreto da infração penal ou a periculosidade revelada pelo modus operandi, especialmente em crimes praticados com grave violência ou com grande lesão a interesses coletivos ou à Administração Pública. | Enunc. 5 |
| A decretação da prisão preventiva não se vincula necessariamente à quantidade de pena cominada à infração penal. | Enunc. 7 cancelado |
| Em caso de descumprimento das medidas cautelares anteriormente fixadas, a decretação da prisão preventiva não se submete ao limite de pena do art. 313, I, do CPP. | Enunc. 52 |
| **5.4. DA LIBERDADE PROVISÓRIA COM OU SEM FIANÇA (ARTS. 321 A 350)** | |
| Um dos parâmetros para a fixação da fiança é o valor do dano causado. | Enunc. 49 |
| **6. DAS CITAÇÕES E INTIMAÇÕES (ARTS. 351 A 372)** | |
| **6.1. DAS CITAÇÕES (ARTS. 351 A 369)** | |
| É constitucional a citação com hora certa prevista no art. 362 do CPP, devendo-se comprovar a ocultação do réu por satisfatórias diligências. | Enunc. 18 |
| **7. DA SENTENÇA (ARTS. 381 A 393)** | |
| A "emendatio libelli", na nova redação do art. 383 do CPP, pode ser aplicada em qualquer fase da persecução penal para definição de direitos do acusado ou para o reconhecimento de incompetência. | Enunc. 11 |
| **8. DO PROCESSO COMUM (ARTS. 394 A 502)** | |
| **8.1. DA INSTRUÇÃO CRIMINAL (ARTS. 394 A 405)** | |
| O § 4º do art. 394 do CPP revogou a defesa preliminar da Lei de Drogas, em primeiro grau de jurisdição. | Enunc. 12 cancelado |
| O magistrado receberá a denúncia acaso não ocorrida hipótese de sua liminar rejeição, com a interrupção do curso prescricional, dando-se, após a resposta do acusado, decisão voltada ao cabimento da absolvição sumária. | Enunc. 13 cancelado |
| A dispensa legal de transcrição compreende apenas a gravação de voz e imagem, não abrangendo a gravação somente de áudio. | Enunc. 14 cancelado |

| | |
|---|---|
| Pode o juiz absolver sumariamente o acusado cuja ação penal tenha sido iniciada. | Enunc. 17 cancelado |
| A regra do parágrafo segundo do art. 399 do CPP, ao consagrar no processo penal o princípio da identidade física do juiz, não tem caráter absoluto, aplicando-se a ela as mesmas exceções previstas no art. 132 do CPC. | Enunc. 19 |
| **9. DOS RECURSOS EM GERAL (ARTS. 574 A 667)** | |
| **9.1. DA APELAÇÃO (ARTS. 593 A 606)** | |
| Em casos de crimes graves contra a Administração Pública, não se deve permitir o apelo em liberdade, salvo se o produto do crime tiver sido integralmente recuperado. | Enunc. 48 |
| **9.2. DO "HABEAS CORPUS" E SEU PROCESSO (ARTS. 647 A 667)** | |
| O "habeas corpus" não deve ser admitido para impugnação de decisão interlocutória, quando o risco de restrição à liberdade de locomoção for remoto, ou para antecipar a discussão de questões de direito ou de fato cuja resolução é apropriada na sentença ou nos recursos cabíveis contra esta. | Enunc. 6 |

CAPÍTULO III

# LEI DE EXECUÇÃO PENAL

SUMÁRIO



## 1. DOS ÓRGÃOS DA EXECUÇÃO PENAL (ARTS. 61 A 81)

### 1.1. Do Juízo da Execução (arts. 65 a 66)

**ENUNCIADO 62. NAS SEÇÕES OU SUBSEÇÕES ONDE NÃO HAJA CASA DE ALBERGADO, NÃO HÁ ÓBICE AO JUIZ FEDERAL COM COMPETÊNCIA EM EXECUÇÃO PENAL EXERCER A FISCALIZAÇÃO DAS PENAS DOS RÉUS EM REGIME ABERTO.**

• ***Aprovado no*** *IV FONACRIM, em 25.9.2015.*

▸ *Por Ivo Höhn Junior.*

Primeiramente, é necessário abordar de forma mais ampla o tema da competência para a execução da pena privativa de liberdade, a fim de se compreender os fundamentos do enunciado ora comentado.

O Código de Processo Penal estabelece, em seu art. 668, que a execução da pena incumbirá ao juiz que proferiu a sentença condenatória ou, se a decisão foi de Tribunal do Júri, ao seu presidente. Abre exceção para as hipóteses em que haja juiz especial, ou seja, quando houver varas especializadas com competência para as execuções penais.

Por sua vez, a Lei 7.210/89 (Lei de Execução Penal) dispõe em seu art. 65 que "a execução penal competirá ao Juiz indicado na lei local de organização judiciária e, na sua ausência, ao da sentença".

Conjugando esses dispositivos, bem como o parágrafo único do art. 2º da Lei de Execução Penal, o STJ firmou o entendimento de ser competente, para a execução da pena privativa de liberdade, o juízo estadual das execuções penais, quando o cumprimento ocorrer em estabelecimento penal estadual. Aquele tribunal superior entendeu, portanto, que o "juiz especial", referido no art. 668 do CPP, é o juiz da vara de execuções penais, estando o preso recolhido a estabelecimento penal estadual. Após diversos julgados no mesmo sentido, o STJ editou súmula de sua jurisprudência, nos seguintes termos:

**Súmula 192.** Compete ao juízo das execuções penais do estado a execução das penas impostas a sentenciados pela justiça federal, militar ou eleitoral, quando recolhidos a estabelecimentos sujeitos a administração estadual.

A questão seguinte diz respeito ao local de cumprimento da pena privativa de liberdade em regime aberto. O Código Penal e a Lei de Execução Penal determinam que a pena privativa de liberdade, em regime aberto, deverá ser cumprida em Casa de Albergado ou estabelecimento adequado.

A falência do sistema prisional brasileiro é notória, ao ponto de o STF ter declarado recentemente, no julgado da ADPF 347, haver um "Estado de Coisas Inconstitucionais", diante do "quadro de violação massiva e persistente de direitos fundamentais, decorrente de falhas estruturais e falência de políticas públicas".

Algumas das deficiências do sistema prisional são exatamente a ausência de estabelecimentos adequados ao cumprimento da pena em regime aberto e a quantidade insuficiente de vagas nas Casas de Albergado existentes. Em razão disso, presos em regime aberto permaneciam cumprindo pena em presídios, penitenciárias ou mesmo em delegacias de polícia, em total desacordo com a legislação e com flagrante infringência aos seus direitos fundamentais.

A jurisprudência passou a admitir, portanto, que o preso em regime aberto cumprisse a pena em prisão domiciliar, compreendendo o rol do art. 117 da Lei de Execução Penal como meramente exemplificativo. O STF assegurou, em diversos julgados, que a ineficiência do Estado em cumprir a lei e manter a estrutura e a eficiência do sistema prisional não pode ser causa de constrangimento ilegal ao apenado. Dessa forma, não havendo Casa de Albergado no local do cumprimento da pena ou insuficientes as vagas, o apenado deverá permanecer em prisão domiciliar, enquanto perdurar o regime aberto.

O Enunciado 62 do FONACRIM afirma a competência da Justiça Federal para a fiscalização das penas dos réus em regime aberto, onde não haja Casa de Albergado. A aplicação desse enunciado poderia, em tese, ocorrer em suas situações: estando o condenado cumprindo pena em penitenciária federal, com progressão para o regime aberto, ou réu não reincidente cuja pena seja igual ou inferior a quatro anos (art. 33, § 2º, alínea "c", do Código Penal).

A primeira hipótese se revela inadmissível, pois os estabelecimentos penais federais destinam-se apenas ao cumprimento de pena em regime fechado e os presos somente serão para lá transferidos se houver interesse para a segurança pública ou para a segurança do próprio preso. Os presídios federais são considerados de segurança máxima e abrigam condenados que possam causar grave perturbação nos estabelecimentos estaduais ou se, nesses locais, sua própria segurança estiver em risco. Diante desse quadro, caso atendidos os requisitos objetivos e subjetivos para a progressão ao regime aberto, o presídio federal não mais será o local adequado. Cessaria, portanto, a competência da Justiça Federal.

A segunda hipótese é aquela do réu, condenado pela Justiça Federal, a pena igual ou inferior a quatro anos, não sendo reincidente. Na maior parte desses casos, contudo, a pena privativa de liberdade deverá ser substituída por penas restritivas de direito, nos termos do art. 44 do Código Penal.

Resta, finalmente, a hipótese de descumprimento das penas restritivas de direito com conversão para pena privativa de liberdade (art. 44, § 4º, do CP). Nessa situação, não havendo Casa de Albergado na sede da Seção ou Subseção Judiciária, o juiz federal competente poderá acompanhar a fiscalização da prisão domiciliar em regime aberto.

Súmula 192. Compete ao juízo das execuções penais do estado a execução das penas impostas a sentenciados pela justiça federal, militar ou eleitoral, quando recolhidos a estabelecimentos sujeitos a administração estadual.

PENAL. EXECUÇÃO DA PENA. JUIZO COMPETENTE. Os sentenciados recolhidos a estabelecimento penal sujeito a administração estadual, ainda que condenados pela justiça eleitoral, militar ou federal, terão suas penas executadas pelo juízo de execução comum do estado. Competência do juízo suscitante. (CC 1.011/BA, Rel. Min. Cid Flaquer Scartezzini, 3ª Seção, DJ 18.6.1990, p. 5678)

"Habeas corpus". 2. Ausência de vaga em estabelecimento prisional. Cumprimento de pena em regime mais gravoso do que o fixado na sentença. Constrangimento ilegal configurado. Superação da Súmula 691. 3. Ordem concedida. (HC 110892, Rel. Min. Gilmar Mendes, 2ª Turma, DJe 18.5.2012)

"Habeas corpus". Preventivo. Penal. Ausência de estabelecimento prisional condizente com o regime aberto fixado na sentença (CP, art. 33, § 1º, c). Recolhimento excepcional em prisão domiciliar. Possibilidade. Artigo 117 da Lei de Execução Penal cujo rol não é taxativo. Precedente. Determinação do Tribunal de Justiça estadual condicionada à inexistência de casas prisionais que atendam aos requisitos da Lei de Execução Penal em seus arts. 93 a 95. Ausência de usurpação da competência do juízo da execução. Ordem concedida. 1. Segundo a iterativa jurisprudência da Corte, a inexistência de estabelecimento prisional que atenda aos requisitos da Lei de Execução Penal para o cumprimento da pena no regime fixado na sentença, excepcionalmente, permite o recolhimento do condenado ao regime de prisão domiciliar previsto no art. 117 daquele diploma legal, cujo rol não é taxativo (HC nº 95.334/RS, 1ª Turma, Rel. Min. Marco Aurélio, DJe 21.8.2009). 2. A determinação do Tribunal de Justiça estadual para o recolhimento do paciente em prisão domiciliar foi condicionada a eventual inexistência de estabelecimento prisional (LEP, arts. 93 a 95) condizente com o regime aberto fixado na sentença (CP, art. 33, § 1º, c), não havendo que se falar na subtração da competência do juízo da execução penal, o qual deverá observar o correto cumprimento da pena (LEP, art. 66, VI) e adotar as providências necessárias para o ajustamento da sua execução ao regime determinado expressamente no édito condenatório. 3. Ordem de "habeas corpus" concedida para assegurar ao paciente o direito de iniciar o cumprimento da sua pena em regime condizente com aquele fixando na sentença, não sendo permitido – ressalvadas as hipóteses legais de regressão –, o seu recolhimento em regime mais severo se constatada pelo juízo da execução competente a inexistência no Estado de casa do albergado ou de estabelecimento similar. (HC 113334, Rel. p/ ac. Min. Dias Toffoli, 1ª Turma, DJe 20.3.2014)

PENA. EXECUÇÃO. REGIME. Ante a falência do sistema penitenciário a inviabilizar o cumprimento da pena no regime menos gravoso a que tem jus o reeducando, o réu, impõe-se o implemento da denominada prisão domiciliar. (...). (HC 107810, Rel. Min. Marco Aurélio, 1ª Turma, DJe 3.5.2012)

PENA. CUMPRIMENTO. REGIME SEMIABERTO. Incumbe ao Estado aparelhar-se visando à observância irrestrita das decisões judiciais. Se não houver sistema capaz de implicar o cumprimento da pena em regime semiaberto, dá-se a transformação em aberto e, inexistente a casa do albergado, a prisão domiciliar. (HC 96169, Rel. Min. Marco Aurélio, 1ª Turma, DJe 9.10.2009)

PENA. CUMPRIMENTO. REGIME ABERTO. CASA DO ALBERGADO. A concretude do regime aberto pressupõe casa do albergado estrita aos que estejam submetidos a essa espécie de cumprimento da pena, havendo de dispor o local de condições a assegurarem a integridade física e moral do preso – dever do Estado, consoante disposto no inciso XLIX do artigo 5º da Constituição Federal. PRISÃO DOMICILIAR. CASA DO ALBERGADO INEXISTENTE OU IMPRÓPRIA. O rol normativo de situações viabilizadoras da prisão domiciliar não é exaustivo, cabendo observá-la, se houver falha do aparelho estatal quanto a requisitos a revelarem a casa do albergado. (HC 95334, Rel. p/ ac. Min. Marco Aurélio, 1ª Turma, DJe 21.8.2009)

CUSTODIADO. INTEGRIDADE FÍSICA E MORAL. SISTEMA PENITENCIÁRIO. ARGUIÇÃO DE DESCUMPRIMENTO DE PRECEITO FUNDAMENTAL. ADEQUAÇÃO. Cabível é a arguição de descumprimento de preceito fundamental considerada a situação degradante das penitenciárias no Brasil. SISTEMA PENITENCIÁRIO NACIONAL. SUPERLOTAÇÃO CARCERÁRIA. CONDIÇÕES DESUMANAS DE CUSTÓDIA. VIOLAÇÃO MASSIVA DE DIREITOS FUNDAMENTAIS. FALHAS ESTRUTURAIS. ESTADO DE COISAS INCONSTITUCIONAL. CONFIGURAÇÃO. Presente quadro de violação massiva e persistente de direitos fundamentais, decorrente de falhas estruturais e falência de políticas públicas e cuja modificação depende de medidas abrangentes de natureza normativa, administrativa e orçamentária, deve o sistema penitenciário nacional ser caraterizado como "estado de coisas inconstitucional". FUNDO PENITENCIÁRIO NACIONAL. VERBAS. CONTINGENCIAMENTO. Ante a situação precária das penitenciárias, o interesse público direciona à liberação das verbas do Fundo Penitenciário Nacional. AUDIÊNCIA DE CUSTÓDIA. OBSERVÂNCIA OBRIGATÓRIA. Estão obrigados juízes e tribunais, observados os artigos 9.3 do Pacto dos Direitos Civis e Políticos e 7.5 da Convenção Interamericana de Direitos Humanos, a realizarem, em até noventa dias, audiências de custódia, viabilizando o comparecimento do preso perante a autoridade judiciária no prazo máximo de 24 horas, contado do momento da prisão. (ADPF 347 MC, Rel. Min. Marco Aurélio, Pleno, DJe 19.2.2016)

CONFLITO NEGATIVO DE COMPETÊNCIA. CONDENAÇÃO. JUSTIÇA FEDERAL. REGIME ABERTO. PRISÃO DOMICILIAR DETERMINADA PELO JUÍZO ESTADUAL. ACOMPANHAMENTO DA EXECUÇÃO DA PENA. INTELIGÊNCIA DA SÚMULA N. 192/STJ. COMPETÊNCIA DA JUSTIÇA ESTADUAL. 1. Conforme o enunciado da Súmula n. 192/STJ, compete à Justiça Estadual a execução da pena imposta a sentenciados pela Justiça Federal, quando recolhidos em estabelecimentos sujeitos a administração estadual. 2. "In casu", cabe à Justiça Estadual, ao conceder o benefício da prisão domiciliar ao apenado, tendo em vista a inexistência de vaga em estabelecimento prisional adequado ao regime estabelecido na sentença, prosseguir na execução da pena, inclusive para acompanhar o cumprimento das condições fixadas. 3. Conflito conhecido para determinar a competência da Justiça Estadual, ora suscitado. (CC 109.299/MG, Rel. Min. Jorge Mussi, 3ª Seção, DJe 6.9.2010)

AGRAVO REGIMENTAL EM CONFLITO NEGATIVO DE COMPETÊNCIA. PENA APLICADA PELA JUSTIÇA FEDERAL. CUMPRIMENTO EM ESTABELECIMENTO ESTADUAL. PROGRESSÃO DE REGIME PARA O ABERTO. MANUTENÇÃO DA COMPETÊNCIA DO JUÍZO ESTADUAL. INCIDÊNCIA DA SÚMULA 192 DO STJ. 1. A execução penal compete ao Juiz indicado na lei local de organização judiciária e, na sua ausência, ao da sentença. Sem ferir o art. 109 da CF/88, o verbete n. 192 da Súmula do Superior Tribunal de Justiça excepciona referida disciplina, nos casos em que o apenado, condenado pela Justiça Federal, encontrar-se em estabelecimento penitenciário estadual. 2. Transferida, de início, para a Justiça Estadual a competência para o processo de execução penal, em virtude da permanência do condenado em estabelecimento penitenciário estadual, tem-se que a competência não se transfere de volta, automaticamente, pela simples progressão a regime no qual não seja mais necessário o encarceramento. 3. Admitir que a progressão remeta os autos à Justiça Federal e a regressão os devolva à Justiça estadual geraria desnecessário tumulto à execução penal. 4. Mantida, assim, a competência do Juízo de Direito da Vara de Execução de penas e medidas alternativas de Foz do Iguaçu/PR, ora suscitado, para dar continuidade à execução de pena imposta pela Justiça Federal, mesmo após a progressão de regime para o meio aberto. (...). (AgRg no CC 139.877/PR, Rel. Min. Reynaldo Soares da Fonseca, 3ª Seção, DJe 4.9.2015)

▶ **LEP. Art. 2º** A jurisdição penal dos Juízes ou Tribunais da Justiça ordinária, em todo o Território Nacional, será exercida, no processo de execução, na conformidade desta Lei e do Código de Processo Penal. **Parágrafo único.** Esta Lei aplicar-se-á igualmente ao preso provisório e ao condenado pela Justiça Eleitoral ou Militar, quando recolhido a estabelecimento sujeito à jurisdição ordinária. ▶ **Art. 65**. A execução penal competirá ao Juiz indicado na lei local de organização judiciária e, na sua ausência, ao da sentença. ▶ **Art. 93**. A Casa do Albergado destina-se ao cumprimento de pena privativa de liberdade, em regime aberto, e da pena de limitação de fim de semana. ▶ **Art. 94**. O prédio deverá situar-se em centro urbano, separado dos demais estabelecimentos, e caracterizar-se pela ausência de obstáculos físicos contra a fuga. ▶ **Art. 95**. Em cada região haverá, pelo menos, uma Casa do Albergado, a qual deverá conter, além dos aposentos para acomodar os presos, local adequado para cursos e palestras. **Parágrafo único.** O estabelecimento terá instalações para os serviços de fiscalização e orientação dos condenados. ▶ **Art. 117**. Somente se admitirá o recolhimento do beneficiário de regime aberto em residência particular quando se tratar de: I – condenado maior de 70 (setenta) anos; II – condenado acometido de doença grave; III – condenada com filho menor ou deficiente físico ou mental; IV – condenada gestante.

▶ **CPP. Art. 668**. A execução, onde não houver juiz especial, incumbirá ao juiz da sentença, ou, se a decisão for do Tribunal do Júri, ao seu presidente.

▶ **CP. Art. 33**. A pena de reclusão deve ser cumprida em regime fechado, semiaberto ou aberto. A de detenção, em regime semiaberto, ou aberto, salvo necessidade de transferência a regime fechado. **§ 1º** Considera-se: a) regime fechado a execução da pena em estabelecimento de segurança máxima ou média; b) regime semiaberto a execução da pena em colônia agrícola, industrial ou estabelecimento similar; c) regime aberto a execução da pena em casa de albergado ou estabelecimento adequado. **§ 2º** As penas privativas de liberdade deverão ser executadas em forma progressiva, segundo o mérito do condenado, observados os seguintes critérios e ressalvadas as hipóteses de transferência a regime mais rigoroso: a) o condenado a pena superior a 8 (oito) anos deverá começar a cumpri-la em regime fechado; b) o condenado não reincidente, cuja pena seja superior a 4 (quatro) anos e não exceda a 8 (oito), poderá, desde o princípio, cumpri-la em regime semiaberto; c) o condenado não reincidente, cuja pena seja igual ou inferior a 4 (quatro) anos, poderá, desde o início, cumpri-la em regime aberto. ▶ **Art. 36.** O regime aberto baseia-se na autodisciplina e senso de responsabilidade do condenado. **§ 1º** O condenado deverá, fora do estabelecimento e sem vigilância, trabalhar, frequentar curso ou exercer outra atividade autorizada, permanecendo recolhido durante o período noturno e nos dias de folga. ▶ **Art. 44.** As penas restritivas de direitos são autônomas e substituem as privativas de liberdade, quando: I – aplicada pena privativa de liberdade não superior a quatro anos e o crime não for cometido com violência ou grave ameaça à pessoa ou, qualquer que seja a pena aplicada, se o crime for culposo; II – o réu não for reincidente em crime doloso; III – a culpabilidade, os antecedentes, a conduta social e a personalidade do condenado, bem como os motivos e as circunstâncias indicarem que essa substituição seja suficiente. **§ 1º** (vetado). **§ 2º** Na condenação igual ou inferior a um ano, a substituição pode ser feita por multa ou por uma pena restritiva de direitos; se superior a um ano, a pena privativa de liberdade pode ser substituída por uma pena restritiva de direitos e multa ou por duas restritivas de direitos.

**§ 3º** Se o condenado for reincidente, o juiz poderá aplicar a substituição, desde que, em face de condenação anterior, a medida seja socialmente recomendável e a reincidência não se tenha operado em virtude da prática do mesmo crime. **§ 4º** A pena restritiva de direitos converte-se em privativa de liberdade quando ocorrer o descumprimento injustificado da restrição imposta. No cálculo da pena privativa de liberdade a executar será deduzido o tempo cumprido da pena restritiva de direitos, respeitado o saldo mínimo de trinta dias de detenção ou reclusão. **§ 5º** Sobrevindo condenação a pena privativa de liberdade, por outro crime, o juiz da execução penal decidirá sobre a conversão, podendo deixar de aplicá-la se for possível ao condenado cumprir a pena substitutiva anterior.

▶ **Lei 11.671/08. Art. 2º** A atividade jurisdicional de execução penal nos estabelecimentos penais federais será desenvolvida pelo juízo federal da seção ou subseção judiciária em que estiver localizado o estabelecimento penal federal de segurança máxima ao qual for recolhido o preso. ▶ **Art. 3º** Serão recolhidos em estabelecimentos penais federais de segurança máxima aqueles cuja medida se justifique no interesse da segurança pública ou do próprio preso, condenado ou provisório. ▶ **Art. 4º** A admissão do preso, condenado ou provisório, dependerá de decisão prévia e fundamentada do juízo federal competente, após receber os autos de transferência enviados pelo juízo responsável pela execução penal ou pela prisão provisória. **§ 1º** A execução penal da pena privativa de liberdade, no período em que durar a transferência, ficará a cargo do juízo federal competente.

▶ **Regimento Penitenciário Federal** (instituído pelo Dec. 6.049/2007). **Art. 6º** O estabelecimento penal federal tem as seguintes características: I – destinação a presos provisórios e condenados em regime fechado; (...).

**Enunciado 63. Na fiscalização do cumprimento da pena no regime aberto domiciliar, em face da inexistência de casa de albergado, bem como das penas restritivas de direitos, o custeio das despesas do monitoramento eletrônico não pode ser imposto ao apenado.**

• ***Aprovado no*** *IV FONACRIM, em 25.9.2015.*

▸ *Por Alessandro Diaferia.*

O cerne do presente enunciado diz respeito à execução da condenação penal, tanto em regime aberto domiciliar quanto nas penas restritivas de direito, substitutivas da pena corporal. Mais especificamente, refere-se à utilização do monitoramento eletrônico, que surge como alternativa ao encarceramento e como mecanismo de fiscalização do cumprimento da sentença penal.

Pois bem. Como aludido anteriormente, em muitos locais se constata a não utilização do monitoramento eletrônico por razões de ordem prática, voltadas à implantação do sistema. Por vezes a questão orçamentária prejudica – quando não impede definitivamente – a adoção do monitoramento, eis que a operação e a manutenção do sistema trazem custos nada desprezíveis, com funcionários especializados, trabalhando em turnos ininterruptos, invariavelmente através da contratação de empresas especializadas via procedimento licitatório, e assim por diante. Assim, diante de tais formalidades, que muitas vezes se transformam em entraves burocráticos, surge a ideia que busca a efetividade da alternativa legalmente prevista, mas transferindo os custos a quem dela se beneficiaria, em tese.

Ocorre que a implantação do monitoramento eletrônico não pode ocorrer a custo do sujeito passivo de monitoramento, sem a preexistência de lei impondo tal ônus ao apenado, o qual, em última análise, seria expropriado dos valores necessários à implantação e manutenção do sistema.

Além disso, igualmente careceria de respaldo legal utilizar a prestação pecuniária a ser paga pelo apenado, como pena alternativa à prisão, para implantar-lhe o monitoramento eletrônico, eis que obliquamente haveria o custeio da pena, ainda que restritiva de direitos, pelo próprio apenado. Neste caso, há destinação previamente estabelecida para os valores recolhidos a título de prestação pecuniária, os quais, no âmbito da Justiça Federal[1], devem ser geridos e distribuídos a entidades de interesse público e social previamente cadastradas nos juízos de execução das condenações proferidas pela Justiça Federal.

Ora, compete ao Poder Público organizar e manter toda a infraestrutura necessária à aplicação da lei penal, seja no tocante à apuração e persecução penal, seja no que se refere ao cumprimento da condenação, momento em que a sociedade é, por assim dizer, ressarcida do dano sofrido com a conduta objeto de condenação penal. Para tanto, a Constituição Federal estabelece competência legislativa concorrente à União e aos Estados.

Portanto, por se tratar de tarefa privativa do Poder Público, não se pode conceber a imposição do custeio do sistema de monitoramento eletrônico ao próprio apenado, diante da ausência de previsão legal autorizando tal providência.

Diferente seria a situação hipotética em que o apenado, por livre e espontânea vontade, se dispusesse a custear o sistema de monitoramento eletrônico, para cumprir a condenação penal, em regime aberto ou penas restritivas de direito.

Embora inconveniente, *a priori*, não se entrevê vedação legal a tal postura, desde que calcada no mais livre discernimento do apenado, que pode desejar dar mostras de respeito à decisão judicial e de sua reinserção social positiva, ou seja, em benefício da sociedade. Mesmo assim, por melhores que fossem as intenções do apenado, seria questionável tal postura, eis que configura obrigação estatal prover a execução das condenações penais.

Em conclusão, o que o enunciado FONACRIM 63 procura realçar é que a obrigação legal de custear o monitoramento eletrônico recai sobre o Poder Estatal, a qual não pode ser pura e simplesmente transferida ao condenado, sem previsão legal específica.

---

1 Resolução n. 295, de 4.6.2004, do Conselho da Justiça Federal. No âmbito do Conselho Nacional de Justiça há a Resolução n. 154, de 13.7.2012

## 2. DOS ESTABELECIMENTOS PENAIS (ARTS. 82 A 104)

**Enunciado 43. Não havendo substituição da pena restritiva de liberdade por restritivas de direito, tanto no regime aberto quanto no regime semiaberto há, nos termos da Lei de Execução Penal, cumprimento de pena em regime prisional, não cabendo à Justiça Federal suprir as eventuais deficiências e dificuldades do sistema prisional estadual quanto à existência ou não de casa do albergado e de vagas no semiaberto.**

- ***Enunciado 8*** *aprovado no III FONACRIM. Renumerado e cancelado no IV FONACRIM, em 25.9.2015.*

▸ *Por Cesar Arthur Cavalcanti de Carvalho.*

De acordo com a Súmula 192 do Superior Tribunal de Justiça, compete à Justiça Estadual a execução da pena imposta a sentenciados pela Justiça Federal, quando recolhidos em estabelecimentos sujeitos à administração estadual.

Quando da edição deste enunciado, no III FONACRIM, ocorrido em Recife/PE, em setembro de 2014, o intuito era deixar expresso que, independentemente da existência nos Estados de estabelecimentos prisionais adequados ou vagas para o cumprimento do regime aberto ou semiaberto, seria da Justiça Estadual a competência para a execução penal.

A lógica era de que, havendo previsão expressa em lei de estabelecimentos prisionais adequados de administração estadual (casas de albergado, colônias agrícolas, industriais ou similares), não poderia uma clara desorganização dos Estados justificar uma alteração da competência legal, inclusive porque isso afetaria toda a fiscalização da pena.

Imaginou-se, por exemplo, a situação de inexistir vaga ou estabelecimento para o início do cumprimento. Nessa hipótese, não poderia o Juiz Federal solucionar a questão das deficiências e dificuldades do sistema prisional estadual. Até mesmo verificar se posteriormente ao início da pena surgiram as condições adequadas de encarceramento é atribuição, segundo a jurisprudência do STJ, exclusivamente da Justiça Estadual.

Além do mais, caberia ao juízo estadual gerir as circunstâncias inerentes ao cumprimento da pena nos citados regimes, fazendo ingerências nos órgãos executivos estaduais para aprimoramento do sistema prisional e manejando as vagas existentes e futuras.

Esse problema é especialmente comum quando ocorre a progressão de regime, do fechado para o semiaberto ou do semiaberto para o aberto. É fato que todos os Estados possuem estabelecimentos carcerários para o regime mais gravoso. Por sua vez, a maior parte das unidades da federação tem pelo menos uma colônia agrícola, industrial ou similar (semiaberto). As casas de albergado, entretanto, são raras (aberto). Destarte, com a progressão do regime, os juízos estaduais eventualmente devolvem as execuções penais ao juízo federal alegando a inexistência de vagas ou estabelecimento adequado.

O enunciado quis deixar claro que tais situações não eram da alçada da Justiça Federal, competindo ao juízo estadual dar continuidade à execução penal, consoante inclusive dispõe a jurisprudência do Superior Tribunal de Justiça.

Sua aprovação foi envolta em muita discussão, especialmente porque, pela dicção da citada deliberação, não restou claro se o entendimento era de que o recolhimento ao estabelecimento sujeito à administração estadual é que fixava o juízo competente. Assim, se impossível o recolhimento, subentendia-se que a Justiça Federal é que deveria conduzir a execução da pena? Ao final, entretanto, restou aprovada a edição do enunciado nos termos acima transcritos, o que aparentemente trouxe mais problemas do que soluções.

No entanto, no IV FONACRIM, ocorrido em setembro de 2015, o entendimento foi revisto e o enunciado cancelado, com vistas a se adequar às diversas peculiaridades encontradas nos Estados, especialmente diante da redação um pouco dúbia no que se refere à necessidade, ou não, de a execução penal já ter se iniciado no juízo estadual.

Dito de outra forma, preferiu-se expurgar o enunciado, porquanto sua interpretação trazia vários questionamentos, o que evidentemente não é o objetivo de nenhum dispositivo dessa espécie.

Súmula 192. Compete ao juízo das execuções penais do estado a execução das penas impostas a sentenciados pela justiça federal, militar ou eleitoral, quando recolhidos a estabelecimentos sujeitos a administração estadual.

Agravo regimental no conflito negativo de competência. Execução penal. Condenação perante a justiça federal. Estabelecimento prisional sob administração estadual. Progressão para regime aberto. Súmula 192/stj. Competência do juízo estadual. Mudança de endereço. Alteração da competência. Não ocorrência. Recurso a que se nega provimento. 1. É competente o Juízo das Execuções Penais do Estado para a execução da pena imposta a sentenciado pela Justiça Federal, quando recolhido a estabelecimentos sujeitos à administração estadual (Súmula 192 STJ). 2. O fato de o sentenciado estar residindo em outra comarca não autoriza a modificação da competência para execução da pena. (STJ, AgRg no CC 141.896/PR, Rel. Min. Maria Thereza de Assis Moura, 2ª Seção, DJe 3.3.2016)

1. Havendo cumprimento de pena em estabelecimento prisional sob a jurisdição do Juízo das execuções estadual, este é o competente para o respectivo processo de execução penal, decidindo os incidentes de tal etapa processual. 2. O fato de haver progressão de regime e não mais se encontrar custodiado, não torna incompetente o Juízo estadual para continuar a presidir sua execução. Incidência da Súmula 192 do STJ. (STJ, AgRg no CC 136.386/PR, Rel. Min. Ribeiro Dantas, 2ª Seção, DJe 1.2.2016)

1. A execução penal compete ao Juiz indicado na lei local de organização judiciária e, na sua ausência, ao da sentença. Sem ferir o art. 109 da CF/88, o verbete n. 192 da Súmula do Superior Tribunal de Justiça excepciona referida disciplina, nos casos em que o apenado, condenado pela Justiça Federal, encontrar-se em estabelecimento penitenciário estadual. 2. Transferida, de início, para a Justiça Estadual a competência para o processo de execução penal, em virtude da permanência do condenado em estabelecimento penitenciário estadual, tem-se que a competência não se transfere de volta, automaticamente, pela simples progressão a regime no qual não seja mais necessário o encarceramento. 3. Admitir que a progressão remeta os autos à Justiça Federal e a regressão os devolva à Justiça estadual geraria desnecessário tumulto à execução penal. 4. Mantida, assim, a competência do Juízo de Direito da Vara de Execução de penas e medidas alternativas de Foz do Iguaçu/PR, ora suscitado, para dar continuidade à execução de pena imposta pela Justiça Federal, mesmo após a progressão de regime para o meio aberto. (STJ, AgRg no CC 139.877/PR, Rel. Min. Reynaldo Soares da Fonseca, 2ª Seção, DJe 4.9.2015)

1. Conforme o enunciado da Súmula n. 192/STJ, compete à Justiça Estadual a execução da pena imposta a sentenciados pela Justiça Federal, quando recolhidos em estabelecimentos sujeitos a administração estadual. 2. "In casu", cabe à Justiça Estadual, ao conceder o benefício da prisão domiciliar ao apenado, tendo em vista a inexistência de vaga em estabelecimento prisional adequado ao regime estabelecido na sentença, prosseguir na execução da pena, inclusive para acompanhar o cumprimento das condições fixadas. (STJ, CC 109.299/MG, Rel. Min. Jorge Mussi, 2ª Seção, DJe 6.9.2010)

1. "Compete ao Juízo das Execuções Penais do Estado a execução das penas impostas a sentenciados pela Justiça Federal, Militar ou Eleitoral, quando recolhidos a estabelecimentos sujeitos a administração estadual" (Súmula 192/STJ). 2. Portanto, ainda que a apenada, agraciada com a progressão para o regime semiaberto, não mais se encontre encarcerada, a competência para dirimir os demais incidentes da execução permanecem com o Juízo Estadual, notadamente quando várias condições foram estabelecidas para a manutenção da liberdade, havendo, inclusive, possibilidade de regressão para o regime mais gravoso. (...). (STJ, CC 88.905/MT, Rel. Min. Jane Silva (Des. conv. TJ/MG, 2ª Seção, DJ 8.11.2007)

► **CP. Art. 33.** A pena de reclusão deve ser cumprida em regime fechado, semiaberto ou aberto. A de detenção, em regime semiaberto, ou aberto, salvo necessidade de transferência a regime fechado. **§ 1º** Considera-se: a) regime fechado a execução da pena em estabelecimento de segurança máxima ou média; b) regime semiaberto a execução da pena em colônia agrícola, industrial ou estabelecimento similar; c) regime aberto a execução da pena em casa de albergado ou estabelecimento adequado. **§ 2º** As penas privativas de liberdade deverão ser executadas em forma progressiva, segundo o mérito do condenado, observados os seguintes critérios e ressalvadas as hipóteses de transferência a regime mais rigoroso: a) o condenado a pena superior a 8 (oito) anos deverá começar a cumpri-la em regime fechado; b) o condenado não reincidente, cuja pena seja superior a 4 (quatro) anos e não exceda a 8 (oito), poderá, desde o princípio, cumpri-la em regime semiaberto; c) o condenado não reincidente, cuja pena seja igual ou inferior a 4 (quatro) anos, poderá, desde o início, cumpri-la em regime aberto. **§ 3º** A determinação do regime inicial de cumprimento da pena far-se-á com observância dos critérios previstos no art. 59 deste Código. **§ 4º** O condenado por crime contra a administração pública terá a progressão de regime do cumprimento da pena condicionada à reparação do dano que causou, ou à devolução do produto do ilícito praticado, com os acréscimos legais. ► **Art. 44.** As penas restritivas de direitos são autônomas e substituem as privativas de liberdade, quando: I – aplicada pena privativa de liberdade não superior a quatro anos e o crime não for cometido com violência ou grave ameaça à pessoa ou, qualquer que seja a pena aplicada, se o crime for culposo; II – o réu não for reincidente em crime doloso; III – a culpabilidade, os antecedentes, a conduta social e a personalidade do condenado, bem como os motivos e as circunstâncias indicarem que essa substituição seja suficiente. **§ 1º** (vetado) **§ 2º** Na condenação igual ou inferior a um ano, a substituição pode ser feita por multa ou por uma pena restritiva de direitos; se superior a um ano, a pena privativa de liberdade pode ser substituída por uma pena restritiva de direitos e multa ou por duas restritivas de direitos. **§ 3º** Se o condenado for reincidente, o juiz poderá aplicar a substituição, desde que, em face de condenação anterior, a medida seja socialmente recomendável e a reincidência não se tenha operado em virtude da prática do mesmo crime. **§ 4º** A pena restritiva de direitos converte-se em privativa de liberdade quando ocorrer o descumprimento injustificado da restrição imposta. No cálculo da pena privativa de liberdade a executar será deduzido o tempo cumprido da pena restritiva de direitos, respeitado o saldo mínimo de trinta dias de detenção ou reclusão. **§ 5º** Sobrevindo condenação a pena privativa de liberdade, por outro crime, o juiz da execução penal decidirá sobre a conversão, podendo deixar de aplicá-la se for possível ao condenado cumprir a pena substitutiva anterior.

> ▶ **LEP. Art. 91.** A Colônia Agrícola, Industrial ou Similar destina-se ao cumprimento da pena em regime semiaberto. ▶ **Art. 92.** O condenado poderá ser alojado em compartimento coletivo, observados os requisitos da letra a, do parágrafo único, do artigo 88, desta Lei. **Parágrafo único.** São também requisitos básicos das dependências coletivas: a) a seleção adequada dos presos; b) o limite de capacidade máxima que atenda os objetivos de individualização da pena. ▶ **Art. 93.** A Casa do Albergado destina-se ao cumprimento de pena privativa de liberdade, em regime aberto, e da pena de limitação de fim de semana. ▶ **Art. 95.** Em cada região haverá, pelo menos, uma Casa do Albergado, a qual deverá conter, além dos aposentos para acomodar os presos, local adequado para cursos e palestras. **Parágrafo único.** O estabelecimento terá instalações para os serviços de fiscalização e orientação dos condenados.

# 3. DA EXECUÇÃO DAS PENAS EM ESPÉCIE (ARTS. 105 A 170)

## 3.1. Das Penas Privativas de Liberdade (arts. 105 a 146)

### ENUNCIADO 61. PRISÃO DOMICILIAR ENSEJA DETRAÇÃO, INDEPENDENTEMENTE DE MONITORAMENTO ELETRÔNICO.

● ***Aprovado no*** *IV FONACRIM, em 25.9.2015.*

▸ *Por Alessandro Diaferia.*

O enunciado toca em três assuntos de grande relevância e que serão examinados separadamente, de forma absolutamente sintética e na seguinte ordem: detração, prisão domiciliar e monitoramento eletrônico. Após, formularemos algumas observações acerca do enunciado.

A detração é instituto de Direito Penal e está prevista no artigo 42 do Código Penal.

Resumidamente, consiste na dedução do total de dias de prisão provisória do total de dias da condenação final, seja pena privativa de liberdade ou medida de segurança. Noutras palavras, o tempo de prisão cumprido antes da condenação se tornar definitiva deverá ser descontado do *quantum* totalizado na decisão final condenatória. Assim, ao iniciar a fase de execução das penas, o sentenciado cumprirá apenas o restante da pena corporal, em observância às regras da legalidade e que proscrevem o *bis in idem*.

Equivalem à prisão provisória, para fins de detração e nos termos da lei, a segregação verificada no exterior, a internação em hospitais de custódia e tratamento psiquiátrico e a prisão administrativa. Quanto a esta última hipótese, sobreleva o caráter inócuo de sua permanência no direito positivo, haja vista a incompatibilidade da prisão administrativa com o sistema processual penal atual.

Vale, ainda, lembrar que a partir da Lei n. 12.736, de 30.11.2012, a detração passou a ser tratada expressamente no âmbito do processo penal, com a modificação do artigo 387 do Código de Processo Penal. A partir desse diploma legal, a detração penal deverá ser avaliada em todos os casos de decisão penal condenatória e influirá na fixação do regime inicial de cumprimento da pena privativa de liberdade.

Conforme referências de doutrina[2], há, inclusive, quem entenda[3] pela aplicabilidade da detração nas hipóteses de penas restritivas de direitos, numa pretendida aplicação da analogia *in bonam partem*. Importante lembrar, no entanto, que a aplicação da pena restritiva deve ser efetuada num momento logicamente posterior à fixação da pena corporal, ou seja, quando esta já se encontra definitiva e em caráter de substituição; assim, obedecido o comando do artigo 387, § 2º, do CPP, não há lugar para se cogitar a inviabilidade da detração quando aplicada pena restritiva de direito em substituição à privativa de liberdade.

Discussão semelhante surge em relação aos efeitos da detração sobre pena pecuniária, de multa. Segundo alguns[4], a pena pecuniária também mereceria sofrer detração, sob o pálio da proporcionalidade. Por outro lado, há entendimento divergente, diante da atual natureza da pena pecuniária, cujo inadimplemento não mais comporta sua conversão em pena privativa de liberdade e, por isso, não geraria direito à detração. Aprofundar o exame de tais discussões, embora interessante, exorbita o propósito do presente trabalho.

Assim, revisitado, muito brevemente, o instituto da detração e referidas algumas de suas questões, passemos ao segundo ponto fulcral do enunciado.

Passemos, então, à análise da prisão domiciliar.

Prevista como alternativa à segregação preventiva, a prisão domiciliar está disciplinada nos artigos 317 e 318 do CPP, com a redação dada pela Lei nº 12.403, de 4.5.2011.

Como se sabe, o advento da Lei nº 12.403/2011 refletiu a preocupação do legislador com o que se convencionou denominar encarceramento excessivo e desnecessário. Parece nítida, pois, a influência de questões de política criminal e penitenciária sobre o sistema processual penal, justificada, é certo, por dados estatísticos alarmantes acerca de prisões ilegais e de prejuízo ao reingresso social de condenados.

Foi, com efeito, incorporada ao leque de medidas alternativas à prisão preventiva uma possibilidade anteriormente prevista apenas para condenados definitivamente, *a priori* em regime aberto, nos termos do artigo 117 da Lei nº 7.210/84, a Lei de Execução Penal.

Nos termos da disciplina processual, a prisão domiciliar dirige-se a situações excepcionais, gravadas pela condição pessoal do indivíduo submetido à segregação provisória, assomando um caráter humanitário na sua fixação. São elas: (i) pessoa maior de 80 (oitenta) anos; (ii) extremamente debilitado por motivo de doença grave; (iii) acusado que seja imprescindível aos cuidados especiais de pessoa menor de 6 (seis)

---

2 Cf. MACHADO, Felipe Daniel A.; OLIVEIRA, Filipe Costa. A detração nas medidas cautelares pessoais: é possível? **Revista da Seção Judiciária do Rio de Janeiro**. v. 20, n. 36, p. 63-80, 2013.

3 Cf. CAPEZ, Fernando. **Curso de direito penal:** parte geral. V. I. 7. ed. São Paulo: Saraiva 2004, p. 362

4 Cf. BARROS, Flaviane de Magalhães; MACHADO, Felipe Daniel A. **Prisão e medidas cautelares**: nova reforma do processo penal - Lei 12.403/2011. Belo Horizonte: Del Rey, 2011.

anos de idade ou com deficiência; (iv) gestante a partir do 7º (sétimo) mês de gravidez ou sendo esta de alto risco.

Em todas as hipóteses, há que se comprovar objetivamente a condição especial a justificar a prisão domiciliar, sendo certo que no caso da doença grave eventualmente poderá ser necessário recorrer à opinião de especialistas ou mesmo realizar perícia.

Concluído este tópico, passemos ao último aspecto, antes dos comentários propriamente ditos ao enunciado.

O monitoramento eletrônico de indivíduos, para fins processuais penais, foi tratado na Lei n. 12.258, de 15.6.2010, que introduziu diversas modificações na Lei de Execução Penal. Em síntese, foi prevista a possibilidade de aplicar monitoramento eletrônico aos condenados em regime semiaberto durante as saídas temporárias e aos presos em regime de prisão domiciliar.

Posteriormente, sobreveio a já referida Lei n. 12.403/2011, que ampliou as possibilidades de utilização do monitoramento eletrônico, ao estabelecê-lo como medida cautelar diversa e substitutiva da prisão provisória. É o que dispôs o artigo 319, IX, do CPP, na sua nova redação.

Sobre a forma de aplicação do monitoramento eletrônico, observa-se a utilização de equipamentos usualmente denominados "tornozeleiras", que se valem da plataforma GPS (*Global Positioning System* – sistema de posicionamento global), ou seja emitem sinais a satélites que determinam, em tempo real, a localização do dispositivo e permitem o seu rastreamento.

O que se observa, na prática, é que em alguns locais o monitoramento eletrônico somente não é utilizado por questões operacionais, seja por alegada falta de recursos, materiais e humanos, para sua execução, seja por uma relativa indefinição sobre o órgão responsável por sua execução, quando se trata de indivíduos processados pela Justiça Federal, dentre vários órgãos nitidamente interessados no tema, a saber, o Ministério da Justiça, através do DEPEN e DPF, e as Secretarias de Estado de Segurança Pública e de Assuntos Penitenciários. Outra questão usualmente referida é o elevado custo de manutenção do sistema, o que encontra barreiras complexas para obter respaldo orçamentário.

Concluídas as breves observações conceituais sobre os tópicos referidos no enunciado FONACRIM 61, passemos a examiná-lo.

Pelo que restou visto acima, mesmo na interpretação literal do artigo 42 do CP, não há dúvida sobre a possibilidade de detrair o tempo descontado em prisão domiciliar. Lembre-se que mesmo verificada no curso do processo de conhecimento, como medida cautelar alternativa à prisão preventiva, trata-se de inequívoca restrição ao direito de ir e vir, em gradação suficiente para gerar o benefício do artigo 42 do CP.

A questão que o enunciado procura elucidar é sobre a necessidade da coexistência de monitoramento eletrônico com a prisão domiciliar, para que possa haver detração do período de restrição cumprido nesses termos. Neste sentido, promover tal exigência para o reconhecimento da detração significa impor duas medidas cumulativas, o que parece exorbitar a disciplina do instituto, prevista no artigo 42 do CP, que trata de pena privativa de liberdade.

Basta, portanto, a prisão de um indivíduo, em caráter ordinário ou domiciliar, para se constituir o direito a detrair esse período de segregação da pena definitiva, em sobrevindo condenação ao final, sendo certo que não há exigência, expressa na lei, quanto à necessidade de monitoramento eletrônico para esse reconhecimento. Cogitar sobre a detração verificada em casos de monitoramento eletrônico puro e simples, ou seja, sem prisão ordinária ou domiciliar, embora constitua tema instigante, exorbita a proposta do presente trabalho.

Importante destacar que o enunciado não proscreve a cumulação de medidas cautelares, no caso, da prisão domiciliar e do monitoramento eletrônico. Havendo situação concreta que recomende a adoção das duas medidas, caberá ao juiz decidir, expondo a correspondente fundamentação, assegurado o exercício livre convencimento motivado.

O que parece ficar claro é que para haver direito à detração, não se faz necessária a cumulação das duas medidas cautelares, quais sejam, a prisão domiciliar e o monitoramento eletrônico.

---

"HABEAS CORPUS". ROUBO CIRCUNSTANCIADO. CONDENAÇÃO. REGIME PRISIONAL. DETRAÇÃO. ART. 387, § 2º, DO CÓDIGO DE PROCESSO PENAL. CONSIDERAÇÃO PELO MAGISTRADO, QUE FIXOU O REGIME SEMIABERTO. MODIFICAÇÃO PELO TRIBUNAL DE ORIGEM SEM MOTIVAÇÃO IDÔNEA. AUSÊNCIA DE RELAÇÃO COM O INSTITUTO DA PROGRESSÃO DE REGIME. ANÁLISE QUE DEVE SER FEITA PELO JUÍZO SENTENCIANTE. NÃO CONHECIMENTO. ORDEM DE OFÍCIO. 1. O § 2º do art. 387 do CPP, com redação dada pela Lei n. 12.736/12, não guarda relação com o instituto da progressão de regime, próprio da execução penal, tendo em vista que o legislador cuidou de abranger o referido dispositivo no Título XII – Da Sentença. Diante de tal fato e em razão do próprio teor do dispositivo, que se refere a regime inicial de cumprimento de pena, incumbe ao juízo sentenciante a verificação da possibilidade de se estabelecer regime inicial mais brando, tendo em vista a aplicação da detração no caso concreto. Notabiliza-se, pois, que o mencionado artigo não diz respeito à progressão de regime, motivo pelo qual não há falar em exame dos critérios objetivo (lapso temporal) e subjetivo (comportamento carcerário), até porque tal avaliação invadiria a competência do Juízo das Execuções prevista no art. 66, III, b, da Lei de Execuções Penais. 2. Hipótese em que o Juiz de primeiro grau entendeu aplicável o regime prisional fechado, diante das circunstâncias concretas do crime. Contudo, dada a detração, estabeleceu o regime inicial intermediário. O Tribunal de origem desconsiderou a detração e fixou o regime mais gravoso, sem fundamentação idônea, confundindo o instituto da detração com a progressão de regime. 3. "Habeas corpus" não conhecido. Ordem concedida, de ofício, a fim de restabelecer o regime inicial semiaberto fixado pelo Juiz a quo, dada a detração, nos termos do art. 387, § 2º, do Código de Processo Penal. (STJ, HC 332.043/SP, Rel. Min. Maria Thereza de Assis Moura, 6ª Turma, DJe 30.11.2015)

---

PENAL E PROCESSUAL. "HABEAS CORPUS" SUBSTITUTIVO DE RECURSO PRÓPRIO. VIA INADEQUADA. TRÁFICO DE DROGAS. DOSIMETRIA. REDIMENSIONAMENTO DAS PENAS. IMPOSSIBILIDADE. REGIME PRISIONAL. HEDIONDEZ DO DELITO. CONSTRANGIMENTO ILEGAL. SUBSTITUIÇÃO DA PENA PRIVATIVA DE LIBERDADE POR RESTRITIVAS DE DIREITOS. DETRAÇÃO PENAL. 1. A jurisprudência do Superior Tribunal de Justiça, acompanhando a orientação da Primeira Turma do Supremo Tribunal Federal, firmou-se no sentido de que o "habeas corpus" não pode ser utilizado como substituto de recurso próprio, sob pena de desvirtuar a finalidade dessa garantia constitucional, exceto quando a ilegalidade apontada é flagrante, hipótese em que se concede a ordem de ofício. 2. O reexame da dosimetria por esta Corte Superior, em sede de "habeas corpus", só é possível quando evidenciado eventual desacerto na consideração de circunstância judicial, errônea aplicação do método trifásico ou violação a literal dispositivo de norma que acarrete flagrante ilegalidade, o que não se vislumbra na hipótese. 3. Embora reconhecidas as atenuantes da menoridade relativa e da confissão espontânea, elas não podem conduzir à redução da pena abaixo do mínimo legal, consoante a Súmula 231 desta Corte. 4. Para aplicação da causa de diminuição de pena do art. 33, § 4º, da Lei n. 11.343/2006, o condenado deve preencher, cumulativamente, todos os requisitos legais, quais sejam, ser primário, de bons antecedentes, não se dedicar a atividades criminosas nem integrar organização criminosa, podendo a reprimenda ser reduzida de 1/6 (um sexto) a 2/3 (dois terços) a depender das circunstâncias do caso concreto. 5. Devidamente justificado o quantum de redução pela minorante prevista no art. 33, § 4º, da Lei n. 11.343/2006, em razão da qualidade e da quantidade das drogas apreendidas (19,53 gramas de maconha, divididos em 30 porções, e 14,65 gramas de cocaína em pó, distribuídos em 14 papelotes), descabe falar em flagrante constrangimento ilegal a ser sanado, ainda mais quando a fração de redução aplicada "fica indene ao crivo do "habeas corpus", pois é matéria que demanda revolvimento fático-probatório" (HC 321.624...). 6. O Supremo Tribunal Federal, ao julgar o HC n. 111.840/ES, declarou incidentalmente a inconstitucionalidade do art. 2º, § 1º, da Lei n. 8.072/1990, com a redação dada pela Lei n. 11.464/2007, afastando a obrigatoriedade do regime inicial fechado aos condenados por crimes hediondos e equiparados, devendo-se observar o disposto no art. 33, c/c o art. 59, ambos do Código Penal. 7. "In casu", o juiz de 1º grau fixou o regime prisional fechado com fundamento no art. 2º, § 1º, da Lei de Crimes Hediondos. Assim, relativamente ao paciente Mateus, considerando a quantidade da pena imposta (2 anos e 6 meses), o fato de ser primário e de não terem sido apontadas circunstâncias desfavoráveis, é possível a fixação de regime mais brando. Em relação ao paciente Wellington, tendo em vista que é reincidente específico e foi condenado a pena superior a 4 anos, não há óbice à fixação do regime fechado. 8. Esta Corte vem entendendo que "o § 2º do art. 387 do CPP, com redação dada pela Lei n. 12.736/12, não guarda relação com o instituto da progressão de regime, próprio da execução penal, tendo em vista que o legislador cuidou de abranger o referido dispositivo no Título XII – Da Sentença. Diante de tal fato e em razão do próprio teor do dispositivo, que se refere a regime inicial de cumprimento de pena, incumbe ao juízo sentenciante a verificação da possibilidade de se estabelecer regime inicial mais brando, tendo em vista a aplicação da detração no caso concreto" (HC 325.174...). 9. "Habeas corpus" não conhecido. Ordem concedida, de ofício, para determinar que o Juízo da Vara Criminal da Comarca de Caraguatatuba, apenas em relação ao paciente (...), avalie a possibilidade de modificação do regime inicial, em atenção ao instituto da detração, e se estão preenchidos os requisitos para substituição da pena privativa de liberdade por restritiva de direitos, nos termos do art. 44 do CP. (STJ, HC 328.132/SP, Rel. Min. Gurgel de Faria, 5ª Turma, DJe 2.12.2015)

---

Sentença condenatória pelo delito de receptação (art. 180, *caput*, do CP), apelo da defesa sob o argumento da insuficiência do acervo probatório, requerida a absolvição, com pedidos subsidiários de desclassificação do delito para a forma culposa e de redução das penas, com fixação de regime mais brando e aplicação da regra da detração, acenando-se ainda com a hipossuficiência relativamente à pena pecuniária. Descabimento, materialidade e autoria bem demonstradas pela prova colhida, depoimentos de agentes policiais que devem ser considerados com primazia, revestindo-se de credibilidade, restando infirmada a negativa de autoria, ciência da origem ilícita da coisa que é extraída indiretamente das circunstâncias do fato e da conduta do agente, precedentes da jurisprudência, condenação mantida, não se admitindo a desclassificação, dosagem das penas correta, não se vislumbrando exacerbação ilegal ou bis in idem, bem fixado o regime inicial de cumprimento, regramento da detração inaplicável, recurso improvido. "O regramento previsto no artigo 387, § 2º, do Código de Processo Penal, com redação dada pela Lei no 12.736, de 2012, não se afigura aplicável nesta instancia, à falta de elementos para avaliar os requisitos subjetivos necessários à eventual progressão de regime, e também porque o Juiz das Execuções Penais ainda é competente para decidir sobre essa questão, nos exatos termos do artigo 66, da LEP, dizendo o Código de Processo Penal, ainda, que os incidentes da execução serão resolvidos pelo respectivo juiz (art. 671). Como já se decidiu: eventual abatimento do período em que permaneceu o réu preso cautelarmente será operado pelo Juízo das Execuções, a quem compete, pelo art. 66, III, "c", da Lei n. 7.210/84, proferir decisão sobre detração penal (HC 169.072...), já pacificada essa orientação (AgREg no AREsp 359.931...; STF, HC 75.119..), inclusive, nesta Corte Estadual de Justiça (Apelação 0003331-47.2012.8.26.0526...; Apelação 0066194-12.2012.8.26.0050...)". (TJSP, Rel. Ivana David, excerto do voto, 9ª Câmara de Direito Criminal; DJ 11.8.2015)

Apelação criminal. Furto qualificado na forma tentada. Escalada. Sentença condenatória. Pretendido o abrandamento do regime prisional e a aplicação da detração nos termos do art. 387, § 2º, do CPP. Admissibilidade parcial. Materialidade, autoria e qualificadora suficientemente demonstradas. Réu confesso, preso em flagrante. Apreensão das "rei furtivae" em poder do apelante. Palavras da testemunha presencial e do policial assaz importantes e valiosas na apuração dos fatos. Condenação bem editada, com base em convincente acervo probatório. Penas reduzidas. Cabível a compensação da reincidência com a confissão espontânea, por serem ambas circunstâncias preponderantes, consoante o entendimento desta 13ª Câmara de Direito Criminal. Regime prisional fechado, escorreitamente fixado, mercê da recidiva e do cometimento do crime sob liberdade provisória. Detração penal. Concessão de regime prisional mais favorável somente pelo Juiz das Execuções Criminais e em consonância com os ditames da Lei de Execução Penal. Recurso parcialmente provido. (TJSP, Rel. Moreira da Silva, 13ª Câmara de Direito Criminal, DJ 13.8.2015)

PENAL. PROCESSUAL. TRÁFICO DE ENTORPECENTES. LIVRAMENTO CONDICIONAL. PRISÃO DOMICILIAR. PRAZO. DETRAÇÃO. "HABEAS CORPUS". 1. O CP, art. 83 garante, ao condenado por crime considerado hediondo e os a eles equiparados, o direito ao livramento condicional, desde que não reincidente em crimes dessa natureza, e que cumpridos mais de dois terços da pena imposta. 2. O tempo de prisão cautelar efetivamente cumprida em regime domiciliar deve ser computado na pena privativa de liberdade, para fins de detração (CP, art. 42). 3. "Habeas Corpus" conhecido; pedido deferido. (STJ, HC 11.225/CE, Rel. Min. Edson Vidigal, 5ª Turma, DJ 2.5.2000)

"HABEAS CORPUS". PROCESSUAL PENAL. PEDIDO DE PRISÃO DOMICILIAR. PRESO PORTADOR DO VÍRUS HIV. AUSÊNCIA DE DEMONSTRAÇÃO DA IMPOSSIBILIDADE DE PRESTAÇÃO DE ASSISTÊNCIA MÉDICA ADEQUADA NO CÁRCERE. ORDEM DENEGADA. 1. Paciente condenado à pena de 46 (quarenta e seis) anos, 3 (três) meses e 20 (vinte) dias de reclusão, atualmente em regime fechado, pela prática de diversos crimes, inclusive de natureza hedionda e equiparados (homicídio qualificado e tráfico de drogas). 2. O Superior Tribunal de Justiça assentou o entendimento de que, excepcionalmente, pode-se conceder ao preso provisório o benefício da prisão domiciliar, quando demonstrado que o recluso é portador de doença grave e a impossibilidade de se prestar a devida assistência médica no estabelecimento penal em que se encontra recolhido. 3. Na espécie, não restou demonstrada e comprovada a absoluta impossibilidade de tratamento dentro do estabelecimento prisional. 4. Ordem denegada. (STJ, HC 252.334/RS, Rel. Min. Laurita Vaz, 5ª Turma, DJe 25.11.2013)

RECURSO ORDINÁRIO EM "HABEAS CORPUS". USO DE DOCUMENTO FALSO. PRISÃO PREVENTIVA SUBSTITUÍDA, PELO TRIBUNAL DE ORIGEM, PELAS CAUTELARES DO MONITORAMENTO ELETRÔNICO E PROIBIÇÃO DE AUSENTAR-SE DA COMARCA. NECESSIDADE DEMONSTRADA. GARANTIA DA APLICAÇÃO DA LEI PENAL. RECORRENTE COM NOME INCLUÍDO NO SISTEMA DE PROCURADOS DA INTERPOL, COMO SENDO UM MILITANTE FORAGIDO DO GRUPO SEPARATISTA BASCO ETA, RESPONSÁVEL POR ATENTADOS TERRORISTAS NA ESPANHA. RECURSO NÃO PROVIDO. 1. Com a edição da Lei n. 12.403/2011, a monitoração eletrônica foi instituída como uma medida cautelar substitutiva à prisão preventiva, apresentando-se, pois, como uma relevante alternativa ao cárcere. Portanto, sendo o monitoramento eletrônico, conforme instituído, um autêntico substitutivo da prisão preventiva, entende-se que, no caso, o Tribunal de origem, ao substituir a prisão pela cautelar do monitoramento eletrônico, concluiu não estarem presentes os requisitos do art. 312 do CPP. 2. Pela leitura do voto condutor do acórdão recorrido, verifica-se que a cautelar do monitoramento eletrônico foi aplicada de forma fundamentada, como medida alternativa à prisão do acusado, ante a necessidade de garantia da futura aplicação da lei penal, pois o recorrente, de nacionalidade espanhola, utilizando documentos falsos, vive há cerca de 16 anos no Brasil, estando seu nome incluído no sistema de procurados da Interpol, como sendo um militante foragido do grupo separatista basco ETA, responsável por atentados terroristas na Espanha, no caso, uma tentativa de homicídio de um policial, mediante atentado com artefatos explosivos. 3. Registre-se que as condições pessoais favoráveis, tais como residência fixa, família constituída e ocupação lícita, já foram consideradas pelo Tribunal de origem, quando substituiu a prisão preventiva do recorrente pelas cautelares do uso da tornozeleira eletrônica e proibição de ausentar-se da Comarca. 4. Assim, tendo havido motivação idônea, nos termos do art. 93, IX, da CF/88, e atendidos os requisitos dos arts. 282, I e II, do Código Processo Penal, com a indicação de elementos concretos a apontar a necessidade das cautelares impostas, mantém-se as medidas fixadas ao recorrente, não havendo qualquer constrangimento ilegal a ser reconhecido por esta Corte. 5. Recurso ordinário não provido. (STJ, RHC 37.600/RJ, Rel. Min. Leopoldo de Arruda Raposo (Des. conv. TJ/PE), 5ª Turma, DJe 8.10.2015)

RECURSO EM "HABEAS CORPUS". EXECUÇÃO. (1) SENTENÇA. REGIME INICIAL SEMIABERTO. INEXISTÊNCIA DE ESTABELECIMENTO PRISIONAL COMPATÍVEL. PRISÃO DOMICILIAR. MONITORAMENTO ELETRÔNICO. ANUÊNCIA DO SENTENCIADO NA AUDIÊNCIA ADMONITÓRIA. PREVISÃO LEGAL. INEXISTÊNCIA DE CONSTRANGIMENTO ILEGAL. (2) RECURSO A QUE SE NEGA PROVIMENTO. 1. Não se vislumbra constrangimento ilegal na concessão de prisão domiciliar ao condenado a cumprir pena em regime semiaberto, mediante o cumprimento de algumas condições, entre elas o monitoramento eletrônico. 2. Recurso a que se nega provimento. (STJ, RHC 201304114748, Maria Thereza de Assis Moura, 6ª Turma, DJe 24.6.2014)

HOMICÍDIO QUALIFICADO. PACIENTE QUE PERMANECEU SOLTO AO LONGO DA INSTRUÇÃO CRIMINAL. SUPERVENIÊNCIA DE CONDENAÇÃO PELO TRIBUNAL DO JURI. APLICAÇÃO DE RIGOROSA PENA RECLUSIVA. DEFERIMENTO DO RECURSO EM LIBERDADE COM A INCIDÊNCIA DE MEDIDAS CAUTELARES. ART. 319, INCISOS I, IV E IX DO CPP. DECISÃO FUNDAMENTADA. NECESSIDADE DE GARANTIR A APLICAÇÃO DA LEI PENAL E ACAUTELAR A ORDEM PÚBLICA. PROPORCIONALIDADE E ADEQUAÇÃO DAS RESTRIÇÕES APLICADAS. ILEGALIDADE NÃO DEMONSTRADA. 1. As medidas cautelares determinadas pelas instâncias de origem, consistentes no comparecimento mensal Juízo, proibição de ausentar-se da comarca e monitoramento eletrônico, diante das circunstâncias do caso, mostram-se proporcionais e adequadas às finalidades acautelatórias pretendidas, quais sejam garantir a aplicação da lei penal e acautelar a ordem pública, inexistindo, portanto, qualquer ilegalidade a ser sanada de ofício quanto ao tema. 2. "Habeas corpus" não conhecido. (STJ, HC 201201898250, Jorge Mussi, 5ª Turma, DJe 17.3.2014)

CUSTÓDIA CAUTELAR. INCIDÊNCIA DA LEI 12.403/2011. MONITORAMENTO ELETRÔNICO. IMPOSSIBILIDADE. PREENCHIMENTO DOS REQUISITOS PREVISTOS NO ART. 312 DO CPP. APLICAÇÃO DA LEI PENAL. GRAVIDADE CONCRETA DOS DELITOS. INSUFICIÊNCIA DAS MEDIDAS ALTERNATIVAS À PRISÃO. ILEGALIDADE NÃO EVIDENCIADA. (...). 1. Inviável a incidência de medidas cautelares diversas da prisão quando, além de haver motivação apta a justificar o sequestro corporal – para garantia da aplicação da lei penal –, verifica-se que a aplicação da medida cautelar pleiteada não se mostraria adequada e suficiente diante da gravidade concreta dos delitos pelos quais restou condenado. (...). (RHC 201302690655, Jorge Mussi, 5ª Turma, DJe 6.11.2013)

**CP. Art. 42.** Computam-se, na pena privativa de liberdade e na medida de segurança, o tempo de prisão provisória, no Brasil ou no estrangeiro, o de prisão administrativa e o de internação em qualquer dos estabelecimentos referidos no artigo anterior.

▶ **Lei 12.736/12. Art. 1º** A detração deverá ser considerada pelo juiz que proferir a sentença condenatória, nos termos desta Lei. ▶ **Art. 2º** O art. 387 do Decreto-Lei n. 3.689, de 3 de outubro de 1941 – Código de Processo Penal, passa a vigorar com a seguinte redação: "Art. 387... § 1º O juiz decidirá, fundamentadamente, sobre a manutenção ou, se for o caso, a imposição de prisão preventiva ou de outra medida cautelar, sem prejuízo do conhecimento de apelação que vier a ser interposta. § 2º O tempo de prisão provisória, de prisão administrativa ou de internação, no Brasil ou no estrangeiro, será computado para fins de determinação do regime inicial de pena privativa de liberdade." (NR). ▶ **Art. 3º** Esta Lei entra em vigor na data de sua publicação.

## 3.2. Das Penas Restritivas de Direito (arts. 147 a 155)

**ENUNCIADO 64. EM CASO DE CONVERSÃO DE PENA RESTRITIVA DE DIREITO EM PRIVATIVA DE LIBERDADE, A EXPEDIÇÃO DE MANDADO DE PRISÃO PARA O INÍCIO DO CUMPRIMENTO DE PENA NO REGIME ABERTO PODE SER SUBSTITUÍDA PELA EXPEDIÇÃO DE MANDADO DE CONDUÇÃO COERCITIVA (A SER CUMPRIDO PELA AUTORIDADE POLICIAL), PARA FINS DE COMPARECIMENTO NA AUDIÊNCIA ADMONITÓRIA.**

• ***Aprovado no*** *IV FONACRIM, em 25.9.2015.*

▸ *Por Marcel Peres de Oliveira.*

As conversões estão previstas no Título VII da Lei de Execução Penal - LEP (Lei 7.210/84), que trata dos *incidentes de execução*[5].

De acordo com o art. 180 da LEP, a pena privativa de liberdade, não superior a 2 (dois) anos, poderá ser convertida em restritiva de direitos, desde que: I - o condenado a esteja cumprindo em regime aberto; II - tenha sido cumprido pelo menos 1/4 (um quarto) da pena; III - os antecedentes e a personalidade do condenado indiquem ser a conversão recomendável. Tem-se, nesse caso, a conversão *favorável* ao condenado.

5 A execução penal é essencialmente dinâmica, principalmente em razão do princípio constitucional da **individualização da pena**, que também atua no plano da execução da reprimenda. Por força da adoção do **sistema progressivo**, fundado basicamente no mérito do condenado, já é prevista uma "natural" alteração do cumprimento da pena ao longo do tempo. Porém, quando se fala em incidente de execução, tais mudanças podem ser consideradas como não usuais. Segundo MIRABETE, "é um acontecimento jurídico que ocorre no curso da execução da pena, ocasionando, por atividade jurisdicional, a sua alteração, redução ou extinção. No incidente da execução, o juiz não procede a reexame crítico e alteração do julgado no processo de conhecimento, mas, diante de situações jurídicas que rompem com a normalidade do procedimento executório, altera ou extingue o curso da execução. (...). Não constituem incidentes da execução o *sursis* e o livramento condicional, assim considerados na lei anterior, nem a transferência de regimes (progressão e regressão), já que nestas hipóteses não há alteração ou extinção da pena, mas o desenvolvimento, pode-se dizer, *normal* da execução da pena privativa de liberdade, em seu dinamismo, decorrente, em especial, do sistema progressivo". (MIRABETE, Julio Fabbrini. **Execução penal:** comentários à Lei nº 7.210, de 11.7.1984. 12. ed. São Paulo: Atlas, 2014, p. 867-868)

A hipótese inversa, conversão **desfavorável**, também denominada como **reconversão**, ocorre quando a pena restritiva de direitos é convertida em privativa de liberdade.

Como regra geral (art. 44 do Código Penal), a pena restritiva de direitos converte-se em privativa de liberdade quando ocorrer o descumprimento injustificado da restrição imposta (§ 4º), ou então houver condenação posterior a pena privativa de liberdade, por outro crime, que torne inviável a manutenção do cumprimento da pena substitutiva anterior (§ 5º). São causas, respectivamente, de reconversão **obrigatória** e **facultativa**. Já os §§ 1º a 3º do art. 181 da LEP elencam regras específicas envolvendo a prestação de serviços à comunidade, a limitação de fim de semana e a interdição temporária de direitos[6].

O Enunciado 64 do FONACRIM trata justamente da reconversão para o regime aberto, medida determinada pelo juízo da execução (art. 66, III, *f*, da LEP)[7], após garantir ao condenado o efetivo exercício do contraditório e da ampla defesa.

Nos termos do art. 113 da LEP, o ingresso do condenado em regime aberto supõe a aceitação de seu programa e das condições impostas pelo juiz. Para tanto, o magistrado designa audiência admonitória, momento em que se procede à colheita da manifestação do interessado.

A solução preconizada pelo enunciado consiste na substituição do mandado de prisão pela expedição de mandado de condução coercitiva, a ser cumprido pela autoridade policial, a fim de que o reeducando compareça ao referido ato.

Cuida-se de medida inegavelmente mais benéfica para o condenado, além de promover maior racionalização da prestação jurisdicional. Com efeito, evita-se a diligência prematura de prisão, para posterior comparecimento à audiência a ser designada pelo juízo. Altera-se, assim, o fluxo **prisão > audiência > casa de albergado** para **condução coercitiva > audiência > casa de albergado**, valendo ressaltar que, como já foi dito acima, o ingresso no regime aberto depende da aceitação das condições impostas. Logo, o efetivo encaminhamento somente ocorreria após a realização da audiência admonitória, oportunidade em que colhida a aceitação do condenado.

---

6 A referência que o art. 181 da LEP faz ao art. 45 do CP não se encontrava equivocada quando da sua vigência. O descompasso atual decorre do fato de o assunto ter sido integralmente reformulado pela Lei 9.714/98, que também deu nova redação ao art. 45.

7 Em se tratando de pena restritiva de direitos, notadamente à falta de varas especializadas em cumprimento de penas alternativas, não é raro que o juízo sentenciante concentre as atribuições da execução, podendo haver, quando for o caso, expedição de carta precatória para supervisão e acompanhamento pelo juízo deprecado. No caso da Justiça Federal, da mesma forma, atentar para o fato de não haver deslocamento de competência, a atrair o Enunciado 192 da Súmula do STJ, salvo se concretamente ocorrer o cumprimento da pena em estabelecimento vinculado à administração estadual (STJ, CC 137.899/PR).

PENAL E PROCESSO PENAL. CONFLITO POSITIVO DE COMPETÊNCIA. 1. EXECUÇÃO PENAL. JUSTIÇA FEDERAL SENTENCIANTE. JUSTIÇA ESTADUAL DO DOMICÍLIO DO RÉU. PENA RESTRITIVA DE DIREITOS. CUMPRIMENTO NO DOMICÍLIO DO RÉU. AUSÊNCIA DE TRANSFERÊNCIA DA COMPETÊNCIA. DEPRECAÇÃO DA SUPERVISÃO E ACOMPANHAMENTO. 2. RECOLHIMENTO A ESTABELECIMENTO ESTADUAL. INOCORRÊNCIA. NÃO APLICAÇÃO DA SÚMULA N. 192/STJ. 3. COMPETÊNCIA DO JUÍZO FEDERAL DA 4ª VARA DE FOZ DO IGUAÇU – SJ/PR. 1. Quanto à execução de penas restritivas de direitos, "esta Corte possui entendimento firmado no sentido de que a competência para a execução penal cabe ao Juízo da condenação, sendo deprecada ao Juízo do domicílio do apenado somente a supervisão e acompanhamento do cumprimento da pena determinada, inexistindo deslocamento de competência" (CC 113.112/SC, Rel. Min. Gilson Dipp). 2. Registro que a hipótese apresentada nos presentes autos não diz respeito ao cumprimento da pena em estabelecimentos sujeitos à administração estadual, razão pela qual não há se falar em aplicação do verbete n. 192 da Súmula do Superior Tribunal de Justiça: "compete ao juízo das execuções penais do estado a execução das penas impostas a sentenciados pela justiça federal, militar ou eleitoral, quando recolhidos a estabelecimentos sujeitos a administração estadual". 3. Conheço do conflito para declarar a competência do juízo (...), o suscitante, determinando, outrossim, ao (...), o cumprimento da carta precatória expedida pelo juízo competente. (CC 137.899/PR, Rel. Min. Leopoldo de Arruda Raposo, Des. conv. TJ/PE, 3ª Seção, DJe 27.3.2015)

"HABEAS CORPUS". DIREITO PENAL E DIREITO PROCESSUAL PENAL. PECULATO. PENA RESTRITIVA DE DIREITO. DESCUMPRIMENTO. RECONVERSÃO PARA PENA PRIVATIVA DE LIBERDADE. POSSIBILIDADE. JUÍZO DE JUSTIFICAÇÃO. INSTAURAÇÃO. NECESSIDADE. ORDEM PARCIALMENTE CONCEDIDA. 1. O descumprimento injustificado da prestação pecuniária é causa legal da sua conversão em pena privativa de liberdade (Código Penal, artigos 43, inciso I e 44, parágrafo 4º). 2. A conversão da prestação pecuniária em pena privativa de liberdade requisita prévia instauração do juízo de justificação, presidido, a despeito de sua natureza sumária, pelas garantias do contraditório e do direito de defesa e com decisão sobre a impossibilidade alegada, até porque a prestação comporta modificação do seu modo (Código Penal, artigo 45, § 2º). 3. Ordem parcialmente concedida. (HC 32.090/PE, Rel. Min. Hamilton Carvalhido, 6ª Turma, DJ 19.12.2005)

RECURSO ORDINÁRIO EM "HABEAS CORPUS". PROCESSO DE EXECUÇÃO. AUDIÊNCIA ADMONITÓRIA. PENA RESTRITIVA DE DIREITOS. PACIENTE QUE NÃO FOI ENCONTRADO EM NENHUM DOS ENDEREÇOS QUE DECLINOU NOS AUTOS PARA DAR INÍCIO AO CUMPRIMENTO DA REPRIMENDA. CONVERSÃO EM PENA PRIVATIVA DE LIBERDADE. POSSIBILIDADE. ALEGAÇÃO DE CERCEAMENTO DE DEFESA. IMPROCEDÊNCIA. RECURSO DESPROVIDO. 1. Na hipótese, sete audiências admonitórias foram frustradas pelo Condenado, ora por não ser encontrado no endereço declinado nos autos, ora por não atender à intimação realizada pelo Juízo de primeiro grau. Nesse contexto, o Juízo das Execuções converteu a pena restritiva de direitos em privativa de liberdade e decretou a prisão do Recorrente para que esse desse início ao cumprimento da pena corporal a ele imposta. 2. A Quinta Turma do Superior Tribunal de Justiça tem admitido a conversão das penas restritivas de direito em privativa de liberdade quando o Condenado não for localizado no endereço existente no processo na fase de execução, razão pela qual não se verifica o alegado constrangimento ilegal. (...). (STJ, RHC: 33926/TO, Rel. Min. Laurita Vaz, 5ª Turma, DJe 19.12.2013)

► **CP. Art. 44.** As penas restritivas de direitos são autônomas e substituem as privativas de liberdade, quando: (...). **§ 4º** A pena restritiva de direitos converte-se em privativa de liberdade quando ocorrer o descumprimento injustificado da restrição imposta. No cálculo da pena privativa de liberdade a executar será deduzido o tempo cumprido da pena restritiva de direitos, respeitado o saldo mínimo de trinta dias de detenção ou reclusão. **§ 5º** Sobrevindo condenação a pena privativa de liberdade, por outro crime, o juiz da execução penal decidirá sobre a conversão, podendo deixar de aplicá-la se for possível ao condenado cumprir a pena substitutiva anterior.

► **LEP. Art. 113.** O ingresso do condenado em regime aberto supõe a aceitação de seu programa e das condições impostas pelo Juiz. ► **Art. 114.** Somente poderá ingressar no regime aberto o condenado que: I – estiver trabalhando ou comprovar a possibilidade de fazê-lo imediatamente; II – apresentar, pelos seus antecedentes ou pelo resultado dos exames a que foi submetido, fundados indícios de que irá ajustar-se, com autodisciplina e senso de responsabilidade, ao novo regime. **Parágrafo único.** Poderão ser dispensadas do trabalho as pessoas referidas no artigo 117 desta Lei. ► **Art. 115.** O Juiz poderá estabelecer condições especiais para a concessão de regime aberto, sem prejuízo das seguintes condições gerais e obrigatórias: I – permanecer no local que for designado, durante o repouso e nos dias de folga; II – sair para o trabalho e retornar, nos horários fixados; III – não se ausentar da cidade onde reside, sem autorização judicial; IV – comparecer a Juízo, para informar e justificar as suas atividades, quando for determinado. ► **Art. 116.** O Juiz poderá modificar as condições estabelecidas, de ofício, a requerimento do Ministério Público, da autoridade administrativa ou do condenado, desde que as circunstâncias assim o recomendem. ► **Art. 180.** A pena privativa de liberdade, não superior a 2 (dois) anos, poderá ser convertida em restritiva de direitos, desde que: I – o condenado a esteja cumprindo em regime aberto; II – tenha sido cumprido pelo menos 1/4 (um quarto) da pena; III – os antecedentes e a personalidade do condenado indiquem ser a conversão recomendável. ► **Art. 181.** A pena restritiva de direitos será convertida em privativa de liberdade nas hipóteses e na forma do artigo 45 e seus incisos do Código Penal. **§ 1°** A pena de prestação de serviços à comunidade será convertida quando o condenado: a) não for encontrado por estar em lugar incerto e não sabido, ou desatender a intimação por edital; b) não comparecer, injustificadamente, à entidade ou programa em que deva prestar serviço; c) recusar-se, injustificadamente, a prestar o serviço que lhe foi imposto; d) praticar falta grave; e) sofrer condenação por outro crime à pena privativa de liberdade, cuja execução não tenha sido suspensa. **§ 2°** A pena de limitação de fim de semana será convertida quando o condenado não comparecer ao estabelecimento designado para o cumprimento da pena, recusar-se a exercer a atividade determinada pelo Juiz ou se ocorrer qualquer das hipóteses das letras "a", "d" e "e" do parágrafo anterior. **§ 3°** A pena de interdição temporária de direitos será convertida quando o condenado exercer, injustificadamente, o direito interditado ou se ocorrer qualquer das hipóteses das letras "a" e "e", do § 1°, deste artigo.

**ENUNCIADO 65. O JUÍZO DA EXECUÇÃO PENAL, EXCEPCIONALMENTE E DESDE QUE NÃO PREJUDIQUE O APENADO, POR OCASIÃO DA REALIZAÇÃO DA AUDIÊNCIA ADMONITÓRIA, PODERÁ REALIZAR A ADEQUAÇÃO DAS PENAS RESTRITIVAS DE DIREITO FIXADAS NA SENTENÇA AOS FATOS EXTRAORDINÁRIOS SUPERVENIENTES AO TRÂNSITO EM JULGADO, AJUSTANDO-AS ÀS CONDIÇÕES PESSOAIS DO CONDENADO.**

● ***Aprovado no*** *IV FONACRIM, em 25.9.2015.*

▸ *Por Gustavo Pontes Mazzocchi.*

A Lei de Execução Penal, no artigo 148, permite que o juiz da execução possa, em qualquer fase e motivadamente, alterar a forma de cumprimento das penas de prestação de serviços à comunidade e de limitação de fim de semana, ajustando-as às condições pessoais do condenado e às características do estabelecimento, da entidade ou do programa comunitário ou estatal.

Não se trata de exceção à regra da coisa julgada. Embora caiba ao juiz do processo de conhecimento estabelecer na sentença o tipo de pena restritiva de direitos aplicada, sob pena de incorrer em omissão, é tarefa afeta ao juízo da execução definir horários, modalidade de prestação de serviços comunitários e entidades beneficiárias. Ressalva às condenações por crimes ambientais, quando a entidade favorecida terá finalidade específica e os locais de cumprimento são predefinidos em lei, o que autoriza o juiz da condenação a estipular a natureza dos serviços que serão desempenhados. Afora isso, é competência do juízo da execução deliberar sobre a matéria. Dessa forma, eventual alteração procedida pelo juízo da execução decorrente de excesso de deliberação na sentença no processo de conhecimento ou de necessidade de adequação da pena por motivo outro, posterior ao início da execução, estará em perfeita sintonia com a lei e em preservação de sua competência própria. Nesse ponto, o enunciado acabou por ser mais limitativo do que a própria lei, ao condicionar a adequação a "fatos extraordinários supervenientes ao trânsito em julgado".

Convém relembrar, entretanto, que a alteração do tipo de pena restritiva imposta, conforme remansosa jurisprudência do STJ, não pode ser feita pelo juízo da execução. O que se admite é ajuste na modalidade de pena fixada na sentença, mas não a substituição de uma pena restritiva de direito por outra de espécie diversa. Exceção poderá ocorrer quando tenha se tornado impossível ao condenado o cumprimento da prestação imposta. Alguém que tenha, *v.g*, se tornado inválido depois da sentença, não terá como prestar serviços comunitários. Mas é preciso que essa impossibilidade seja absoluta. Questões ligadas à comodidade ou conveniência familiar ou pessoal não autorizam a modificação.

A jurisprudência também vem admitindo parcelamento e alteração do número de parcelas da **prestação pecuniária** ou, em excepcionais hipóteses e quando totalmente impossível ao condenado prestá-la, a sua redução. Não há de se confundir a prestação pecuniária (art. 45, § 1º, do CP) com a multa, que não poderá ser reduzida pelo juiz da execução. Esta poderá apenas ser parcelada.

Aqui sim, tratando-se de prestação pecuniária, poderá ter incidência o enunciado.

Melhor seria que ele estipulasse como possível a alteração desde que por fato superveniente à interposição do recurso, e não ao trânsito em julgado. Não poucas vezes, as alterações nas condições pessoais ocorrem depois da fase recursal, mas antes do trânsito em julgado.

O que se quis, na verdade, foi evitar que o juiz da execução alterasse aquilo que não foi atacado pelo recurso de apelação no tempo oportuno, servindo ele como instância revisora. Daí haver o enunciado colocado a necessidade de fatos supervenientes extraordinários. Haverá de prevalecer, logicamente, o bom senso.

Peca o verbete, ainda, ao dizer que eventual adequação será realizada em audiência **admonitória**. Isso porque, para o início da execução das penas restritivas de direito, a lei não exige a realização de admonitória, ato esse prevista nos artigos 158, 160 e 161 da Lei de Execução Penal e que é inerente à concessão do *sursis* da pena (suspensão condicional da pena). Mais recentemente, com o advento da Lei 9.099/95, também se realiza admonitória para o oferecimento da suspensão condicional do processo, de que trata o artigo 89 da citada Lei. Mas, para início da execução da pena restritiva de direitos, basta a intimação do condenado, nos termos dos artigos 151 e

154 da Lei de Execução Penal. Dessa forma, impôs o enunciado audiência que não é de rigor, embora da praxe (positiva) de alguns juízos.

Convém rememorar que, quando permitidas as alterações, devem ser motivadas por fatos posteriores ao escoamento do prazo de recurso. Situações anteriores devem ser questionadas através da interposição da apelação, sob pena de indevida alteração no comando sentencial e ofensa à coisa julgada.

Por fim, a vedação de alteração por sanção mais gravosa, vedada pelo texto do enunciado, deve ser lida com obtemperação. Havendo anuência expressa do condenado e do seu defensor, e preenchidos os pressupostos que a autorizam, a modificação poderá ser feita por sanção outra, ainda que aparentemente mais gravosa, quando for do interesse da defesa.

"HABEAS CORPUS". EXECUÇÃO PENAL. PORTE ILEGAL DE ARMA DE FOGO COM NUMERAÇÃO RASPADA. PACIENTE CONDENADO À PENA DE 3 ANOS DE RECLUSÃO, SUBSTITUÍDA INICIALMENTE POR PRESTAÇÃO DE SERVIÇOS À COMUNIDADE E PRESTAÇÃO PECUNIÁRIA. CUMPRIMENTO PARCIAL DA REPRIMENDA IMPOSTA, INCLUSIVE DA SANÇÃO PECUNIÁRIA. IMPOSSIBILIDADE DE HONRAR COM O RESTANTE DA PRESTAÇÃO DE SERVIÇOS À COMUNIDADE EM RAZÃO DO TRABALHO. JUÍZO DAS EXECUÇÕES QUE SUBSTITUI A PENA RESTRITIVA DE DIREITOS POR OUTRA PECUNIÁRIA E, POSTERIORMENTE, EXTINGUE A PUNIBILIDADE DO PACIENTE, DIANTE DA IMPOSSIBILIDADE DE ADIMPLEMENTO DA PARTE FINAL DA PRESTAÇÃO IMPOSTA. IMPOSSIBILIDADE. AFRONTA À FINALIDADE DAS PENAS. REINSERÇÃO SOCIAL. PRESTAÇÃO PECUNIÁRIA DESPROPORCIONAL ÀS CONDIÇÕES PESSOAIS DO PACIENTE. CONSTRANGIMENTO ILEGAL EVIDENCIADO. "HABEAS CORPUS" PARCIALMENTE CONCEDIDO. 1. A impossibilidade de cumprimento pelo sentenciado de pena restritiva de direitos não possibilita sua extinção, por absoluta falta de previsão legal para tanto. É certo que o art. 148 da Lei de Execução Penal permite a alteração da forma de cumprimento das penas restritivas de direitos, mas não simplesmente a extinção da pena por reputar suficiente o que já foi cumprido pelo apenado. Tal medida vai de encontro ao próprio fim ressocializador da reprimenda. 2. Não se mostra proporcional e razoável, o pagamento de 1/4 de salário mínimo, ao sentenciado que, nos termos da decisão do juízo de primeiro grau, não possui condições financeiras para arcar com tais valores, devendo a reprimenda ser adequada pelo Juízo das Execuções, observando-se às características do apenado. 3. Ordem de "habeas corpus" parcialmente concedida, para reformar o acórdão impugnado e, nos moldes do art. 148 da Lei de Execução Penal, fixar a prestação pecuniária no pagamento de vinte e quatro parcelas de R$ 30,00 (trinta reais), que entendo adequada às condições pessoais do sentenciado. (STJ, HC 176.490, 5ª Turma, Rel. Min. Laurita Vaz, DJe 8.11.2012)

EXECUÇÃO DA PENA RESTRITIVA DE DIREITOS. PRESTAÇÃO DE SERVIÇOS À COMUNIDADE. SUBSTITUIÇÃO. IMPOSSIBILIDADE DE CUMPRIMENTO NÃO DEMONSTRADA. FIXAÇÃO DE CRONOGRAMA FLEXÍVEL NA EXECUÇÃO. 1. É cabível a adequação na forma de cumprimento de pena alternativa a fim de possibilitar a regular execução da medida pelo apenado. 2. "In casu", foi conferida ao recorrente a possibilidade de adequação no cumprimento da pena alternativa, de modo que não restou configurado prejuízo ao desempenho de suas atividades profissionais. ALTERAÇÃO DA ESPÉCIE DE PENA RESTRITIVA DE DIREITOS PELO JUÍZO DA EXECUÇÃO. IMPOSSIBILIDADE. RECURSO DESPROVIDO. 1. Não cabe ao juízo da execução alterar a espécie da pena restritiva de direitos estabelecida no decreto condenatório. (...). (STJ, Resp 113.4507, 5ª Turma, Rel. Min. Jorge Mussi, DJe 11.10.2010)

EXECUÇÃO PENAL. "HABEAS CORPUS". SUBSTITUIÇÃO PELO JUÍZO DAS EXECUÇÕES CRIMINAIS DA PENA RESTRITIVA DE DIREITOS DE PRESTAÇÃO DE SERVIÇOS À COMUNIDADE POR PRESTAÇÃO PECUNIÁRIA. IMPOSSIBILIDADE. ORDEM DENEGADA. 1. A competência do Juízo das Execuções Criminais limita-se à alteração da forma de cumprimento da pena de prestação de serviços à comunidade aplicada pelo Juízo Criminal processante (CP, art. 59, inc. IV), ajustando-a "às condições pessoais do condenado e às características do estabelecimento, da entidade ou do programa comunitário ou estatal" (Lei 7.210/84, art. 148), sem, contudo, substituí-la por pena restritiva de direitos diversa. (...). (STJ, HC 38.052, 5ª Turma, Rel. Min. Arnaldo Esteves Lima, DJe 10.4.2006)

▶ **Lei 7.210/84. Art. 148.** Em qualquer fase da execução, poderá o Juiz, motivadamente, alterar, a forma de cumprimento das penas de prestação de serviços à comunidade e de limitação de fim de semana, ajustando-as às condições pessoais do condenado e às características do estabelecimento, da entidade ou do programa comunitário ou estatal. ▶ **Art. 149.** Caberá ao Juiz da execução: (...); II – determinar a intimação do condenado, cientificando-o da entidade, dias e horário em que deverá cumprir a pena; III – alterar a forma de execução, a fim de ajustá-la às modificações ocorridas na jornada de trabalho. ▶ **Art. 151.** Caberá ao Juiz da execução determinar a intimação do condenado, cientificando-o do local, dias e horário em que deverá cumprir a pena. ▶ **Art. 154.** Caberá ao Juiz da execução comunicar à autoridade competente a pena aplicada, determinada a intimação do condenado. **§ 1º** Na hipótese de pena de interdição do artigo 47, inciso I, do Código Penal, a autoridade deverá, em 24 (vinte e quatro) horas, contadas do recebimento do ofício, baixar ato, a partir do qual a execução terá seu início. ▶ **Art. 158.** Concedida a suspensão, o Juiz especificará as condições a que fica sujeito o condenado, pelo prazo fixado, começando este a correr da audiência prevista no artigo 160 desta Lei. **§ 1º** As condições serão adequadas ao fato e à situação pessoal do condenado, devendo ser incluída entre as mesmas a de prestar serviços à comunidade, ou limitação de fim de semana, salvo hipótese do artigo 78, § 2º, do Código Penal. **§ 2º** O Juiz poderá, a qualquer tempo, de ofício, a requerimento do Ministério Público ou mediante proposta do Conselho Penitenciário, modificar as condições e regras estabelecidas na sentença, ouvido o condenado. (...). ▶ **Art. 160.** Transitada em julgado a sentença condenatória, o Juiz a lerá ao condenado, em audiência, advertindo-o das consequências de nova infração penal e do descumprimento das condições impostas. ▶ **Art. 161.** Se, intimado pessoalmente ou por edital com prazo de 20 (vinte) dias, o réu não comparecer injustificadamente à audiência admonitória, a suspensão ficará sem efeito e será executada imediatamente a pena.

## 3.3. Da Pena de Multa (arts. 164 a 170)

**ENUNCIADO 42. A ADOÇÃO DA PRESTAÇÃO PECUNIÁRIA DEPOSITADA EM CONTA ÚNICA, EM SUBSTITUIÇÃO DE PENA (ART. 44 DO CP), ASSIM COMO EM PROPOSTAS DE TRANSAÇÃO PENAL E SUSPENSÃO CONDICIONAL DO PROCESSO, É DECISÃO DE CONTEÚDO JURISDICIONAL, CABENDO EXCLUSIVAMENTE AO JUIZ DA AÇÃO PENAL DECIDIR POR SUA ADOÇÃO OU NÃO. DA MESMA FORMA, CABERÁ AO JUIZ DA EXECUÇÃO PENAL, QUANDO REMETIDA A ELE A DECISÃO SOBRE A DESTINAÇÃO DOS RECURSOS, DECIDIR SE SERÁ ADOTADO O PROCEDIMENTO DE CONTA ÚNICA OU NÃO.**

● ***Enunciado** 7 aprovado no III FONACRIM. Renumerado no IV FONACRIM, em 25.9.2015.*

▸ *Por Marcel Peres de Oliveira.*

Com o objetivo de definir a política institucional do Poder Judiciário na utilização dos recursos oriundos da aplicação da pena de prestação pecuniária, o Conselho Nacional de Justiça – CNJ, na 147ª Sessão Ordinária, aprovou a Resolução 154, de 13 de julho de 2012, que trata da regulamentação da destinação, controle e aplicação de valores oriundos da aplicação da referida medida pela justiça criminal, no intuito de conferir maior publicidade e transparência na destinação dos aludidos recursos.

Entre as regras implantadas, destaca-se a abertura de conta única vinculada à unidade gestora, para que se possa receber os depósitos de valores advindos do cumprimento de transação penal, suspensão condicional do processo ou pena de prestação pecuniária propriamente dita, isto é, quando decorrente de sentença penal condenatória.

A liberação dos valores dar-se-á mediante alvará, podendo ser em favor da vítima ou de seus dependentes, ou ainda em prol de entidade pública ou privada com finalidade social, previamente conveniada, ou para atividades de caráter essencial à segurança pública, educação e saúde, desde que estas atendam às áreas vitais de relevante cunho social.

Após o recrutamento de entidades e projetos, a unidade gestora deve observar a ordem de preferência definida nos incisos do § 1º do art. 2º da Resolução 154.

As vedações estão previstas no art. 3º, tais como a impossibilidade de custeio do Poder Judiciário; de promoção pessoal de magistrados ou integrantes das entidades beneficiadas e, no caso destas, para pagamento de quaisquer espécies de remuneração aos seus membros; para fins político-partidários e, finalmente, para entidades que não estejam regularmente constituídas.

A resolução ainda determina a prestação de contas pela entidade beneficiária, a ser homologada pelo juízo, após a manifestação do setor de serviço social, onde houver, e do Ministério Público.

Em cumprimento ao disposto no art. 5º da Resolução CNJ 154/2012, o Conselho da Justiça Federal - CJF editou a Resolução 295, de 4 de junho de 2014. Trata-se de ato normativo criado para atender às peculiaridades da Justiça Federal, trazendo regulamentação mais detalhada, com aplicação direcionada precipuamente à primeira instância. Pode-se destacar do referido texto a necessidade de elaboração de edital para a seleção de projetos, o rol de documentos para cadastramento de entidades, o prazo de até 60 (sessenta) meses para duração da execução do projeto e divulgação anual dos resultados.

Mais recentemente, o CNJ alterou a redação do parágrafo único do art. 1º da Resolução 154, em razão de consulta formulada pelo Banco do Brasil, para definir a sistemática da abertura de contas individuais para cada processo, em vez de conta única, de forma a facilitar a administração e controle dos recursos a serem movimentados exclusivamente mediante alvará.

A regulamentação é alvo de críticas, apesar da louvável intenção de evitar abusos. Um dos argumentos utilizados está ligado à impossibilidade de o CNJ, nos limites das atribuições definidas pela Constituição Federal (art. 103-B, § 4º), imiscuir-se sobre matéria reservada à lei em sentido estrito, na medida em que busca definir regras sobre a forma de cumprimento da transação penal e da suspensão condicional do processo, institutos despenalizadores previstos na Lei 9.099/95, cuja competência legislativa foi outorgada privativamente à União (art. 22, I).

Encampando o referido argumento, o Procurador-Geral da República ajuizou a ADI 5.388/DF, na qual impugna integralmente a Resolução CNJ 154/2012 e a Resolução CJF 295/2014.

Rodrigo Janot também sustenta que os atos normativos interferem indevidamente na atividade-fim do Ministério Público, porque impedem que o agente ministerial acorde com o interessado formas distintas de cumprimento ou de destinação da prestação pecuniária, ofendendo, portanto, a autonomia constitucional conferida à instituição. Assim, defende que "não cabe a juízes decidir sobre a dimensão negocial da transação penal, desde que ela não se contraponha à lei". Entretanto, é necessário distinguir as situações, porque a atuação direta do Ministério Público ocorre apenas na transação penal. Na suspensão condicional do processo, eventual prestação pecuniária pode ser instituída como condição facultativa pelo juízo competente, na forma do § 2º do art. 89 da Lei 9.099/95. Em se tratando de execução penal, também incumbe ao juízo deliberar a respeito.

Há ainda o argumento de que a normatização poderia ser inconveniente, por reduzir a prestação pecuniária à mera realização de operação bancária, "livrando-se" o interessado mediante simples depósito em conta judicial. Não é raro, no cotidiano forense, que o suposto autor do fato ou o condenado seja compelido a efetuar o pagamento diretamente à entidade beneficiária. Através do contato mais próximo, incrementa-se o caráter pedagógico da medida, o que, não raramente, traz resultados positivos para os envolvidos.

O Enunciado 42 do FONACRIM aborda a questão a partir da natureza jurídica do ato regulamentado. Não há dúvidas de que se trata de decisão de conteúdo jurisdicional, com efetiva carga decisória, inclusive com a previsão, pelo ordenamento jurídico, de interposição de recursos, conforme o caso. Na transação penal, por exemplo, é cabível o recurso de apelação (art. 76, § 5º, da Lei 9.099/95). No caso da suspensão condicional do processo, é possível a interposição de recurso em sentido estrito. Em se tratando de execução penal, cabível o agravo de que trata o art. 197 da Lei de Execução Penal.

Assim, na medida em que se cuida de ato tipicamente jurisdicional, preconiza o enunciado que não estaria o magistrado submetido à adoção da sistemática da conta única (Resolução CNJ 154/2012), podendo, nesse sentido, decidir pela sua adoção ou não, inclusive quando a matéria estiver submetida ao juízo da execução, nos termos do art. 66, V, *a*, da Lei de Execução Penal.

Agravo regimental em mandado de segurança. Ato do Conselho Nacional de Justiça. Arquivamento de reclamação disciplinar. Inadmissibilidade. Mandado de segurança. (...). 1. Pretensão de revisar, a um só tempo, decisões judiciais proferidas pela Justiça do Trabalho e o ato do Corregedor Nacional da Justiça que determinou o arquivamento sumário da reclamação disciplinar. 2. Ausência de prolação de ato positivo pelo CNJ apta a atrair a competência originária desta Suprema Corte para o processamento do "mandamus". 3. É vedado ao CNJ proceder à revisão do conteúdo de ato jurisdicional, sendo sua competência restrita ao âmbito administrativo do Poder Judiciário, nos termos do art. 103-B, § 4º, da Constituição Federal. (...). (MS 28939 AgR, Rel. Min. Dias Toffoli, Pleno, DJe 8.4.2013)

"HABEAS CORPUS". PROCESSUAL PENAL. SUSPENSÃO CONDICIONAL DO PROCESSO. DEFERIMENTO NA ORIGEM. CASSAÇÃO PELO TRIBUNAL A QUO, EM SEDE DE CORREIÇÃO PARCIAL. VIA INADEQUADA. CABIMENTO DE RECURSO EM SENTIDO ESTRITO. INTERPOSIÇÃO FORA DO PRAZO LEGAL. PRECLUSÃO. AUSÊNCIA DE INTIMAÇÃO DA DEFESA. CERCEAMENTO DE DEFESA. 1. A teor do entendimento desta Corte, "contra decisão que concede, nega ou revoga suspensão condicional do processo cabe recurso em sentido estrito." (RMS 23.516...). 2. Ademais, quando da interposição da correição parcial, já havia transcorrido o prazo para a impugnação da decisão do Juízo da origem, tendo havido, portanto, a preclusão processual. (...). (HC 90.584/RS, Rel. Min. Laurita Vaz, 5ª Turma, DJe 3.11.2008)

(...). PROCESSUAL PENAL. DESPACHO QUE DESIGNA AUDIÊNCIA PARA CONCESSÃO DO SURSIS. PROPOSTA DE SUSPENSÃO DO PROCESSO. RECURSO EM SENTIDO ESTRITO. RECURSO CONHECIDO. Na letra do artigo 581, inciso XI, do Código de Processo Penal, cabe recurso em sentido estrito da decisão que conceder, negar ou revogar a suspensão condicional da pena, havendo firme entendimento, não unânime, de que se cuida de enumeração exaustiva, a inibir hipótese de cabimento outra que não as expressamente elencadas na lei. Tal disposição, contudo, por força da impugnabilidade recursal da decisão denegatória do "sursis", prevista no artigo 197 da Lei de Execuções Penais, deve ter sua compreensão dilargada, de maneira a abranger também a hipótese de suspensão condicional do processo, admitida a não revogação parcial da norma inserta no Código de Processo Penal. Desse modo, cabe a aplicação analógica do inciso XI do artigo 581 do Código de Processo Penal aos casos de suspensão condicional do processo, viabilizada, aliás, pela subsidiariedade que o artigo 92 da Lei nº 9.099/95 lhe atribui. A recorribilidade das decisões é essencial ao Estado de Direito, que não exclui a proteção da sociedade. (...). (REsp 601.924/PR, Rel. Min. José Arnaldo da Fonseca, 5ª Turma, DJ 7.11.2005)

"HABEAS CORPUS". INDEFERIMENTO DO PEDIDO DE ALTERAÇÃO DA PENA ALTERNATIVA DE PRESTAÇÃO PECUNIÁRIA E CONCESSÃO DA SUSPENSÃO DA COBRANÇA DA MULTA. MATÉRIA DE EXECUÇÃO PENAL E AUSÊNCIA DE MANIFESTO CONSTRANGIMENTO ILEGAL. NÃO CONHECIMENTO. O conhecimento de habeas-corpus em matéria de execução penal somente é possível quando o ato impugnado apresentar manifesta ilegalidade, o que não ocorre no caso, devendo, assim, a discussão ser apreciada pelo recurso cabível, qual seja, agravo em execução penal, pois não há manifesta ilegalidade na decisão que indefere pedido de alteração da pena (...). (TJRS, HC 70049553241, Rel. Marco Antônio Ribeiro de Oliveira, 4ª Câmara Criminal, DJ 1.11.2012)

► **CF. Art. 22.** Compete privativamente à União legislar sobre: I – direito civil, comercial, penal, processual, eleitoral, agrário, marítimo, aeronáutico, espacial e do trabalho. (...). ► **Art. 103-B. § 4º** Compete ao Conselho o controle da atuação administrativa e financeira do Poder Judiciário e do cumprimento dos deveres funcionais dos juízes, cabendo-lhe, além de outras atribuições que lhe forem conferidas pelo Estatuto da Magistratura: I – zelar pela autonomia do Poder Judiciário e pelo cumprimento do Estatuto da Magistratura, podendo expedir atos regulamentares, no âmbito de sua competência, ou recomendar providências; II – zelar pela observância do art. 37 e apreciar, de ofício ou mediante provocação, a legalidade dos atos administrativos praticados por membros ou órgãos do Poder Judiciário, podendo desconstituí-los, revê-los ou fixar prazo para que se adotem as providências necessárias ao exato cumprimento da lei, sem prejuízo da competência do Tribunal de Contas da União.

► **CP. Art. 44.** As penas restritivas de direitos são autônomas e substituem as privativas de liberdade, quando: I – aplicada pena privativa de liberdade não superior a quatro anos e o crime não for cometido com violência ou grave ameaça à pessoa ou, qualquer que seja a pena aplicada, se o crime for culposo; II – o réu não for reincidente em crime doloso; III – a culpabilidade, os antecedentes, a conduta social e a personalidade do condenado, bem como os motivos e as circunstâncias indicarem que essa substituição seja suficiente.

▶ **Art. 45.** Na aplicação da substituição prevista no artigo anterior, proceder-se-á na forma deste e dos arts. 46, 47 e 48. **§ 1º** A prestação pecuniária consiste no pagamento em dinheiro à vítima, a seus dependentes ou a entidade pública ou privada com destinação social, de importância fixada pelo juiz, não inferior a 1 (um) salário mínimo nem superior a 360 (trezentos e sessenta) salários mínimos. O valor pago será deduzido do montante de eventual condenação em ação de reparação civil, se coincidentes os beneficiários. **§ 2º** No caso do parágrafo anterior, se houver aceitação do beneficiário, a prestação pecuniária pode consistir em prestação de outra natureza.

▶ **Lei 9.099/95. Art. 76.** Havendo representação ou tratando-se de crime de ação penal pública incondicionada, não sendo caso de arquivamento, o Ministério Público poderá propor a aplicação imediata de pena restritiva de direitos ou multas, a ser especificada na proposta. **§ 1º** Nas hipóteses de ser a pena de multa a única aplicável, o Juiz poderá reduzi-la até a metade. **§ 2º** Não se admitirá a proposta se ficar comprovado: I – ter sido o autor da infração condenado, pela prática de crime, à pena privativa de liberdade, por sentença definitiva; II – ter sido o agente beneficiado anteriormente, no prazo de cinco anos, pela aplicação de pena restritiva ou multa, nos termos deste artigo; III – não indicarem os antecedentes, a conduta social e a personalidade do agente, bem como os motivos e as circunstâncias, ser necessária e suficiente a adoção da medida. **§ 3º** Aceita a proposta pelo autor da infração e seu defensor, será submetida à apreciação do Juiz. **§ 4º** Acolhendo a proposta do Ministério Público aceita pelo autor da infração, o Juiz aplicará a pena restritiva de direitos ou multa, que não importará em reincidência, sendo registrada apenas para impedir novamente o mesmo benefício no prazo de cinco anos. **§ 5º** Da sentença prevista no parágrafo anterior caberá a apelação referida no art. 82 desta Lei. **§ 6º** A imposição da sanção de que trata o § 4º deste artigo não constará de certidão de antecedentes criminais, salvo para os fins previstos no mesmo dispositivo, e não terá efeitos civis, cabendo aos interessados propor ação cabível no juízo cível. ▶ **Art. 89.** Nos crimes em que a pena mínima cominada for igual ou inferior a um ano, abrangidas ou não por esta Lei, o Ministério Público, ao oferecer a denúncia, poderá propor a suspensão do processo, por dois a quatro anos, desde que o acusado não esteja sendo processado ou não tenha sido condenado por outro crime, presentes os demais requisitos que autorizariam a suspensão condicional da pena (art. 77 do Código Penal). **§ 1º** Aceita a proposta pelo acusado e seu defensor, na presença do Juiz, este, recebendo a denúncia, poderá suspender o processo, submetendo o acusado a período de prova, sob as seguintes condições: I – reparação do dano, salvo impossibilidade de fazê-lo; II – proibição de frequentar determinados lugares; III – proibição de ausentar-se da comarca onde reside, sem autorização do Juiz; IV – comparecimento pessoal e obrigatório a juízo, mensalmente, para informar e justificar suas atividades. **§ 2º** O Juiz poderá especificar outras condições a que fica subordinada a suspensão, desde que adequadas ao fato e à situação pessoal do acusado. **§ 3º** A suspensão será revogada se, no curso do prazo, o beneficiário vier a ser processado por outro crime ou não efetuar, sem motivo justificado, a reparação do dano. **§ 4º** A suspensão poderá ser revogada se o acusado vier a ser processado, no curso do prazo, por contravenção, ou descumprir qualquer outra condição imposta. **§ 5º** Expirado o prazo sem revogação, o Juiz declarará extinta a punibilidade. **§ 6º** Não correrá a prescrição durante o prazo de suspensão do processo. **§ 7º** Se o acusado não aceitar a proposta prevista neste artigo, o processo prosseguirá em seus ulteriores termos.

▶ **Resolução CNJ 154/2012. Art. 1º** Adotar como política institucional do Poder Judiciário, na execução da pena de prestação pecuniária, o recolhimento dos valores pagos em conta judicial vinculada à unidade gestora, com movimentação apenas por meio de alvará judicial, vedado o recolhimento em cartório ou secretaria. **Parágrafo único.** A unidade gestora, assim entendida o juízo da execução da pena ou medida alternativa de prestação pecuniária, deverá encaminhar para a instituição financeira estadual ou federal, os dados do processo – número da autuação, comarca, vara e nome do réu – para depósito judicial, que será feito pelo apenado, na forma e periodicidade fixada na sentença, se mais de uma prestação, e cujos valores somente poderão ser movimentados por alvará judicial. ▶ **Art. 2º** Os valores depositados, referidos no art. 1º, quando não destinados à vitima ou aos seus dependentes, serão, preferencialmente, destinados à entidade pública ou privada com finalidade social, previamente conveniada, ou para atividades de caráter essencial à segurança pública, educação e saúde, desde que estas atendam às áreas vitais de relevante cunho social, a critério da unidade gestora. **§ 1º** A receita da conta vinculada irá financiar projetos apresentados pelos beneficiários citados no *caput* deste artigo, priorizando-se o repasse desses valores aos beneficiários que: I – mantenham, por maior tempo, número expressivo de cumpridores de prestação de serviços à comunidade ou entidade pública; II – atuem diretamente na execução penal, assistência à ressocialização de apenados, assistência às vítimas de crimes e prevenção da criminalidade, incluídos os conselhos da comunidade; III – prestem serviços de maior relevância social; IV – apresentem projetos com viabilidade de implementação, segundo a utilidade e a necessidade, obedecendo-se aos critérios estabelecidos nas políticas públicas específicas. **§ 3º** É vedada a escolha arbitrária e aleatória dos beneficiários. ▶ **Art. 3º** É vedada a destinação de recursos: I – ao custeio do Poder Judiciário; II – para a promoção pessoal de magistrados ou integrantes das entidades beneficiadas e, no caso destas, para pagamento de quaisquer espécies de remuneração aos seus membros; III – para fins político-partidários; IV – a entidades que não estejam regularmente constituídas, obstando a responsabilização caso haja desvio de finalidade. ▶ **Art. 4º** O manejo e a destinação desses recursos, que são públicos, devem ser norteados pelos princípios constitucionais da Administração Pública, previstos, dentre outros, dispositivos no art. 37, *caput*, da Constituição Federal, sem se olvidar da indispensável e formal prestação de contas perante a unidade gestora, sob pena de responsabilidade, ficando assegurada a publicidade e a transparência na destinação dos recursos. **Parágrafo único.** A homologação da prestação de contas será precedida de manifestação da seção de serviço social do Juízo competente para a execução da pena ou medida alternativa, onde houver, e do Ministério Público. ▶ **Art. 5º** Caberá às Corregedorias, no prazo de seis meses, contados da publicação da presente Resolução, regulamentar: I – os procedimentos atinentes à forma de apresentação e aprovação de projetos; II – a forma de prestação de contas das entidades conveniadas perante a unidade gestora; III – outras vedações ou condições, se necessárias, além daquelas disciplinadas nesta Resolução, observadas as peculiaridades locais. ▶ **Art. 6º** Esta Resolução entra em vigor na data de sua publicação.

## ENUNCIADO 66. AS IMPLICAÇÕES DA PENA DE MULTA NA PROGRESSÃO DO REGIME DE CUMPRIMENTO DA PENA NÃO ALTERAM A LEGITIMIDADE PARA A COBRANÇA DO VALOR ATRIBUÍDA À FAZENDA NACIONAL.

▸ • *Aprovado no IV FONACRIM, em 25.9.2015. Por Alessandro Diaferia.*

O enunciado toca em uma particularidade da pena de multa que, há tempos, foi objeto de dissenso jurisprudencial, a saber, a legitimidade para realizar a sua cobrança forçada.

De fato, originalmente a pena de multa não paga deveria ser convertida em prisão, à razão de um dia multa por dia de detenção, não podendo superar o período total de um ano. Era a previsão original do Código Penal, advinda da Lei nº 7.209/84.

Contudo, a partir da Lei nº 9.268/96, que introduziu modificações no artigo 51 do Código Penal, a pena de multa passou a ostentar a natureza de dívida de valor, sujeita aos meios normais de cobrança próprios das obrigações pecuniárias.

O fato é que decorreu certo período de tempo para que restasse uniformizado o entendimento de que a cabe à Fazenda Pública, sob o regime jurídico que lhe é próprio, a legitimidade ativa para promover a cobrança dos valores originados de condenação penal, a título de multa.

A questão que surge é se haveria alguma alteração nesse entendimento, no tocante à legitimidade ativa na cobrança da multa penal, quando do exame da progressão de regime. E, refletindo sobre o tema, conclui-se que em nada se altera tal legitimidade, mesmo que o não pagamento da pena de multa implique a vedação à progressão de regime.

De fato, em julgamento recente do Supremo Tribunal Federal, de repercussão nacional, foi decidido que o não pagamento deliberado da pena de multa inviabiliza a progressão de regime prisional, salvo em hipóteses de reconhecida hipossuficiência. Veja-se, neste sentido o Informativo 780 do STF, *verbis*:

> **Inadimplemento de pena de multa e progressão de regime – 1**
>
> **O inadimplemento deliberado da pena de multa cumulativamente aplicada ao sentenciado impede a progressão no regime prisional. Essa regra somente é excepcionada pela comprovação da absoluta impossibilidade econômica do apenado em pagar o valor, ainda que parceladamente.** Essa a conclusão do Plenário que, por maioria, negou provimento a agravo regimental interposto em face de decisão monocrática que indeferira o pedido de progressão de regime prisional — tendo em vista o inadimplemento da multa imposta — de condenado, nos autos da AP 470/MG (DJe 22.4.2013), à pena de seis anos e seis meses de reclusão, em regime inicial semiaberto, bem assim à sanção pecuniária de 330 dias-multa, pela prática de corrupção passiva e lavagem de dinheiro. **Alegava-se que o prévio pagamento da pena de multa não seria requisito legal para a progressão de regime, porquanto inexistente prisão por dívida (CF, art. 5º, LXVII), bem assim que o art. 51 do CP proibiria a conversão da multa em detenção.** De início, o Colegiado, por decisão majoritária, indeferiu pleito de sustentação oral formulado pela defesa. Sustentava-se, no ponto, que o agravo teria por fundamento o art. 197 da LEP e, por isso, estaria sujeito à mesma sistemática do recurso em sentido estrito. O Plenário reputou, na linha da jurisprudência do STF, e conforme deliberado ao longo do julgamento da AP 470/MG, que qualquer impugnação de decisão monocrática desafiaria agravo regimental (RISTF, art. 131, § 2º), inexistente, portanto, o direito de a defesa sustentar oralmente. Não caberia à Corte criar situação excepcional. Ademais, a situação dos autos não se assemelharia às hipóteses de cabimento de recurso em sentido estrito, pois o agravo não seria dirigido a outro tribunal, uma vez que o relator traria sua decisão para que fosse homologada pelo próprio Plenário do qual faz parte. Vencido o Ministro Marco Aurélio, que admitia a sustentação oral da defesa.
>
> **Inadimplemento de pena de multa e progressão de regime – 2**
>
> No mérito, **o Plenário rememorou que o art. 51 do CP, em sua redação original, previa a possibilidade de conversão da multa em pena de detenção, quando o condenado, deliberadamente, deixasse de honrá-la. Posteriormente, a Lei 9.268/1996 dera nova redação ao dispositivo, para não mais admitir essa conversão, bem como para permitir a correção monetária e a cobrança da sanção como dívida ativa. A referida alteração legislativa não retirara da multa o seu caráter de pena, conforme disposição constitucional (CF, art. 5º, XLVI) e legal (CP, art. 32, III).** Acrescentou que, em matéria de criminalidade econômica, a multa desempenharia papel proeminente. Mais até do que a pena de prisão, caberia à sanção pecuniária o papel retributivo e preventivo geral, para desestimular a conduta prevista penalmente. Por essa razão, deveria ser fixada com seriedade, proporcionalidade e, sobretudo, ser efetivamente paga. **Assinalou que o art. 33 do CP e os artigos 110 e seguintes da LEP disci-**

**plinariam três regimes diversos de cumprimento de pena privativa de liberdade: fechado, semiaberto e aberto. Para cada uma dessas fases, haveria estabelecimentos penais próprios. De outro lado, o art. 112 da LEP disporia sobre os requisitos gerais para que o julgador autorizasse a progressão de regime.** Como regra geral, condenados com bom comportamento poderiam progredir de um regime para outro após o cumprimento de um sexto da pena no regime anterior. Não obstante, **a jurisprudência do STF demonstraria que a análise dos requisitos necessários para progressão não se restringiria ao art. 112 da LEP, pois outros elementos deveriam ser considerados pelo julgador para individualizar a pena.**

**Inadimplemento de pena de multa e progressão de regime - 3**

O Colegiado sublinhou que, especialmente em matéria de crimes contra a Administração Pública, a parte verdadeiramente severa da pena haveria de ser a de natureza pecuniária, que teria o poder de funcionar como real fator de prevenção, capaz de inibir a prática de crimes a envolver apropriação de recursos públicos. Nessas condições, não seria possível a progressão de regime sem o pagamento da multa fixada na condenação. **O condenado teria o dever jurídico — e não a faculdade — de pagar integralmente o valor. Essa seria uma modalidade autônoma de resposta penal expressamente prevista no art. 5º, XLVI, c, da CF, a exigir cumprimento espontâneo por parte do apenado, independentemente de execução judicial.** A obrigatoriedade também adviria do art. 50 do CP. **O não recolhimento da multa por condenado que tivesse condições econômicas de pagá-la, sem sacrifício dos recursos indispensáveis ao sustento próprio e de sua família, constituiria deliberado descumprimento de decisão judicial e deveria impedir a progressão de regime. Além disso, admitir-se o não pagamento da multa configuraria tratamento privilegiado em relação ao sentenciado que espontaneamente pagasse a sanção pecuniária. Ademais, a passagem para o regime aberto exigiria do sentenciado autodisciplina e senso de responsabilidade (LEP, art. 114, II), a pressupor o cumprimento das decisões judiciais aplicadas a ele. Essa interpretação seria reforçada pelo art. 36, § 2º, do CP e pelo art. 118, § 1º, da LEP, que estabelecem a regressão de regime para o condenado que não pagar, podendo, a multa cumulativamente imposta. Assim, o deliberado inadimplemento da multa sequer poderia ser comparado à vedada prisão por dívida (CF, art. 5º, LXVII), configurando apenas óbice à progressão no regime prisional.** Ressalvou que a exceção admissível ao dever de pagar a multa seria a impossibilidade econômica absoluta de fazê-lo. Seria cabível a progressão se o sentenciado, veraz e comprovadamente, demonstrasse sua total insolvabilidade, a ponto de impossibilitar até mesmo o pagamento parcelado da quantia devida, como autorizado pelo art. 50 do CP. Ressaltou que o acórdão exequendo fixara o "quantum" da sanção pecuniária especialmente em função da situação econômica do réu (CP, art. 60), de modo que a relativização dessa resposta penal dependeria de prova robusta por parte do sentenciado. No caso, entretanto, não houvera mínima comprovação de insolvabilidade, incabível, portanto, a exceção admissível ao dever de pagar a multa. Vencido o Ministro Marco Aurélio, que provia o agravo para admitir a progressão de regime, independentemente do recolhimento da multa. Considerava que seria dever da Fazenda Pública executar a dívida, se necessário. (EP 12 ProgReg-AgR/DF, Rel. Min. Roberto Barroso, 8.4.2015) (Grifou-se).

Portanto, ao examinar o julgamento do Pretório Excelso, extrai-se a conclusão de que não há alteração alguma de entendimento no tocante à legitimidade ativa para a cobrança da pena de multa, mesmo que o seu inadimplemento venha a inviabilizar a progressão de regime. Como se percebe, a partir da Lei nº 9.268/96 a natureza da pena de multa ficou definitivamente estabelecida como dívida de valor e sob tal característica é que deve ser promovida sua cobrança.

Execução penal. Agravo regimental no "habeas corpus". Crimes financeiros – arts. 4º e 22 da Lei n. 7.492/86. Pena privativa de liberdade cumulada com pena de multa. Indulto da primeira e inscrição da segunda na dívida ativa da União. Juízo da execução penal incompetente para analisar o pedido de indulto da multa. Competência da autoridade Fiscal. Impetração de HHCC no TJ/SP e no STJ. Não conhecimento. Ausência de ameaça ao direito de locomoção. Objeto único da tutela em HC (CF, art. 5º, inc. LXVIII). Impossibilidade da reconversão da multa em pena privativa de liberdade. Fundamento não atacado. Insistência nos temas de fundo (competência do Juízo da Execução Penal e prescrição da pena de multa). Art. 51 do Código Penal: Pena multa convertida em dívida de valor. Regência pela legislação atinente à Fazenda Pública. Dupla supressão de instância. Inviabilidade do writ. 1. O "habeas corpus" é cabível "sempre que alguém sofrer ou se achar ameaçado de sofrer violência ou coação em sua liberdade de locomoção, por ilegalidade ou abuso de poder" (CF, art. 5º, inc. LXIX), por isso não tem cabimento quando não estiver em jogo o objeto específico de sua tutela. 2. "In casu", o paciente foi condenado à pena privativa de liberdade, cumulada com pena de multa, pela prática dos crimes descritos nos arts. 4º e 22, da Lei n. 7.492/86, e, após o trânsito em julgado da sentença, foi iniciada a execução da pena privativa de liberdade, sendo a pena de multa convertida em dívida de valor e encaminhada à Fazenda Pública para execução, ex vi do art. 51 do Código Penal. Posteriormente beneficiado com o indulto da pena privativa de liberdade, o paciente requereu o indulto da pena de multa, tendo o Juízo da Execução Penal se declarado incompetente para julgar o feito em face da conversão daquela em dívida de valor, ante o deslocamento da competência para a autoridade fiscal. 2.1. Daí a impetração sucessiva de "habeas corpus" no TJ/SP e STJ sustentando a competência do Juízo da Execução Penal, fundada em que a conversão da pena de multa em dívida de valor não lhe retira a natureza penal; inovando, ademais, com a ocorrência da prescrição. 2.2. Ambos os Tribunais não conheceram das impetrações, sob o fundamento da inexistência de ameaça atual ou iminente ao status libertatis em decorrência de abuso de poder ou ilegalidade, sendo certo que o inadimplemento da pena de multa convertida em dívida ativa não resultará em cerceio da liberdade; aliás, em consonância com o entendimento firmado pelo Pleno desta Corte no HC (AgR) n. 82.880/SP, Pleno, DJ 16.5.2003, verbis: "Constitucional. Processual penal. "Habeas corpus": cabimento. CF, art. 5º, LXVIII. I. O "habeas corpus" visa a proteger a liberdade de locomoção – liberdade de ir, vir e ficar – por ilegalidade ou abuso de poder, não podendo ser utilizado para proteção de direitos outros. C.F., art. 5º LXVIII. II. H.C. Indeferido, liminarmente. Agravo não provido", valendo conferir ainda o recente julgado da 2ª Turma desta Corte no HC n. 105.903, Rel. Min. Rosa Weber, no qual, em situação que se assemelha à do caso sub examine, assentou que "Tratando-se de condenação criminal somente à pena de multa e não sendo ela passível de conversão em prisão, não se encontra em risco a liberdade de locomoção do paciente, não sendo, por este motivo e conforme consubstanciado na Súmula 693 deste Supremo Tribunal Federal, cabível o "habeas corpus", instrumento destinado à garantia da liberdade de locomoção". 3. A insistência no conhecimento de questões sobre as quais as instâncias antecedentes não se manifestaram encontra resistência na pacífica jurisprudência desta Corte, no sentido de repudiar o conhecimento, "per saltum", de "habeas corpus", sendo certo que, "in casu", há dupla supressão de instância. 4. Não obstante a higidez do fundamento do ato impugnado, e apenas "ad argumentandum tantum", é consensual que a pena de multa pode ser alcançada pela prescrição da pretensão punitiva, nos termos do art. 114, I e II, do Código Penal, tanto a pena cominada "in abstracto" quanto a concretamente fixada na sentença ainda não transitada em julgado, ao passo que a prescrição da pretensão executória da pena de multa, vale dizer, da pena resultante de sentença transitada em julgado, há de ser questionada junto à autoridade fiscal à luz do Código Tributário Nacional, por expressa disposição do art. 51 do Código Penal. 5. Ainda a título argumentativo, não há falar em competência do Juízo da Execução Penal para decidir a respeito da pena de multa convertida em dívida de valor. Destarte, independentemente da origem penal da sanção, a multa restou convolada em obrigação de natureza fiscal e, por essa razão, a competência para passou a ser da autoridade fiscal, por força da Lei n. 9.268/96, que deu nova redação ao art. 51 do Código Penal. (...). (STF, HC-AgR 115405, Luiz Fux, STF)

Execução Penal. Agravo Regimental. Inadimplemento deliberado da pena de multa. Progressão de regime. Impossibilidade. 1. O inadimplemento deliberado da pena de multa cumulativamente aplicada ao sentenciado impede a progressão no regime prisional. 2. Tal regra somente é excepcionada pela comprovação da absoluta impossibilidade econômica do apenado em pagar a multa, ainda que parceladamente. (...). (STF, EP-ProgReg-AgR 12, Roberto Barroso)

AGRAVO REGIMENTAL. RECURSO ESPECIAL. MULTA. INADIMPLEMENTO. DÍVIDA DE VALOR. ART. 51 DO CP. REPRIMENDA RECLUSIVA JÁ CUMPRIDA. EXTINÇÃO DA PUNIBILIDADE. POSSIBILIDADE DE RECONHECIMENTO. PRECEDENTES. VIOLAÇÃO A DISPOSITIVOS DA CONSTITUIÇÃO FEDERAL. ANÁLISE. IMPOSSIBILIDADE. USURPAÇÃO DA COMPETÊNCIA DO SUPREMO TRIBUNAL FEDERAL. MANUTENÇÃO DA DECISÃO AGRAVADA. INSURGÊNCIA PARCIALMENTE CONHECIDA E, NESTA PARTE, DESPROVIDA. 1. A 2ª Seção do STJ firmou, no julgamento do EREsp 845.902/RS, a compreensão de que após o trânsito em julgado do édito condenatório a pena de multa torna-se dívida de valor, a ser executada, caso não paga, pela Fazenda Pública. 2. Assim, cumprida integralmente a reprimenda corporal, o não pagamento da sanção pecuniária não constitui óbice à extinção de punibilidade do sentenciado. 3. Eventual análise por esta Corte Superior de Justiça de alegadas violações à Constituição Federal se daria em indevida usurpação da competência do Pretório Excelso, razão pela qual não podem ser conhecidas nesta via. (...). (Ag no REsp 201400853001, Jorge Mussi, 5ª Turma, DJe 15.4.2015)

PENAL. EXECUÇÃO PENAL. PENA PRIVATIVA DE LIBERDADE. CUMPRIMENTO. SANÇÃO PECUNIÁRIA. INADIMPLEMENTO. EXTINÇÃO DA PUNIBILIDADE. POSSIBILIDADE. O entendimento deste eg. Superior Tribunal de Justiça é no sentido de que a pena de multa se converte em dívida de valor com o trânsito em julgado da condenação, devendo ser cobrada como tal. Isso não impede, todavia, a decretação de extinção da punibilidade uma vez cumprida integralmente a pena privativa de liberdade. (...). (...). (Ag no REsp 201400769163, Felix Fischer, 5ª Turma, DJe 26.3.2015)

PROCESSUAL PENAL. RECURSO ESPECIAL. ART. 51 DO CÓDIGO PENAL. MULTA. ILEGITIMIDADE DO MINISTÉRIO PÚBLICO PARA PROPOR AÇÃO DE EXECUÇÃO. I – A 2ª Seção desta Corte, no julgamento do CAT 92/SP, publicado em 7.5.2008, entendeu que 'compete à Procuradoria da Fazenda Nacional executar a pena de multa imposta em sentença condenatória criminal quando o réu, intimado para o pagamento, não o faz espontaneamente'. (Informativo STJ 266) II – Destarte, encontra-se pacificada no âmbito desta Corte a orientação no sentido de que o Ministério Público não mais detém legitimidade para propor ação de execução de pena de multa, em razão da nova sistemática trazida pela Lei nº 9.268/96, que deu nova redação ao art. 51 do Código Penal, passando a titularidade para a Fazenda Pública. (...). (REsp 200901438040, Felix Fischer, 5ª Turma, DJe 28.6.2010)

CRIMINAL. CONFLITO DE ATRIBUIÇÕES. EXECUÇÃO DE PENA DE MULTA. LEGITIMIDADE DA FAZENDA PÚBLICA. ILEGITIMIDADE DO MINISTÉRIO PÚBLICO. CONFLITO CONHECIDO. LEGITIMIDADE DA PROCURADORIA DA FAZENDA NACIONAL. I. Com o advento da Lei n. 6.830/80, a legitimidade para executar pena de multa passou a ser da Fazenda Pública, não subsistindo a legitimidade dantes conferida ao Ministério Público para propô-la. Precedente. II. Conflito conhecido para declarar a legitimidade da Procuradoria Geral da Fazenda Nacional, o Suscitado. (STJ, CA 200000009342, Gilson Dipp, 3ª Seção, DJe 7.5.2008)

CONFLITO DE ATRIBUIÇÕES. PENAL. EXECUÇÃO DE MULTA PENAL. ART. 51 DO CP. LEGITIMIDADE. I – A nova redação do art. 51 do CP não apenas proibiu a conversão da pena de multa em detenção, no caso de inadimplemento, considerando-a dívida de valor, mas também determinou a aplicação da legislação pertinente à dívida ativa da Fazenda Pública. (...). Não havendo o pagamento espontâneo, caberá à Fazenda Pública execução da multa, o que, todavia, não lhe retira o caráter punitivo. II – Todavia, in casu, o conflito instaurou-se entre o Juiz de Direito e a Procuradoria da Fazenda Nacional, órgão que não tem atribuição para promover execução fiscal para cobrança de multa penal, da alçada da Procuradoria da Fazenda do Estado. (...). (STJ, CA 200001162110, Felix Fischer, 3ª Seção, DJ 19.12.2002)

## 4. QUADRO SINÓPTICO

| LEI DE EXECUÇÃO PENAL | |
|---|---|
| **1. DOS ÓRGÃOS DA EXECUÇÃO PENAL (ARTS. 61 A 81)** | |
| **1.1. DO JUÍZO DA EXECUÇÃO (ARTS. 65 A 66)** | |
| Nas Seções ou Subseções onde não haja casa de albergado, não há óbice ao Juiz Federal com competência em execução penal exercer a fiscalização das penas dos réus em regime aberto. | Enunc. 62 |
| Na fiscalização do cumprimento da pena no regime aberto domiciliar, em face da inexistência de casa de albergado, bem como das penas restritivas de direitos, o custeio das despesas do monitoramento eletrônico não pode ser imposto ao apenado. | Enunc. 63 |
| **2. DOS ESTABELECIMENTOS PENAIS (ARTS. 82 A 104)** | |
| Não havendo substituição da pena restritiva de liberdade por restritivas de direito, tanto no regime aberto quanto no regime semiaberto há, nos termos da Lei de Execução Penal, cumprimento de pena em regime prisional, não cabendo à Justiça Federal suprir as eventuais deficiências e dificuldades do sistema prisional estadual quanto à existência ou não de casa do albergado e de vagas no semiaberto. | Enunc. 43 cancelado |
| **3. DA EXECUÇÃO DAS PENAS EM ESPÉCIE (ARTS. 105 A 170)** | |
| **3.1. DAS PENAS PRIVATIVAS DE LIBERDADE (ARTS. 105 A 146)** | |
| Prisão domiciliar enseja detração, independentemente de monitoramento eletrônico. | Enunc. 61 |
| **3.2. DAS PENAS RESTRITIVAS DE DIREITO (ARTS. 147 A 155)** | |
| Em caso de conversão de pena restritiva de direito em privativa de liberdade, a expedição de mandado de prisão para o início do cumprimento de pena no regime aberto pode ser substituída pela expedição de mandado de condução coercitiva (a ser cumprido pela autoridade policial), para fins de comparecimento na audiência admonitória. | Enunc. 64 |
| O juízo da execução penal, excepcionalmente e desde que não prejudique o apenado, por ocasião da realização da audiência admonitória, poderá realizar a adequação das penas restritivas de direito fixadas na sentença aos fatos extraordinários supervenientes ao trânsito em julgado, ajustando-as às condições pessoais do condenado. | Enunc. 65 |
| **3.3. DA PENA DE MULTA (ARTS. 164 A 170)** | |
| A adoção da prestação pecuniária depositada em conta única, em substituição de pena (art. 44 do CP), assim como em propostas de transação penal e suspensão condicional do processo, é decisão de conteúdo jurisdicional, cabendo exclusivamente ao juiz da ação penal decidir por sua adoção ou não. Da mesma forma, caberá ao juiz da execução penal, quando remetida a ele a decisão sobre a destinação dos recursos, decidir se será adotado o procedimento de conta única ou não. | Enunc. 42 |
| As implicações da pena de multa na progressão do regime de cumprimento da pena não alteram a legitimidade para a cobrança do valor atribuída à Fazenda Nacional. | Enunc. 66 |

# CAPÍTULO IV
# LEIS ESPECIAIS

SUMÁRIO



## 1. LEI DA PRISÃO TEMPORÁRIA (LEI 7.960/89)

**ENUNCIADO 8. A PRISÃO TEMPORÁRIA É MEDIDA CAUTELAR VÁLIDA E QUE OBJETIVA ASSEGURAR A INVESTIGAÇÃO CRIMINAL.**

● ***Aprovado no*** *I FONACRIM.*

*Por Marcel Peres de Oliveira.*

A prisão temporária foi instituída pela Medida Provisória 111, de 24 de novembro de 1989, estando atualmente disciplinada pela Lei 7.960, de 21 de dezembro do mesmo ano.

Alvo de severas críticas de parcela da doutrina, a prisão temporária sofreu a primeira impugnação perante o Supremo Tribunal Federal – STF, por ocasião da ADI 162/DF, ajuizada pelo Conselho Federal da Ordem dos Advogados do Brasil – CFOAB, em 11.12.1989, tendo como objeto a própria medida provisória. A liminar foi indeferida e, após alguns anos, a ação direta foi extinta por perda de objeto.

Por ocasião da análise da medida cautelar, o argumento da impossibilidade de utilização de medida provisória para regular referida matéria não foi acolhido, muito embora a Suprema Corte tenha consignado na ementa a sua relevância. De qualquer forma, a vedação expressa surgiu apenas com a promulgação da EC 32/01, que deu nova redação ao art. 62 da Constituição Federal.

O STF também não aceitou a tese da ofensa ao disposto no art. 5º, LXIII, da Carta Magna, na medida em que foi garantida, em qualquer situação, a comunicação com o respectivo advogado, ou seja, mesmo que houvesse decretação de incomunicabilidade pela autoridade policial (art. 3º, § 2º, da MP 111/89). Tal regra, entretanto, não foi repetida na Lei 7.960/89.

A alegação de que a prisão seria obrigatória, em razão do verbo *será*, contido no art. 2º, foi igualmente rejeitada, cabendo sempre ao magistrado deliberar a respeito, em decisão fundamentada (art. 93, IX, da CF).

Estão atualmente pendentes de julgamento a ADI 3360, ajuizada em 2.12.2004 pelo Partido Social Liberal, e a ADI 4109, ajuizada em 15.7.2008 pelo Partido Trabalhista Brasileiro. Entre os argumentos utilizados, destacam-se a ofensa ao devido processo legal e a violação à presunção de inocência. Outra crítica comumente utilizada é a de que a prisão temporária seria uma espécie de **prisão para averiguações**.

Antes da análise dos argumentos apresentados, é necessário definir a natureza jurídica da prisão temporária, de fundamental importância para a aferição da sua higidez constitucional. Isso porque o ordenamento não mais prevê a figura da prisão automática[1]. A doutrina também tem afirmado que a prisão anterior ao trânsito em julgado deve ostentar natureza cautelar[2], o que não afasta, de qualquer forma, a possibilidade do início do cumprimento da pena, em caso de confirmação da condenação pelo tribunal, conforme recentíssima decisão proferida nos autos do HC 126.292, de 17.2.2016, na qual o STF redimensionou o princípio da presunção de inocência[3].

No caso específico da prisão temporária, a solução passa pela adequada análise dos seus requisitos (art. 1º da Lei 7.960/89).

De início, pode-se afirmar que não há consenso, porque a lei nada esclareceu a respeito. Ao contrário, o legislador limitou-se a elencar, em três incisos distintos, as situações que autorizariam a decretação da prisão temporária. Surgiram três posicionamentos sobre o tema.

---

1. Com o advento da Lei 5.349/67, foi extinta a "prisão preventiva obrigatória", que era automática para a infração penal a que fosse cominada pena de reclusão por tempo, no máximo, igual ou superior a dez anos.
2. Segundo lição doutrinária: "Hoje, já não pode restar a menor dúvida de que a prisão provisória em nosso direito tem a natureza acautelatória, destinada a assegurar a eficácia da decisão a ser prolatada ao final, bem como a possibilitar regular instrução probatória. Trata-se de tutelar os meios e os fins do processo de conhecimento e, por isso mesmo, de tutela da tutela" (Jardim, Afrânio Silva. **Direito processual penal**. 11. ed. Rio de Janeiro: Forense, 2002, p. 245).
3. O acórdão encontra-se pendente de publicação até o fechamento desta edição. Segundo notícia extraída do sítio do STF na internet: "Ao negar o "habeas corpus" (HC) 126292 na sessão desta quarta-feira (17), por maioria de votos, o Plenário do Supremo Tribunal Federal (STF) entendeu que a possibilidade de início da execução da pena condenatória após a confirmação da sentença em segundo grau não ofende o princípio constitucional da presunção da inocência. Para o relator do caso, ministro Teori Zavascki, a manutenção da sentença penal pela segunda instância encerra a análise de fatos e provas que assentaram a culpa do condenado, o que autoriza o início da execução da pena. (...). A decisão indica mudança no entendimento da Corte, que desde 2009, no julgamento da HC 84078, condicionava a execução da pena ao trânsito em julgado da condenação, mas ressalvava a possibilidade de prisão preventiva. Até 2009, o STF entendia que a presunção da inocência não impedia a execução de pena confirmada em segunda instância. (...). O relator do caso, ministro Teori Zavascki, ressaltou em seu voto que, até que seja prolatada a sentença penal, confirmada em segundo grau, deve-se presumir a inocência do réu. Mas, após esse momento, exaure-se o princípio da não culpabilidade, até porque os recursos cabíveis da decisão de segundo grau, ao STJ ou STF, não se prestam a discutir fatos e provas, mas apenas matéria de direito. "Ressalvada a estreita via da revisão criminal, é no âmbito das instâncias ordinárias que se exaure a possibilidade de exame dos fatos e das provas, e, sob esse aspecto, a própria fixação da responsabilidade criminal do acusado", afirmou. (...)". (http://www.stf.jus.br/portal/cms/verNoticiaDetalhe.asp?idConteudo=310153). Acesso em 17.2.2016.

A corrente que defende a presença conjunta de todos os incisos não tem encontrado amparo na jurisprudência. Com efeito, se levada às últimas consequências, inviabilizaria o próprio instrumento, na medida em que bastaria possuir residência e identidade conhecidas para impedir a prisão, ainda que essencial para as investigações em andamento.

A posição diametralmente oposta - requisitos alternativos - também levaria o intérprete a resultados absurdos, por permitir prisões sem causa adequada, proporcional. Por exemplo, independentemente do crime praticado, ainda que culposo, uma pessoa poderia ser presa, bastando, para tanto, que não houvesse identificação apropriada.

Assim, a corrente que tem prevalecido na jurisprudência conjuga o inciso III com pelo menos um dos incisos restantes (I ou II). Tal posicionamento também tem encontrado amparo na doutrina majoritária[4], sendo considerado essencial para se extrair a natureza acautelatória da prisão temporária[5]. Dessa forma, é possível enquadrá-la como modalidade de prisão provisória, previamente limitada no tempo, com requisitos e objetivos específicos, não constituindo antecipação de pena ou de juízo de culpabilidade.

Como todo provimento de natureza cautelar, a prisão temporária guarda função essencialmente instrumental, na medida em que busca tutelar o inquérito policial. A maior demonstração da finalidade de resguardar as investigações policiais surge do próprio momento em que se torna cabível, isto é, apenas durante a fase pré-processual, não sendo possível a sua decretação quando já houver ação penal em andamento.

---

4. "Tendo por fim não banalizar a decretação da prisão temporária, torna-se necessário interpretar, em conjunto, o disposto no art. 1º, I e II com o III, da Lei 7.960/89. Assim, o correto é associar os incisos I e II ao inciso III, viabilizando as hipóteses razoáveis para a custódia cautelar de alguém" (NUCCI, Guilherme de Souza. **Manual de processo penal e execução penal**. 12. ed. Rio de Janeiro: Forense, 2015, p. 530-531).

5. "Para que a prisão temporária seja compatibilizada com a garantia da presunção de inocência, que tem como um dos corolários a admissão de prisão processual somente em caráter cautelar, a interpretação das hipóteses de cabimento da prisão temporária do art. 1º da Lei nº 7.960/1989 deve ser feita à luz do *periculum libertatis* e do *fumus commissi delicti*. (...). Os incisos I e II representam as hipóteses de *periculum libertatis*: o primeiro como uma garantia instrumental e o segundo como uma garantia final. Já o *fumus commissi delicti* encontra-se previsto no inciso III que, aliás, traz o rol dos crimes que admitem a prisão temporária. Assim, para que a prisão seja legítima, deverá haver a **conjugação do inciso III com o inciso I, ou do inciso III com o inciso II**. Obviamente, se os três incisos estiverem presentes, a prisão será cabível. Por outro lado, a presença isolada de qualquer dos incisos não autoriza a prisão" (BADARÓ, Gustavo Henrique. **Processo penal**. 3. ed. São Paulo: Revista dos Tribunais, 2015, p. 995). Em sentido semelhante: "Pensamos, por isso mesmo, que devem estar presentes, necessariamente, tanto a situação do inciso I, imprescindibilidade para a investigação policial, quanto aquela do inciso III. A hipótese do inciso II, repetimos, já estaria contemplada pela aplicação do inciso I. Assim, a prisão temporária somente poderá ser decretada se e desde que presentes também os requisitos tipicamente cautelares (indícios de autoria e prova da materialidade), seja imprescindível para as investigações policiais e se trate dos crimes expressamente arrolados no inciso III do art. 1º; para outros, ali não mencionados, a única prisão cautelar possível seria a preventiva, nunca a temporária" (OLIVEIRA, Eugênio Pacelli de. **Curso de Processo Penal**. 16. ed. atual. São Paulo: Atlas, 2012, p. 539).

Como já evidenciado acima, o Enunciado 8 do FONACRIM acompanha a maioria abalizada da doutrina e da jurisprudência, ao reconhecer a prisão temporária como espécie de prisão cautelar, ao lado da prisão em flagrante, da preventiva e da prisão por pronúncia. Como tal, a sua autorização repousa no inciso LXI do art. 5º da Constituição, não subsistindo o argumento de afronta ao princípio do devido processo legal, tampouco ao estado de inocência (art. 5º, LIV), que não é novo e também já foi usado para contestar, sem sucesso, a constitucionalidade da prisão preventiva.

Em relação ao argumento de se tratar de modalidade de *prisão para averiguações*, trata-se de crítica infundada, porque, como a própria lei impõe, é necessário que haja investigação formal em andamento, a fim de se apurar determinada infração penal, além de se exigir que a medida recaia sobre pessoa determinada. Não há atuação aleatória da polícia judiciária. A sua efetivação também não prescinde da prévia ordem escrita da autoridade judiciária. A lei é clara ao exigir que a prisão seja executada depois da expedição do mandado judicial (art. 2º, § 5º, da Lei 7.960/89). Logo, a restrição da liberdade individual não ocorre para investigar, mas para assegurar investigação já existente.

O direito comparado também apresenta alguns instrumentos semelhantes. A doutrina nacional costuma citar a *la garde à vue*, do direito francês[6], além do *fermo di indiziati di reato*, do direito italiano[7].

Por fim, a jurisprudência tem diuturnamente confirmado a validade do instrumento, utilizado até mesmo pelos tribunais superiores, a exemplo da **Operação Naufrágio** (STJ, Inq 589/ES[8]).

---

6. Segundo Tourinho Filho, "Trata-se de uma rápida privação da liberdade individual decretada pela própria Polícia Judiciária. Sua duração é de 24 horas, podendo ser prorrogada por mais 24. Mas, em se tratando de tráfico de entorpecentes, o prazo será de 24 horas com prorrogação de 48 horas e mais 24 horas. Em caso de terrorismo: 24 horas mais 24 horas e mais 48 horas. A doutrina francesa, contudo, não lhe poupa críticas (...)" (TOURINHO FILHO, Fernando da Costa. **Processo penal.** Vol. 3. 35. ed. São Paulo: Saraiva, 2013, p. 537).
7. "Tanto na Itália como no Brasil, o **fermo** e a prisão temporária devem ser vistos como espécie de prisão cautelar ou medida precautelar, só sendo cabíveis quando presentes os requisitos do *fumus boni iuris* e do *periculum in mora*. Outra interpretação no Brasil dará elasticidade inadmissível à prisão temporária, com grande risco à liberdade individual. (...). Tanto na Itália como no Brasil, o *fermo* e a prisão temporária só são cabíveis em relação aos crimes expressamente fixados. (...). O *fermo* na Itália é imposto pelo Ministério Público e, em casos excepcionais, por autoridade policial, com convalidação posterior pelo juiz. No Brasil, por força de dispositivo constitucional, a prisão temporária só é cabível através de decisão judicial fundamentada. (...). Tanto na Itália como no Brasil, o *fermo* e a prisão temporária devem ser comunicados à família do preso, admitindo-se assistência de advogado. Na Itália, de maneira mais expressa, é garantida a defesa por defensor constituído ou nomeado. (...). Tanto na Itália como no Brasil, o tempo de prisão temporária é limitado (...). Tanto na Itália como no Brasil, estabelecem-se garantias ao preso, visando proteger a sua incolumidade física ou assegurar-lhe local especial ou diferenciado para sua permanência durante o tempo de prisão" (FERNANDES, Antônio Scarance. **Revista Justitia**. São Paulo. jan/mar, 1992, p. 30-31).
8. Notícia extraída do sítio do Superior Tribunal de Justiça (9.12.2008): "Desde abril do corrente ano, tramita no Superior Tribunal de Justiça o Inquérito nº 589/ES, em segredo de justiça, sob a relatoria da ministra Laurita Vaz, que investiga o suposto envolvimento de desembargadores, juiz, advogados e servidora pública, entre outros, em crimes contra a administração pública e administração da Justiça

Definida a natureza cautelar da prisão temporária, passa-se à análise de cada um dos seus componentes.

O inciso III corresponde ao clássico *fumus boni iuris*, que, em se tratando de direito processual penal, recebe uma releitura, sendo denominado de *fumus commissi delicti*. Portanto, é necessário que haja fundadas razões de autoria ou participação do investigado nos crimes ali listados. O rol de infrações penais é considerado taxativo, muito embora haja o acréscimo dos crimes previstos na lei de crimes hediondos.

Em razão desse entendimento, prisões temporárias decretadas em caso de tráfico de entorpecentes têm sido questionadas. Diz-se que o art. 12 da Lei 6.368/76 foi expressamente revogado pela Lei 11.343/06, não subsistindo, dessa forma, a alínea *n* do inciso III do art. 1º da Lei 7.960/89. Entretanto, o argumento é infundado, porque o delito não desapareceu do ordenamento jurídico pátrio. Aplicar-se-ia, na essência, o mesmo fundamento que rege o *princípio da continuidade normativo-típica* (migração típica), que, como tal, afasta a *abolitio criminis*.

Apesar de a lei expressamente referir-se a *indiciado*, não se tem exigido prévio ato formal nesse sentido, bastando a condição de suspeito ou investigado (HC 80.494/MS, Rel. Min. Celso de Mello), tal como era, aliás, na redação da MPv 111/89[9].

Os demais incisos correspondem ao *periculum libertatis*, sendo que, na realidade, a hipótese do inciso I (quando imprescindível para as investigações do inquérito policial) acaba por englobar a do inciso II (quando o indicado não tiver residência fixa ou não fornecer elementos necessários ao esclarecimento de sua identidade).

Dessa forma, os pressupostos e fundamentos são mais brandos do que os fixados para a decretação da prisão preventiva (art. 312 do CPP), o que se explica pela própria abrangência e finalidade da medida[10].

A prisão é normalmente requerida pela autoridade policial, mediante representação, e, quando isso ocorre, é necessário ouvir previamente o Ministério Público (art. 2º, § 1º, da Lei 7.960/89). A explicação para a prévia manifestação ministerial decorre

perpetrados de modo reiterado e organizado. A ação delituosa em apuração gira em torno, basicamente, do patrocínio e intermediação de interesses particulares no Tribunal de Justiça do Espírito Santo. (...). Na presente data (9), a investigação evolui para uma fase ostensiva, com a execução, pela Polícia Federal, de 24 mandados de busca e apreensão e 7 de prisão temporária, em cumprimento à decisão da ministra relatora. Os investigados presos receberam cópia da decisão e estão sendo transportados para Brasília, à disposição do Superior Tribunal de Justiça. (...). (http://www.stj.jus.br/sites/STJ/default/pt_BR/noticias/noticias/%C3%9Altimas/STJ-decreta-pris%C3%B5es-no-Esp%C3%ADrito-Santo). Acesso em 6.2.2016.

9. No mesmo sentido do texto: "O sujeito passivo da prisão temporária é o indiciado. Todavia, não se vislumbra a necessidade de que tenha ele já sido, anteriormente, submetido formalmente ao indiciamento. O suspeito, mesmo que ainda não indiciado, poderá, também, ser submetido à prisão (GRECO FILHO, Vicente. **Manual de processo penal**. 10. ed. São Paulo: Saraiva, 2013, p. 310).

10. Parte da doutrina, em razão dessa característica, defende um caráter *precautelar* da prisão temporária. Segundo GRECO FILHO, "Pode-se dizer que a prisão temporária é uma antecipação da prisão preventiva; tem requisitos menos rigorosos que ela, mas não será decretada se manifestamente não se decretaria aquela" (*op. cit.* p. 310). Em sentido semelhante, FERNANDES (*op. cit.* p. 28).

do fato de o MP ser o titular da ação penal pública, ou seja, o destinatário imediato do inquérito policial, sendo tal reflexo da adoção do sistema acusatório. O juiz decidirá em 24 (vinte e quatro) horas, não cabendo decretação de ofício (art. 2º, *caput*).

O tempo de duração padrão da prisão temporária é de 5 (cinco) dias, prorrogável por igual período em caso de extrema e comprovada necessidade (art. 2º da Lei 7.960/89). Tratando-se de crime hediondo, o prazo aumenta para 30 (trinta) dias, com possibilidade de prorrogação nas mesmas condições (art. 2º, § 4º, da Lei 8.072/90). O prazo é fatal. Ao seu término, o preso deverá ser colocado em liberdade, independentemente de expedição de alvará, salvo se sobrevier a decretação de prisão preventiva (art. 2º, § 7º, da Lei 7.960/89).

A despeito de a lei fixar prazo determinado, nada impede que eventual soltura se dê antes mesmo do fim do período, caso tenha cessado o motivo da sua decretação. Tal justificativa se deve à natureza acautelatória da prisão. Cabível, portanto, a revogação da prisão temporária quando cumprida a sua finalidade[11].

A prisão temporária, além de válida, é um importante instrumento para possibilitar a investigação de crimes graves, eleitos pelo legislador, notadamente quando se trata de criminalidade organizada, para os quais os mecanismos tradicionais têm se revelado ineficazes.

Ação Direta de Inconstitucionalidade. Medida Provisória nº 111/89. Prisão Temporária. Pedido de liminar. Os conceitos de relevância e de urgência a que se refere o artigo 62 da Constituição, como pressupostos para a edição de Medidas Provisórias, decorrem, em princípio, do Juízo discricionário de oportunidade e de valor do Presidente da República, mas admitem o controle judiciário quando ao excesso do poder de legislar, o que, no caso, não se evidencia de pronto. A prisão temporária prevista no artigo 2º da referida Medida Provisória não é medida compulsória a ser obrigatoriamente decretada pelo juiz, já que o despacho que a deferir deve ser devidamente fundamentado, conforme o exige o § 2º do mesmo dispositivo. Nessa oportunidade processual, não se evidencia manifesta incompatibilidade entre o § 1º do artigo 3º da Medida Provisória nº 111 e o disposto no inciso LXIII do artigo 5º da Constituição, em face do que se contém no § 2º do artigo 3º daquela, quanto à comunicação do preso com o seu advogado. Embora seja relevante juridicamente a arguição de inconstitucionalidade da criação de delito por Medida Provisória, não está presente o requisito da conveniência, pois o artigo 4º da citada Medida Provisória, impugnado sob esse fundamento, apenas se destina a coibir abuso de autoridades contra a liberdade individual. A disposição de natureza processual, constante do artigo 5º da Medida Provisória nº 111, que estabelece plantão de 24 horas em todas as Comarcas e Sessões Judiciais do País, não tem o relevo jurídico necessário para a concessão de providência excepcional como é concessão de liminar, em ação direta de inconstitucionalidade. (...). (ADI 162 MC, Rel. Min. Moreira Alves, Pleno, DJ 19.9.1997)

11. Atentar-se para a nova redação do art. 313, parágrafo único, do CPP. A advertência é feita por PACCELLI: "Precisamente por isso, e dada a natureza eminentemente temporal da justificação, a Lei nº 12.403/11 haverá que estender seus efeitos 'também para a prisão temporária', no ponto em que ela dispõe, no art. 313, parágrafo único, CPP, que 'será admitida a prisão preventiva quando houver dúvida sobre a identidade civil da pessoa ou quando esta não fornecer elementos suficientes para esclarecê-la, devendo o preso ser colocado imediatamente em liberdade após a identificação, salvo se outra hipótese recomendar a manutenção da medida'" (*op. cit.* p. 538-539).

Ação direta de inconstitucionalidade. Medida Provisória n. 111/89. Não tendo sido convertida em lei a Medida Provisória atacada pela presente ação direta, perdeu ela, retroativamente, a sua eficácia jurídica pelo transcurso do prazo para a sua conversão, e, assim, por via de consequência, perdeu esta ação o seu objeto. Ação direta de inconstitucionalidade que não se conhece por estar prejudicada em virtude da perda de seu objeto. (ADI 162, Rel. Min. Moreira Alves, Pleno, DJ 27.8.1993)

(...). ESTUPRO. PRISÃO TEMPORÁRIA. PRESENÇA DOS REQUISITOS DA LEI 7.960/89. RECURSO DESPROVIDO. 1. Cabe prisão temporária quando esta for imprescindível para as investigações do inquérito policial, ou quando o indiciado não tiver residência fixa ou não fornecer elementos necessários ao esclarecimento de sua identidade, e quando houver fundadas razões de autoria ou participação do indiciado nos crimes que a lei lista, dentre eles o de estupro. (...). (RHC 42.106/SP, Rel. Min. Maria Thereza de Assis Moura, 6ª Turma, DJe 19.12.2013)

(...). Presunção de inocência. Prisão preventiva. A presunção de inocência (Const., art. 5º, LVII) e relativa ao direito penal, ou seja, a respectiva sanção somente pode ser aplicada após o trânsito em julgado da sentença condenatória. Não alcança os institutos de direito processual, como a prisão preventiva. Esta é explicitamente autorizada pela Constituição da República (art. 5º, LXI). (RHC 1.322/PR, Rel. Min. Luiz Vicente Cernicchiaro, 6ª Turma, DJ 2.9.1991)

PENAL. CRIME TIPIFICADO NO ART. 12, § 2º, INCISO III, DA LEI 6.368/76 (CONTRIBUIÇÃO PARA O TRÁFICO, COMO "FOGUETEIRO"). REVOGAÇÃO DA LEI 6.368/76 PELA LEI 11.343/06. ABOLITIO CRIMINIS. INEXISTÊNCIA. CONTINUIDADE NORMATIVO-TÍPICA. CONDUTA TIPIFICADA NO ART. 37 DA LEI REVOGADORA. "LEX MITIOR". RETROAÇÃO. ART. 5º, INC. XL, DA CF. 1. A conduta do "fogueteiro do tráfico", antes tipificada no art. 12, § 2º, da Lei 6.368/76, encontra correspondente no art. 37 da Lei que a revogou, a Lei 11.343/06, não cabendo falar em abolitio criminis. (...). 4. A revogação da lei penal não implica, necessariamente, descriminalização de condutas. Necessária se faz a observância ao princípio da continuidade normativo-típica, a impor a manutenção de condenações dos que infringiram tipos penais da lei revogada quando há, como in casu, correspondência na lei revogadora. (...). (HC 106155, Rel. p/ ac. Min. Luiz Fux, 1ª Turma, DJe 17.11.2011)

▶ **CF. Art. 5º. LIV –** ninguém será privado da liberdade ou de seus bens sem o devido processo legal; (...). **LXI –** ninguém será preso senão em flagrante delito ou por ordem escrita e fundamentada de autoridade judiciária competente, salvo nos casos de transgressão militar ou crime propriamente militar, definidos em lei; (...). **LXIII –** o preso será informado de seus direitos, entre os quais o de permanecer calado, sendo-lhe assegurada a assistência da família e de advogado. ▶ **Art. 62. § 1º** É vedada a edição de medidas provisórias sobre matéria: **I** – relativa a: (...). **b)** direito penal, processual penal e processual civil;

▶ **Lei 7.960/89. Art. 1º** Caberá prisão temporária: I – quando imprescindível para as investigações do inquérito policial; II – quando o indicado não tiver residência fixa ou não fornecer elementos necessários ao esclarecimento de sua identidade; III – quando houver fundadas razões, de acordo com qualquer prova admitida na legislação penal, de autoria ou participação do indiciado nos seguintes crimes: a) homicídio doloso (art. 121, *caput*, e seu § 2º); b) sequestro ou cárcere privado (art. 148, *caput*, e seus §§ 1º e 2º); c) roubo (art. 157, *caput*, e seus §§ 1º, 2º e 3º); d) extorsão (art. 158, *caput*, e seus §§ 1º e 2º); e) extorsão mediante sequestro (art. 159, *caput*, e seus §§ 1º, 2º e 3º); f) estupro (art. 213, *caput*, e sua combinação com o art. 223, *caput*, e parágrafo único); g) atentado violento ao pudor (art. 214, *caput*, e sua combinação com o art. 223, *caput*, e parágrafo único); h) rapto violento (art. 219, e sua combinação com o art. 223, *caput*, e parágrafo único); i) epidemia com resultado de morte (art. 267, § 1º); j) envenenamento de água potável ou substância alimentícia ou medicinal qualificado pela morte (art. 270, *caput*, combinado com art. 285); l) quadrilha ou bando (art. 288), todos do Código Penal; m) genocídio (arts. 1°, 2° e 3° da Lei n° 2.889, de 1° de outubro de 1956), em qualquer de suas formas típicas; n) tráfico de drogas (art. 12 da Lei n° 6.368, de 21 de outubro de 1976); o) crimes contra o sistema financeiro (Lei n° 7.492, de 16 de junho de 1986). ► **Art. 2°** A prisão temporária será decretada pelo Juiz, em face da representação da autoridade policial ou de requerimento do Ministério Público, e terá o prazo de 5 (cinco) dias, prorrogável por igual período em caso de extrema e comprovada necessidade. **§ 1°** Na hipótese de representação da autoridade policial, o Juiz, antes de decidir, ouvirá o Ministério Público. **§ 2°** O despacho que decretar a prisão temporária deverá ser fundamentado e prolatado dentro do prazo de 24 (vinte e quatro) horas, contadas a partir do recebimento da representação ou do requerimento. **§ 3°** O Juiz poderá, de ofício, ou a requerimento do Ministério Público e do Advogado, determinar que o preso lhe seja apresentado, solicitar informações e esclarecimentos da autoridade policial e submetê-lo a exame de corpo de delito. **§ 4°** Decretada a prisão temporária, expedir-se-á mandado de prisão, em duas vias, uma das quais será entregue ao indiciado e servirá como nota de culpa. **§ 5°** A prisão somente poderá ser executada depois da expedição de mandado judicial. **§ 6°** Efetuada a prisão, a autoridade policial informará o preso dos direitos previstos no art. 5° da Constituição Federal. **§ 7°** Decorrido o prazo de cinco dias de detenção, o preso deverá ser posto imediatamente em liberdade, salvo se já tiver sido decretada sua prisão preventiva. ► **Art. 3°** Os presos temporários deverão permanecer, obrigatoriamente, separados dos demais detentos.

► **Lei 8.072/90. Art. 1°** São considerados hediondos os seguintes crimes, todos tipificados no Decreto-Lei n. 2.848, de 7 de dezembro de 1940 – Código Penal, consumados ou tentados: **I** – homicídio (art. 121), quando praticado em atividade típica de grupo de extermínio, ainda que cometido por um só agente, e homicídio qualificado (art. 121, § 2°, incisos I, II, III, IV, V, VI e VII); I-A – lesão corporal dolosa de natureza gravíssima (art. 129, § 2°) e lesão corporal seguida de morte (art. 129, § 3°), quando praticadas contra autoridade ou agente descrito nos arts. 142 e 144 da Constituição Federal, integrantes do sistema prisional e da Força Nacional de Segurança Pública, no exercício da função ou em decorrência dela, ou contra seu cônjuge, companheiro ou parente consanguíneo até terceiro grau, em razão dessa condição; II – latrocínio (art. 157, § 3°, in fine); III – extorsão qualificada pela morte (art. 158, § 2°); IV – extorsão mediante sequestro e na forma qualificada (art. 159, *caput*, e §§ 1°, 2° e 3°); V – estupro (art. 213, *caput* e §§ 1° e 2°); VI – estupro de vulnerável (art. 217-A, *caput* e §§ 1°, 2°, 3° e 4°); VII – epidemia com resultado morte (art. 267, § 1°). VII-A – (vetado) VII-B – falsificação, corrupção, adulteração ou alteração de produto destinado a fins terapêuticos ou medicinais (art. 273, *caput* e § 1°, § 1°-A e § 1°-B, com a redação dada pela Lei no 9.677, de 2 de julho de 1998). VIII – favorecimento da prostituição ou de outra forma de exploração sexual de criança ou adolescente ou de vulnerável (art. 218-B, *caput*, e §§ 1° e 2°). **Parágrafo único.** Considera-se também hediondo o crime de genocídio previsto nos arts. 1°, 2° e 3° da Lei n. 2.889, de 1° de outubro de 1956, tentado ou consumado.

## 2. LEI DAS INTERCEPTAÇÕES TELEFÔNICAS (LEI 9.296/96)

**ENUNCIADO 1. O PEDIDO DE PRORROGAÇÃO DA INTERCEPTAÇÃO DAS COMUNICAÇÕES TELEFÔNICAS E TELEMÁTICAS DEVE SER FUNDAMENTADO PELA AUTORIDADE POLICIAL, QUE DEVERÁ INSTRUÍ-LO COM ELEMENTOS PROBATÓRIOS QUE JUSTIFIQUEM A MANUTENÇÃO DA MEDIDA.**

• ***Aprovado no*** *I FONACRIM.*

► *Por Rosmar Antonni Rodrigues Cavalcanti de Alencar.*

Interceptação é operação técnica conduzida por pessoa estranha à comunicação objeto da medida e que consiste na captação de sinais sonoros ou de imagens no momento da transmissão da mensagem entre transmissor e receptor. Pode ser de natureza telefônica, telemática ou ambiental. A Lei nº 9.296/1996 regula as interceptações de comunicação das duas primeiras espécies (telefônica e telemática), impondo requisitos mais exigentes para que a medida seja deferida.

A noção de telemática, albergada pela Lei das Interceptações Telefônicas, é mais abrangente que a tradicional comunicação oral, por telefone. O conceito autoriza aplicação progressiva dos preceitos reguladores da medida de interceptação de comunicações que se valham de tecnologias de telefonia e de informática, mormente com o uso de fibras óticas.

Tal possibilidade, admitida pela jurisprudência majoritária, não é isenta de críticas, especialmente em razão de permitir uma cláusula demasiadamente aberta para a limitação de direitos individuais fundamentais sem atendimento do princípio da legalidade estrita, alicerçada em critério de proporcionalidade.

Atento à questão, Geraldo Prado anota ser contrário à posição que admite a interceptação de correspondência eletrônica (*e-mail*), assim como a física, em virtude de não haver autorizativo constitucional para isso. O paradigma vigente é o do estado democrático, não o tradicional estado autoritário habitualmente fundado no País[12].

A conclusão do autor decorre do teor explícito do inciso XII do art. 5º da Constituição Federal de 1988, assim como dos tratados internacionais que o Brasil subscreveu. De acordo com aquele enunciado, "é inviolável o sigilo da correspondência e das comunicações telegráficas, de dados e das comunicações telefônicas, salvo, no último caso, por ordem judicial, nas hipóteses e na forma que a lei estabelecer para fins de investigação criminal ou instrução processual penal". Em compasso com interpretação que confira maior eficácia ao direito fundamental, pode-se dizer que somente as "comunicações telefônicas" são passíveis de interceptação, diante da ressalva permissiva constante da expressão "no último caso".

A primeira parte do Enunciado nº 1, FONACRIM, informa que "o pedido de prorrogação da interceptação das comunicações telefônicas e telemáticas deve ser fundamentado pela autoridade policial". Essa redação poderia ter expressado melhor o seu conteúdo, porquanto, de acordo com o sistema sufragado no art. 129, I, da Constituição de 1988, a autoridade policial não tem capacidade postulatória para "pedir" ou "requerer".

Decerto, o termo técnico mais apropriado para se referir a pleitos formulados por autoridade policial (delegado de polícia) é "representação", embora a própria Lei nº

---

12. Nas palavras do autor, "em geral, são as comunicações telefônicas e as implementadas via rede mundial de computadores, protagonistas dos 'meios ocultos', que desafiam a ordem jurídica a instituir os limites normativos entre o válido e o inválido, o lícito e o ilícito, em um contexto de respeito às regras do jogo democrático permanentemente testadas em ambiente de desconfiança generalizada e de domínio ou manipulação de um sentimento difuso de insegurança ('risco subjetivo', nas palavras de Ulrich Beck)" (PRADO, Geraldo. A produção da prova penal e as novas tecnologias: o caso brasileiro. **Empório do direito.** Disponível em: <http://emporiododireito.com.br/tag/producao-da-prova-penal/>. Acesso em 15.2.2015).

9.296/1996, em seu art. 3º, utilize o vocábulo "requerimento" de forma indistinta, ao averbar que "a interceptação das comunicações telefônicas poderá ser determinada pelo juiz, de ofício ou a requerimento", seja da autoridade policial, na investigação criminal, seja do representante do Ministério Público, na investigação criminal e na instrução processual penal.

Antes de apreciar a representação do delegado, deve o juiz ouvir o Ministério Público acerca da prorrogação da interceptação. A anuência do Ministério Público deve ser entendida como indispensável para que o juiz esteja autorizado a deferir a medida. Esse posicionamento decorre da constatação de que a autoridade policial não será parte no processo penal. O destinatário dos elementos de informação obtidos durante interceptação telefônica ou telemática é o Ministério Público que, por seu turno, formará a *opinio delicti* para, sendo o caso, oferecer denúncia ou queixa.

Caso o juiz discorde do posicionamento do membro do Ministério Público que dissentir da representação da interceptação telefônica do delegado de polícia na fase investigativa, poderá se valer, por analogia, da disposição do art. 28, do Código de Processo Penal. De tal modo, remeterá os autos ao Procurador Geral de Justiça ou, no âmbito da Justiça Federal, às Câmaras de Coordenação e Revisão, para que seja exarada deliberação final sobre o ponto (art. 62, IV, da Lei Complementar nº 75/1993).

Resta anotar a possibilidade de interceptação telefônica ou telemática, bem como de sua prorrogação, a requerimento do ofendido, quando se cuidar de delito cuja ação penal a ser proposta seja de iniciativa privada. No entanto, veja-se que a Lei nº 9.296/1996 não prevê essa admissibilidade em seu art. 3º.

A falta de regulamentação poderia fazer concluir que não deveria ser autorizado ao ofendido (futuro querelante) pleitear interceptação telefônica nos casos de ação penal privada (exclusiva ou subsidiária da pública). Entrementes, o inciso LIX, do art. 5º, da Constituição Federal, ao autorizar a promoção de ação penal privada subsidiária da pública permite construir, mediante interpretação extensiva (art. 3º, do CPP), norma que confere os meios necessário à obtenção daquele fim.

Por outro lado, ainda que não preveja o ordenamento jurídico, o pedido de interceptação telefônica ou telemática, bem como sua prorrogação, deve ser assegurado ao investigado, indiciado ou acusado. Também a legislação não trata da possibilidade, mas é possível tal ilação com esteio no princípio da paridade de armas[13].

Afinal, não atende à isonomia material, nem tampouco à paridade de armas, permitir somente aos órgãos oficiais da persecução penal o manejo do meio de obtenção de prova em tela. Note-se que o investigado pode ter interesse na interceptação de telefone que evidencie sua inocência, máxime quando somente tem nas mãos essa alternativa.

De outra vertente, não há que se falar em possibilidade do assistente da acusação requerer interceptação ou pedir prorrogação durante a fase de investigação prelimi-

---

13. ROBERTO, Welton. **Paridade de armas no processo penal.** Belo Horizonte: Fórum, 2011. p. 88.

nar, pelo motivo de que, para que haja admissão de assistente do Ministério Público, faz-se necessário a existência de processo penal instaurado. Caso já exista processo criminal em trâmite, deve se admitir a postulação probatória também ao assistente do Ministério Público, assim como o pedido de prorrogação da medida. Tal é o que se depreende do art. 271, *caput*, do Código de Processo Penal.

Por fim, cabe frisar que o juiz não deve ter iniciativa probatória, agindo de ofício, durante investigações preliminares. Desse modo, tanto o deferimento da interceptação telefônica, quanto o de sua prorrogação dependerão de provocação do interessado. Durante o processo penal, com base na legislação em vigor, o entendimento jurisprudencial majoritário é o de que o juiz pode ter iniciativa probatória de ofício, isto é, independentemente de provocação. Doutrinariamente, contudo, o posicionamento é diverso, sustentando amplo setor de autores que o juiz deve ser preservado de tal iniciativa, a fim de não lhe comprometer a sua imparcialidade.

O Enunciado sob comento informa, em sua parte final, que o pedido de prorrogação, formulado pela autoridade policial, deve ser fundamentado. Por fundamentado ou motivado, deve-se entender a necessidade de transcrição analítica das razões excepcionais que evidenciem a imperiosidade da prorrogação. Não bastam referências aos fundamentos do pedido inicial de interceptação telefônica ou telemática (fundamentação *per relationem*). Também não é suficiente esposar argumentos jurídicos sólidos.

Decerto, deve a autoridade policial evidenciar, empiricamente, com base em elementos de fato, a necessidade de renovação do prazo de interceptação. Para tanto deve transcrever o que, por sua observação, justifica a prorrogação da providência, notadamente trechos das conversas já realizadas, apontando que o seu desdobramento pode ser esclarecedor ao fato objeto da investigação.

Note-se que a interceptação telefônica é *ultima ratio*, ou seja, é meio de prova que só deve ser deferido se não houver outro meio apto a tal finalidade (art. 2º, II, da Lei nº 9.296/1996). No pedido de prorrogação isso deve ser delineado, bem como devem as transcrições apontar para a relação das comunicações interceptadas com o fato objeto da apuração.

Esse critério tende a impedir que interceptações sejam eternizadas sem que haja a mínima plausibilidade de sua utilidade para a comprovação da infração penal investigada. A autoridade policial, nos termos do Enunciado nº 1-FONACRIM, deve instruir sua representação com elementos probatórios que justifiquem a manutenção da medida. Tais elementos empíricos consistem em elementos visíveis (não meras conjecturas), obtidos pela observação do agente responsável.

O Enunciado nº 1-FONACRIM fala que o pedido de prorrogação feito pela autoridade policial deve ser fundamentado e lastreado em elementos probatórios que justifiquem a manutenção da medida. A expressão "manutenção da medida" expressaria melhor a disciplina legal se utilizasse o vocábulo "renovação" ou "prorrogação".

Com efeito a caso a representação da autoridade policial não seja apreciada a tempo, a operadora destinatária de ordem e o agente responsável pelo acompanhamento da escuta através do "Sistema Guardião" (*software*) devem interromper a escuta após o exaurimento do prazo de quinze dias disposto no art. 5º da Lei nº 9.296/1996[14].

É a dicção desse dispositivo, ao gizar que "a decisão será fundamentada, sob pena de nulidade, indicando também a forma de execução da diligência, que não poderá exceder o prazo de quinze dias, renovável por igual tempo uma vez comprovada a indispensabilidade do meio de prova".

A decisão judicial que autorizou a interceptação, por sua vez, segundo afirmado pelas instâncias ordinárias, está devidamente fundamentada, tendo sido validamente formalizada. As subsequentes prorrogações estão em consonância com o magistério jurisprudencial da Suprema Corte, consolidado no sentido da "possibilidade de se prorrogar o prazo de autorização para a interceptação telefônica por períodos sucessivos quando a intensidade e a complexidade das condutas delitivas investigadas assim o demandarem" (HC 102.601/MS...). Igualmente dispensável, na espécie, prévia instauração de inquérito para a autorização de interceptação e a respectiva transcrição da integralidade dos diálogos interceptados. (...). RHC 118055, Rel. Min. Dias Toffoli, 1ª Turma, DJe 31.3.2014)

Reveste-se de plena legitimidade jurídico-constitucional a utilização, pelo Poder Judiciário, da técnica da motivação "per relationem", que se mostra compatível com o que dispõe o art. 93, IX, da Constituição da República. A remissão feita pelo magistrado – referindo-se, expressamente, aos fundamentos (de fato e/ou de direito) que deram suporte a anterior decisão (ou, então, a pareceres do Ministério Público, ou, ainda, a informações prestadas por órgão apontado como coator) – constitui meio apto a promover a formal incorporação, ao ato decisório, da motivação a que o juiz se reportou como razão de decidir. (...). (RHC 117988, Rel. p/ ac. Min. Celso de Mello, 2ª Turma, DJe 26.2.2015)

A exigência do Desembargador que condicionou a continuidade da interceptação à transferência da condução das investigações levadas efetivadas pelo Ministério Público para uma autoridade policial não se encontra em harmonia com o pacífico entendimento desta Corte Superior e do Supremo Tribunal Federal no sentido de reconhecer a legitimidade do Ministério Público para promover, por autoridade própria, investigações de natureza penal, posicionamento reafirmado, inclusive, em repercussão geral. (...). HC 333.186/MS, Rel. Min. Ericson Maranho (Des. conv. TJ/SP), 6ª Turma, DJe 7.12.2015)

O requerimento de interceptação telefônica foi precedido de diligências que confirmaram as denúncias anônimas, agindo a autoridade policial de modo conforme com o que determinado pela jurisprudência desta Corte Superior de Justiça. (...). Quanto à ausência de fundamentação do requerimento da prorrogação da interceptação nota-se que, tendo em vista o modus operandi do delito, revelou-se necessária a interceptação de mais números telefônicos do que os inicialmente requeridos, pedido este que foi acompanhado dos relatórios policiais parciais até então produzidos, todos a indicar a autoria e a materialidade das condutas perpetradas, não havendo se falar em falta de motivação idônea para o prosseguimento das interceptações. (...). HC 328.623/SP, Rel. Min. Felix Fischer, 5ª Turma, DJe 25.11.2015)

"In casu", não há falar em nulidade da decisão que deferiu a interceptação telefônica por insuficiência de fundamentação, pois o magistrado baseou-se no requerimento realizado pela autoridade policial, demonstrou a existência do crime e dos indícios de autoria, bem como evidenciou que a prova não poderia ser feita por outros meios, com fulcro no preenchimento dos requisitos do art. 2º, da Lei 9.296/96, o qual não exige perícia de voz para validar a interceptação. (...). (RHC 54.209/SC, Rel. Min. Felix Fischer, 5ª Turma, DJe 15.9.2015)

14. TÁVORA, Nestor; ALENCAR, Rosmar Rodrigues. *Curso de direito processual penal*. 11. ed. Salvador: JusPodivm, 2016. 1887p.

## ENUNCIADO 2. A QUEBRA DO SIGILO DAS COMUNICAÇÕES TELEFÔNICAS E TELEMÁTICAS PODE SER PRORROGADA TANTAS VEZES QUANTAS NECESSÁRIAS À INVESTIGAÇÃO.

- *Aprovado no I FONACRIM.*

▸ *Por Jorge André de Carvalho Mendonça.*

Uma leitura dos enunciados do FONACRIM demonstra que a preocupação dos juízes federais reunidos, no que toca ao tema das interceptações telefônicas e telemáticas, está relacionada à sua prorrogação, compartilhamento e degravação, temas que têm levantado inúmeras indagações de ordem prática. Aqui limitamo-nos a comentar o enunciado 2, acima transcrito, atinente à quantidade de prorrogações da medida. Antes de ir direto ao ponto, porém, é importante trazermos algumas questões genéricas relacionadas ao instituto, o que faremos de forma bastante reduzida, ante a limitação espacial inerente ao nosso trabalho.

Inicialmente, é preciso ficar claro que a proteção do sigilo telefônico e telemático está no inciso XII, do art. 5º, da Carta Magna. Embora a leitura do dispositivo pareça tornar evidente tal conclusão, é necessário diferenciá-lo do inciso X, que está ligado à inviolabilidade da intimidade e da vida privada de forma genérica, dando base a outros sigilos não expressamente mencionados pelo constituinte, a exemplo dos segredos bancário e fiscal[15].

A devida separação das normas constitucionais leva a outra conclusão: a de que a quebra do sigilo das comunicações telefônicas e de dados requer a presença de mais requisitos que a de outros direitos fundamentais, por necessitar não apenas de ordem judicial, mas também de investigação ou instrução criminal em curso, como também, principalmente, da existência de lei, que estabelece ainda outras exigências.

Apesar disso, mesmo diante de tantos requisitos[16], ainda ouvimos frequentes críticas às decisões judiciais de quebra de sigilo telefônico e telemático no Brasil. A doutrina estrangeira, no entanto, não deixa de reconhecer a importância da medida, não havendo nela, portanto, nenhum absurdo. Ainda que atente contra o direito à intimidade[17], algumas ingerências do Estado sobre o âmbito privado são imprescindíveis para a averiguação, persecução e condenação dos delinquentes. Renunciar a elas seria

15. Art. 5º. (...). X – são invioláveis a intimidade, a vida privada, a honra e a imagem das pessoas, assegurado o direito a indenização pelo dano material ou moral decorrente de sua violação; XII – é inviolável o sigilo da correspondência e das comunicações telegráficas, de dados e das comunicações telefônicas, salvo, no último caso, por ordem judicial, nas hipóteses e na forma que a lei estabelecer para fins de investigação criminal ou instrução processual penal;
16. Várias outras formalidades, algumas bastante apropriadas, outras até de discutível legalidade, são estabelecidas ao longo de 7 (sete) páginas, nos 22 (vinte dois) artigos da Resolução 59, de 9 de setembro de 2008, com redação já alterada pelas Resoluções 84, de 6 de julho de 2009, e 217, de 16 de fevereiro de 2016, todas do Conselho Nacional de Justiça (CNJ), valendo destacar a seção IX, que trata da obrigação de sigilo e da responsabilidade dos agentes públicos, o que demonstra que são resguardados todos os direitos dos indivíduos desde que não impeça o importante combate à criminalidade.
17. No caso brasileiro, contra uma intimidade especificamente tratada no inciso XII do art. 5º da CF, repita-se.

o mesmo que renunciar à fundamental tarefa de exercício eficaz do poder punitivo estatal na luta contra a criminalidade[18].

Na Alemanha, muito citada pela academia brasileira da teoria do crime, a previsão normativa é similar à nossa. Segundo o processo penal alemão, em geral o âmbito privado se protege frente às ingerências estatais, porém, mediante ponderação com o interesse do Estado na averiguação da verdade[19]. É esta averiguação da verdade que, lamentavelmente, muitas vezes é esquecida pelos processualistas locais.

Os parágrafos 100 a – b da norma processual tedesca estabelecem que as intervenções telefônicas devem seguir uma série de requisitos, dentre os quais estão a necessidade de ordem judicial e a apuração de delitos muito graves, enumerados especificamente por lei[20]. Embora particularmente discordemos desta última previsão, por razões que no momento não cabem apontar, não são muito distintas as regras do art. 2º, III e art. 3º, *caput* da nossa Lei 9.296/96.

Na Espanha, embora o problema não fosse objeto de especial regulação[21] no passado, a situação mudou com o acréscimo do art. 588 bis "a" e seguintes à *Ley de Enjuiciamiento Criminal*, feito pela *Ley Orgánica* 13/2015, a qual normatizou de forma bastante minuciosa a matéria, com inúmeros detalhes, apresentando, dentre outros requisitos, a necessidade de autorização judicial e, ainda que de forma genérica, a gravidade do fato investigado.

A legislação brasileira exige, outrossim, seguindo a tendência do mundo ocidental, a presença de indícios razoáveis da autoria ou participação em infração penal (art. 2º, I), o que deve ser verificado pelo magistrado com base em elementos concretos do inquérito policial ou processo criminal. Se nos autos não há nenhuma indicação de que os interlocutores estejam cometendo crime, a interceptação não deverá ser autorizada. Se existem tais indícios, pelo contrário, o sistema jurídico autoriza a restrição à intimidade, em busca da satisfação do interesse coletivo pelo combate à criminalidade, o que nos parece bastante correto. Entre a intimidade de possíveis infratores (já que os indícios de autoria/participação criminosa são exigidos) e o combate à criminalidade, preferimos, sem dúvida, sacrificar aquela. Por isso, realizada com autorização judicial e nos moldes da Lei 9.626/96, a interceptação é considerada prova lícita[22].

A teoria do garantismo penal sustenta que a verdade só deve ser alcançada por "provas recolhidas por meio de técnicas normativamente preestabelecidas"[23]. Mas

18. CONDE, Francisco Muñoz. *Valoración de las grabaciones audiovisuales en el proceso penal.* 2. ed. Buenos Aires: Hammurabi, p. 47, 2007.
19. ROXIN, Claus. *La Evolución de la Política criminal, el Derecho penal y el Proceso penal.* Valencia: Tirant lo Blanch, p. 145, 2000.
20. ROXIN, Claus. Ob. cit., p. 146, 2000.
21. CONDE, Francisco Muñoz. Ob. cit., p. 59, 2007.
22. HOELTHE, Leo Van. **Direito Constitucional.** 3. ed. Salvador: JusPodivm, p. 289, 2007.
23. FERRAJOLI, Luigi. **Direito e Razão**: teoria do garantismo penal. 2. ed. São Paulo: Revista dos Tribunais, p. 48, 2006.

não é diferente o que ocorre com a prova oriunda de interceptação telefônica e telemática, diante da sua anterior previsão constitucional e legal. Então, a restrição nada tem de anti-garantista.

De outro lado, o erro judiciário, diversamente do erro historiográfico ou científico, jamais é fecundo, pois suas consequências são em grande parte irreparáveis, ainda mais quando em prejuízo dos acusados[24]. Daí, inclusive, a maior necessidade de alcançarmos o máximo possível de verdade dos fatos, especialmente mediante uso das facilitações tecnológicas do mundo moderno. Nada melhor do que a utilização de uma prova técnica, como, por exemplo, a verificação do conteúdo de conversa telefônica/ telemática interceptada. Ainda que também apresente algum subjetivismo, ele é muito menor que outros meios de prova mais usuais no Brasil.

Acrescente-se ainda que as provas anteriores à fase judicial, ainda que providas de menor autenticidade, diminuem condicionamentos subjetivos, em função da produção em segredo e da sua forma escrita[25]. Igualmente é o que ocorre, na prática, com as interceptações telefônicas ou telemáticas, produzidas que são, normalmente, na fase pré-processual, com o acréscimo de que a sua forma escrita não exclui a oral, permitida que é a oitiva do próprio áudio relativo às conversas interceptadas. Esse menor subjetivismo, por sua vez, é que garante uma maior aproximação da certeza, ainda que estejamos cientes de que a certeza absoluta seja uma ilusão[26].

Entrando especificamente, agora, no ponto objeto do Enunciado 2 - as sucessivas prorrogações da quebra do sigilo telefônico ou telemático - parte da doutrina tem reclamado da prática judicial, sustentando que a lei não é cumprida. Argumenta-se que uma única prorrogação não tem sido feita, mas prorrogações sucessivas, tampouco observando-se o limite de 15 dias. Em vez de buscarem reformar a lei e estabelecer prazos razoáveis para a interceptação, optou-se por ignorá-la inteiramente, alega-se[27]. Então, quem está correto, o enunciado do FONACRIM, ou a citada crítica doutrinária?

Inicialmente, concordamos com Grandinetti quando parece reclamar do curto prazo legal da medida de exceção, o que termina dando muito trabalho ao assoberbado Judiciário brasileiro. O juízo tem que proferir uma decisão fundamentada a cada quinze dias na mesma relação processual. Na criminalidade moderna, organizada e contínua, referido prazo não é suficiente para a obtenção da prova necessária contra culpados da prática de crimes. Assim, também entendemos que o prazo legal deveria ser ampliado.

---

24. FERRAJOLI, Luigi. Ob. cit., p. 60, 2006.
25. FERRAJOLI, Luigi. Ob. cit., p. 60-61, 2006.
26. Nas ciências, certezas absolutas já não são consideradas um atributo. Chegou ao fim a metafísica das entidades que se propõem como um saber total da realidade, um saber fundamental, fundante e autofundado. Todo projeto de um saber absoluto está irremediavelmente comprometido. (DOMINGUES, Ivan. **O Grau Zero do Conhecimento.** São Paulo: Loyola, p. 379, 1991).
27. GRANDINETTI, L. G. Castanho de Carvalho. **Processo Penal e Constituição**: Princípios Constitucionais do Processo Penal. 5. ed. Rio de Janeiro: Lúmen Júris, p. 86, 2009.

Na Espanha, por exemplo, o art. 588 ter "g" da *Ley de Enjuiciamiento Criminal* estabelece que a duração máxima inicial da intervenção será de três meses, podendo ela ser prorrogada por períodos sucessivos de igual duração, até o prazo máximo de dezoito meses.

Na Alemanha o prazo é muito parecido com o da Espanha. O parágrafo 100 "b" da lei processual penal germânica diz que a ordem de interceptação está limitada a um período de três meses, mas podendo haver uma extensão por não mais de três meses de cada vez.

Não somos dos mais adeptos ao excessivo ativismo judicial brasileiro, que rotineiramente tem proferido julgamentos *contra legem*. Todavia, na situação em estudo não nos parece que a crítica doutrinária esteja correta. O art. 5º, *caput*, da Lei 9.296/96 estabelece, na parte que nos interessa, que a decisão de interceptação telefônica ou de dados será fundamentada, não podendo a diligência exceder o prazo de 15 dias, renovável por igual tempo. Embora não preveja expressamente a possibilidade de sucessivas prorrogações, também não a veda[28]. Isto é, a regra não diz que a renovação por igual tempo será uma única vez. Destarte, a melhor interpretação é a de que suas renovações, tantas vezes quantas necessárias, são perfeitamente admissíveis, a depender de razões do caso concreto, aliando-se ao fundamento basilar de que as liberdades públicas, apesar de merecerem respeito, não podem ser utilizadas como escudo para o cometimento de atos ilícitos[29].

A questão não é nova na jurisprudência pátria. A despeito de entendermos que a única discussão judicial cabível seria sobre a interpretação da legislação federal, ou seja, a respeito de o art. 5º, *caput*, da Lei 9.296/96, permitir ou não sucessivas renovações da medida, desde junho de 2013 o STF reputou constitucional o debate, inclusive reconhecendo a existência de repercussão geral. Interessante observar que tal decisão foi tomada em processo no qual o STJ, justamente o intérprete da

---

28. Bem esclarece Ada Pellegrini Grinover que a lei não esclarece se, após a primeira prorrogação, outra será possível. O Projeto Miro Teixeira era expresso, prevendo tantas prorrogações quantas necessárias, desde que continuassem presentes os pressupostos de admissibilidade da ordem de interceptação. O bom senso deverá conduzir o juiz nesse sentido (GRINOVER, Ada Pellegrini. O regime brasileiro das interceptações telefônicas. *In:* **Revista CEJ**, v. 1, nº 3. Brasília: CEJ, set/dez 1997. Disponível em http://www.jf.jus.br/ojs2/index.php/revcej/article/view/108/151m. Acesso no dia 26.1.2016).
29. Há se convir que, se mantido o entendimento de que seria apenas possível uma prorrogação das interceptações telefônicas, somente se garantirá a possibilidade de investigação por 30 dias mediante a interceptação telefônica. Passado o lapso temporal matemático, se conferiria verdadeira imunidade aos delinquentes para continuarem na senda dos crimes. Estamos de acordo que a interceptação telefônica deva ser decretada de modo excepcional, com parcimônia e – mais importante – mediante a fundamentação necessária diante do caso concreto. Há excessos eventuais, não se nega. O que não se pode aceitar é querer fazer prevalecer uma inversão lógica de premissas para inviabilizar a investigação criminal (FISCHER, Douglas. Não há direito fundamental à impunidade – algumas considerações sobre a possibilidade das prorrogações das interceptações telefônicas. *In:* **Revista de Doutrina da 4ª Região**, nº 3. Porto Alegre: TRF4, dez 2009. Disponível em http://www.revistadoutrina.trf4.jus.br/index.htm?http://www.revistadoutrina.trf4.jus.br/artigos/edicao033/douglas_fischer.html. Acesso no dia 26.1.2016).

legislação federal, tinha adotado uma interpretação restritiva da norma legal, contra nossa posição. Também é curioso que o STF, na própria decisão, mencionou que até então vinha aceitando as renovações da providência. Por fim, é bom perceber que mesmo após a decisão, as duas Turmas da Suprema Corte têm continuado a decidir sobre a matéria, ambas entendendo cabível mais de uma prorrogação, ainda que apresentem fundamentos ligeiramente diferentes. Isso nos faz imaginarmos a tendência de que o conteúdo do enunciado 2 do FONACRIM seja ratificado pela mais alta Corte do país, conforme pode ser conferido na transcrição da jurisprudência complementar abaixo.

PROCESSO PENAL. INTERCEPTAÇÃO TELEFÔNICA. ALEGAÇÃO DE VIOLAÇÃO AOS ARTIGOS 5º; 93, INCISO IX; E 136, § 2º DA CF. ARTIGO 5º DA LEI N. 9.296/96. DISCUSSÃO SOBRE A CONSTITUCIONALIDADE DE SUCESSIVAS RENOVAÇÕES DA MEDIDA. ALEGAÇÃO DE COMPLEXIDADE DA INVESTIGAÇÃO. PRINCÍPIO DA RAZOABILIDADE. RELEVÂNCIA SOCIAL, ECONÔMICA E JURÍDICA DA MATÉRIA. REPERCUSSÃO GERAL RECONHECIDA. Trata-se de recurso extraordinário que impugna acórdão proferido pelo Superior Tribunal de Justiça no HC n. 76.686/PR, assim ementado: (...) Diante disso, a Egrégia Sexta Turma do Superior Tribunal de Justiça, à unanimidade de votos, reconheceu a ilicitude das interceptações telefônicas decorrentes das sucessivas renovações e concedeu a ordem a fim de se reputar ilícita a prova resultante de tantos e tantos e tantos dias de interceptação das comunicações telefônicas, devendo os autos retornar às mãos do Juiz originário para determinações de direito. (fl. 3.029) (...) A discussão jurídica presente no recurso ora apreciado diz respeito à constitucionalidade de sucessivas prorrogações do prazo de autorização para a interceptação telefônica, além do limite de 30 (trinta) dias estabelecido em sua lei de regência (artigo 5º, da Lei 9.296/96), ou do limite de 60 (sessenta) dias previsto no artigo 136, § 2º, da Constituição Federal. (...) A jurisprudência desta Corte tem se manifestado sobre o assunto, admitindo, em algumas hipóteses, a possibilidade de renovação do prazo das interceptações telefônicas. (...). Desse modo, verifico que, além de constitucional, a questão aqui apresentada transcende interesses meramente particulares e individuais das partes envolvidas no litígio, restando configurada a relevância social, econômica e jurídica da matéria, visto que a solução a ser definida por este Tribunal balizará não apenas este recurso específico, mas todos os processos em que se discute o tema. Ante o exposto, demonstrado que a controvérsia transcende o interesse das partes envolvidas, manifesto-me pela existência da repercussão geral da matéria, nos termos do artigo 543-A, § 1º, do Código de Processo. O Tribunal, por unanimidade, reputou constitucional a questão. O Tribunal, por unanimidade, reconheceu a existência de repercussão geral da questão constitucional suscitada. (RE 625263 RG, Rel. Min. Gilmar Mendes, DJe 9.9.2013)

(...). ALEGAÇÃO DE NULIDADE DA INTERCEPTAÇÃO TELEFÔNICA. MATÉRIA APRECIADA NO ACÓRDÃO RECORRIDO. NULIDADE AFASTADA. IMPOSSIBILIDADE DE REEXAME DE PROVA. (...). 1. Independentemente da afirmação de supressão de instância, a questão de mérito referente à alegação de nulidade das interceptações telefônicas foi apreciada no julgado objeto do presente recurso. 2. Inexistência de nulidade das interceptações. É lícita a prorrogação do prazo legal de autorização para interceptação telefônica, ainda que sucessivamente, quando o fato seja complexo e, como tal, exija investigação diferenciada e contínua. Diligência fundamentada. Impossibilidade de reexame de prova para decidir de forma diversa. (...). (RHC 131267, Rel. Min. Cármen Lúcia, 2ª Turma, DJe 18.12.2015)

(...) Esta Corte tem admitido a razoável prorrogação da medida, desde que as decisões sejam devidamente motivadas e observem o prazo de 15 (quinze) dias entre cada uma delas, como ocorreu na espécie (Inq 2725/SP, Rel. Min. Teori Zavascki, 2ª Turma, DJe 30.9.2015).

(...) O prazo originalmente estabelecido para a interceptação telefônica pode ser prorrogado, sendo certo que as decisões posteriores que autorizarem a prorrogação, sem acrescentar novos motivos, "evidenciam que essa prorrogação foi autorizada com base na mesma fundamentação exposta na primeira decisão que deferiu o monitoramento". (...). (HC 120234 AgR/PR, Rel. Min. Luiz Fux, 1ª Turma, DJe 26.3.2014).

▶ **CF/88. Art. 5°. XII** – é inviolável o sigilo da correspondência e das comunicações telegráficas, de dados e das comunicações telefônicas, salvo, no último caso, por ordem judicial, nas hipóteses e na forma que a lei estabelecer para fins de investigação criminal ou instrução processual penal;

▶ **Lei. 9.296/96. Art. 2°** Não será admitida a interceptação de comunicações telefônicas quando ocorrer qualquer das seguintes hipóteses: I – não houver indícios razoáveis da autoria ou participação em infração penal; II – a prova puder ser feita por outros meios disponíveis; III – o fato investigado constituir infração penal punida, no máximo, com pena de detenção. **Parágrafo único.** Em qualquer hipótese deve ser descrita com clareza a situação objeto da investigação, inclusive com a indicação e qualificação dos investigados, salvo impossibilidade manifesta, devidamente justificada. ▶ **Art. 5°** A decisão será fundamentada, sob pena de nulidade, indicando também a forma de execução da diligência, que não poderá exceder o prazo de quinze dias, renovável por igual tempo uma vez comprovada a indispensabilidade do meio de prova.

▶ **Res. CNJ 59/2008. Art. 14** A formulação de eventual pedido de prorrogação de prazo pela autoridade competente deverá observar os estritos termos e limites temporais fixados no art. 5° da Lei 9.296/1996, apresentando-se, também, os áudios (CD/DVD) com o inteiro teor das comunicações interceptadas, as transcrições integrais das conversas relevantes à apreciação do pedido de prorrogação e o relatório circunstanciado das investigações com seu resultado, de modo a comprovar a indispensabilidade da prorrogação da medida excepcional. **§ 1°** Comprovada a indispensabilidade da prorrogação, o magistrado responsável pelo deferimento da medida original deverá proferir nova decisão, sempre escrita e fundamentada, observando o disposto no art. 5° da Lei 9.296/1996. **§ 2°** Sempre que possível, os áudios, as transcrições das conversas relevantes à apreciação do pedido de prorrogação e os relatórios serão gravados de forma sigilosa, encriptados com chaves de conhecimento do Magistrado condutor do processo criminal. **§ 3°** Os documentos acima referidos serão entregues pessoalmente pela autoridade responsável pela investigação ou por seu representante, expressamente autorizado, ao Magistrado competente ou ao servidor por ele indicado (NR da Resolução 217, de 16 de fevereiro de 2016). ▶ **Art. 16** No recebimento, movimentação e guarda de feitos e documentos sigilosos, as unidades do Poder Judiciário deverão tomar as medidas para que o acesso atenda às cautelas de segurança previstas nesta norma, sendo os servidores responsáveis pelos seus atos na forma da lei. **Parágrafo único.** No caso de violação de sigilo de que trata esta Resolução, o magistrado responsável pelo deferimento da medida determinará a imediata apuração dos fatos. ▶ **Art. 17**. Não será permitido ao Magistrado e ao servidor fornecer quaisquer informações, direta ou indiretamente, a terceiros ou a órgão de comunicação social, de elementos sigilosos contidos em processos ou inquéritos regulamentados por esta Resolução, ou que tramitem em segredo de Justiça, sob pena de responsabilização nos termos da legislação pertinente. **§ 1°** No caso de violação de sigilo de que trata o *caput* deste artigo, por integrantes do Poder Judiciário ou por membros de outras instituições, dentre as quais a polícia, o Ministério Público e a advocacia, o Magistrado responsável pelo deferimento da medida requisitará a imediata apuração dos fatos pelas autoridades competentes, sob pena de responsabilização. **§ 2°** Decorrido prazo razoável, o Magistrado solicitará informações sobre o andamento das investigações (NR da Resolução 217, de 16 de fevereiro de 2016).

**ENUNCIADO 3. AS PROVAS OBTIDAS POR MEIO DE INTERCEPTAÇÕES TELEFÔNICAS E TELEMÁTICAS PODEM SER COMPARTILHADAS COM OUTROS ÓRGÃOS, PARA EFEITO DE RESPONSABILIZAÇÃO EXTRAPENAL.**

● *Aprovado no I FONACRIM.*

▸ *Por Danielle Souza de A. e S. Cavalcanti.*

Nos precisos termos do art. 5º, XII, da Constituição da República, "é inviolável o sigilo da correspondência e das comunicações telegráficas, de dados e das comunicações telefônicas, salvo, no último caso, por ordem judicial, nas hipóteses e na forma que a lei estabelecer para fins de investigação criminal ou instrução processual penal".

Como se vê, ao tempo em que facultou a quebra do sigilo das comunicações – algo não admitido no regime constitucional anterior –, o constituinte estabeleceu uma reserva legal qualificada: além de estabelecer a necessidade de lei para restrição ao sigilo, cuidou de cercar a medida de determinados condicionamentos mínimos, aos quais estaria adstrito o legislador ordinário: a) necessidade de ordem judicial autorizadora; b) finalidade de colher evidências para instruir investigação criminal ou processo penal; c) previsão em lei das hipóteses em que seria permitida a quebra. A Lei 9.296/96, que regulamentou a previsão constitucional, incorporou essas balizas, inclusive criminalizando a realização de interceptações fora de seus parâmetros (art. 10).

A interceptação da comunicação telefônica, de informática ou telemática, portanto, é medida cautelar probatória que, no nosso sistema, somente tem lugar em investigação criminal e em instrução processual penal, atividades integrantes da persecução de responsabilidade criminal. E, sendo o sigilo das comunicações um direito fundamental do indivíduo, corolário dos direitos à intimidade e privacidade (art. 5º, X, da CF), segue-se que as hipóteses de sua mitigação devem ser interpretadas restritivamente.

Nessa guia, caso a prova acobertada pelo sigilo das comunicações seja necessária para a averiguação de responsabilidade extrapenal (civil, administrativa, etc), não será possível lançar mão da medida cautelar em tela, porquanto o meio de obtenção de prova não é permitido na esfera extrapenal, diante da restrição contida na Lei Maior.

Isso não significa, porém, que os informes colhidos no processo criminal, mediante interceptação telefônica judicialmente autorizada, não possam ser utilizados fora dele, seja em outros processos criminais, ou mesmo em procedimentos ou processos extrapenais, a exemplo de ações de improbidade administrativa, procedimentos disciplinares, execuções fiscais, etc. Com base no princípio da proporcionalidade, e tendo em vista que a violação à intimidade já foi realizada pelo Estado, com respaldo constitucional e legal, admite-se – mesmo porque a Lei 9.296/96 não veda – que o órgão de apuração da responsabilidade extrapenal se valha dos elementos probatórios já licitamente obtidos em investigação ou processo criminal, desde que:

**(1)** exista decisão judicial (do juízo criminal que autorizou a quebra do sigilo) permitindo o compartilhamento da prova, pois as diligências, gravações e transcrições são de caráter sigiloso;

**(2)** os agentes públicos que recebem a prova emprestada mantenham a obrigação de sigilo existente na investigação ou processo originário (penal); e

**(3)** seja a prova submetida, no processo de destino (seja administrativo ou judicial), ao contraditório e à ampla defesa.

Não seria plausível, em suma, que a Administração ignorasse o conteúdo da prova obtida por outro órgão estatal (integrante da persecução penal), sobretudo se considerada a impossibilidade ou a difícil possibilidade de produção de prova equivalente no processo extrapenal, uma vez que a quebra de sigilo somente pode vir a ser decretada no bojo da persecução penal.

Na jurisprudência, em que pese a divergência de entendimentos, é essa a orientação predominante, reafirmada pelo STF na Segunda Questão de Ordem no Inquérito 2.424, a de ser franqueado o acesso a provas sigilosas colhidas mediante interceptação telefônica, de dados ou telemática, com o fito de municiar apurações levadas a efeito na seara extrajudicial, desde que exista autorização judicial e seja respeitado o devido processo legal, sob pena de o processo extrapenal ser considerado nulo.

"HABEAS CORPUS". INTERCEPTAÇÃO TELEFÔNICA. COMPETÊNCIA DO JUÍZO. DESDOBRAMENTO DAS INVESTIGAÇÕES. IDENTIFICAÇÃO, NO CURSO DAS DILIGÊNCIAS, DE POLICIAL MILITAR COMO SUPOSTO AUTOR DO DELITO APURADO. DESLOCAMENTO DA PERSECUÇÃO PARA A JUSTIÇA MILITAR. VALIDADE DA INTERCEPTAÇÃO DEFERIDA PELO JUÍZO ESTADUAL COMUM. ORDEM DENEGADA. 1. Não é ilícita a prova obtida mediante interceptação telefônica autorizada por Juízo competente. O posterior reconhecimento da incompetência do Juízo que deferiu a diligência não implica, necessariamente, a invalidação da prova legalmente produzida. A não ser que "o motivo da incompetência declarada [fosse] contemporâneo da decisão judicial de que se cuida" (HC 81.260, da relatoria do ministro Sepúlveda Pertence). 2. Não há por que impedir que o resultado das diligências encetadas por autoridade judiciária até então competente seja utilizado para auxiliar nas apurações que se destinam a cumprir um poder-dever que decola diretamente da Constituição Federal (incisos XXXIX, LIII e LIV do art. 5º, inciso I do art. 129 e art. 144 da CF). Isso, é claro, com as ressalvas da jurisprudência do STF quanto aos limites da chamada prova emprestada 3. Os elementos informativos de uma investigação criminal, ou as provas colhidas no bojo de instrução processual penal, desde que obtidos mediante interceptação telefônica devidamente autorizada por Juízo competente, admitem compartilhamento para fins de instruir procedimento criminal ou mesmo procedimento administrativo disciplinar contra os investigados. Possibilidade jurisprudencial que foi ampliada, na Segunda Questão de Ordem no Inquérito 2.424 (da relatoria do ministro Cezar Peluso), para também autorizar o uso dessas mesmas informações contra outros agentes. (...). (STF, HC 102293/RS, Rel. Min. Ayres Britto, 2ª Turma, v.u., DJe 16.12.2011)

Prova emprestada. Penal. Interceptação telefônica. Documentos. Autorização judicial e produção para fim de investigação criminal. Suspeita de delitos cometidos por autoridades e agentes públicos. Dados obtidos em inquérito policial. Uso em procedimento administrativo disciplinar, contra outros servidores, cujos eventuais ilícitos administrativos teriam despontado à colheita dessa prova. Admissibilidade. Resposta afirmativa a questão de ordem. Inteligência do art. 5º, inc. XII, da CF, e do art. 1º da Lei federal nº 9.296/96. (...). Voto vencido. Dados obtidos em interceptação de comunicações telefônicas, judicialmente autorizadas para produção de prova em investigação criminal ou em instrução processual penal, bem como documentos colhidos na mesma investigação, podem ser usados em procedimento administrativo disciplinar, contra a mesma ou as mesmas pessoas em relação às quais foram colhidos, ou contra outros servidores cujos supostos ilícitos teriam despontado à colheita dessas provas. (STF, Pet 3683 QO/MG, Rel. Min. Cezar Peluso, Plenário, por maioria, DJe 20.2.2009)

PROVA EMPRESTADA. NECESSIDADE. AUTORIZAÇÃO. JUIZ CRIMINAL. A interceptação telefônica como meio de prova necessita de expressa autorização do juízo criminal. Sua remessa e utilização em processo disciplinar devem ser autorizadas pelo juízo responsável pela preservação do sigilo de tal prova. Ademais, necessário que se respeitem, ainda, os princípios do contraditório e da ampla defesa. Caso não observados esses requisitos serão nulos a sindicância e o processo administrativo disciplinar lastreado exclusivamente nas fitas degravadas das interceptações telefônicas. (...). (STJ, RMS 16.429/SC, Rel. Min. Maria Thereza de Assis Moura, j. 3.6.2008).

PENAL E PROCESSUAL PENAL. MANDADO DE SEGURANÇA. SUPOSTA PRÁTICA DE CRIME DE CONCUSSÃO. COMPARTILHAMENTO DE DADOS SIGILOSOS ENTRE AS ESFERAS PENAL E ADMINISTRATIVA. APURAÇÃO EM TESE DE INFRAÇÃO DISCIPLINAR. PROVA EMPRESTADA. POSSIBILIDADE RESTRITA À FINALIDADE. DENEGAÇÃO DA ORDEM. 1. A prova sigilosa validamente obtida – sendo idêntico o investigado nos processos criminal e administrativo disciplinar, ainda que aquele esteja em fase inquisitorial – é passível de ser aproveitada no âmbito extrapenal quando presente a identidade entre os fatos a serem apurados, considerando, inclusive, a impossibilidade ou a difícil possibilidade de produção de prova símil em relação ao último, uma vez que deve ser levado em conta que a quebra de sigilo somente pode vir a ser decretada no bojo do primeiro, mediante autorização judicial. Precedentes do STF e deste Regional. 2. Não há falar em salvo conduto à instância administrativa-disciplinar para que se veja desobrigada ao sigilo no trato dos conteúdos desvelados por interceptação telefônica realizada em sede de investigação criminal, seguindo plenamente hígida a responsabilidade funcional do agente público responsável pelo manuseio das informações, tal qual na seara penal, pelo que se trata de transferência clausulada finalisticamente. 3. Na linha do entendimento firmado na Corte Suprema, fica superado o argumento de que os documentos e as interceptações telefônicas, que ainda não passaram pelo crivo do contraditório, não poderiam ser utilizados para fins outros, que não os penais. 4. Fica franqueado o acesso a provas sigilosas emprestadas obtidas na esfera penal, com o fito de apurar investigações levadas a cabo na seara extrajudicial, não se reputando plausível que a Administração ignore conteúdos de detenção de outro órgão estatal, especialmente para efeito de averiguação de infração disciplinar. 5. Segurança denegada. (TRF-4, MS 36432/PR, Rel. Juíza Federal Eloy Bernst Justo, DJ 11.2.2010)

▶ **Lei 9.296/96. Art. 1º** A interceptação de comunicações telefônicas, de qualquer natureza, para prova em investigação criminal e em instrução processual penal, observará o disposto nesta Lei e dependerá de ordem do juiz competente da ação principal, sob segredo de justiça. ▶ **Art. 8º** A interceptação de comunicação telefônica, de qualquer natureza, ocorrerá em autos apartados, apensados aos autos do inquérito policial ou do processo criminal, preservando-se o sigilo das diligências, gravações e transcrições respectivas. ▶ **Art. 10.** Constitui crime realizar interceptação de comunicações telefônicas, de informática ou telemática, ou quebrar segredo da Justiça, sem autorização judicial ou com objetivos não autorizados em lei. Pena: reclusão, de dois a quatro anos, e multa.

▶ **Res. CNJ 59/2008**: Disciplina e uniformiza as rotinas visando ao aperfeiçoamento do procedimento de interceptação de comunicações telefônicas e de sistemas de informática e telemática nos órgãos jurisdicionais do Poder Judiciário, a que se refere a Lei nº 9.296, de 24 de julho de 1996.

## Enunciado 4. É desnecessária a degravação de todos os diálogos interceptados no curso da investigação.

• *Aprovado no I FONACRIM.*

▸ *Por João Pedro Gebran Neto.*

Tema bastante recorrente na prática judicial, especialmente ao tempo da aprovação do enunciado no I FONACRIM, em 29 de abril de 2009, era a discussão sobre a legalidade dos processos penais em que havia a degravação das interceptações telefônicas, sendo frequentes os argumentos visando invalidar os processos em que havia parcial ou nenhuma degravação.

A matéria acha-se disciplina no artigo 6º e parágrafo primeiro, da Lei nº 9296/96, que dispõe:

> **Art. 6º** Deferido o pedido, a autoridade policial conduzirá os procedimentos de interceptação, dando ciência ao Ministério Público, que poderá acompanhar a sua realização.
>
> § 1º No caso de a diligência possibilitar a gravação da comunicação interceptada, será determinada a sua transcrição.

A questão comporta dois pontos essenciais: o primeiro, diz respeito à necessidade, ou não, de degravação das mídias colacionadas aos autos, onde se acham gravadas as interceptações telefônicas; o segundo relativo à obrigatoriedade de degravação da integralidade daquilo que foi gravado ou apenas das partes dos diálogos interceptados que interessam à investigação e/ou ao processo penal.

A resposta à primeira indagação decorre do imperativo legal que determina a transcrição dos diálogos interceptados, no caso de a diligência possibilitar a gravação da comunicação interceptada. Todavia, *de lege ferenda,* apesar do texto legal, a providência para os dias de hoje poderia ser dispensada. Os processos judiciais, inclusive os criminais, já tramitam por meio digital, com audiências gravadas em áudio e vídeo, não se cogitando de se exigir a transcrição de ditos atos processuais, mas tão somente o registro de suas ocorrências em atas de audiência, com a juntada das mídias, seja elas físicas (CDs) ou eletrônicas (arquivos digitais).

Nos dias atuais, com elevada tecnologia incorporada aos processos judiciais, a criação de barreiras burocráticas parece não ter mais sentido. Não se admite que escassos recursos humanos e financeiros sejam gastados para realizar horas e horas de transcrições, quando todo este conteúdo já se acha disponível às partes em diferentes mídias. Veja-se que até audiências são realizadas por meio de videoconferências, com a gravação dos atos por meio digital, ou mesmo sustentações orais são promovidas a distância, com os arquivos disponíveis nos autos.

O preceito legal, portanto, parece-me superado e estéril, na medida em que o fundamental para garantia do devido processo legal e da ampla defesa é a existência documentada (de modo físico: digital ou impresso) dos diálogos interceptados. Esta prova é que permitirá que cada ator do processo penal possa fazer específica referência à parte pertinente, possa impugnar a interceptação, buscar demonstrar que eventualmente o áudio ou o vídeo não corresponde à voz ou à imagem da parte, que a mídia foi adulterada, etc. Ou, ainda, possa qualquer das partes trazer à colação a transcrição do ponto específico que lhe interessa, com a indicação precisa do local onde colheu o trecho transcrito. Nisto consiste a garantia do devido processo legal e da ampla defesa.

A dinâmica da evolução tecnológica e a complexidade dos delitos vêm fazendo surgir grandes investigações contra organizações criminosas, cujos trabalhos estão, por vezes, a exigir muitas horas de interceptações telefônicas, de informática ou telemáticas, para que se obter algumas informações ou diálogos reveladores. Bastaria, para tanto, que as interceptações/gravações fossem juntadas aos autos, com o dever, da acusação em primeiro lugar, e da defesa, se for o caso, apontar os trechos que lhes são interessantes, eventuais inconsistências existentes nos diálogos interceptações ou equívocos das conclusões que se extraíram desses trechos.

Todavia, ante a disposição legal, penso que a transcrição dos trechos a serem utilizados como fundamento para acusação é indispensável, sob pena de nulidade, não bastando a mera referência à mídia onde foi gravada a interceptação.

Diversa é a solução para a segunda questão acima apresentada, relativa à indispensabilidade de transcrição da totalidade dos diálogos interceptados.

O Supremo Tribunal Federal, desde a edição da lei referida, firmou entendimento sobre a desnecessidade de transcrição integral (Inquérito 2424/RJ, Rel. Min. Cézar Peluso), posição prevalente nos dias atuais.

Ocorre que num breve hiato, a partir do julgamento do Agravo Regimental na Ação Penal nº 508/AP, julgado pelo Tribunal Pleno, em 7 de fevereiro de 2013, a questão foi solvida em sentido diverso, nos termos da seguinte ementa:

> INTERCEPTAÇÃO TELEFÔNICA. MÍDIA. DEGRAVAÇÃO. A degravação consubstancia formalidade essencial a que os dados alvo da interceptação sejam considerados como prova – artigo 6º, § 1º, da Lei nº 9.296/96.

A decisão agravada determinava:

> 2. A existência de processo eletrônico não implica o afastamento da Lei nº 9.296/96. O conteúdo da interceptação telefônica verificada, registrado em mídia, há de passar pela degravação. Também cumpre solicitar ao Juízo da 2ª Vara Federal da Seção Judiciária do Amapá a mídia, para degravação, da interceptação telefônica mencionada na denúncia.

Esta decisão, entretanto, representa exceção à posição histórica e atualmente preponderante na Suprema Corte.

Após a decisão do Ministro Marco Aurélio, acima transcrita, a jurisprudência voltou a firmar-se no sentido da dispensa de degravação integral, consoante precedente do Ministro Gilmar Mendes, na chamada Operação Navalha, assim ementado:

> 1. "Habeas corpus". 2. Operação "Navalha". 3. Interceptações telefônicas. Prescindibilidade de degravação de todas as conversas, sendo bastante que se tenham degravados os excertos que subsidiaram o oferecimento da denúncia. (...). 4. Ausência de constrangimento ilegal. 5. Ordem denegada. (HC 118371, Rel. Min. Gilmar Mendes, 2ª Turma, DJe 5.9.2014)

Referido julgamento tem particular importância porque historia diversos precedentes do STF nesse sentido, bem como aponta que a decisão que determinou a transcrição integral de todos os diálogos interceptados é exceção na jurisprudência daquela Corte.

Aliás, por força desta orientação jurisprudencial, o próprio Ministro Marco Aurélio passou a aplicar a jurisprudência majoritária, com a ressalva da sua compreensão pessoal, como se colhe da manifestação Sua Excelência no HC 117.000/RJ:

> INTERCEPTAÇÃO TELEFÔNICA. DEGRAVAÇÃO DE FITA. FORMALIDADE ESSENCIAL. SUPLANTAÇÃO. PRECEDENTE. PRONUNCIAMENTO DO PLENÁRIO. RESSALVA DE ENTENDIMENTO PESSOAL. Muito embora a ordem jurídica revele como formalidade essencial a degravação da fita referente à interceptação telefônica, expungindo-se o que não sirva à investigação criminal, o Tribunal Pleno, defrontando com a situação concreta ora colocada, concluiu de forma diversa, oportunidade na qual fiquei vencido, na companhia honrosa dos ministros Celso de Mello e Gilmar Mendes. Ressalva de entendimento pessoal ante o crivo do Colegiado Maior. (STF, 1ª Turma, HC 117.000/RJ, Rel. Min. Marco Aurélio, j. 13.8.2013).

Dessa forma, não resta qualquer dúvida quanto à dispensabilidade da transcrição da integralidade das informações e diálogos interceptados, estando o enunciado em perfeita sintonia com a jurisprudência segura do Supremo Tribunal Federal.

Todavia, imprescindível destacar a importância do enunciado na conformação da jurisprudência pátria, na medida em que ele foi elaborado em abril de 2009, quando havia hesitação de alguns Tribunais quanto à amplitude da regra legal que determina a transcrição. Transcorreram mais de quatro anos entre a aprovação do enunciado e a posição consolidada do Tribunal Excelso, o que ressalta ainda mais o acerto da decisão do I FONACRIM, inclusive como indutor da interpretação judicial.

Este dado revela não apenas o acerto daquilo que se enunciou, mas também propicia refletir sobre a importância da interpretação legal firmada pelos magistrados de primeiro grau, os quais são os primeiros a se depararem com as dificuldades hermenêuticas e, principalmente, são quem melhor conhecem a realidade da prestação jurisdicional penal em cada localidade.

Uma rápida leitura do texto legal poderia levar a falsa conclusão de que todos os conteúdos interceptados deveriam ser objeto de transcrição. Todavia, a realidade se impõe ao intérprete mais desatento. Por sua própria natureza interventiva nos direitos e garantias individuais, por disposição constitucional (inciso XII, parte final, do art. 5º da Constituição Federal de 1988) e por regramento legal (Lei nº 9.296, de 24 de julho de 1996), as interceptações telefônicas são medidas excepcionais aplicadas em casos graves e complexos, demandando cautela na sua aplicação. De outra banda, tais intervenções ensejam normalmente o acompanhamento de diversas ligações entre diferentes números telefônicos e de muitas pessoas. São milhares de horas de conversas, muitas das quais sem qualquer vinculação com o objeto da investigação. Além destas oitivas que se revelam inúteis, é indispensável o prolongado acompanhamento dos diálogos úteis para que códigos possam ser decifrados, de modo que conclusões quanto ao conteúdo dos diálogos possam ser adequadas.

A dificuldade de transcrição da integralidade das mídias restou demonstrada até mesmo no Agravo Regimental na Ação Penal nº 508/AP, do Supremo Tribunal Federal, acima referido, constando dos autos certidão da administração do Tribunal informando a impossibilidade de degravação da integralidade das conversas interceptadas (eram milhares de horas de conversas gravadas com autorização judicial), tendo sido apresentada a solução simplista de determinar à Polícia Federal. Ou seja, transferiu-se para terceiro realizar aquilo que o Poder Judiciário não tinha estrutura para fazê-lo, como se a transcrição de diálogos gravados estivesse a depender de perícia técnica. É evidente que nem as polícias, tampouco o Ministério Público ou o Poder Judiciário, dispõem de estrutura de pessoal ou financeira para arcar com o ônus de degravação de milhares de horas de conversas interceptadas.

Mas, uma coisa é a juntada da transcrição, outra é a anexação da mídia onde foram obtidos os áudios, não podendo ser fragmentada ou parcial a juntada dos diálogos que interessem ao processo. É fato que, muita vez, há conversas que não guardam qualquer relação com o feito, não sendo necessária a sua juntada, *"inclusive para preservação da intimidade dos interlocutores"* (Gomes e Maciel: Interceptação Telefônica, p. 176), devendo ser inutilizadas as gravações, na forma do art. 9º e seu parágrafo único, da Lei nº 9296/96.

Na lição de Gomes e Maciel (*op.* e *loc. cit.*):

> Para que se possa conciliar, portanto, o direito de defesa com o direito de privacidade e de sigilo das comunicações, parece-nos mais acertado o seguinte: sendo parcial a transcrição, a defesa deve ter acesso aos materiais que armazenam as conversas (*v.g.*, DVDs), podendo pedir a transcrição de outras partes do que foi gravado. A transcrição não pode ter como destino exclusivo o embasamento da peça acusatória (tal como ficou assentado no julgamento do Inq. 2424/RJ), ou seja, a transcrição não está prevista na lei para favorecer exclusivamente a acusação. (...). Assim, não é lícito permitir à defesa apenas o acesso do conteúdo transcrito, mas a todo o conteúdo gravado.

Quanto aos diálogos interceptados, deve-se compreender que palavras como pó, açúcar, erva, verdinha, pacote, carro, tabela, campeonato, jogadores, etc., tem significado comum conhecido, mas não raras vezes são utilizadas para indicar coisa diversa, em codificação das mensagens e diálogos travados no seio de organizações criminosas. E as informações que levam às conclusões sobre o significado utilizado pelos interlocutores se revelam de transcrição obrigatória, de modo a contextualizar os diálogos e permitir inferências seguras.

Assim, há o dever *ex lege* de transcrição e os conteúdos degravados podem ser utilizados para embasar a acusação. Isso, todavia, não exime a juntada aos autos das mídias onde foram realizadas as gravações. Ao revés, são estas mídias garantem às partes a segurança quando sua autenticidade, possibilitam a confrontação da voz dos interlocutores, a conferência entre a transcrição e o conteúdo das mídias, bem como exame do contexto dos diálogos, ainda que parte dele não tenha sido objeto de degravação.

Aqui surge relevante questão acerca das transcrições e as mídias. As primeiras devem ser havidas como meros documentos (na forma do art. 232, do Código de Processo Penal) que devem trazer perfeita correspondência entre aquilo que foi gravado/interceptado e o que se acha transcrito. E por ser apenas a documentação física de uma prova eletrônica, prescindível a intervenção de perito para a realização da tarefa.

E nem poderia ser diferente, vez que perícia é atividade técnica a ser realizada por profissional especialmente habilitado para tal finalidade, equivale dizer, a tarefa atribuída está a exigir especial qualificação e conhecimento técnico do qual não se acham dotados os diferentes atores da investigação ou do processo penal. Na expressão de Eugenio Pacelli de Oliveira (Curso de Processo Penal, p. 335):

> A prova pericial, antes de qualquer outra consideração, é uma prova técnica, na medida em que pretende certificar a existência de fatos cuja certeza, segundo a lei, somente seria possível a partir de conhecimentos específicos. Por isso, deverá ser produzida por pessoas devidamente habilitadas, sendo que o reconhecimento dessa habilitação é feito normalmente na própria lei, que cuida das profissões e atividades regulamentadas, fiscalizadas por órgãos regionais e nacionais.

Assim, para atestar a *causa mortis* de uma pessoa, indispensável a intervenção de profissional da saúde. Para realizar uma perícia grafotécnica, igualmente deve ser solicitada manifestação de técnico qualificado. Para atestar a autenticidade de uma mídia eletrônica, também deve o laudo ser realizado por pessoal que detenha o conhecimento específico. Todavia, para transcrever o conteúdo de uma gravação, desnecessária habilidade ou conhecimento excepcional, bastando ser a mídia audível e que o transcritor tenha capacidade e equipamento para ouvir e elaborar o documento. Assim, qualquer servidor público, ou alguém especialmente indicado para tanto, poderá realizar esta transcrição, não sendo necessária a realização de perícia. O material produzido, em decorrência de degravação, portanto, é documento, na acepção jurídica do termo, sendo legítimos independentemente de serem produzidos por peritos. Como destaca Eduardo Cabette (Interceptação Telefônica, p. 145):

> A própria Lei n. 9296/96, em seu art. 6º, § 1º, ao determinar a transcrição das gravações, não menciona tratar-se de exame pericial ou que deva ser realizado necessariamente por peritos ou expert", bastando o sentido da audição e ser a pessoa alfabetizada.

No que diz respeito às mídias onde se acham gravadas as interceptações, igualmente possuem o atributo de documentos, mas estes sim suscetíveis de perícia técnica. Como destacado por Cabette (*op. cit.*, p. 147)

> O concurso de peritos somente será imprescindível para a realização de exames que demandem conhecimentos técnicos especializados, como por exemplo, casos de aferição de autenticidade das gravações, presença de cortes ou inclusões nos diálogos, montagens de conversas, análise expectográfica da voz, dentre outros.

Nesse sentido é a orientação é a orientação do STJ:

> "É válida a prova obtida por meio de interceptação de comunicação telefônica, quando a autoridade policial observa todos os requisitos exigidos pela Lei n. 9.269/96, que, ressalte-se, não determina que degravação das conversas interceptadas seja feita por peritos oficiais" (HC 66.967/SC). (HC 136.096/RJ, Rel. Min. Arnaldo Esteves Lima, j. 8.5.2010).

Em suma, a teor da disposição legal, é obrigatória a realização da transcrição das gravações decorrentes de comunicações interceptadas das partes necessárias para instruir a denúncia, sendo prescindível a degravação da integralidade do material obtido, mas, apenas das partes que interessarem à solução do processo. Tratando-se de mera documentação do teor existente na mídia em que se acha gravada, pode a tarefa de transcrição ser realizada por qualquer pessoa a quem seja atribuída, dispensada a realização de perícia para este mister.

É desnecessária a juntada do conteúdo integral das degravações das escutas telefônicas realizadas nos autos do inquérito no qual são investigados os ora Pacientes, pois basta que se tenham degravados os excertos necessários ao embasamento da denúncia oferecida, não configurando, essa restrição, ofensa ao princípio do devido processo legal. (...). 6. Writ denegado". (HC 105.527/DF, Rel. Min. Ellen Gracie, 2ª Turma, unânime, DJe 13.5.2011).

No julgamento do HC 91.207-MC/RJ, Rel. para o acórdão Min. Cármen Lúcia, esta Corte assentou ser desnecessária a juntada do conteúdo integral das degravações das escutas telefônicas, sendo bastante que se tenham degravados os excertos necessários ao embasamento da denúncia oferecida. III. Impossibilidade de reexame do conjunto fático probatório. Súmula 279/STF. (...)". (AI 685.878/RJ AgR, Rel. Min. Rircardo Lewandowski, 1ª Turma, maioria, DJe 12.6.2009)

"HABEAS CORPUS". "OPERAÇÃO ANACONDA". DEGRAVAÇÃO PARCIAL DE CONVERSAS TELEFÔNICAS. PROVA APTA A EMBASAR A DENÚNCIA. A degravação parcial de conversas telefônicas é prova perfeitamente apta a embasar a denúncia oferecida pelo Ministério Público Federal. (...). A disponibilidade, tanto para a defesa, como para a acusação, da integralidade das gravações afasta qualquer alegação de cerceamento de defesa. (...). "Habeas corpus" indeferido". (HC 85.206/SP, Rel. Min. Joaquim Barbosa, 2ª Turma, unânime, DJ 3.3.2006).

"HABEAS CORPUS". PROCESSUAL PENAL. CRIME DE TRÁFICO ILÍCITO DEENTORPECENTES. INTERCEPTAÇÃO TELEFÔNICA. DEGRAVAÇÃO. OBSERVÂNCIA DOSTERMOS DA LEI N. 9.296/96. PERÍCIA PARA O RECONHECIMENTO DAS VOZESDOS ACUSADOS. PRECLUSÃO. INOBSERVÂNCIA DO RITO. PROCEDIMENTOESTABELECIDO PELA LEI N. 10.409/02. AUSÊNCIA DE DEFESA PRELIMINAR.NULIDADE ABSOLUTA. PRECEDENTES DESTA CORTE E DO SUPREMO TRIBUNALFEDERAL. 1. É válida a prova obtida por meio de interceptação de comunicação telefônica, quando a autoridade policial observa todos os requisitos exigidos pela Lei n. 9.269/96, que, ressalte-se, não determina que degravação das conversas interceptadas seja feita por peritos oficias. 2. Se a Defesa não impugna no momento oportuno a autenticidade da voz do Paciente, preclusa a alegação de nulidade desta prova, sobretudo em sede de "habeas corpus", estranha ao reexame da matéria fático-probatória. 3. Aplica-se aos crimes de tóxicos o rito procedimental da Lei n. 10.409/02, a qual derrogou, na parte processual, as disposições da Lei n. 6.368/76. 4. A inobservância do rito procedimental estabelecido pela Lei n. 10.409/02, constitui-se em nulidade absoluta, pois a ausência de apresentação de defesa preliminar desrespeita o princípio constitucional da ampla defesa e do contraditório, encerrando inegável prejuízo ao acusado. 5. "Habeas corpus" parcialmente concedido para declarar a nulidade ab initio do processo instaurado em desfavor do Paciente, desde o despacho de recebimento da denúncia, impondo-se ao juízo processante observar o rito da Lei n. 10.409/2002. (STJ, HC 66967/SC, Rel. Min. Laurita Vaz, 5ª Turma, DJ 11.12.2006)

▶ **Lei 9.296/96. Art. 6º** Deferido o pedido, a autoridade policial conduzirá os procedimentos de interceptação, dando ciência ao Ministério Público, que poderá acompanhar a sua realização. **§ 1º** No caso de a diligência possibilitar a gravação da comunicação interceptada, será determinada a sua transcrição. **§ 2º** Cumprida a diligência, a autoridade policial encaminhará o resultado da interceptação ao juiz, acompanhado de auto circunstanciado, que deverá conter o resumo das operações realizadas. ▶ **Art. 9º** A gravação que não interessar à prova será inutilizada por decisão judicial, durante o inquérito, a instrução processual ou após esta, em virtude de requerimento do Ministério Público ou da parte interessada. **Parágrafo único.** O incidente de inutilização será assistido pelo Ministério Público, sendo facultada a presença do acusado ou de seu representante legal.

## 3. LEI DAS ORGANIZAÇÕES CRIMINOSAS (LEI 12.850/13)

**ENUNCIADO 33. O ARTIGO 17-B DA LEI Nº 9.613/1998 E OS ARTIGOS 15 E 16 DA LEI Nº 12.850/2013 SÃO CONSTITUCIONAIS, POIS CONFEREM À AUTORIDADE POLICIAL E AO MINISTÉRIO PÚBLICO APENAS ACESSO A DADOS NÃO INCLUÍDOS NO ÂMBITO DO DIREITO FUNDAMENTAL À INTIMIDADE, E APLICAM-SE A TODOS OS PROCEDIMENTOS DE INVESTIGAÇÃO CRIMINAL.**

• ***Enunciado 9*** *aprovado no II FONACRIM. Renumerado no IV FONACRIM, em 25.9.2015.*

Verbete comentado no item *Lei de Lavagem de Capitais.*

**Enunciado 34. A informação sobre os registros de identificação dos números dos terminais de origem e de destino das ligações telefônicas à autoridade policial e ao Ministério Público, prevista no artigo 17 da Lei nº 12.850/2013, depende de autorização judicial.**

• ***Enunciado 10*** *aprovado no II FONACRIM. Renumerado no IV FONACRIM, em 25.9.2015.*

▸ *Por Marcelo Costenaro Cavali.*

De acordo com o artigo 17 da Lei nº 12.850/2013, as concessionárias de telefonia fixa ou móvel devem manter, pelo prazo de 5 (cinco) anos, à disposição das autoridades de persecução penal, registros de identificação dos números dos terminais de origem e de destino das ligações telefônicas internacionais, interurbanas e locais.

O dispositivo, entretanto, não estabelece – ao menos não expressamente – que tais dados sejam de livre acesso ao Ministério Público e à Polícia Federal, sem a necessidade de prévia autorização judicial.

Já há bastante tempo, a doutrina e a jurisprudência diferenciam a interceptação da comunicação telefônica e o acesso aos registros referentes a chamadas telefônicas.

Confira-se a distinção feita por Tércio Sampaio Ferraz Jr., em texto sempre citado sobre o tema[30]:

> O sigilo, no inciso XII do art. 5º, está referido à comunicação, no interesse da defesa da privacidade. Isto é feito, no texto, em dois blocos: a Constituição fala em sigilo 'da correspondência e das comunicações telegráficas, de dados e das comunicações telefônicas'. Note-se, para a caracterização dos blocos, que a conjunção e une correspondência com telegrafia, segue-se uma vírgula e, depois, a conjunção de dados com comunicações telefônicas. Há uma simetria nos dois blocos. Obviamente o que se regula é comunicação por correspondência e telegrafia, comunicação de dados e telefônica. O que fere a liberdade de omitir pensamento é, pois, entrar na comunicação alheia, fazendo com que o que devia ficar entre sujeitos que se comunicam privadamente passe ilegitimamente ao domínio de um terceiro. Se alguém elabora para si um cadastro sobre certas pessoas, com informações marcadas por avaliações negativas, e o torna público, poderá estar cometendo difamação, mas não quebra sigilo de dados. Se estes dados, armazenados eletronicamente, são transmitidos, privadamente, a um parceiro, em relações mercadológicas, para defesa do mercado, também não está havendo quebra de sigilo. Mas, se alguém entra nesta transmissão como um terceiro que nada tem a ver com a relação comunicativa, ou por ato próprio ou porque uma das partes lhe cede o acesso indevidamente, estará violado o sigilo de dados. A distinção é decisiva: o objeto protegido no direito à inviolabilidade do sigilo não são os dados em si, mas a sua comunicação restringida (liberdade de negação). A troca de informações (comunicação) privativa é que não pode ser violada por sujeito estranho à comunicação.

De acordo com essa diferenciação, portanto, não se aplica ao acesso a registros telefônicos a garantia do artigo 5º, XII, da Constituição, dispositivo que se refere, somente, à interceptação telefônica. Na linha da jurisprudência do STF, "não se confundem comunicação telefônica e registros telefônicos, que recebem, inclusive, proteção jurídica distinta. Não se pode interpretar a cláusula do artigo 5º, XII, da CF, no sentido de proteção aos dados enquanto registro, depósito registral. A proteção constitucio-

30. Sigilo de dados: o direito à privacidade e os limites à função fiscalizadora do Estado. *Cadernos de Direito Constitucional e Ciência Política*. São Paulo: RT, 1992, n. 1, p. 77-82.

nal é da comunicação de dados e não dos dados" (HC 91867, Rel. Min. Gilmar Mendes, 2ª Turma, DJe 19.9.2012).

As rígidas restrições referentes à decretação de interceptações telefônicas, portanto, não são aplicáveis à obtenção de registros de ligações telefônicas. De toda sorte, tratam-se tais registros de dados inerentes à privacidade. Isso porque as ligações telefônicas permitem a realização de diálogos restritos, em regra, a dois interlocutores, que decidem se comunicar de forma privada, sem o conhecimento de terceiros. Não apenas o conteúdo, mas a própria ocorrência da ligação é uma informação privada.

Desse modo, estão protegidos os registros de ligações telefônicas pela cláusula geral de resguardo da intimidade, estatuída no artigo 5º, X, da Constituição. Tal cláusula não prevê expressamente a possibilidade de restrição dos direitos fundamentais nela abarcados.

Essa circunstância não autoriza que se argumente, no entanto, pela ilegitimidade de qualquer restrição. Afinal, como é cediço, "não há, no sistema constitucional brasileiro, direitos ou garantias que se revistam de caráter absoluto, mesmo porque razões de relevante interesse público ou exigências derivadas do princípio de convivência das liberdades legitimam, ainda que excepcionalmente, a adoção, por parte dos órgãos estatais, de medidas restritivas das prerrogativas individuais ou coletivas, desde que respeitados os termos estabelecidos pela própria Constituição" (STF, MS 23.452/RJ, Rel. Min. Celso de Mello, Pleno, DJe 12.5.2000).

À luz do postulado da unidade da Constituição, que estabelece que todas as normas constitucionais possuem a mesma dignidade e hierarquia, não há como se justificar a preponderância absoluta de alguns direitos, princípios ou interesses sobre outros[31]. O texto constitucional reproduz as tensões existentes no seio da sociedade, cabendo ao legislador e ao intérprete encontrar o caminho de consenso.

Como expõe Canotilho, "a pretensão de validade absoluta de certos princípios com sacrifício de outros originaria a criação de princípios reciprocamente incompatíveis, com a consequente destruição da tendencial unidade axiológico-normativa da lei fundamental"[32].

E, de fato, existe um relevante interesse constitucional a indicar a importância do acesso das autoridades de persecução penal aos registros de ligações telefônicas. Trata-se do direito à segurança pública, estatuído no artigo 144 da Constituição, norma que impõe ao Estado a obrigação de criar condições objetivas que possibilitem o efetivo acesso a tal serviço (RE 559.646-AgR, Rel. Min. Ellen Gracie, 2ª Turma, DJe 24.6.2011). Entre tais condições objetivas se insere, sem dúvida, a existência de mecanismos eficientes de investigação.

Havendo, pois, outro preceito constitucional que se coloca, ao menos parcialmente, em conflito com o direito à intimidade – no que se refere às comunicações telefô-

31. Cf. González Beilfuss, *El Principio de Proporcionalidad en la Jurisprudencia del Tribunal Constitucional*, Navarra, Thomson-Arazandi, 2003, p. 94.
32. *Op. cit.*, p. 1182-1184.

nicas privadas –, deve ser levado a cabo um processo de ponderação, que tome em consideração os interesses em jogo.

Nesse processo de ponderação, não se deve atribuir primazia absoluta a um ou a outro princípio ou direito, mas deve haver um esforço para assegurar a aplicação das normas conflitantes, conquanto, na situação examinada, uma delas tenha de sofrer atenuação.

Em tais casos, a restrição deve obediência do princípio da proporcionalidade[33]. É preciso que a restrição ao direito fundamental se apresenta como adequada, necessária e proporcional em sentido estrito[34].

A obtenção de informações sobre registros telefônicos se apresenta como adequada em grande número de investigações criminais, para, por exemplo, identificar contatos entre suspeitos, como em casos envolvendo organizações criminosas. A medida pode ser necessária, igualmente, para identificar autores de ameaças por esse meio de comunicação.

No que se refere ao teste da exigibilidade, pode-se afirmar que será mais eficiente a obtenção dos dados, dada a rapidez do acesso, se realizada diretamente pelo Ministério Público ou pela autoridade policial do que se houver necessidade de autorização judicial prévia.

Do ponto de vista da proporcionalidade em sentido estrito, porém, a questão é mais tormentosa. De acordo com o entendimento adotado no enunciado ora comentado, a ponderação entre os interesses envolvidos indica que não se justifica que as autoridades de persecução penal tenham acesso imediato a tais informações em detrimento da privacidade dos investigados.

O ponto relevante a ser destacado consiste na circunstância de que os inquéritos policiais já correm sob a supervisão de uma autoridade jurisdicional. Assim sendo, o surgimento da necessidade de obtenção de tais dados poderá ser apresentado mediante pedido simples e, de modo expedito, autorizado pelo juiz.

Por outro lado, as ligações realizadas a partir de um terminal telefônico, como dito, integram o núcleo da vida privada, que deve ser preservado.

Assim sendo, a interpretação mais consentânea para privilegiar os interesses contrapostos consiste em entender que a informação sobre os registros de identificação dos números dos terminais de origem e de destino das ligações telefônicas à autoridade policial e ao Ministério Público, prevista no artigo 17 da Lei nº 12.850/2013, depende de autorização judicial.

Para tanto, é necessário que haja justa causa para a quebra do sigilo de dados, devendo ser demonstrada, no caso concreto, a existência fundada de indícios de prática

33. MENDES, Gilmar Ferreira; BRANCO, Paulo Gustavo Gonet. **Curso de direito constitucional.** 9. ed. São Paulo: Saraiva, 2014. p. 293-294.
34. ALEXY, Robert. *Teoría de los Derechos Fundamentales.* Trad. Ernesto Garzón Valdés. Centro de Estudios Políticos y Constitucionales: Madrid, 2002. p. 111-115.

criminosa e a pertinência da obtenção dos dados para o aprofundamento da investigação.

"HABEAS CORPUS". NULIDADES: (1) INÉPCIA DA DENÚNCIA; (2) ILICITUDE DA PROVA PRODUZIDA DURANTE O INQUÉRITO POLICIAL; VIOLAÇÃO DE REGISTROS TELEFÔNICOS DO CORRÉU, EXECUTOR DO CRIME, SEM AUTORIZAÇÃO JUDICIAL; (3) ILICITUDE DA PROVA DAS INTERCEPTAÇÕES TELEFÔNICAS DE CONVERSAS DOS ACUSADOS COM ADVOGADOS, PORQUANTO ESSAS GRAVAÇÕES OFENDERIAM O DISPOSTO NO ART. 7º, II, DA LEI 8.906/96, QUE GARANTE O SIGILO DESSAS CONVERSAS. VÍCIOS NÃO CARACTERIZADOS. ORDEM DENEGADA. 1. Inépcia da denúncia. Improcedência. Preenchimento dos requisitos do art. 41 do CPP. A denúncia narra, de forma pormenorizada, os fatos e as circunstâncias. Pretensas omissões – nomes completos de outras vítimas, relacionadas a fatos que não constituem objeto da imputação -- não importam em prejuízo à defesa. 2. Ilicitude da prova produzida durante o inquérito policial – violação de registros telefônicos de corréu, executor do crime, sem autorização judicial. 2.1 Suposta ilegalidade decorrente do fato de os policiais, após a prisão em flagrante do corréu, terem realizado a análise dos últimos registros telefônicos dos dois aparelhos celulares apreendidos. Não ocorrência. 2.2 Não se confundem comunicação telefônica e registrostelefônicos, que recebem, inclusive, proteção jurídica distinta. Não se pode interpretar a cláusula do artigo 5º, XII, da CF, no sentido de proteção aos dados enquanto registro, depósito registral. A proteção constitucional é da comunicação de dados e não dos dados. 2.3 Art. 6º do CPP: dever da autoridade policial de proceder à coleta do material comprobatório da prática da infração penal. Ao proceder à pesquisa na agenda eletrônica dos aparelhos devidamente apreendidos, meio material indireto de prova, a autoridade policial, cumprindo o seu mister, buscou, unicamente, colher elementos de informação hábeis a esclarecer a autoria e a materialidade do delito (dessa análise logrou encontrar ligações entre o executor do homicídio e o ora paciente). Verificação que permitiu a orientação inicial da linha investigatória a ser adotada, bem como possibilitou concluir que os aparelhos seriam relevantes para a investigação. 2.4 À guisa de mera argumentação, mesmo que se pudesse reputar a prova produzida como ilícita e as demais, ilícitas por derivação, nos termos da teoria dos frutos da árvore venenosa (fruit of the poisonous tree), é certo que, ainda assim, melhor sorte não assistiria à defesa. É que, na hipótese, não há que se falar em prova ilícita por derivação. Nos termos da teoria da descoberta inevitável, construída pela Suprema Corte norte-americana no caso Nix x Williams (1984), o curso normal das investigações conduziria a elementos informativos que vinculariam os pacientes ao fato investigado. Bases desse entendimento que parecem ter encontrado guarida no ordenamento jurídico pátrio com o advento da Lei 11.690/2008, que deu nova redação ao art. 157 do CPP, em especial o seu § 2º. 3. Ilicitude da prova das interceptações telefônicas de conversas dos acusados com advogados, ao argumento de que essas gravações ofenderiam o disposto no art. 7º, II, da Lei n. 8.906/96, que garante o sigilo dessas conversas. 3.1 Nos termos do art. 7º, II, da Lei 8.906/94, o Estatuto da Advocacia garante ao advogado a inviolabilidade de seu escritório ou local de trabalho, bem como de seus instrumentos de trabalho, de sua correspondência escrita, eletrônica, telefônica e telemática, desde que relativas ao exercício da advocacia. 3.2 Na hipótese, o magistrado de primeiro grau, por reputar necessária a realização da prova, determinou, de forma fundamentada, a interceptação telefônica direcionada às pessoas investigadas, não tendo, em momento algum, ordenado a devassa das linhas telefônicas dos advogados dos pacientes. Mitigação que pode, eventualmente, burlar a proteção jurídica. 3.3 Sucede que, no curso da execução da medida, os diálogos travados entre o paciente e o advogado do corréu acabaram, de maneira automática, interceptados, aliás, como qualquer outra conversa direcionada ao ramal do paciente. Inexistência, no caso, de relação jurídica cliente-advogado. 3.4 Não cabe aos policiais executores da medida proceder a uma espécie de filtragem das escutas interceptadas. A impossibilidade desse filtro atua, inclusive, como verdadeira garantia ao cidadão, porquanto retira da esfera de arbítrio da polícia escolher o que é ou não conveniente ser interceptado e gravado. Valoração, e eventual exclusão, que cabe ao magistrado a quem a prova é dirigida. 4. Ordem denegada. (HC 91.867/DF, Rel. Min. Gilmar Mendes, 2ª Turma, DJe 19.9.2012)

> ▶ **Lei 12.850/13. Art. 17.** As concessionárias de telefonia fixa ou móvel manterão, pelo prazo de 5 (cinco) anos, à disposição das autoridades mencionadas no art. 15, registros de identificação dos números dos terminais de origem e de destino das ligações telefônicas internacionais, interurbanas e locais.

# 4. LEI DE LAVAGEM DE CAPITAIS (LEI 9.613/98)

**Enunciado 33. O artigo 17-B da Lei nº 9.613/1998 e os artigos 15 e 16 da Lei nº 12.850/2013 são constitucionais, pois conferem à autoridade policial e ao Ministério Público apenas acesso a dados não incluídos no âmbito do direito fundamental à intimidade, e aplicam-se a todos os procedimentos de investigação criminal.**

• ***Enunciado 9*** *aprovado no II FONACRIM. Renumerado no IV FONACRIM, em 25.9.2015.*

▸ *Por Marcelo Costenaro Cavali.*

O artigo 17-B da Lei nº 9.613/1998, introduzido pela Lei nº 12.683/2012, autoriza o acesso da autoridade policial e do Ministério Público, independentemente de autorização judicial, exclusivamente aos dados cadastrais do investigado que informam sua qualificação pessoal, filiação e endereço, mantidos pela Justiça Eleitoral, pelas empresas telefônicas, pelas instituições financeiras, pelos provedores de internet e pelas administradoras de cartão de crédito.

Em redação praticamente idêntica – com a diferença de que se refere, ao invés de à autoridade policial, ao delegado de polícia –, o artigo 15 da Lei nº 12.850/2013 – que define organização criminosa e dispõe sobre a investigação criminal, os meios de obtenção da prova, infrações penais correlatas e o procedimento criminal – prevê a mesma prerrogativa aos órgãos de persecução penal.

O artigo 16 da Lei nº 12.850/2013, por sua vez, alude ao acesso direto e permanente do juiz, do Ministério Público ou do delegado de polícia aos bancos de dados de reservas e registro de viagens das empresas de transporte.

A constitucionalidade destes dispositivos é questionada por parte da doutrina, sob o argumento de que os dados neles referidos estariam compreendidos na garantia constitucional da intimidade, prevista no artigo 5º, inciso X, da Constituição, segundo o qual "são invioláveis a intimidade, a vida privada, a honra e a imagem das pessoas, assegurado o direito a indenização pelo dano material ou moral decorrente de sua violação". Assim sendo, sua obtenção dependeria de autorização judicial. Foi proposta, inclusive, uma Ação Direta de Inconstitucionalidade fundada nesse argumento[35].

Não é este o entendimento adotado pela maioria dos juízes federais, retratado no enunciado ora comentado. As razões para tanto são as seguintes.

Os dispositivos aludem a informações mantidas em bancos de dados pertencentes a entidades de diversos matizes, tais como concessionárias ou autorizatárias de

35. ADI 4906, proposta pela ABRAFIX – Associação Brasileira de Concessionárias de Serviço Telefônico Fixo Comutado, contra o artigo 17-D, por suposta ofensa ao artigo 5º, X, da Constituição.

telefonia e transporte, instituições financeiras e órgãos públicos. Não se referem, entretanto, a toda e qualquer informação existente em tais arquivos, mas tão somente aos *dados cadastrais* armazenados pelas entidades referidas e aos *dados de reservas e registros de viagens* mantidos pelas empresas de transporte.

Os dados cadastrais são definidos nas próprias normas como sendo exclusivamente aqueles que informam "qualificação pessoal, filiação e endereço".

Trata-se de um conceito bastante estreito, incluindo apenas um número bem limitado de dados, que, cotidianamente, fornecemos voluntariamente para cadastros de diversos entes pelas mais variadas razões – tais como compras em lojas, registros em redes sociais ou órgãos públicos, preenchimento de pesquisas de opinião, participação em sorteios ou programas de fidelidade de supermercados, postos de gasolina e companhias aéreas etc.

Tais dados não estão, parece claro, inseridos na esfera de intimidade das pessoas. Para bem perceber como é irrelevante para a privacidade do investigado o acesso a tais dados, pense-se na diferenciação, feita há bastante tempo pela doutrina e pela jurisprudência, entre a interceptação da comunicação telefônica e o mero acesso aos registros telefônicos: aquela se refere ao fluxo comunicacional, no momento em está ocorrendo; estes consistem em dados armazenados e passíveis de acesso em momento futuro[36].

De toda sorte, tratando-se os registros de ligações telefônicas de dados inerentes à privacidade, estão protegidos pela cláusula geral de resguardo da intimidade, estatuída no artigo 5º, X, da Constituição. Não havendo direitos absolutos, sua restrição deve obediência do princípio da proporcionalidade[37]. Conforme comentado no tópico próprio, apresenta-se como desproporcional a possibilidade de obtenção de informações sobre os registros de identificação dos números dos terminais de origem e de destino das ligações telefônicas pela própria autoridade policial e pelo Ministério Público, sem prévia autorização judicial[38].

Diverso é o caso dos meros dados cadastrais do investigado, mantidos pelas empresas de telefonia, que informem exclusivamente sua qualificação pessoal, filiação e endereço. O direito fundamental à intimidade abrange as informações individuais restritas a um núcleo íntimo de relações de convivência privada, não se estendendo a toda e qualquer menção a informações pessoais, nomeadamente quando constantes de bancos de dados. Os elementos de identificação são protegidos de forma instrumental, apenas quando integrantes dessas relações de convivência privada; são essas relações que são protegidas, não os dados em si mesmos. Em consequência, simples cadastros de elementos identificadores (nome, endereço, RG, filiação etc.) não merecem especial proteção. Essa constatação se robustece, notadamente, se o requerente

36. Confiram-se, sobre o tema, referências doutrinária e jurisprudencial nos comentários ao Enunciado 34.
37. MENDES, Gilmar Ferreira; BRANCO, Paulo Gustavo Gonet. **Curso de direito constitucional.** 9. ed. São Paulo: Saraiva, 2014. p. 293-294.
38. Confiram-se os comentários ao Enunciado 34.

do acesso a tais dados está no exercício de sua função de persecução penal e a medida é pertinente à sua atividade.

Não estando estes dados cadastrais, portanto, inseridos no âmbito do direito fundamental à intimidade, é legítimo, nos termos do previsto nos artigos 17-B da Lei nº 9.613/98 e 15 da Lei nº 12.850/2013, que a autoridade policial e o Ministério Público os acessem sem autorização judicial prévia.

Com efeito, não há, em relação aos titulares das linhas consultadas, violação de seu direito à intimidade. O nome do titular de um determinado telefone consta, inclusive, de listas telefônicas e, até mesmo, de sites na Internet e listas de malas diretas comercializadas ou fornecidas de forma gratuita diuturnamente. Não se trata, note-se bem, de senha para que os agentes policiais obtenham extratos de ligações ou registros telefônicos dos números dos interlocutores de determinado terminal, nem, muito menos, do conteúdo de suas conversas com terceiros. Trata-se, única e exclusivamente, de informar os dados cadastrais do titular da linha: nome, endereço, filiação, CPF, RG etc.

Pelas mesmas razões, não se confunde a obtenção dos dados cadastrais mantidos pelas instituições financeiras – aí incluídas as administradoras de cartão de crédito – com a quebra de sigilo bancário[39].

O sigilo bancário compreende a privacidade acerca dos saldos consumidos ou ainda existentes, extratos, gastos e limites em cartões de crédito, créditos recebidos, empréstimos contraídos, ordens dadas e executadas, enfim, toda e qualquer movimentação de dinheiro ou crédito realizada junto à instituição financeira. É inerente à intimidade de qualquer pessoa a privacidade da sua vida financeira. Se alguém é rico ou pobre, se é avarento ou pródigo, em que tipo de atividades gasta seu dinheiro, tudo isso diz respeito à intimidade.

Mas o sigilo bancário não abarca os meros dados cadastrais fornecidos para a abertura de conta corrente. Tais dados não pertencem ao âmbito da privacidade, pois, somente através do seu conhecimento, não é possível aferir nada sobre a vida financeira do investigado.

A Lei Complementar nº 105/2001, aliás, permite o compartilhamento de tais dados para finalidades menos relevantes, excluindo expressamente do âmbito do sigilo bancário a troca de informações entre instituições financeiras, para fins cadastrais, inclusive por intermédio de centrais de risco, bem como o fornecimento de informações constantes de cadastro de emitentes de cheques sem provisão de fundos e de devedores inadimplentes, a entidades de proteção ao crédito (artigo 1º, § 3º, incisos I e II). Com maior razão, exclui igualmente do âmbito do sigilo bancário a comuni-

39. Apesar de as normas dos artigos 17-B da Lei nº 9.613/1998 e 15 da Lei nº 12.850/2013 se referirem a instituições financeiras e a administradoras de cartões de crédito, como se se tratassem de entidades de natureza diversa, a Súmula 283 do STJ consolidou o entendimento de que as empresas administradoras de cartão de crédito são instituições financeiras, de modo que a menção é pleonástica.

cação, às autoridades competentes, da prática de ilícitos penais ou administrativos, abrangendo o fornecimento de informações sobre operações que envolvam recursos provenientes de qualquer prática criminosa (artigo 1º, § 3º, inciso IV).

Também não parece haver qualquer violação à privacidade em relação aos provedores de internet, os quais, do mesmo modo que ocorre com as operadoras de telefonia, devem manter cadastros atualizados de seus clientes.

Sobre essa matéria, deve-se ressaltar que o artigo 7º da Lei nº 12.965/2014, garante ao usuário da internet o direito à "inviolabilidade e sigilo do fluxo de suas comunicações pela internet, salvo por ordem judicial, na forma da lei" (inciso II), bem como a "inviolabilidade e sigilo de suas comunicações privadas armazenadas, salvo por ordem judicial" (inciso III).

Tais informações, realmente, estão inseridas na esfera restrita da intimidade dos usuários. A própria lei, contudo, prevê, confirmando a posição aqui defendida, que não há vedação de acesso aos dados cadastrais que informem qualificação pessoal, filiação e endereço, na forma da lei, pelas autoridades administrativas que detenham competência legal para a sua requisição (artigo 10, § 3º, da Lei nº 12.965/2014).

Em relação aos dados cadastrais mantidos pela Justiça Eleitoral não existe maior discussão, pois as informações detidas pelos órgãos eleitorais se resumem, essencialmente, aos dados cadastrais dos eleitores – além, evidentemente, da eventual existência de processos, da prática de infrações eleitorais e do exercício do dever de votar.

Mais polêmica talvez seja a possibilidade de acesso direto e permanente das autoridades de persecução penal aos "bancos de dados de reservas e registro de viagens" das empresas de transporte.

Ao menos em se tratando de empresas que operam meios de transporte público – aí incluídas as companhias aéreas –, o acesso direto aos dados de reserva e registro de viagens não caracteriza violação da intimidade. Isso porque os meios de transporte público são de livre acesso a todos e quem opta por deles fazer uso não está intitulado a exigir que essa utilização seja mantida sob sigilo das autoridades de persecução penal.

Por outro lado, o acesso direto aos dados aqui referidos deve ser permitido em todos os procedimentos de investigação criminal – e não apenas quando se trate de investigação relacionada aos crimes de lavagem dinheiro e de organização criminosa.

No que se refere ao Ministério Público Federal, o artigo 8º da Lei Complementar nº 75/1993 – aplicável aos Ministérios Públicos dos Estados, por força do artigo 80 da Lei nº 8.625/1993 – já permitia que, para o exercício de suas atribuições, tivesse "acesso incondicional a qualquer banco de dados de caráter público ou relativo a serviço de relevância pública" (artigo 8º, inciso VIII).

No que tange à Polícia Federal, trata-se de prerrogativa implícita de sua atribuição de investigação. Ademais, vale lembrar, a "investigação de lavagem de dinheiro depende da apuração das infrações penais antecedentes. Assim, quaisquer que sejam estas, poderá o delegado, o promotor ou o procurador fazer uso do art. 17-B"[40].

PROCESSO PENAL. "HABEAS CORPUS". ROUBO MAJORADO. (1) IMPETRAÇÃO COMO SUCEDÂNEO RECURSAL. IMPROPRIEDADE DA VIA ELEITA. (2) QUEBRA DO SIGILO TELEFÔNICO. PROVIDÊNCIA QUE NÃO SE CONFUNDE COM A INTERCEPTAÇÃO TELEFÔNICA. MOTIVAÇÃO DA MEDIDA. OCORRÊNCIA. ILEGALIDADADE. NÃO RECONHECIMENTO. 1. No contexto de racionalização do emprego do "habeas corpus", mostra-se indevida a sua utilização como sucedâneo recursal. 2. Não se confundem as medidas de quebra de sigilo telefônico com a interceptação de comunicação telefônica, esta última albergada, ademais, pela cláusula de reserva de jurisdição. Daí, não são exigíveis, no contexto da quebra de sigilo de dados, todas as cautelas insertas na Lei 9.296/1996. "In casu", o magistrado, em cumprimento do inciso IX do artigo 93 da Constituição da República, motivou a quebra do sigilo de dados, com base na intensa utilização de certo terminal telefônico, havendo a franca possibilidade de se desvendar, com base em dados cadastrais oriundos dos registros de companhia telefônica, a autoria de um quarto agente no concerto delitivo. 3. Ordem não conhecida. (HC 237.006/DF, Rel. Min. Maria Thereza de Assis Moura, 6ª Turma, DJe 4.8.2014)

"HABEAS CORPUS". DIREITO PROCESSUAL PENAL. CRIMES CONTRA A HONRA. PROVA ILÍCITA. INOCORRÊNCIA. ORDEM DENEGADA. 1. A simples titularidade e o endereço do computador do qual partiu o escrito criminoso não estão resguardados pelo sigilo de que cuida o inciso XII do artigo 5º da Constituição da República, nem tampouco pelo direito à intimidade prescrito no inciso X, que não é absoluto. 2. É legítima a requisição do Presidente do Superior Tribunal de Justiça à empresa de telefonia local de informações sobre mensagem eletrônica amplamente divulgada, dando conta da existência de fraude em concurso público para provimento de cargos efetivos do quadro de pessoal do próprio Tribunal a que preside, cuja honorabilidade restou afetada. 3. A complementação de diligência pela autoridade policial não requisita forma sacramental, senão o exame da legalidade da ordem primitiva. 4. Ordem denegada. (HC 83.338/DF, Rel. Min. Hamilton Carvalhido, 6ª Turma, DJe 26.10.2009)

"HABEAS CORPUS". PROCESSO PENAL. PRELIMINAR DE INCOMPETÊNCIA AFASTADA. DADOS CADASTRAIS. PERMISSÃO DE REQUERIMENTO DE INFORMAÇÕES DIRETAMENTE PELA POLÍCIA E PELO MINISTÉRIO PÚBLICO, INDEPENDENTE DE AUTORIZAÇÃO JUDICIAL. SUPOSTA AFRONTA AO ART.5º, X, DA CF. NÃO OCORRÊNCIA. SIGILO. DIREITO NÃO ABSOLUTO. PREVELÊNCIA DO INTERESSE PÚBLICO. ORDEM DENEGADA. 1. Em que pese haja ofício da polícia federal requerendo a prestação de informações pela empresa Telemar Norte Leste – TNL PCS S.A., a autoridade coatora é o juízo da 2ª Vara/RN ao decidir no sentido de ser dispensada autorização judicial para requerimento de dados cadastrais de clientes da empresa TNL, quando tais informações sejam solicitadas por autoridade policial ou pelo Ministério Público, para instruir investigações criminais vinculadas àquela Vara. Afastada, destarte, a preliminar de incompetência desta Corte suscitada pelo Parquet. 2. A decisão que dispensa a autorização judicial para requerimento de informações a serem prestadas pela Telemar é expressa ao limitar a possibilidade de solicitação a meros dados cadastrais, não se referindo a elementos contidos na memória de computadores, a mensagens ou a quaisquer outros dados dos quais pudesse decorrer invasão à privacidade ou à intimidade dos clientes. Cuida-se, portanto, da prestação de informações que se limitam a permitir a identificação de quem possa estar cometendo certo crime investigado e do local onde possa o delito estar sendo praticado. 3. Os dados cadastrais não se encontram,

40. ARAS, Vladimir. A requisição direta de dados cadastrais na Lei 9.613/1998. In: CARLI, Carla Veríssimo de. (Org.). **Lavagem de Dinheiro**: Prevenção e Controle Penal. 2. ed. Porto Alegre: Verbo Jurídico, 2012. p. 775.

portanto, protegidos pelo sigilo de que cuidam os incisos X e XII, do art. 5º, da CF. Por conseguinte, prescindível autorização judicial para que sejam fornecidos às autoridades policiais e ao Ministério Público quando necessários ao deslinde de investigação criminal, em que prevalece o interesse público. 4. Ordem denegada. (TRF5, HC 00084607720124050000, Rel. Des. Fed. Cíntia Menezes Brunetta, 3ª Turma, DJe 3.8.2012)

PENAL. MANDADO DE SEGURANÇA. PEDIDO DE REQUISIÇÃO DE DADOS CADASTRAIS DE EMPRESA DE TELEFONIA. DADOS IDENTIFICADORES DOS USUÁRIOS DE 'INTERNET PROTOCOL' – IP'S. DADOS NÃO PROTEGIDOS POR SIGILO. AUSÊNCIA DE PREJUÍZO À INTIMIDADE. POSSIBILIDADE DE REQUISIÇÃO DIRETA DOS DADOS PELA AUTORIDADE POLICIAL. DENEGAÇÃO DA SEGURANÇA. 1. Mandado de Segurança impetrado contra o pedido formulado pela Autoridade Policial para a obtenção de dados cadastrais dos usuários dos Protocolos de Internet (IP's) de investigados em Inquérito Policial instaurado com o fito de apurar a possível prática do crime previsto no art. 241, da Lei n. 8.069, procedimento que foi instaurado a partir de informações prestadas pela 'Google Brasil' informando a existência (e divulgação) de imagens relativas a pornografia infantil. 2. O fornecimento de dados meramente cadastrais, identificadores do indivíduo (nome, endereço, filiação), não estão protegidos de sigilo, porque são dados relativos à convivência humana, à integração entre as pessoas, que às vezes os mencionam em uma simples conversa com desconhecidos, a fim de se identificarem melhor perante o outro com o qual interagem. 3. Não sendo protegidos por sigilo em face da ausência de lesão à intimidade e à vida privada, torna-se desnecessária a tutela judicial, podendo os referidos dados serem requisitados diretamente pela Autoridade Policial, e/ou, pelo representante do Ministério Público Federal, no exercício das respectivas atribuições. 4. Segurança denegada. (TRF5, MS 00201602120104050000, Rel. Des. Fed. Geraldo Apoliano, 3ª Turma, DJe 10.3.2011)

PENAL. INQUÉRITO. DADOS IDENTIFICADORES DOS USUÁRIOS DE INTERNET, "PROTOCOL IP", NÃO ACOBERTADOS POR SIGILO. PERMISSÃO DE REQUERIMENTO DE INFORMAÇÕES DIRETAMENTE PELA POLÍCIA E/OU PELO MPF, INDEPENDENTEMENTE DE AUTORIZAÇÃO JUDICIAL. APELAÇÃO IMPROVIDA. 1. O cerne da controvérsia (estabelecida entre os órgãos de persecução e a primeira instância judicial) reside na qualificação da informação referente ao usuário de um determinado computador ("IP – Internet Protocol"): a ser mero dado cadastral, não estaria protegido pelo direito à intimidade, e daí que o MPF poderia requisitá-lo diretamente às entidades provedoras; caso contrário, seria necessária a obtenção de autorização judicial; 2. Os dados relativos à mera identificação do usuário de determinado computador não estão acobertados pelo manto do sigilo, eis que o seu fornecimento ao MPF é incapaz, por si só, de causar lesão à intimidade ou à vida privada, prescindindo, portanto, de autorização judicial para sua concessão. Precedentes deste TRF5; 3. No sistema predominantemente acusatório, adotado por nosso ordenamento jurídico, cabe ao Ministério Público a produção de provas de seu interesse, tendo a Constituição Federal conferido, em seu Art. 129, VIII, o poder para requisitar as diligências que julgar necessárias. Apenas na recalcitrância do órgão responsável no fornecimento dos dados requeridos -- se houver —, será cabível a adoção de alguma medida judicial; 4. A alegada controvérsia existente nos órgãos jurisdicionais sobre a inclusão (ou não) de dados cadastrais sob o manto do sigilo decorrente da proteção à intimidade e à vida privada não autoriza o acionamento prévio (desnecessário) do judiciário; 5. Apelação improvida, nos termos do pronunciamento da douta Procuradoria Regional da República. (TRF5, ACR 00028889220144058400, Rel. Des. Fed. Paulo Roberto De Oliveira Lima, 2ª Turma, DJe 27.7.2015)

▶ **Lei 9.613/98. Art. 17-B.** A autoridade policial e o Ministério Público terão acesso, exclusivamente, aos dados cadastrais do investigado que informam qualificação pessoal, filiação e endereço, independentemente de autorização judicial, mantidos pela Justiça Eleitoral, pelas empresas telefônicas, pelas instituições financeiras, pelos provedores de internet e pelas administradoras de cartão de crédito.

▶ **Lei 12.850/13. Art. 15.** O delegado de polícia e o Ministério Público terão acesso, independentemente de autorização judicial, apenas aos dados cadastrais do investigado que informem exclusivamente a qualificação pessoal, a filiação e o endereço mantidos pela Justiça Eleitoral, empresas telefônicas, instituições financeiras, provedores de internet e administradoras de cartão de crédito. ▶ **Art. 16.** As empresas de transporte possibilitarão, pelo prazo de 5 (cinco) anos, acesso direto e permanente do juiz, do Ministério Público ou do delegado de polícia aos bancos de dados de reservas e registro de viagens.

**ENUNCIADO 35. O ARTIGO 17-D DA LEI Nº 9.613/1998 É INCONSTITUCIONAL, POIS A APLICAÇÃO DA MEDIDA CAUTELAR DE AFASTAMENTO DE SERVIDOR PÚBLICO DE SUAS FUNÇÕES DEPENDE DE DECISÃO JUDICIAL.**

● ***Enunciado 11*** *aprovado no II FONACRIM. Renumerado no IV FONACRIM, em 25.9.2015.*

▶ *Por Walter Nunes da Silva Júnior.*

Estreme de dúvidas, o sistema prisional era a parte do Código de Processo Penal mais comprometida com o regime de força instalado no país em compasso com a Constituição de 1937. Com efeito, na redação originária do CPP, a ideia central era de que, em se tratando de crimes mais graves, o agente deveria responder o processo preso. Nesse momento, o critério para fazer a distinção entre os crimes mais ou menos graves era classificá-los em afiançáveis ou inafiançáveis. Por isso mesmo, forte na *cultura da prisão* então reinante, a maioria dos crimes era inafiançável. Ademais disso, não sendo o crime afiançável, se o agente fosse pego em flagrante delito, a regra era que ele ficaria recolhido à prisão, independentemente de haver, ou não, motivo demonstrando a necessidade do encarceramento. A fiança, portanto, era a única forma de o agente conseguir a liberdade provisória.

Como se não bastasse, ao lado da prisão preventiva facultativa, havia a prisão preventiva obrigatória, de modo que, caso a pena abstrata prevista para a infração fosse igual ou superior a 10 (dez) anos, mesmo não tendo ocorrido a prisão em flagrante e não houvesse motivo para o recolhimento à prisão, o juiz deveria determinar o encarceramento. Era a prisão pela **vontade da lei** ou do legislador. Nessa hipótese, juiz não precisava fundamentar a sua decretação, sendo bastante a identificação do dado objetivo, qual seja, a quantidade da pena estabelecida para o crime em apuração.

O regime jurídico do Ordenamento Processual Penal era tão rígido a esse respeito, que, se o acusado estivesse preso, sendo a sentença absolutória, o eventual recurso de apelação interposto pelo Ministério Público tinha efeito suspensivo quanto à soltura. Isto é, mesmo tendo sido absolvido, bastava a impugnação da sentença pelo *parquet* para que o agente permanecesse preso.

A despeito das alterações pontuais que foram sendo levadas a efeito ao longo do tempo, a única medida processual de ordem processual prevista permanecendo sendo apenas a prisão, malgrado desde o advento da Lei nº 9.709, de 1984 (alterou a parte geral do Código Penal) tivessem sido introduzidas em nosso sistema jurídico as **penas alternativas** em substituição à privativa de liberdade. Assim, de modo incompreensível, tínhamos penas alternativas à prisão definitiva, porém, não possuíamos alternativas à prisão processual.

A Lei nº 12.403, de 2011, procurou sanar essa incongruência. Concebeu ao lado da prisão processual, outras medidas cautelares de ordem processual diversas do recolhimento ao cárcere. Trouxe para o ambiente do processo penal a tendência moderna de procurar soluções processuais outras diferentes da prisão, principalmente em se tratando de mera medida cautelar, rompendo, assim, com a lógica anterior: **ou o tudo, a prisão, ou o nada, a liberdade**. Com isso, o juiz passou a ter uma solução intermediária entre a prisão e a liberdade irrestrita, conferindo-lhe medidas alternativas.

Nessa direção, a Lei nº 12.403, de 2011, sem embargo da prisão preventiva e da prisão temporária, previu outras medidas cautelares alternativas, razão pela qual teve o cuidado de expor regras gerais que lhe são aplicáveis, a fim de orientar o intérprete e deixar clara a política legislativa adotada. Agora, ao lado da prisão preventiva e da temporária, há nove medidas cautelares diversas, quais sejam (art. 319, incisos I a IX):

> I - comparecimento periódico em juízo, no prazo e nas condições fixadas pelo juiz, para informar e justificar atividades;
>
> II - proibição de acesso ou frequência a determinados lugares quando, por circunstâncias relacionadas ao fato, deva o indiciado ou acusado permanecer distante desses locais para evitar o risco de novas infrações;
>
> III - proibição de manter contato com pessoa determinada quando, por circunstâncias relacionadas ao fato, deva o indiciado ou acusado permanecer distante;
>
> IV - proibição de ausentar-se da Comarca quando a permanência seja conveniente ou necessária para a investigação ou instrução;
>
> V - recolhimento domiciliar no período noturno e nos dias de folga quando o investigado ou acusado tenha residência e trabalho fixos;
>
> VI - suspensão do exercício de função pública ou de atividade de natureza econômica ou financeira quando houver justo receio de sua utilização para a prática de infrações penais;
>
> VII - internação provisória do acusado nas hipóteses de crimes praticados com violência ou grave ameaça, quando os peritos concluírem ser inimputável ou semi-imputável (art. 26 do Código Penal) e houver risco de reiteração;
>
> VIII - fiança, nas infrações que a admitem, para assegurar o comparecimento a atos do processo, evitar a obstrução do seu andamento ou em caso de resistência injustificada à ordem judicial;
>
> IX - monitoração eletrônica.

Observe-se que as medidas cautelares pessoais diferentes da prisão não são propriamente nenhuma novidade, especialmente a que permite a **suspensão do exercício de função pública**. Diversas leis especiais cuidaram, paulatinamente, de introduzir essa espécie de medida em nosso sistema processual. Nesse sentido, o Decreto-Lei nº 201, de 27 de fevereiro de 1967, que disciplina os crimes praticados pelos prefeitos, por exemplo, determina que, ao ser feita a deliberação pelo recebimento da ação penal, deverá haver, obrigatória e motivadamente, manifestação **sobre o seu afastamento do exercício do cargo durante a instrução criminal** (art. 2º, II). O **afastamento do exercício de função pública** como medida cautelar pessoal diversa da prisão também foi prevista no art. 29 da Lei Complementar nº 35, de 14 de março de 1979 (Estatuto da Magistratura) e no art. 56, § 1º, da Lei nº 11.343, de 23 de agosto de 2006 (Lei de Drogas).

Curiosamente, a Lei º 9.613, de 1998 (Lei de Lavagem de Dinheiro), conquanto fizesse a previsão de medida cautelar assecuratória, de ordem patrimonial, que, ao fim e ao cabo, gera como consequência o afastamento do exercício de atividade empresarial do agente ou de pessoa que age a seu mando, podendo o juiz nomear pessoa qualificada para administrar os bens, não fez nenhum referência à situação em que o crime é praticado por agente público se valendo do órgão no qual desempenha a sua função.

Dessa forma, com a intenção de sanar omissão na Lei de Lavagem de Dinheiro quanto à suspensão ou afastamento do agente público do exercício do cargo, foi enxertado o art. 17-D pela Lei nº 12.683, de 2012. Além de não ser mais necessário sanar a lacuna da Lei de Lavagem de Dinheiro, pois o art. 319, VI, primeira parte, do CPP, que possibilita o juiz decretar a suspensão do exercício de função pública, é aplicável a todo e qualquer crime, o legislador, em redação de texto sobremaneira atécnica do art. 17-D da Lei de Lavagem de Dinheiro, preceituou que

> **Art. 17-D.** Em caso de indiciamento de servidor público, este será afastado, sem prejuízo de remuneração e demais direitos previstos em lei, até que o juiz competente autorize, em decisão fundamentada, o seu retorno.

Note-se que a interpretação literal do dispositivo em foco leva à conclusão de que, para o afastamento do servidor público do exercício de sua função, basta, apenas, que tenha ocorrido o **indiciamento**, não havendo necessidade da presença de nenhum dos fundamentos do art. 282, I, e, sequer, de decisão judicial. Dessa forma, à primeira vista, o afastamento do servidor público seria automático com o indiciamento, ou seja, em outras palavras, a própria autoridade policial, com o mero indiciamento, determinaria uma medida cautelar de ordem processual, o que, convenhamos, é inadmissível. Sob outro enfoque, a literalidade da norma dá a entender que a suspensão do exercício da função do servidor público seria um **efeito** do indiciamento.

Certamente essa não pode ser a leitura do dispositivo, por mais que a intenção do legislador, pelos mais diversos motivos, tenha sido conferir ao ato de indiciamento o efeito jurídico de determinar a suspensão do exercício da função do servidor público investigado. A inconstitucionalidade é flagrante, pois, conforme explicitado linhas acima, estar-se-ia conferindo à autoridade policial a possibilidade de decretar medida cautelar no ambiente do processual penal.

Ora, a medida prevista no art. 17-D da Lei de Lavagem de Dinheiro, como toda e qualquer medida cautelar de ordem processual, exige que a sua decretação seja oriunda de ordem judicial, sendo de mister que a decisão seja devidamente fundamentada, mediante a demonstração de sua necessidade. Isso porque, qualquer seja a sua espécie, a medida diversa da prisão, em sua essência, representa restrição ao direito de liberdade.

Medida que suspende o direito da pessoa de desempenhar uma função pública como espécie de medida aplicada em razão da apuração de um crime praticado trata-

-se de restrição de ordem pessoal, caracterizando restrição ao direito de liberdade em si. Isso porque a medida não afeta apenas o direito da pessoa de exercer a função. Proíbe igualmente a pessoa de frequentar a sede do órgão, o seu gabinete ou lugar de trabalho, e de se relacionar, funcionalmente, com os demais servidores.

Aliás, como já salientado, qualquer uma das medidas cautelares diversas da prisão importam em restrições ao direito de liberdade, razão pela qual só pode ser determinada por um juiz e, ainda, deve ser aplicada apenas em caráter excepcional, o que, aliás, é a característica ínsita a toda e qualquer decisão judicial acautelatória. Essa é a inteligência que se obtém com a leitura atenta do que dispõem os incisos I e II do art. 282 do Código de Processo Penal.

Cabe notar, ainda, por pertinente, que a disciplina referente aos princípios e regras gerais às medidas cautelares de ordem pessoa está catalogada nos incisos e parágrafos do art. 282 do CPP, os quais são aplicáveis a todas as espécies de medidas cautelares, até mesmo aquelas que não estão contempladas no Código, como é o caso da que está plasmada na Lei de Lavagem de Dinheiro.

Naturalmente, a doutrina e a jurisprudência firmadas sobre o caráter de excepcionalidade da medida cautelar detentiva se aplica, em sua essência, às **cautelares diversas** da prisão agora previstas em nosso sistema processual penal. Não é por outro motivo que o legislador cuidou de deixar ressaltada essa característica inerente a toda e qualquer medida cautelar, ao dizer que, em relação às medidas tratadas no Título IX do Livro I do CPP, a decretação deverá observar a sua "**necessidade** para aplicação da lei penal, para a investigação ou a instrução criminal e, nos casos expressamente previstos, para evitar a prática de infrações penais" (art. 282, I, do CPP).

Como se vê, independentemente da espécie da medida cautelar, portanto, detentiva ou não, a sua decretação só pode ocorrer por ordem judicial e se e quando houver **necessidade**, ou seja, for imprescindível para a tutela do processo principal.

A exigência quanto à fundamentação da medida cautelar com base na sua necessidade afasta a crítica de que com a nova disciplina, diante das várias alternativas dadas ao magistrado, casos em que antes o acusado respondia em liberdade sem nenhuma restrição, vão ser bastante raros. Esse receio não procede, caso os magistrados apliquem corretamente as novas regras, em especial as contidas nos incisos I e II do art. 282 do CPP. Para todos os efeitos, as medidas cautelares diversas da prisão são cabíveis apenas nos casos em que, havendo motivo para a prisão preventiva, aquelas são adequadas e suficientes para tutelar o processo ou evitar a prática de crimes.

Com suporte nessas e outras considerações, a Associação Nacional dos Procuradores da República – ANPR ingressou com ADI 4911-DF contra o art. 17-D da Lei nº 9.613, de 1998. Diante da relevância da matéria e o seu especial significado para a ordem social e a segurança pública, o então relator Ministro Ricardo Lewandowski adotou o procedimento abreviado previsto no art. 12 da Lei nº 9.868, de 1999. O processo foi redistribuído para o Ministro Edson Fachin, já tendo a Procuradoria-Geral da República opinado pela procedência do pedido. No entanto, a matéria ainda está pendente de julgamento, mas acreditamos que a decisão o Supremo Tribunal Federal será na linha deste Enunciado 35 aprovado no FONACRIM, firmando o entendimento de que "O artigo 17-D da Lei nº 9.613/1998 é inconstitucional, pois a aplicação da medida cautelar de afastamento de servidor público de suas funções depende de decisão judicial".

> ▶ **Lei 9.613/98. Art. 17-D.** Em caso de indiciamento de servidor público, este será afastado, sem prejuízo de remuneração e demais direitos previstos em lei, até que o juiz competente autorize, em decisão fundamentada, o seu retorno.

## 5. LEI DE IDENTIFICAÇÃO CRIMINAL DO CIVILMENTE IDENTIFICADO (LEI 12.037/09)

**ENUNCIADO 45. É POSSÍVEL DETERMINAR A COLETA DE PERFIL GENÉTICO PARA FINS DE ALIMENTAR O BANCO DE DADOS PREVISTO NA LEI 12.654/2012, EM SITUAÇÕES DEVIDAMENTE JUSTIFICADAS, NAS QUAIS O MATERIAL GENÉTICO POSSA SER ÚTIL NA IDENTIFICAÇÃO CRIMINAL EM INVESTIGAÇÕES FUTURAS OU REVISÕES CRIMINAIS.**

• ***Enunciado 10*** *aprovado no III FONACRIM. Renumerado no IV FONACRIM, em 25.9.2015.*

▸ *Por João Pedro Gebran Neto.*

A história dos diferentes sistemas de identificação é antiga, havendo ao longo dos tempos diversas proposições de dados para a individualização das pessoas, tais como a datiloscopia, a podoscopia, o odor, a arcada dentária, a antropometria, os diversos aspectos morfológicos, a quiroscopia, a fotografia, entre outros. Quero crer que a catalogação por meio de DNA, não-codificado, conforme previsto na legislação, representa avanço e aprimoramento na forma de classificação e identificação das pessoas, contribuindo para a melhoria dos sistemas de identificação. Sobre o histórico, são interessantes os relatos trazidos nos seguintes sítios eletrônicos: http://www.institutodeidentificacao.pr.gov.br e www.papiloscopia.com.br.

Diversos países adotam mecanismos de identificação dos indivíduos, tais como o *Social Security Number*, estadunidense; e o Cartão de Cidadão, de Portugal; entre outros. A existência de documentos nacionais de identificação foram pressupostos para a formação da Comunidade Europeia, onde um dos primados é a livre circulação entre os cidadãos dos países signatários, conforme o Acordo Europeu sobre o Regime da Circulação das Pessoas entre os Países Membros do Conselho da Europa.

No Brasil, a identificação civil dos indivíduos é obrigatória de longa data, sendo feita por intermédio do registro civil de nascimento e pela carteira de identidade. Ocorre que, até a promulgação da Carta Magna de 1988, o ato de identificação datiloscópica e fotográfica era repetido sempre que alguém passava a condição de indiciado nas investigações criminais, independentemente de possuir, ou não, carteira de identidade. Tal conduta gerou certo estigma nos investigados, destacadamente durante o regime militar, quando as pessoas eram submetidas à vexatória exposição pública, sendo que a jurisprudência de então admitia como válido este procedimento, nos termos da superada Súmula nº 568, do STF.

Estes fatos certamente levaram o constituinte a firmar, no artigo 5º, LVIII, da nova Carta Política, que o "civilmente identificado não será submetido a identificação criminal, salvo nas hipóteses previstas em lei".

Mas a finalidade pretendia pelo constituinte, de salvaguardar os investigados de vexames públicos, parece não ter alcançado o objetivo pretendido, porque, apesar da ausência de identificação fotográfica e datiloscópica para os civilmente identificados, as exposições públicas são ainda mais vigorosas nos dias atuais, em pleno estado democrático de direito, por conta das novas tecnologias e a grande velocidade da comunicação.

Sobrou, entretanto, o ranço preconceituoso contra os bancos de dados e a colheita de material de identificação dos indivíduos, inclusive daqueles que estão sendo objeto de investigação criminal ou de processo penal. Como se verá, levantam-se diversos argumentos contra a colheita de dados para a formação de bancos de identificação civil das pessoas, como se isto fosse um erro em si mesmo, quando em verdade ele representa uma necessidade estatal e, sobretudo, eficientes mecanismos para políticas públicas, sejam elas na área da saúde, da educação, dados demográficos e até mesmo da segurança pública.

Diversas iniciativas já foram realizadas para unificação dos bancos de dados e para o aprimoramento dos registros de identificação dos brasileiros, todas sem sucesso até o momento.

Obteve êxito, todavia, a regulamentação infraconstitucional do referido preceito constitucional para fins de identificação criminal do civilmente identificado, por meio da Lei nº 12.037/2009, posteriormente alterada pela Lei nº 12.654/2012, que passou a assegurar a colheita de material genético para fins penais identificação civil do investigado, quando essencial à investigação, na forma do artigo 5º, parágrafo único:

> **Art. 5º** A identificação criminal incluirá o processo datiloscópico e o fotográfico, que serão juntados aos autos da comunicação da prisão em flagrante, ou do inquérito policial ou outra forma de investigação.
>
> **Parágrafo único.** Na hipótese do inciso IV do art. 3º, a identificação criminal poderá incluir a coleta de material biológico para a obtenção do perfil genético.

A nova disposição legal teve origem em projeto de lei, iniciado no Senado Federal sob o nº 93/2011, com a seguinte justificativa:

> O presente projeto de lei vem para reforçar um processo já em andamento no Brasil. Nosso País deverá contar, em breve, e já tardiamente, com um banco de perfis de DNA nacional para auxiliar nas investigações de crimes praticados com violência. O sistema, denominado CODIS (*Combined DNA Index System*) é o mesmo usado pelo FBI, a polícia federal dos Estados Unidos, e por mais 30 países. O processo para a implantação do CODIS começou em 2004. O banco de evidências será abastecido pelas perícias oficiais dos Estados com dados retirados de vestígios genéticos deixados em situação de crime, como sangue, sêmen, unhas, fios de cabelo ou pele.
>
> O CODIS prevê ainda um banco de identificação genética de criminosos, que conteria o material de condenados. Todavia, a sua implantação depende de lei. É do que trata o presente projeto. De fato, uma coisa é o banco de dados operar apenas com vestígios; outra é poder contar também com o material genético de condenados, o que otimizaria em grande escala o trabalho investigativo.

A determinação de identidade genética pelo DNA constitui um dos produtos mais revolucionários da moderna genética molecular humana. Ela é hoje uma ferramenta indispensável para a investigação criminal.

Evidências biológicas (manchas de sangue, sêmen, cabelos etc) são frequentemente encontradas em cenas de crimes, principalmente aqueles cometidos com violência. O DNA pode ser extraído dessas evidências e estudado por técnicas moleculares no laboratório, permitindo a identificação do indivíduo de quem tais evidências se originaram. Obviamente que o DNA não pode por si só provar a culpabilidade criminal de uma pessoa ou inocentá-la, mas pode estabelecer uma conexão irrefutável entre a pessoa e a cena do crime. Atualmente os resultados da determinação de identificação genética pelo DNA já são rotineiramente aceitos em processos judiciais em todo o mundo.

O DNA pode ser encontrado em todos os fluidos e tecidos biológicos humanos e permite construir um perfil genético individual. Além disso, características moldadas ao longo da história evolutiva dos seres vivos adaptaram o DNA para ser uma molécula informacional com baixíssima reatividade química e grande resistência à degradação. Essa robustez da molécula faz com que o DNA seja ideal como fonte de identificação resistente à passagem do tempo e às agressões ambientais frequentemente encontradas em cenas de crimes.

A determinação de identidade genética pelo DNA pode ser usada para muitos fins hoje em dia: demonstrar a culpabilidade dos criminosos, exonerar os inocentes, identificar corpos e restos humanos em desastres aéreos e campos de batalha, determinar paternidade, elucidar trocas de bebês em berçários e detectar substituições e erros de rotulação em laboratórios de patologia clínica.

Julgamos tratar-se de medida necessária e urgente, para a qual peço o apoio dos meus ilustres Pares.

Da exposição de motivos constata-se que o então projeto de lei buscava implantar no Brasil prática já adotada por mais de três dezenas de países, consistente na colheita de material genético e a formação de um banco de dados com o material obtido, adotando-se o padrão norte-americano (*CODIS – Combined DNA Índex System*), existente desde 1990.

Na Comunidade Europeia o banco de dados de perfil genético é adotado por diversos países, inclusive com o compartilhamento de dados para o combate à criminalidade, consoante noticiam Jacques e Anselmo[41]:

A maioria dos países membros do Conselho da Europa permite a coleta compulsória de impressões digitais e amostras de DNA no contexto do processo penal. Os bancos de dados nacionais estão previstos na Áustria, Bélgica, República Checa, Dinamarca, Estónia, Finlândia, França, Alemanha, Grécia, Hungria, Irlanda, Itália, Letónia, Luxemburgo, Países Baixos, Noruega, Polônia, Espanha, Suécia e Suíça. A coleta e armazenamento de perfis de DNA de pessoas condenadas é permitido, como regra geral, por períodos limitados de tempo, após a condenação.

Ainda no âmbito da União Europeia, a matéria é tratada, por exemplo, nas Decisões-Quadro 2008/615/JAI, 2008/616/JAI e 2008/977/JAI. 45. A Diretiva 95/46/CE de 24 de Outubro de 1995, relativa à proteção das pessoas no que diz respeito ao tratamento de dados pessoais e à livre circulação desses dados, prevê que o objeto das leis nacionais relativas ao tratamento de dados pessoais deve proteger o direito à privacidade, como reconhecido não só no artigo 8 º

41. Banco de perfil genético deve se tornar realidade no país. ANSELMO, Márcio Adriano; e JACQUES, Guilherme Silveira. http://www.conjur.com.br/2012-jun-02/bancos-perfis-geneticos-geral-polemica-juridica-brasil. Em 2 de junho de 2012.

> da Convenção Europeia dos Direitos Humanos e nos princípios gerais do direito comunitário. A diretiva estabelece ainda uma série de princípios que substanciam e ampliam os princípios contidos na Convenção de Proteção de Dados do Conselho da Europa. Permite aos Estados-Membros adotarem ainda medidas legislativas para restringir o alcance de certas obrigações e direitos previstos na diretiva, quando tal restrição constitua uma medida necessária, nomeadamente para a prevenção, investigação, detecção e repressão de infracções penais (artigo 13).
>
> O Tratado de Prum, por sua vez, no aprofundamento da cooperação internacional, em particular no combate ao terrorismo, a criminalidade transnacional e a migração ilegal, que foi assinado por vários membros da União Europeia em 27 de maio de 2005, estabelece regras para o fornecimento de impressões digitais e dados de DNA para outras partes contratantes.

Isto bem demonstra que a grande maioria dos países que inspiraram a criação de um catálogo de direitos fundamentais possui legislação específica sobre o tema, cuidando não apenas dos direitos individuais, mas também a proteção da coletividade, adotando banco de dados de perfis genéticos e fomentando o compartilhamento destas informações.

A nova legislação cria a permissão de recolhimento de material genético para fins de identificação criminal, bem como, alterando a lei de execução penal, determina a colheita nas hipóteses de condenados por crimes hediondos e naqueles cometidos com violência de natureza grave contra a pessoa, nos seguintes termos:

> Art. 9º-A. Os condenados por crime praticado, dolosamente, com violência de natureza grave contra pessoa, ou por qualquer dos crimes previstos no art. 1º da Lei no 8.072, de 25 de julho de 1990, serão submetidos, obrigatoriamente, à identificação do perfil genético, mediante extração de DNA – ácido desoxirribonucléico, por técnica adequada e indolor.
>
> § 1º A identificação do perfil genético será armazenada em banco de dados sigiloso, conforme regulamento a ser expedido pelo Poder Executivo.
>
> § 2º A autoridade policial, federal ou estadual, poderá requerer ao juiz competente, no caso de inquérito instaurado, o acesso ao banco de dados de identificação de perfil genético.

Consoantes informações do Ministério da Justiça, hoje os estados do Amapá, Amazonas, Bahia, Ceará, Distrito Federal, Espírito Santo, Mato Grosso do Sul, Minas Gerais, Pará, Paraná, Paraíba, Rio de Janeiro, Rio Grande do Sul, Santa Catarina e São Paulo mantêm bancos de DNA e estão interligados com a Polícia Federal na Rede Integrada de Bancos de Perfis Genéticos – RIBPG (http://www.justica.gov.br/noticias/investimento-em-laboratorios-de-dna-ira-garantir-banco-de-perfis-geneticos).

Segundo o coordenador do Comitê Gestor desta Rede Integrada – RIBPG:

> O banco de perfis genéticos será importante na investigação de diversos crimes, inclusive daqueles que não há suspeitos, comparando o material coletado no local de crimes com a amostra genética de suspeitos que têm passagem pela polícia. O comparativo genético, por exemplo, servirá para esclarecer crimes sexuais.

O enunciado em comento, para além das hipóteses expressamente previstas na legislação referida, busca agregar outras hipóteses de colheita de material genético, com inspiração em modelo adotado por outros países.

O objetivo do enunciado é assegurar a utilização do material genético do banco de dados para condenados que buscam revisão criminal dos seus processos, bem como para a elucidação crimes. A dicção tem olhos voltados para o passado e para o futuro. No aspecto retrospectivo, visa auxiliar em revisões criminais para evitar a manutenção de eventual decisão injusta condenatória fundada em provas outras, mas que poderiam ser revistas em face da nova tecnologia genética. No aspecto prospectivo, o escopo é evitar que novos crimes venham a ser cometidos por pessoas que já praticaram um dos crimes mencionados na lei, ou facilitar a elucidação de novos crimes, se praticados por pessoa que já o fizeram anteriormente.

O aspecto retrospectivo, incorporado no enunciado sob a perspectiva da revisão criminal, tem sido utilizado nos Estados Unidos da América, onde surgiu o *Inoccence Project* (http://www.innocenceproject.org/), organização nacional de política pública e de litigância dedicada à exoneração penal de pessoas condenadas em decorrência de erro judicial, por meio de testes de DNA, bem como se dedicando a reforma do sistema de justiça criminal para prevenir futuras injustiças, como autoproclamado em seu sítio eletrônico. Criada em 1992, esta organização já logrou êxito em mais de 300 casos, conseguindo absolver inclusive 20 pessoas que se encontravam no corredor da morte. Tal projeto ganhou grande notoriedade a partir de dois filmes: *After Innnocence* (documentário) e *Conviction* (baseado em fatos reais) e séries televisivas, que apontaram os diversos erros judiciários e a possibilidade de revisão por meio de testes de DNA.

No Brasil, antes mesmo da alteração legislativa, parte da doutrina já defendia a criação de mecanismo legal que permitisse a colheita de material genético, como assentado por Carlos Henrique Borlido Haddad (Revista da Escola da Magistratura do Estado do Rio de Janeiro):

> A admissão do exame de DNA compulsório no processo penal brasileiro, posto que seja uma novidade em relação ao tipo de prova que disponibilizará, não representará nenhuma inovação acerca das restrições e bens jurídicos que já suporta o acusado. A pena privativa de liberdade, a prisão provisória de finalidade instrutória indireta, o monitoramento ininterrupto de diálogos, a sanção capital e a medida de segurança de caráter indeterminado são superlativamente mais lesivos do que a colheita do material orgânico, mormente em relação àquela que não possui o caráter de invasividade. É preciso apenas voltar os olhos para as provas e sanções atualmente existentes no processo penal e lembrar-se da existência de medidas de caráter restritivo para superar a cultura de intangibilidade absoluta do acusado. O exame de DNA compulsório é adotado em Estados do civil e do common law, e tem-se mostrado como importante instrumento para a melhor elucidação dos fatos no processo penal. Conquanto limite e restrinja alguns bens jurídicos dignos de tutela, não suprime ou ofende os direitos do acusado no processo. A incorporação do exame de DNA obrigatório no processo penal brasileiro ainda não se verificou, porque depende de lei específica que preveja as hipóteses em que pode ser compulsoriamente executado, em que condições será realizado, bem como de quais direitos e prerrogativas dispõe o réu e quais medidas de proteção da informação deverão ser adotadas. Atualmente, em face da lacuna legislativa, é indispensável o consentimento do réu para a realização do exame sobre o material orgânico dele originado. A regulamentação das intervenções corporais deve ter por norte o cânone de proporcionalidade e prever a submissão obrigatória quando nenhum meio menos gravoso para o acusado revele-se eficaz no esclarecimento dos fatos. A consecução coercitiva da extração de amostras de material orgânico, ao mesmo tempo em que obsta que sejam adotadas as temerárias presunções de culpabilidade, não acrescenta nova acusação ou punição pela recusa injustificada do acusado. Ademais, o recurso às intervenções corporais compulsórias propicia maior segurança no julgamento através da apresentação de prova embasada em preceitos científicos irrefutáveis.

É esta visão voltada para revisar os erros judiciais, passíveis de correção por meio de testes de DNA, que busca o enunciado defender quando assegura a possibilidade de colheita de material genético para aplicação em revisão criminal.

A experiência alienígena permite antever que não são poucos os casos criminais que poderiam ter solução diferente se, ao tempo da investigação, já existisse a tecnologia que permite confrontar o material genético do investigado com elementos existentes no corpo de delito, por exemplo. São relativamente comuns dúvidas acerca da identidade do acusado em crimes violentos, especialmente crimes sexuais, onde as palavras da vítima e do acusado acabavam por ser um dos poucos elementos de prova. É evidente que não são apenas nestas espécies de crime que os dados genéticos podem servir como elemento decisivo de prova, sendo factível a utilização dos dados genéticos sempre que a identidade do acusado for uma das questões postas em dúvida no curso do processo penal.

Mas também o aspecto prospectivo está presente no enunciado, na medida em que propõe não apenas revisar os erros do passado, mas evitar que novos sejam cometidos ou que a autoria destes seja desvelada, mediante a comparação do perfil genético do investigado/acusado com o banco de dados existente. Por isso que se enuncia a possibilidade de determinar a coleta de perfil genético, em situações devidamente justificadas, nas quais o material possa ser útil na identificação criminal em investigações futuras.

Esta afirmativa encontra amparo no art. 3º, IV, da Lei nº 12.037/2009, que autoriza "a identificação criminal for essencial às investigações policiais, segundo despacho da autoridade judiciária competente, que decidirá de ofício ou mediante representação da autoridade policial, do Ministério Público ou da defesa", podendo ser determinada a coleta de material biológico para a obtenção do perfil genético (art. 5º, par. único, incluído pela Lei nº 12.654/2012).

Tratando-se de abrandamento de garantia fundamental de não identificação dos civilmente identificado, há que se exigir específica fundamentação judicial para determinar-se a coleta do material biológico e a inclusão dos dados no Banco de Dados criados pela Lei. Malgrado o legislador já tenha realizado ponderação entre os direitos fundamentais envolvidos, criando as hipóteses de limitação do preceito constitucional, caberá ao Poder Judiciário, no caso concreto, verificar a existência de situação excepcional a justificar a medida e, fundamentadamente, se for o caso, determinar a colheita do material genético e sua inclusão no banco de dados.

A utilização do perfil genético e a criação de banco de dados tem sido objeto de debate na doutrina pátria, muitos defendendo a inconstitucionalidade, parcial ou total, da legislação em comento. São vários os argumentos em que se fundam os diferentes autores. Violação ao princípio da dignidade da pessoa humana, do direito à intimidade, intangibilidade do corpo humano, ausência de proporcionalidade entre a medida restritiva e o valor jurídico constitucional perseguido, e, principalmente, violação ao comando constitucional de não autoincriminação do acusado (*nemo tenetur se detegere*), nos termos do art. 5º, LXIII, da Constituição Federal.

A questão relativa à colheita de amostras de DNA e as possibilidades sua utilização para finalidades outras que não a mera identificação das pessoas é tema que implica não apenas o atual estágio de conhecimento técnico-científico, mas também aquilo que está a ser descoberto ou desenvolvido pelos *experts*. Assim, se hoje, a partir do material coletado é permitido obter determinadas informações do indivíduo, não se pode desconsiderar a possibilidade de, no futuro, o mesmo material permita descobertas diversas, inclusive malferindo direitos fundamentais.

Como destacavam Jacques e Minervino, antes mesmo da vigência da legislação em comento[42]:

> É natural, portanto, que existam muitos temores circundando o tema de acesso e armazenamento das informações genéticas. Entre eles, podemos destacar: a) o DNA poderia revelar tendências comportamentais como "comportamento agressivo", "tendência homicida"; b) o DNA poderia revelar uma propensão a doenças como câncer ou doenças cardiovasculares; c) seguradoras e outras empresas privadas poderiam acessar essas informações e negar assistência ou negar emprego em função das informações genéticas, promovendo uma "discriminação genética"; d) algum governante poderia utilizar essas informações para promover algum tipo de eugenia genocida visando uma "purificação racial" hitleriana.

Todavia, não se deve obrar com meras conjecturas, temores ou hipóteses que podem, ou não, se concretizar. E, segundo aquilo que ciência permite no atual estágio de desenvolvimento, o material selecionado permite – e tem por finalidade legal – exclusivamente a identificação de pessoas, porque o material selecionado são os dados não-codificados.

Adicionado aos aspectos jurídicos, o conhecimento sobre os aspectos técnicos relativos à colheita do material e a sua utilização são necessários à boa compreensão do problema. "É preciso que entendamos o mínimo sobre informações do DNA para que possamos avaliar os riscos de obtê-los e armazená-las. Em primeiro lugar, é preciso que fique clara a distinção entre o DNA (uma molécula que contém muitas informações) e o perfil genético (uma pequena informação extraída do DNA). O DNA como um todo pode, realmente, revelar muitas informações sensíveis, como a propensão a doenças, entre outras. O perfil genético, entretanto, obtido a partir das regiões não-codificantes do DNA é incapaz de revelar qualquer característica física ou de saúde. A única aplicação do perfil genético é a individualização" (Jacques e Minervino, op. cit., p. 19). No mesmo sentido lecionam Maria Auxiliadora Minahim (Lei 12.654: identificação genética ou obtenção constrangida de prova? Carta Forense, 2.7.2012) e Corazza e Carvalho (A identificação Genética dos civilmente identificáveis como meio de prova de autoria. file:///C:/Users/lug/Downloads/3621-14804-1-PB.pdf).

Por isso que os Jacques e Minervino (op. cit., p. 19) já advertiam que:

> Para minimizar eventuais riscos associados à utilização indevida das informações genéticas, deve-se visar às seguintes recomendações: a) não deve ser armazenada eletronicamente toda a sequência de DNA, apenas o "perfil genético", suficiente para individualizar uma pessoa; b) o perfil genético deve ser obtido apenas a partir de regiões não-codificantes do DNA; c) no banco

42. Aspectos éticos e legais dos bancos de dados de perfis genéticos. JACQUES, Guilherme Silveira, e MINERVINO, Aline Costa. *In* **Perícia Federal**, n. 26, jun./2007 a mar./2008, p. 18.

> de dados, o perfil genético deve estar associado a um código e não ao nome da pessoa; d) o acesso às informações genéticas deve ser restrito e controlado.

Tais preocupações foram objeto de cuidado pelo legislador, que expressamente estabeleceu limitações quanto aos dados coletados, finalidades e seu sigilo, na forma do art. 5º-A, da lei em exame:

> Art. 5º-A. Os dados relacionados à coleta do perfil genético deverão ser armazenados em banco de dados de perfis genéticos, gerenciado por unidade oficial de perícia criminal.
>
> § 1º As informações genéticas contidas nos bancos de dados de perfis genéticos não poderão revelar traços somáticos ou comportamentais das pessoas, exceto determinação genética de gênero, consoante as normas constitucionais e internacionais sobre direitos humanos, genoma humano e dados genéticos.
>
> § 2º Os dados constantes dos bancos de dados de perfis genéticos terão caráter sigiloso, respondendo civil, penal e administrativamente aquele que permitir ou promover sua utilização para fins diversos dos previstos nesta Lei ou em decisão judicial.
>
> § 3º As informações obtidas a partir da coincidência de perfis genéticos deverão ser consignadas em laudo pericial firmado por perito oficial devidamente habilitado.

Analisando este preceito, em comparação com o regramento espanhol, destacam Hammerschmidt e Giacóia (Banco de perfis genéticos dos criminosos: tratamento normativo na lei espanhola e na lei brasileira. Hammerschmidt, Denise; Giacóia, Gilberto. http://www.publicadireito.com.br/artigos/?cod=8cea559c47e4fbdb) que:

> As informações genéticas contidas nos bancos de dados de perfis genéticos não poderão revelar traços somáticos ou comportamentais das pessoas, exceto determinação genética de gênero, consoante as normas constitucionais e internacionais sobre direitos humanos, genoma humano e dados genéticos (art. 5º-A, § 1º, Lei nº 12.037/09), ou seja, a análise somente poderá ser efetuada sobre o DNA não codificante, porque somente se extrai perfil genético, chamado de "DNA lixo", mas altamente polimórfico, com alta taxa de marcadores, diferente do DNA codificante que contém toda a informação genética do indivíduo. Nesse sentido idêntica disposição vem expressa no preâmbulo da LO nº 10/2007 espanhola ao mencionar:
>
> "Esta regulação contém uma salvaguarda muito especial, que resulta fundamental ao eliminar toda vulneração do direito a intimidade, posto que só poderão ser inscritos aqueles perfis de DNA que sejam reveladores, exclusivamente da identidade do sujeito – a mesma que oferece uma impressão digital – e de sexo, porém, em nenhum caso, os de natureza codificante que permitam revelar qualquer outro dado ou característica genética".

Outro ponto relevante é a forma como realizada a coleta do material, havendo controvérsia sobre a viabilidade, ou não, de colheita forçada. Mahmoud e Moura assinalam que "a novidade diz com a natureza da invasão. Antes, colhia-se tão somente aspecto externo de seu corpo, as digitais e/ou fotografias. Agora, vai-se além, alcançando-se o âmago do ser. Como a própria lei antevê, tem-se um mergulho, profundo, na individualidade do investigado." (Mahmoud, Mohamad Ale Hasan, e Moura, Maria Thereza Rocha de Assis. A Lei 12.654/2012 e os Direitos Humanos. Revista Brasileira de Ciências Criminais, v. 98, ano 2012, p. 342).

Parece haver certo exagero na assertiva, inclusive reconhecida pelos autores nominados. Basta uma amostra de cabelo, parte de uma unha ou coleta de mucosa bucal, cujos métodos são minimamente ou nada invasivos, havendo exagerada e injustificada preocupação com aspectos de garantia individual, ignorando não apenas os aspectos de proteção social relativos à criação de banco de dados de identificação, mas também as diversas possibilidades que o uso desta tecnologia permite em favor de diversos acusados que, eventualmente, possam estar sendo indevidamente processados ou investigados.

Os bancos de identificação já são uma realidade de longa data. Antes eram formados exclusivamente por dados externos, como fotografia, informações morfológicas e digitais, os quais são frágeis e falhos frente ao conhecimento científico existente nos dias de hoje. Atualmente novos dados podem e devem ser incorporados, como reconhecimento de voz, detecção da íris ocular, colheita eletrônica das digitais ou mesmo a colheita dos fragmentos de DNA não-codificantes que permitam a individualização.

Nem mesmo a colheita de sangue tem sido considerada como ilícita pelas Cortes estadunidenses, com base na *special needs doctrine*, fundada em três requisitos: a) natureza da privacidade violada; b) o caráter e grau de intrusão do Estado; c) natureza e imediatismo da necessidade do Estado e a eficácia da política em abordar essa necessidade. Laidane, analisando precedentes norte-americanos, noticia que[43]:

> (...) a retirada forçada de uma amostra de DNA como uma intrusão muito pequena não só pelos motivos expostos, mas também porque a amostra pode impedir erros de identificação e, assim, evitar futura intrusão na privacidade do indivíduo. Nesse ponto, vale destacar a perspectiva de que a coleta de DNA pode ser considerada como meio de defesa, pois é possível o acesso ao banco de dados pelo investigado para comprovação de sua inocência, obtenção de absolvição ou até mesmo a anulação de condenação.

Também não se verifica violação à autoincriminação. A Suprema Corte norte-americana, no caso Schmerber v. Califórnia, de 1966 (http://www.casebriefs.com/blog/law/criminal-procedure/criminal-procedure-keyed-to-weinreb/the-privilege-against-self-incrimination/schmerber-v-california-2.2.), formulou a distinção entre os procedimentos coativos que requerem a participação ativa do acusado dos procedimentos nos quais há participação meramente passiva. E, neste particular, entendo que o perfil genético de individualização em nada se diferencia dos dados existentes sobre aspectos morfológicos, fotográficos e digitais do indivíduo.

Colho da referida decisão da Suprema Corte o seguinte resumo:

> ***Held.*** *. The Supreme Court based its finding on precedent. While acknowledging that the State "compelled [petitioner] to submit to an attempt to discover evidence that might used to prosecute him," it did no mean that he had been compelled "to be a witness against himself." The Court concluded that the privilege is "a bar against compelling 'communications' or 'testimony,' but that compulsion which makes a suspect or accused the source of 'real or physical evidence' does not violate it." The Court also listed fingerprints, photographs, measurements, writing or speaking samples, and the like as not being privileged.*

Na decisão, o Tribunal fez referências a precedentes construídos a partir do conhecido caso Miranda v. Arizona, em que se fundamenta no princípio da vedação à autoincriminação, para asseverar a possibilidade de colheita de sangue do investiga-

43. Banco de dados criminosos: a lição norte-americana. LAIDANE, Carolina Franco Rodrigues. www.revistadoutrina.trf4.jus.br/artigos/edicao062/Carolina_Laidane.html.

do para fins de verificar o grau de intoxicação alcoólica que se encontrava o infrator, *in verbis:*

> The leading case in this Court is Holt v. United States, 218 U. S. 245. There the question was whether evidence was admissible that the accused, prior to trial and over his protest, put on a blouse that fitted him. It was contended that compelling the accused to submit to the demand that he model the blouse violated the privilege. Mr. Justice Holmes, speaking for the Court, rejected the argument as "based upon an extravagant extension of the Fifth Amendment," and went on to say:
>
> "[T]he prohibition of compelling a man in a criminal court to be witness against himself is a prohibition of the use of physical or moral compulsion to extort communications from him, not an exclusion of his body as evidence when it may be material. The objection in principle would forbid a jury to look at a prisoner and compare his features with a photograph in proof".

Para fins de exame da legislação nacional sobre o banco de dados que permita a identificação genética dos indivíduos, as mesmas conclusões a que chegou a Supremo Corte norte-americana devem ser extraídas da nossa moldura constitucional.

Analisando questão diversa, mas também afeta ao direito de não autoincriminação, o Supremo Tribunal Federal (RE 640.139/DF, Rel. Min. Dias Toffoli, DJe 22.9.2011) reconheceu que:

> (...) o princípio constitucional da autodefesa (art. 5º, inciso LXIII, da CF/88) não alcança aquele que atribui falsa identidade perante autoridade policial com o intento de ocultar maus antecedentes, sendo, portanto, típica a conduta praticada pelo agente (art. 307 do CP). O tema possui densidade constitucional e extrapola os limites subjetivos das partes.

É certo que, relativamente à investigação de paternidade, o Supremo Tribunal Federal (HC 71.373, DJ 22.11.1996) firmou que:

> Discrepa, a mais não poder, de garantias constitucionais implícitas e explícitas - preservação da dignidade humana, da intimidade, da intangibilidade do corpo humano, do império da lei e da inexecução específica e direta de obrigação de fazer - provimento judicial que, em ação civil de investigação de paternidade, implique determinação no sentido de o réu ser conduzido ao laboratório, "debaixo de vara", para coleta do material indispensável à feitura do exame DNA. A recusa resolve-se no plano jurídico-instrumental, consideradas a dogmática, a doutrina e a jurisprudência, no que voltadas ao deslinde das questões ligadas à prova dos fatos.

Entretanto, esta mesma jurisprudência vem sendo paulatinamente revista, como se colhe de julgados mais recentes que autorizam a realização de exame de DNA, ainda que a revelia de uma das partes: Rcl 2040 QO (Rel. Min. Néri da Silveira, Pleno, j. 21.2.2002) e RE 363889 (Rel. Min. Dias Toffoli, Pleno, j. 2.6.2011, repercussão geral - mérito).

Aliás, nunca se cogitou de inconstitucional a colheita de digitais no local do crime e sua confrontação com os bancos de dados dos diversos institutos de identificação dispersos pelo Brasil. Então, porque seria inconstitucional a confrontação de informações do indivíduo que permitam identificá-lo de outro modo? De igual modo não se inquina de inconstitucional a existência de banco de dados para fins de aferição de reincidência dos criminosos. Por que o seria se o mesmo banco, para além dos registros de antecedentes, permitisse conferir certeza sobre a identidade do investigado/ processado ou permitir a constatação que o mesmo voltou a delinquir?

Se críticas devem ser feitas, eles devem recair sobre à inexistência de um único banco de dados nacional de identificação, bem como sobre a conhecida disputa travada entre órgãos para centralizar tais informações. É de sabença geral a pretensão de unificação da identificação dos brasileiros por alguns entes, ainda que os mesmos não tenham qualquer vocação para isto, como se dá com os cadastros da Receita Federal (CPF) ou do Tribunal Superior Eleitoral (título de eleitor), que alguns pretendem usar como centralizador dos dados.

Outro ponto relevante diz respeito à exclusão das informações do banco de dados. A matéria vem disciplinada pelos artigos 7º e 7º-A, da Lei nº 12.037/2009 com redação dada pela Lei nº 12.654/2012:

> **Art. 7º** No caso de não oferecimento da denúncia, ou sua rejeição, ou absolvição, é facultado ao indiciado ou ao réu, após o arquivamento definitivo do inquérito, ou trânsito em julgado da sentença, requerer a retirada da identificação fotográfica do inquérito ou processo, desde que apresente provas de sua identificação civil.
>
> **Art. 7º-A.** A exclusão dos perfis genéticos dos bancos de dados ocorrerá no término do prazo estabelecido em lei para a prescrição do delito.

Diz a lei, portanto, que haverá exclusão automática com o término do prazo para a prescrição do delito, e facultativa no caso de arquivamento do inquérito ou trânsito em julgado da decisão absolutória.

Embora fuja do escopo do presente trabalho, importa dizer que a solução apresentada pelo legislador merece crítica. Se é certo que a inclusão, diante do modo como está erigido o banco de dados no Brasil, está a depender de condenação definitiva, então igualmente é certo que, havendo colheita de informações no curso de investigação ou processo penal que resultem, respectivamente, em arquivamento ou absolvição, a retirada das informações dos perfis genéticos deve ser automática. O Decreto nº 7950/2013, que regulamenta a legislação sobre o perfil genético, em seu artigo 7º, adequadamente ampliou este espectro de possibilidades. Nesse sentido a lição de Maria Elizabeth Queijo (*in* O princípio *nemo tenetur se detegere* e a coleta de material genético: identificação criminal ou colaboração na produção da prova? Boletim IBCCRIM nº 250, setembro/2013).

E isto não deverá ocorrer apenas quando ocorrer a prescrição do delito, mas igualmente no arquivamento do inquérito, na absolvição ou mesmo com a reabilitação penal. Esta é outra omissão legal a ser consignada, na medida em que nada tratou sobre a exclusão dos perfis das pessoas definitivamente condenadas. QUEIJO (op. cit), por exemplo, defende que o prazo para manutenção das informações se finda com o prazo para a prescrição da execução penal, consoante a pena definitivamente imposta. Entendo, na linha de Lopes Júnior, que deve ser aplicado o instituto da reabilitação (art. 93 e seguintes do Código Penal), decorridos dois anos do dia em for extinta, de qualquer modo, a pena ou terminar sua execução.

Por fim, somente o tempo, senhor da razão, dirá sobre os acertos e erros da legislação que permite a colheita do perfil genético e sua utilização na investigação penal, na prevenção de novos delitos, correção de erros havidos em julgamentos pretéritos, bem como evitar que novos equívocos sejam perpetrados em nome da Justiça.

Todavia, a longa prática internacional e a curta experiência nacional, como pontua Albuquerque (Tricia Kommers. Genética Forense e os bancos de perfis genéticos. Revista Jurídica Consulex nº 389, 1º de abril de 2013, p. 37) permitem antever que as vantagens tendem a superar largamente as desvantagens da previsão legal da criação destes bancos de perfis genéticos, sem olvidar que muitas correções podem e devem ser introduzidas para aprimorar o sistema.

CONSTITUCIONAL. PENAL. CRIME DE FALSA IDENTIDADE. ARTIGO 307 DO CÓDIGO PENAL. ATRIBUIÇÃO DE FALSA INDENTIDADE PERANTE AUTORIDADE POLICIAL. ALEGAÇÃO DE AUTODEFESA. ARTIGO 5º, INCISO LXIII, DA CONSTITUIÇÃO. MATÉRIA COM REPERCUSSÃO GERAL. CONFIRMAÇÃO DA JURISPRUDÊNCIA DA CORTE NO SENTIDO DA IMPOSSIBILIDADE. TIPICIDADE DA CONDUTA CONFIGURADA. O princípio constitucional da autodefesa (art. 5º, inciso LXIII, da CF/88) não alcança aquele que atribui falsa identidade perante autoridade policial com o intento de ocultar maus antecedentes, sendo, portanto, típica a conduta praticada pelo agente (art. 307 do CP). O tema possui densidade constitucional e extrapola os limites subjetivos das partes. (RE 640139 RG, Rel. Min. Dias Toffoli, repercussão geral – mérito, DJe 14.10.2011)

INVESTIGAÇÃO DE PATERNIDADE – EXAME DNA – CONDUÇÃO DO RÉU "DEBAIXO DE VARA". Discrepa, a mais não poder, de garantias constitucionais implícitas e explícitas – preservação da dignidade humana, da intimidade, da intangibilidade do corpo humano, do império da lei e da inexecução específica e direta de obrigação de fazer – provimento judicial que, em ação civil de investigação de paternidade, implique determinação no sentido de o réu ser conduzido ao laboratório, "debaixo de vara", para coleta do material indispensável à feitura do exame DNA. A recusa resolve-se no plano jurídico-instrumental, consideradas a dogmática, a doutrina e a jurisprudência, no que voltadas ao deslinde das questões ligadas à prova dos fatos. (HC 71373, Rel. p/ ac. Min. Marco Aurélio, Pleno, DJ 22.11.1996)

Reclamação. Reclamante submetida ao processo de Extradição n. 783, à disposição do STF. 2. Coleta de material biológico da placenta, com propósito de se fazer exame de DNA, para averiguação de paternidade do nascituro, embora a oposição da extraditanda. 3. Invocação dos incisos X e XLIX do art. 5º, da CF/88. 4. Ofício do Secretário de Saúde do DF sobre comunicação do Juiz Federal da 10ª Vara da Seção Judiciária do DF ao Diretor do Hospital Regional da Asa Norte – HRAN, autorizando a coleta e entrega de placenta para fins de exame de DNA e fornecimento de cópia do prontuário médico da parturiente. 5. Extraditanda à disposição desta Corte, nos termos da Lei n. 6.815/80. Competência do STF, para processar e julgar eventual pedido de autorização de coleta e exame de material genético, para os fins pretendidos pela Polícia Federal. 6. Decisão do Juiz Federal da 10ª Vara do Distrito Federal, no ponto em que autoriza a entrega da placenta, para fins de realização de exame de DNA, suspensa, em parte, na liminar concedida na Reclamação. Mantida a determinação ao Diretor do Hospital Regional da Asa Norte, quanto à realização da coleta da placenta do filho da extraditanda. Suspenso também o despacho do Juiz Federal da 10ª Vara, na parte relativa ao fornecimento de cópia integral do prontuário médico da parturiente. 7. Bens jurídicos constitucionais como "moralidade administrativa", "persecução penal pública" e "segurança pública" que se acrescem, – como bens da comunidade, na expressão de Canotilho, – ao direito fundamental à honra (CF, art. 5º, X), bem assim direito à honra e à imagem de policiais federais acusados de estupro da extraditanda, nas dependências da Polícia Federal, e direito à imagem da própria instituição, em confronto com o alegado direito da reclamante à intimidade e a preservar a identidade do pai de seu filho. 8. Pedido conhecido como reclamação e julgado procedente para avocar o julgamento do pleito do Ministério Público Federal, feito perante o Juízo Federal da 10ª Vara do Distrito Federal. 9. Mérito do pedido do Ministério Público Federal julgado, desde logo, e deferido, em parte, para autorizar a realização do exame de DNA do filho da reclamante, com a utilização da placenta recolhida, sendo, entretanto, indeferida a súplica de entrega à Polícia Federal do "prontuário médico" da reclamante. (Rcl 2040 QO, Rel. Min. Néri da Silveira, Pleno, DJ 27.6.2003)

RECURSO EXTRAORDINÁRIO. DIREITO PROCESSUAL CIVIL E CONSTITUCIONAL. REPERCUSSÃO GERAL RECONHECIDA. AÇÃO DE INVESTIGAÇÃO DE PATERNIDADE DECLARADA EXTINTA, COM FUNDAMENTO EM COISA JULGADA, EM RAZÃO DA EXISTÊNCIA DE ANTERIOR DEMANDA EM QUE NÃO FOI POSSÍVEL A REALIZAÇÃO DE EXAME DE DNA, POR SER O AUTOR BENEFICÁRIO DA JUSTIÇA GRATUITA E POR NÃO TER O ESTADO PROVIDENCIADO A SUA REALIZAÇÃO. REPROPOSITURA DA AÇÃO. POSSIBILIDADE, EM RESPEITO À PREVALÊNCIA DO DIREITO FUNDAMENTAL À BUSCA DA IDENTIDADE GENÉTICA DO SER, COMO EMANAÇÃO DE SEU DIREITO DE PERSONALIDADE. 1. É dotada de repercussão geral a matéria atinente à possibilidade da repropositura de ação de investigação de paternidade, quando anterior demanda idêntica, entre as mesmas partes, foi julgada improcedente, por falta de provas, em razão da parte interessada não dispor de condições econômicas para realizar o exame de DNA e o Estado não ter custeado a produção dessa prova. 2. Deve ser relativizada a coisa julgada estabelecida em ações de investigação de paternidade em que não foi possível determinar-se a efetiva existência de vínculo genético a unir as partes, em decorrência da não realização do exame de DNA, meio de prova que pode fornecer segurança quase absoluta quanto à existência de tal vínculo. 3. Não devem ser impostos óbices de natureza processual ao exercício do direito fundamental à busca da identidade genética, como natural emanação do direito de personalidade de um ser, de forma a tornar-se igualmente efetivo o direito à igualdade entre os filhos, inclusive de qualificações, bem assim o princípio da paternidade responsável. 4. Hipótese em que não há disputa de paternidade de cunho biológico, em confronto com outra, de cunho afetivo. Busca-se o reconhecimento de paternidade com relação a pessoa identificada. 5. Recursos extraordinários conhecidos e providos. (RE 363889, Rel. Min. Dias Toffoli, Pleno, repercussão geral – mérito)

DIREITO PENAL. ESTUPRO DE VULVERÁVEL. ARTIGO 217-A DO CÓDIGO PENAL. CRIME CONSUMADO. PERDA DO CARGO AFASTADA. COLETA DE PERFIL GENÉTICO DO CONDENADO. APLICAÇÃO DA LEI N. 12.654/2012. 1. O delito inscrito no artigo 217-A do Código penal (Estupro de Vulnerável: vítima menor de quatorze anos) consuma-se com a prática de quaisquer atos libidinosos, ainda que diversos da conjunção carnal. 2. Ato praticado em circunstâncias absolutamente dissociadas da atividade profissional do réu, razão pela qual é afastada a perda do cargo como efeito da condenação. 3. Encontrando-se o delito inserido no rol do artigo 1º da Lei nº 8.072/90 (inciso VI), impõe-se a coleta de perfil genético do condenado como forma de identificação criminal, consoante previsto no artigo 9ª-A da Lei de Execução penal (incluído pela Lei nº 12.654, de 28.5.2012). (TRF4, Embargos Infringentes e de Nulidade 5000109-03.2012.404.7002, 4ª Seção, Des. Fed. Leandro Paulsen, por maioria, juntado aos autos em 1.7.2014)

ARGUIÇÃO DE INCONSTITUCIONALIDADE. ART. 9º-A DA LEI 12.654/2012. BANCO DE PERFIL GENÉTICO. RESTRIÇÃO DO ALCANCE DA NORMA. CONDENADOS EM DEFINITIVO. CRIMES HEDIONDOS OU EQUIPARADOS. PRINCÍPIOS DA NÃO AUTOINCRIMINAÇÃO E PRESUNÇÃO DA INOCÊNCIA. VIOLAÇÃO. INOCORRÊNCIA. ARGUIÇÃO REJEITADA. 1. A coleta de material genético do condenado definitivo só se dá quando a condenação se refere a crime doloso praticado com violência grave contra a pessoa, crime hediondo ou equiparado a hediondo. 2. Não há que se falar em violação do princípio da presunção da inocência, eis que a coleta, nos termos do art. 9º-A da LEP, pressupõe condenação em definitivo pelos crimes mais graves previstos na legislação penal. 3. Também não se verifica vulneração do princípio da não autoincriminação se a garantia guarda relação com a investigação ou persecução penal em curso, a qual reclamará decisão judicial fundamentada para acesso ao banco de dados, de caráter sigiloso. 4. Arguição de inconstitucionalidade rejeitada. (TJDFT, ARI 20150020135028, Rel. Mario-Zam Belmiro, Conselho Especial, DJe 6.11.2015)

(...). COLETA DE MATERIAL GENÉTICO – ARTIGO 9-A DA LEP – CRIAÇÃO DE BANCO DE DADOS – NÃO VIOLAÇÃO DO PRINCÍPIO DA NÃO-AUTOINCRIMINAÇÃO – VALIDADE DO EXAME. A criação de banco de dados com material genético não viola o princípio da não autoincriminação, vez que decorre de condenação já transitada em julgado e previsão expressa no artigo 9-A da Lei de Execuções Penais. Agravo em execução – coleta de material genético – inconstitucionalidade da obrigatoriedade de submissão ao procedimento tal como imposto pelo art. 9-a, da LEP- violação do princípio da não-autoincriminação – direito de recusa – dar provimento ao recurso. (TJMG, Agravo em Execução Penal 1.0024.13.086334-3/001, Rel. Des. Corrêa Camargo, DJ 28.7.2015)

(...). COLETA DE PERFIL GENÉTICO. ART. 9º-A DA LEP. OBRIGATORIEDADE. IMPOSSIBILIDADE. MANUTENÇÃO DA DECISÃO DO MAGISTRADO 'A QUO'. NECESSIDADE. RECURSO DESPROVIDO. A coleta do perfil genético de sentenciados, mediante extração de DNA é prevista, de forma obrigatória, pelo art. 9º-a da LEP, podendo tais dados ser requisitados pelas autoridades policiais no caso de inquéritos instaurados. Não há como compelir indivíduo a fornecer material que entenda lhe ser desfavorável, sob pena de violação da garantia de não autoincriminação e em obediência ao princípio do "nemo tenetur se detegere". (TJMG, AGEPN 10024057931461002, Rel. Beatriz Pinheiro Caires, 2ª Câmara Criminal, DJ 22.4.2014)

(...). IDENTIFICAÇÃO CRIMINAL. ARMAZENAMENTO DO PERFIL GENÉTICO DO REEDUCANDO. CONSTITUCIONALIDADE DUVIDOSA. VIOLAÇÃO DE PRINCÍPIOS CONSTITUCIONAIS. AGRAVO IMPROVIDO. 1. Em que pese a constitucionalidade duvidosa do disposto no art. 9-A, da LEP, introduzido pela Lei 12.654/12, a identificação do perfil genético, mediante extração de DNA, ainda que por técnica indolor dos condenados por crimes praticados com violência grave contra pessoa, ou por qualquer crime tido como hediondo ou equiparado, ofende princípios constitucionais ("nemo tenetur se detegere"), bem como a Convenção Americana de Direitos Humanos, segundo a qual toda a pessoa tem direito de não ser obrigada a depor contra si mesma, nem a confessar-se culpada, da qual o Brasil é signatário. (...). (TJMG, Agravo em Execução Penal 1.0024.13.091242-1/001, Rel. Des. Antônio Armando dos Anjos, 3ª Câmara Criminal, DJ 27.6.2014)

► **Lei 12.654/12. Art. 2º** A Lei n. 12.037, de 1º de outubro de 2009, passa a vigorar acrescida dos seguintes artigos: "**Art. 5-A.** Os dados relacionados à coleta do perfil genético deverão ser armazenados em banco de dados de perfis genéticos, gerenciado por unidade oficial de perícia criminal. **§ 1º** As informações genéticas contidas nos bancos de dados de perfis genéticos não poderão revelar traços somáticos ou comportamentais das pessoas, exceto determinação genética de gênero, consoante as normas constitucionais e internacionais sobre direitos humanos, genoma humano e dados genéticos. **§ 2º** Os dados constantes dos bancos de dados de perfis genéticos terão caráter sigiloso, respondendo civil, penal e administrativamente aquele que permitir ou promover sua utilização para fins diversos dos previstos nesta Lei ou em decisão judicial. **§ 3º** As informações obtidas a partir da coincidência de perfis genéticos deverão ser consignadas em laudo pericial firmado por perito oficial devidamente habilitado. ► **Art. 7º-A** A exclusão dos perfis genéticos dos bancos de dados ocorrerá no término do prazo estabelecido em lei para a prescrição do delito. ► **Art. 7º-B** A identificação do perfil genético será armazenada em banco de dados sigiloso, conforme regulamento a ser expedido pelo Poder Executivo.

# 6. LEI DO SIGILO BANCÁRIO (LC 105/01)

**ENUNCIADO 56. É LÍCITA A UTILIZAÇÃO NA ESFERA PENAL, INDEPENDENTE DE AUTORIZAÇÃO JUDICIAL, DE INFORMAÇÕES BANCÁRIAS OBTIDAS DIRETAMENTE PELAS AUTORIDADES FISCAIS, DESDE QUE RESPEITADOS OS REQUISITOS DO ARTIGO 6º DA LEI COMPLEMENTAR Nº 105/2001**

• ***Aprovado no*** *IV FONACRIM, em 25.9.2015.*

► ***Por Marcelo Costenaro Cavali.***

O artigo 6º da Lei Complementar nº 105/2001 franqueou às autoridades tributárias dos entes federativos o exame de documentos, livros e registros de instituições financeiras, inclusive os referentes a contas de depósitos e aplicações financeiras, desde que exista processo administrativo instaurado ou procedimento fiscal em curso e que tais exames sejam considerados indispensáveis.

O parágrafo único do mesmo dispositivo estabeleceu que o resultado dos exames, as informações e os documentos a que se refere este artigo serão conservados em sigilo, observada a legislação tributária.

O enunciado ora comentado trata de duas questões distintas.

A primeira consiste em saber se é constitucional essa norma, que afasta a necessidade de decisão judicial para que as autoridades tributárias tenham acesso a dados bancários dos sujeitos passivos fiscalizados.

A segunda questão, da qual a primeira é prejudicial, trata de definir, caso seja considerado lícito esse acesso, acerca da legitimidade da utilização dessas informações também na esfera penal.

Quanto à primeira questão, é preciso deixar consignado que, em 2010, o Supremo Tribunal Federal chegou a reconhecer a inconstitucionalidade da norma (RE 389808, Rel. Min. Marco Aurélio, Pleno, DJe 9.5.2011)

Esse entendimento foi superado recentemente, no julgamento conjunto do RE 601.314 e das ADIs 2390, 2386, 2397 e 2859, quando o Supremo Tribunal Federal decidiu pela constitucionalidade do referido dispositivo.

O enunciado ora comentado já defendia esse entendimento. O sigilo bancário consiste na obrigação de discrição devida pelas instituições financeiras acerca de informações a respeito da vida financeira de seus clientes, compreendendo os saldos consumidos ou ainda existentes, extratos, gastos e limites em cartões de crédito, créditos recebidos, empréstimos contraídos, ordens dadas e executadas, enfim, toda e qualquer movimentação de dinheiro ou crédito realizada junto à instituição financeira.

Trata-se, não há dúvida, de uma faceta do direito fundamental à privacidade, garantido no artigo 5º, X, da Constituição. É inerente à intimidade de qualquer pessoa a privacidade da sua vida financeira. Se alguém é rico ou pobre, se é avarento ou pródigo, em que tipo de atividades gasta seu dinheiro, tudo isso diz respeito à sua intimidade.

Como qualquer direito fundamental, no entanto, o direito à privacidade da vida financeira não é absoluto nem ilimitado, admitindo determinadas restrições, que podem ser fundadas tanto em outros direitos ou deveres fundamentais, como em outros valores com sede constitucional[44].

Em relação a certos direitos fundamentais, a Constituição prevê expressamente a possibilidade de sua restrição. Isso pode ocorrer de duas maneiras: ou a norma constitucional faz uma simples remissão à intervenção do legislador (reserva legal sim-

---

44. MENDES, Gilmar Ferreira; BRANCO, Paulo Gustavo Gonet. **Curso de direito constitucional.** 9. ed. São Paulo: Saraiva, 2014. p. 144.

ples), sem maiores especificações, ou a Constituição, ao invés de se limitar a exigir que a restrição ao direito fundamental se dê por lei, estabelece, ainda, condições especiais, objetivos a serem perseguidos ou meios a serem utilizados (reserva legal qualificada).

O direito à proteção da intimidade e da vida privada, como mencionado, está previsto no artigo 5º, X, da Constituição. Tal dispositivo não prevê expressamente nenhuma intervenção legislativa para sua restrição.

Não obstante, no que tange à específica faceta desse direito aqui examinada, que é a privacidade da vida financeira, existe uma norma constitucional que autoriza expressamente sua restrição por lei. De acordo com o art. 145, § 1º, do texto constitucional, especialmente para a finalidade de conferir efetividade aos objetivos de imposição de impostos com caráter pessoal e para sua graduação segundo a capacidade econômica do contribuinte, a lei poderá facultar à administração tributária, respeitados os direitos individuais, a identificação do patrimônio, dos rendimentos e das atividades econômicas do contribuinte.

Trata-se de hipótese de reserva legal qualificada, pois a norma constitucional, ainda que não se utilize da formulação linguística mais direta e límpida, autoriza que a restrição ao sigilo das informações sobre o patrimônio, o rendimento e as atividades econômicas - facetas da vida privada econômica - do contribuinte seja feita por lei, bem como indica as autoridades que poderão ter acesso a tais dados e as finalidades de tal acesso.

Ao autorizar a transferência das informações pelas instituições financeiras para as autoridades tributárias, a Lei Complementar nº 105/2001 estabeleceu uma série de garantias. O artigo 6º prevê que a quebra do sigilo pressupõe, sempre, processo administrativo instaurado ou procedimento fiscal em curso. Ademais, a autorização para a quebra não pode ser dada por qualquer servidor, mas apenas pela autoridade competente - no caso da Receita Federal, o Delegado, autoridade máxima do órgão no local. Ainda, é necessária demonstração de que a medida é indispensável. Por fim, o dever de sigilo é transferido às autoridades que, na ação fiscal, tenham acesso aos dados, as quais incorrerão, inclusive, em um tipo penal, caso esse dever seja violado (art. 10), sem prejuízo da responsabilidade pessoal e direta do servidor e da responsabilidade objetiva da Administração.

A fórmula adotada para a restrição do direito ao sigilo bancário respeita as exigências constitucionais.

Em primeiro lugar, a restrição foi estabelecida por lei. Mais do que por lei ordinária, foi estabelecido por lei complementar, de acordo com a imposição do artigo 192 da Constituição, pois trata de matéria afeta ao sistema financeiro nacional.

Em segundo lugar, a prerrogativa foi concedida para a finalidade constitucionalmente prevista, pois a quebra de sigilo somente é possível no curso de atividade-fim da administração tributária, que envolve, evidentemente, a identificação da capacidade contributiva do sujeito passivo fiscalizado.

Em terceiro lugar, conforme exigido pelo artigo 145, § 1º, do texto constitucional, a quebra foi autorizada apenas às autoridades tributárias, no curso de processo administrativo instaurado ou procedimento fiscal em curso. Implica dizer que não é possível a devassa indiscriminada e injustificada da vida privada econômica dos contribuintes, mas apenas o exame das informações daqueles sujeitos passivos em relação aos quais já exista uma fiscalização iniciada.

Em quarto lugar, a medida deve ser considerada indispensável, o que demanda uma fundamentação por parte da autoridade, a justificar as razões pelas quais se faz necessário o acesso aos dados para que possa executar as suas funções.

Em quinto lugar, bem vistas as coisas, a verdade é já não existe sigilo bancário para a autoridade tributária, pois todos os contribuintes são obrigados a declarar seus rendimentos ao Fisco. Em outras palavras, se todos são obrigados a prestar informações sobre seus dados econômicos e financeiros à administração tributária, inclusive sobre todo o seu patrimônio e rendimentos percebidos de qualquer espécie – e não só sobre os valores em contas bancária –, bem como acerca de outros fatos da vida privada, para fins tributários (pense-se, por exemplo, na eventual necessidade de identificação de procedimentos médicos realizados para a dedução de despesas), não há, portanto, segredo sobre esses fatos para as autoridades fiscais. Do mesmo modo, os valores depositados em contas bancárias já deveriam estar declarados ao Fisco; caso contrário, se o sujeito passivo houver omitido tais informações, caracteriza-se o crime de sonegação.

Finalmente, em sexto lugar, a lei também passa no teste do postulado da proporcionalidade. Nesse ponto, deve-se destacar que existem valores constitucionais a sustentar a importância da autorização de fornecimento das informações bancárias às autoridades tributárias, tais como a isonomia e a solidariedade tributárias, além do princípio da eficiência da Administração Pública.

Do ponto de vista da adequação, o franqueamento desse acesso se mostra, evidentemente, adequado às funções de fiscalização tributária, porquanto a identificação do patrimônio, dos rendimentos e das atividades econômicas do contribuinte é instrumental para a aferição de sua real capacidade contributiva e, portanto, da veracidade e correção das informações prestadas pelos contribuintes.

Também é necessária a medida, pois, sem o cotejo da movimentação financeira com as receitas, despesas, rendimento e patrimônio declarados, as autoridades tributárias operam no escuro. Atualmente, a grande maioria dos lançamentos tributários são realizados na modalidade por homologação, cabendo à Administração Pública conferir a apuração realizada pelo próprio sujeito passivo.

Nesse contexto, o acesso a informações bancárias é instrumento de trabalho diário das autoridades fiscais, imprescindível para o desempenho eficiente de suas funções. Negá-lo é o equivalente a exigir de um arquiteto que elabore uma planta sem conhecer as dimensões do terreno ou de um médico que realize diagnósticos sem acesso a exames clínicos ou laboratoriais.

Por fim, a medida é proporcional em sentido estrito. É claramente desarrazoado se exigir que as autoridades tributárias precisem obter uma autorização judicial a cada vez que houver necessidade de acesso a informações bancárias dos contribuintes.

Ora, como exposto, tais dados serão necessários em uma quantidade muito grande de – senão em praticamente todos os – processos de natureza tributária. A eficiência da fiscalização depende desses dados. Exigir que a Fazenda Pública ajuíze uma ação no Poder Judiciário a cada vez que houver necessidade de obtenção desses dados cria uma burocracia e uma carga de trabalho maiores tanto sobre o Poder Executivo como sobre o Poder Judiciário, com um ganho irrisório à intimidade dos contribuintes.

Uma pequena restrição na vida privada, apenas em sua faceta econômica e somente para fins tributários, protegida ainda por uma série de garantias de resguardo do sigilo, é um preço bastante módico a se pagar para se viver num Estado cuja sustentação financeira – e, portanto, cuja própria sobrevivência – depende da contribuição solidária de cada um dos cidadãos, na medida de sua capacidade contributiva.

Por outro lado, uma vez quebrado o sigilo, não existe razão para que não possa haver o compartilhamento das informações bancárias coletadas no procedimento administrativo com as autoridades de persecução penal.

O artigo 83 da Lei nº 9.430/96 determina o encaminhamento ao Ministério Público da representação fiscal para fins penais relativa aos crimes contra a ordem tributária e contra a Previdência Social, depois de proferida a decisão final, na esfera administrativa, sobre a exigência fiscal do crédito tributário correspondente.

Não faria sentido algum que, após o término do procedimento administrativo tributário, houvesse necessidade de o Ministério Público solicitar ao magistrado o acesso aos dados tributários lá colhidos.

---

SIGILO DE DADOS. AFASTAMENTO. Conforme disposto no inciso XII do artigo 5º da Constituição Federal, a regra é a privacidade quanto à correspondência, às comunicações telegráficas, aos dados e às comunicações, ficando a exceção – a quebra do sigilo – submetida ao crivo de órgão equidistante – o Judiciário – e, mesmo assim, para efeito de investigação criminal ou instrução processual penal. SIGILO DE DADOS BANCÁRIOS. RECEITA FEDERAL. Conflita com a Carta da República norma legal atribuindo à Receita Federal – parte na relação jurídico-tributária – o afastamento do sigilo de dados relativos ao contribuinte. (RE 389808, Rel. Min. Marco Aurélio, Pleno, DJe 9.5.2011)

---

RECURSO EXTRAORDINÁRIO. TUTELA DE URGÊNCIA (PODER GERAL DE CAUTELA). REQUISITOS. AUSÊNCIA. PROCESSUAL CIVIL. REFERENDO DE DECISÃO MONOCRÁTICA (ART. 21, V DO RISTF). CONSTITUCIONAL. TRIBUTÁRIO. DADOS BANCÁRIOS PROTEGIDOS POR SIGILO. TRANSFERÊNCIA DE INFORMAÇÕES SIGILOSAS DA ENTIDADE BANCÁRIA AO ÓRGÃO DE FISCALIZAÇÃO TRIBUTÁRIA FEDERAL SEM PRÉVIA AUTORIZAÇÃO JUDICIAL. LEI COMPLEMENTAR 105/2001. LEI 10.174/2001. DECRETO 3.724/2001. A concessão de tutela de urgência ao recurso extraordinário pressupõe a verossimilhança da alegação e o risco do transcurso do tempo normalmente necessário ao processamento do recurso e ao julgamento dos pedidos. Isoladamente considerado, o ajuizamento de ação direta de inconstitucionalidade sobre o tema é insuficiente para justificar a concessão de tutela de urgência a todo e qualquer caso. Ausência do risco da demora, devido ao considerável prazo transcorrido entre a sentença que denegou a ordem e o ajuizamento da ação cautelar, sem a indicação da existência de qualquer efeito lesivo concreto decorrente do ato tido por coator (21.9.2001 – 30.6.2003). (...). (AC 33 MC, Rel. p/ ac. Min. Joaquim Barbosa, Pleno, DJe 9.2.2011)

RECURSO ORDINÁRIO EM "HABEAS CORPUS". CRIME CONTRA A ORDEM TRIBUTÁRIA. AÇÃO PENAL DEFLAGRADA COM BASE EM DADOS DECORRENTES DE QUEBRA DE SIGILO BANCÁRIO REALIZADA DIRETAMENTE POR AUDITOR FISCAL. AUSÊNCIA DE PRÉVIA AUTORIZAÇÃO JUDICIAL. IMPOSSIBILIDADE DE UTILIZAÇÃO DA PROVA PARA FINS PENAIS. CONSTRANGIMENTO ILEGAL CARACTERIZADO. PROVIMENTO DO RECLAMO. 1. A 1ª Seção desta Corte Superior de Justiça, no julgamento do REsp 1.134.655/SP, submetido ao rito do artigo 543-C do Código de Processo Civil, consolidou o entendimento de que a quebra do sigilo bancário sem prévia autorização judicial, para fins de constituição de crédito tributário é autorizada pela Lei 8.021/1990 e pela Lei Complementar 105/2001, normas procedimentais cuja aplicação é imediata. 2. Contudo, conquanto atualmente este Sodalício admita a quebra de sigilo bancário diretamente pela autoridade fiscal para fins de constituição do crédito tributário, o certo é que tal entendimento não se estende à utilização de tais dados para que seja deflagrada ação penal, por força do artigo 5º da Constituição Federal, e nos termos do artigo 1º, § 4º da Lei Complementar 105/2001. 3. No caso dos autos, de acordo com o termo de conclusão de fiscalização, a ação fiscal foi iniciada por meio de cruzamento dos valores das saídas declaradas no livro eletrônico fiscal, escrituradas pelo contribuinte, com os decorrentes das vendas com cartões Visa, Master e Amex, informados diretamente pelas respectivas administradoras, tendo os referidos dados sido, então, utilizados para a instauração de inquérito policial e posterior deflagração de ação penal contra o recorrente, o que, como visto, não é admitido pelo ordenamento jurídico pátrio, estando-se diante de prova ilícita, o que revela o constrangimento ilegal a que está sendo submetido. 4. Recurso provido para determinar o trancamento do processo criminal em apreço, sem prejuízo do oferecimento de nova denúncia com base em outras provas. (RHC 52.067/DF, Rel. Min. Jorge Mussi, 5ª Turma, DJe 3.2.2015)

(...). PROCESSO PENAL. CRIME CONTRA A ORDEM TRIBUTÁRIA. OFERECIMENTO DE DENÚNCIA COM BASE EM DADOS BANCÁRIOS OBTIDOS EM PROCESSO ADMINISTRATIVO MEDIANTE REQUISIÇÃO DO FISCO ÀS INSTITUIÇÕES BANCÁRIAS. PROVA ILÍCITA. UTILIZAÇÃO. IMPOSSIBILIDADE. (...). 1. A quebra do sigilo bancário para investigação criminal deve ser necessariamente submetida à avaliação do magistrado competente, a quem cabe motivar concretamente seu decisum, em observância aos artigos 5º, XII e 93, IX, da Carta Magna. 2. Os dados obtidos pela Receita Federal mediante requisição direta às instituições bancárias em sede de processo administrativo tributário sem prévia autorização judicial não podem ser utilizados no processo penal. (...). (AgRg no REsp 1373498/SE, Rel. Min. Maria Thereza de Assis Moura, 6ª Turma, DJe 29.8.2014)

► **LC 105/01. Art. 6º** As autoridades e os agentes fiscais tributários da União, dos Estados, do Distrito Federal e dos Municípios somente poderão examinar documentos, livros e registros de instituições financeiras, inclusive os referentes a contas de depósitos e aplicações financeiras, quando houver processo administrativo instaurado ou procedimento fiscal em curso e tais exames sejam considerados indispensáveis pela autoridade administrativa competente. **Parágrafo único.** O resultado dos exames, as informações e os documentos a que se refere este artigo serão conservados em sigilo, observada a legislação tributária.

**Enunciado 57. É constitucional a utilização de informações sobre operações que envolvam recursos provenientes de quaisquer atividades criminosas, obtidas pelas instituições financeiras e Banco Central, independente de autorização judicial (art. 1º, § 3º, IV e art. 9º da LC 105).**

• *Aprovado no IV FONACRIM, em 25.9.2015.*

▸ *Por Gustavo Pontes Mazzocchi.*

A Lei nº 9.613/98 criou o Conselho de Controle de Atividades Financeiras COAF, com a finalidade de disciplinar, aplicar penas administrativas, receber, examinar e identificar as ocorrências suspeitas de atividades ilícitas.

Instituições bancárias e financeiras são obrigadas, pelo artigo 9º da referida Lei, a comunicar ao COAF movimentações atípicas ou que excedam a determinados valores.

Recebidas pelo COAF as informações acerca de movimentações financeiras remetidas pelas instituições competentes, incumbe a ele proceder à respectiva análise. Se, ao final, identificar condutas que possam caracterizar atividade ilícita, fará comunicado ao órgão próprio (Ministério Público ou polícia judiciária), que adotará as medidas cabíveis.

Não incumbe ao COAF proceder a investigação para firmar convicção acerca de eventual prática delituosa, uma vez que o juízo que lhe compete é o de aparência. Ele apenas examina as informações recebidas das entidades obrigadas.

O titular da ação penal é o Ministério Público, sendo sua a função de analisar os fatos e firmar convicção acerca da eventual atividade ilícita. Se for o caso, solicitará à Polícia Federal a instauração de inquérito policial, que por esta poderá ser deflagrado de ofício, para diligenciar acerca de fatos que eventualmente constituam crime. Ao final, formada a *opinio delicti*, poderá oferecer denúncia.

O COAF encaminha ao Ministério Público as informações colhidas através de Relatório de Inteligência Financeira - RIF, documento que contém informações sobre movimentações financeiras que, embora não sejam necessariamente consideradas ilícitas, evidenciam situações de atipicidade.

As informações sobre movimentações financeiras constantes do RIF destinam-se a subsidiar as autoridades competentes nas investigações ou coletas de provas porventura existentes ou que venham a ser instauradas.

Com base nesse comunicado, e em investigações preliminares, a autoridade policial ou o Ministério Público podem representar pela realização de medidas cautelares, como quebra de sigilos fiscal, bancário e cambial, bem como interceptação de comunicações telefônicas, telemáticas e escuta ambiental.

Para a referida comunicação, não é necessário que o COAF saiba, de antemão, que as condutas são ilícitas. Basta que elas evidenciem situações atípicas, até porque, como atrás referido, o juízo de licitude incumbe aos órgãos competentes.

Assim também faz o Banco Central, que igualmente tem o dever de comunicar operações que considera atípicas ou suspeitas.

Essas informações são dotadas de confidencialidade e não invadem a intimidade e a vida privada, mormente quando os dados sigilosos em si, envolvidos nas operações tidas como suspeitas, não são comunicados, havendo necessidade, portanto, para o aprofundamento das investigações, caso se revele indispensável, o levantamento judicial do sigilo constitucional e legalmente assegurado. Mais a mais, em casos assim, não existe propriamente quebra do sigilo bancário, mas mera transferência do sigilo, porquanto os dados serão repassados ao órgão encarregado da persecução criminal, que, ao mesmo tempo em que instaura a investigação, deverá zelar pela manutenção do caráter confidencial das informações recebidas, sob pena de ele próprio incidir em conduta delituosa.

Além de essas informações não poderem ser consideradas, em si, como dados bancários próprios, a jurisprudência predominante dos Tribunais é no sentido de que esse sigilo não é direito absoluto.

É ele direito relativo, estabelecido predominantemente em função de interesses privados, de modo que são possíveis limitações, especialmente quando fundadas no interesse público.

Portanto, o legislador pode restringi-los, impondo limitações tais como aquelas necessárias à fiscalização das instituições pelo BACEN (Lei 7.492/86) e das atividades financeiras, através do COAF (Lei 9.613/98), respaldadas pela Lei Complementar 105/01.

Há que se diferenciar, assim, a obtenção de informações financeiras abstratas por força da Lei Complementar 105/01 da requisição direta, sem autorização judicial, pelo Ministério Público ou pela autoridade policial, medida essa última que não é admitida pela jurisprudência.

A previsão contida na LC 105/01 é simples recebimento pelos órgãos de investigação de documentos confidenciais expedidos pelos órgãos estatais responsáveis pela fiscalização financeira ou bancária, em relação aos quais não se configura a alegada violação ao sigilo constitucional.

Desse modo, inexiste motivo para afastar a constitucionalidade dos dispositivos.

- O sigilo bancário, espécie de direito à privacidade que a Constituição protege no art. 5º, X, não é um direito absoluto, que deve ceder diante do interesse público, social e do interesse da Justiça. (STF, 2ª Turma, RE 219.780, Rel. Min. Carlos Velloso, DJ 10.9.1999)

- O envio de documentos ao Ministério Público pelo BACEN quando, no exercício de suas atribuições fiscalizatórias, detecta a possível ocorrência de infrações lesivas ao sistema financeiro nacional, encontra amparo no art. 28 da Lei nº 7.492/86, não se configurando a alegada ilicitude das provas. Ademais, na hipótese sub judice, foi prolatada decisão judicial determinando o afastamento do sigilo e o rastreamento das contas da casa de câmbio, não havendo falar na obtenção indevida de dados bancários. (TRF4, 8ª Turma, ACR 2003.70.00.045779-9/PR, DJe 15.1.2009)

- TRIBUTÁRIO E PROCESSUAL CIVIL. VIOLAÇÃO A DISPOSITIVOS CONSTITUCIONAIS. COMPETÊNCIA DO STF. IRPF. EXTRATOS BANCÁRIOS. RENDIMENTOS NÃO JUSTIFICADOS. ARBITRAMENTO. APLICAÇÃO RETROATIVA DO ART. 42 DA LEI N. 9.430/96. IMPOSSIBILIDADE. APLICAÇÃO IMEDIATA DA LEI N. 8.021/90. PRECEDENTES. REEXAME DE PROVAS. SÚMULA 7/STJ. SIGILO BANCÁRIO. APLICAÇÃO RETROATIVA DA LC N. 105/01 E DA LEI N. 10.174/01. POSSIBILIDADE. 1. A apontada inconstitucionalidade da Lei Complementar 105/2001 não foi analisada, porquanto isso implicaria imiscuir na competência reservada ao apelo nobre dirigido ao Excelso Pretório. (...). 5. O Tribunal de origem firmou entendimento no sentido de que a quebra do sigilo bancário, prevista na Lei Complementar n. 105/01 e na Lei n. 10.174/01, não depende de prévia autorização judicial e que é possível sua aplicação, inclusive retroativa. (...). Agravo regimental improvido. (STJ, AgRg no AREsp 473896/PR, 2ª Turma, Rel. Min. Humberto Martins, DJe 2.4.2014)

> ▶ **LC 105/01. Art. 1º** As instituições financeiras conservarão sigilo em suas operações ativas e passivas e serviços prestados. (...). **§ 3º** Não constitui violação do dever de sigilo: (...). IV – a comunicação, às autoridades competentes, da prática de ilícitos penais ou administrativos, abrangendo o fornecimento de informações sobre operações que envolvam recursos provenientes de qualquer prática criminosa; (...). ▶ **Art. 9º** Quando, no exercício de suas atribuições, o Banco Central do Brasil e a Comissão de Valores Mobiliários verificarem a ocorrência de crime definido em lei como de ação pública, ou indícios da prática de tais crimes, informarão ao Ministério Público, juntando à comunicação os documentos necessários à apuração ou comprovação dos fatos.

> ▶ **Lei 9.613/98. Art. 14.** É criado, no âmbito do Ministério da Fazenda, o Conselho de Controle de Atividades Financeiras COAF, com a finalidade de disciplinar, aplicar penas administrativas, receber, examinar e identificar as ocorrências suspeitas de atividades ilícitas previstas nesta Lei, sem prejuízo da competência de outros órgãos e entidades. (...). ▶ **Art. 15.** O COAF comunicará às autoridades competentes para a instauração dos procedimentos cabíveis, quando concluir pela existência de crimes previstos nesta Lei, de fundados indícios de sua prática, ou de qualquer outro ilícito.

> ▶ **CF. Art. 5º. X** – são invioláveis a intimidade, a vida privada, a honra e a imagem das pessoas, assegurado o direito a indenização pelo dano material ou moral decorrente de sua violação; **XII** – é inviolável o sigilo da correspondência e das comunicações telegráficas, de dados e das comunicações telefônicas, salvo, no último caso, por ordem judicial, nas hipóteses e na forma que a lei estabelecer para fins de investigação criminal ou instrução processual penal.

## 7. LEI DO TRÁFICO DE DROGAS (LEI 11.343/06)

### ENUNCIADO 60. A APLICAÇÃO DO PRINCÍPIO DA INSIGNIFICÂNCIA É INCOMPATÍVEL COM O CRIME DE TRÁFICO INTERNACIONAL DE DROGAS E FIGURAS EQUIPARADAS.

● ***Aprovado no*** *IV FONACRIM, em 25.9.2015.*

▸ *Por Jorge André de Carvalho Mendonça.*

O direito penal é o instrumento mais poderoso de que se vale o Estado no combate à violência. Sua utilização encerra também uma violência, razão pela qual é de forma muito comedida que ele deve ser chamado a atuar. Para tanto, a cada dia mais se fala no prestígio que deve receber o chamado direito penal mínimo, também conhecido como minimalismo penal.

A configuração do conteúdo do que seja exatamente direito penal mínimo não é uniforme. Em Portugal Figueiredo Dias, mesmo não fazendo referência expressa a um "minimalismo penal", aponta como pressupostos imprescindíveis à legitimação da intervenção penal o critério funcional de necessidade, com sua consequente utilidade, assim como a tutela subsidiária de bens jurídicos, além da exclusiva função preventiva da pena[45].

45. DIAS. Jorge de Figueiredo. **Direito Penal**: parte geral, tomo I. 1. ed. brasileira; 2. ed. portuguesa. São Paulo: Revista dos Tribunais; Coimbra: Coimbra Editora, p. 31, 2007.

Na Espanha, Santiago Mir Puig apresenta uma série de princípios limitadores ao *ius puniendi*. Também inclui a utilidade, subsidiariedade, fragmentariedade e exclusiva proteção de bens jurídicos, mas vai além, incluindo ainda os princípios da legalidade, humanidade das penas, culpabilidade, proporcionalidade e ressocialização[46].

Já o jurista italiano Ferrajoli aponta dez axiomas do seu chamado "garantismo penal". Quanto mais determinado Estado os cumpra, se aproximará do direito penal mínimo, quanto menos os atenda, chegará perto do direito penal máximo[47]. Excluídos quatro postulados relativos ao direito processual, sobram seis específicos do direito material, que assim poderiam corresponder ao minimalismo penal, até por se caracterizarem como limitações do poder penal absoluto. Se partirmos dessa equiparação, seis seriam os princípios do minimalismo: 1) o da retributividade[48]; 2) o da legalidade; 3) o da necessidade; 4) o da ofensividade; 5) o da materialidade da ação; e 6) o da culpabilidade[49].

Para Claus Roxin, também sem mencionar diretamente a expressão minimalismo penal, são dois os pressupostos dos quais depende o poder punitivo do Estado segundo a concepção atual. Com efeito, na linha do renomado professor alemão, com a redução do direito penal à proibição de comportamentos nocivos à sociedade ou, como também se diz, à tutela dos bens jurídicos, esclarece-se o primeiro dos dois pressupostos. Mas há ainda outro: é preciso exigir que um comportamento socialmente nocivo somente seja punido quando meios mais brandos não sejam suficientes para sua correção[50].

No Brasil, os manuais de direito penal dos últimos vinte anos começaram a abordar o que chamam de princípios do direito penal como uma parte introdutória da disciplina. Tais princípios seriam limitadores da atuação punitiva estatal, possuindo íntima conexão com o direito penal mínimo, nele incluído o da insignificância. Porém, preferimos ficar mais próximos da doutrina estrangeira acima citada[51], não incluindo a insignificância como uma das bases do minimalismo penal, ainda que possa ser aplicado de outra forma, como iremos demonstrar adiante.

Ao falar do princípio da insignificância em sua obra *Política criminal y sistema del derecho penal*, Roxin, o seu idealizador, em nota de rodapé, esclarece que o critério foi

---

46. MIR PUIG. Santiago. **Derecho Penal:** Parte General. 8. ed., Barcelona: Editorial Reppertor, p. 105-129, 2009.
47. FERRAJOLI, Luigi. **Direito e Razão**: Teoria do Garantismo Penal. Trad. Ana Paula Zomer Sica, Fauzi Hassan Choukr, Juarez Tavares e Luiz Flávio Gomes. 2. ed., São Paulo: Revista dos Tribunais, p. 101, 2006.
48. Diz respeito não a caráter retributivo da sanção, a cada dia mais discutido, mas sim à necessidade de limitar a aplicação da pena à efetiva existência de um delito.
49. FERRAJOLI, Luigi. Ob. cit., p. 91, 2006.
50. ROXIN, Claus; ARZT, Gunther; TIEDEMANN, Klaus. **Introdução ao Direito Penal e ao Direito Processual Penal.** Trad.: Gercélia Batista de Oliveira Mendes. Belo Horizonte: Del Rey, p. 7, 2007.
51. Note-se que mesmo a linha mais abrangente de Mir Puig não chega a considerar a insignificância como um dos princípios limitadores do *ius puniendi* estatal.

mencionado a primeira vez por ele, em "JuS" 1964, página 373 e segs., bem como nas páginas 376-377[52].

Uma conduta formalmente adequada a um tipo penal deve ser considerada insignificante quando a ofensa ao bem jurídico protegido pela norma penal foi tão pequena, tão ínfima, que na verdade se torna irrelevante, como no exemplo de quem furta um único bombom. Tal análise, porém, deve ser feita à luz de uma situação fática concreta, com as suas particularidades, não possuindo relação com o estudo de previsões meramente abstratas.

Embora uma conduta configure, em tese, ofensa à norma penal incriminadora, a insignificância impedirá a própria presença do tipo penal, o que ocorrerá quando ela conta com uma relativa tolerância social, diante da sua escassa gravidade[53]. Ora, se há exclusão da própria presença do tipo penal, não se poderá falar na existência de crime, ante a ausência de um dos elementos do seu conceito analítico.

De forma parecida, há também quem considere a presença da insignificância como excludente da infração penal, porém mediante afastamento da tipicidade, considerada conglobada da norma. A tipicidade penal corresponderia não apenas à tipicidade legal, ou seja, à adequação à formulação legal do tipo, mas também à tipicidade conglobante, assim tida como a comprovação de que a conduta legalmente típica está também proibida pela norma, verificando-se o alcance não apenas da norma proibitiva como também de todo o restante da ordem normativa[54].

A explicação, porém, corresponde, em outras palavras, à concepção atual da própria tipicidade, não mais analisada exclusivamente sob o ponto de vista formal, de mera adequação do fato ao tipo penal, abrangendo também sua concepção material. Quando a conduta não tem a menor relevância material, como no caso daquelas insignificantes, afasta-se a própria tipicidade e o consequente fato típico como primeiro elemento do ilícito penal.

Por isso, não chegamos ao ponto de considerar a insignificância como um princípio constitucional implícito, seja ele decorrente do princípio da proporcionalidade ou da fluida dignidade da pessoa humana. Trata-se apenas de um critério interpretativo dos tipos penais, que devem ser analisados mediante exame de fatos concretos. A despeito disso, não são raros os pronunciamentos de ambas as Turmas do Supremo Tribunal Federal a respeito do tema, ainda que por meio de "habeas corpus". Consoante se pode conferir na transcrição da jurisprudência complementar abaixo, no HC 118853/ES, por exemplo, a Suprema Corte ratificou a necessidade de quatro condições objetivas necessárias para a aplicação do princípio da insignificância: a) mínima ofensividade da conduta; b) nenhuma periculosidade social da ação; c) grau reduzido de reprovabilidade do comportamento; d) inexpressividade da lesão jurídica provo-

52. ROXIN, Claus. **Política criminal y sistema del derecho penal.** Trad. Francisco Muñoz Conde. 2. ed., Buenos Aires: Hammurabi, p. 73/74, 2002.
53. MIR PUIG. Ob. Cit., p. 524, 2009.
54. ZAFFARONI, Eugenio Raúl; PIERANGELI, José Henrique. **Manual de Direito Penal Brasileiro**: Parte Geral. Vol. 1. 7. ed., São Paulo: Revista dos Tribunais, p. 396 e 485, 2008.

cada. Além disso, ainda que sem mencionar com uma quarta condição, deixou clara também a necessidade de não ser o autor da conduta reincidente.

Bitencourt, ao tratar do princípio da insignificância, diz que devemos ter presente que a seleção dos bens jurídicos tuteláveis pelo Direito Penal e os critérios a serem utilizados nessa seleção constituem função do Poder Legislativo, sendo vedada aos intérpretes e aplicadores do direito essa função, privativa daquele Poder Institucional. Para ele, agir diferentemente constituirá violação dos sagrados princípios constitucionais da reserva legal e da independência dos Poderes[55].

Roxin, entretanto, não foi tão restritivo. Para o consagrado jurista tedesco, embora toda mudança das leis crie ou anule causas de justificação, este processo não se consuma somente pela mudança da lei positiva, como também pela criação consuetudinária ou judicial do direito. De toda forma, sua proposta é de que a insignificância seja utilizada como instrumento de interpretação[56].

Todavia, o princípio não se aplica a todas as espécies de crimes. Com efeito, Roxin diz que abrange danos de pouca importância, sendo aplicável à maioria dos tipos[57]. Se incide sobre a maioria, obviamente não faz o mesmo quanto ao restante. Daí a questão trazida no enunciado 60 do FONACRIM: a insignificância não seria compatível com as modalidades do tráfico internacional de drogas e equiparadas, diante da sua gravidade em abstrato, que não admitiria ofensa inexpressiva ao bem jurídico protegido pelas normas correspondentes.

É a Lei 11.343/2006 que prescreve medidas para prevenção do uso indevido de drogas, estabelecendo normas para repressão à produção não autorizada e ao tráfico ilícito e definindo os respectivos tipos penais.

O bem jurídico protegido pela Lei 11.343/2006 é a saúde pública, tratando-se, em sua maioria, de crimes de perigo abstrato[58], o que afasta a aplicação do princípio da insignificância a tais espécies de crimes. Tanto faz o uso, tráfico, etc. de uma grande quantidade de droga, como de uma quantidade ínfima, eis que a saúde pública já estaria afrontada em quaisquer das duas hipóteses, ainda que diversos os critérios de aplicação da pena. Destarte, tem-se entendido que não deixa de ser típico o uso de pouquíssima quantidade de drogas, pois o crime do art. 28 da legislação de referência é de perigo abstrato para a saúde pública, capaz de gerar dependência química. Se o uso de pequena quantidade é típico, com mais razão o será o tráfico de pequena quantidade, ocorrendo o mesmo com suas figuras equiparadas.

A questão, porém, não é tão simples, também sendo bastante razoável o entendimento diverso. Com efeito, não é absurdo o argumento de que a aquisição, guarda, etc., para consumo pessoal, de desprezível quantidade de determinada droga menos

55. BITENCOURT, Cezar Roberto. **Tratado de Direito Penal**: Parte Geral. 8. ed., São Paulo: Saraiva, p. 19, 2003.
56. ROXIN, Claus. Ob. Cit., p.74 e 76/77, 2002.
57. ROXIN, Claus. Ob. Cit., p.73/74, 2002.
58. BALTAZAR JUNIOR, José Paulo. **Crimes Federais.** 9. ed., São Paulo: Saraiva, p. 1.180, 2014.

pesada, seja atípico pela aplicação do critério da insignificância. A conduta, de tão ínfima, sequer chegaria a ofender a saúde pública, ante a sua falta de potencialidade lesiva.

O tráfico, obviamente, é bem mais grave. Apesar disso, de acordo com a previsão legal, nem todo tráfico é tão grave como poderia parecer. Com efeito, o título III da Lei 11.343/2006 trata do uso indevido, enquanto seu título IV aborda o que chamou de "produção não autorizada" ou "tráfico ilícito de drogas". Assim, por exemplo, embora o § 3º do art. 33 tenha corrigido equívocos de legislações anteriores, apresentando sanção bem menos grave para quem fornece gratuitamente para consumo em conjunto, é certo que a conduta não deixa de ser considerada tráfico ou, pelo menos, uma figura a ele assemelhada[59]. Diante disso, o fato de dois amigos consumirem ínfima quantidade de uma droga mais leve, um oferecendo apenas uma pouco ao outro, poderia justificar a aplicação do princípio da insignificância como critério interpretativo que afastasse a tipicidade material, a depender do caso concreto. A tipicidade material, portanto, somente não poderia ser afastada na prática dos crimes mais graves previstos no referido título IV.

De qualquer forma, na linha da jurisprudência das nossas Cortes Superiores, a maioria dos juízes federais caminhou no mesmo sentido, entendendo que o princípio da insignificância não se aplica a nenhuma das modalidades de tráfico de drogas ou figuras equiparadas.

PENAL E PROCESSUAL PENAL. "HABEAS CORPUS". (...). REINCIDÊNCIA NA PRÁTICA CRIMINOSA. PRINCÍPIO DA INSIGNIFICÂNCIA. INAPLICABILIDADE. (...). 1. O princípio da insignificância incide quando presentes, cumulativamente, as seguintes condições objetivas: (a) mínima ofensividade da conduta do agente, (b) nenhuma periculosidade social da ação, (c) grau reduzido de reprovabilidade do comportamento, e (d) inexpressividade da lesão jurídica provocada. 2. A aplicação do princípio da insignificância deve, contudo, ser precedida de criteriosa análise de cada caso, a fim de se evitar que sua adoção indiscriminada constitua verdadeiro incentivo à prática de pequenos delitos patrimoniais. Em que pese haver entendimento de que somente devem ser considerados critérios objetivos para o reconhecimento dessa causa supralegal de extinção da tipicidade, a prudência recomenda que se leve em conta a obstinação do agente na prática delituosa, a fim de evitar que a impunidade o estimule a continuar trilhando a senda criminosa. (...) 6. O reconhecimento da atipicidade da conduta do paciente, pela adoção do princípio da insignificância, poderia, por via transversa, imprimir nas consciências a ideia de estar sendo avalizada a prática de delitos e de desvios de conduta, porquanto se trata de condenado reincidente. (...). (STF, HC 118853/ES, Rel. Min. Luiz Fux, 1ª Turma, j. 29.4.2014)

"HABEAS CORPUS". PENAL. (...). ALEGAÇÃO DE INCIDÊNCIA DO PRINCÍPIO DA INSIGNIFICÂNCIA: INVIABILIDADE. CRIME COMETIDO EM CONCURSO MATERIAL COM O CRIME DE TRÁFICO DE ENTORPECENTES. REINCIDÊNCIA. "HABEAS CORPUS" DENEGADO. 1. A tipicidade penal não pode ser percebida como o trivial exercício de adequação do fato concreto à norma abstrata. Além da correspondência formal, para a configuração da tipicidade, é necessária uma análise materialmente valorativa das circunstâncias do caso concreto, no sentido de se verificar a ocorrência de alguma lesão grave, contundente e penalmente relevante do bem jurídico tutelado.

59. Nada obstante, uma interpretação sistemática da legislação, especialmente com o art. 44 da Lei 11.343/2006, permite a conclusão de que o fornecimento gratuito para consumo em conjunto não é mais crime equiparado a hediondo (BALTAZAR JUNIOR, José Paulo. Ob. cit. p. 1206, 2014).

2. O princípio da insignificância reduz o âmbito de proibição aparente da tipicidade legal e, por consequência, torna atípico o fato na seara penal, apesar de haver lesão a bem juridicamente tutelado pela norma penal. 3. Para a incidência do princípio da insignificância, devem ser relevados o valor do objeto do crime e os aspectos objetivos do fato – tais como a mínima ofensividade da conduta do agente, a ausência de periculosidade social da ação, o reduzido grau de reprovabilidade do comportamento e a inexpressividade da lesão jurídica causada. 4. Nas circunstâncias do caso, o fato não é penalmente irrelevante, pois o delito foi praticado em concurso com o crime de tráfico de entorpecentes, o que configuraria, minimamente, a periculosidade social da ação do Paciente e o descomprometimento com os valores tutelados pelo direito. 5. Apesar de tratar-se de critério subjetivo, a reincidência remete a critério objetivo e deve ser excepcionada da regra para análise do princípio da insignificância, já que não está sujeita a interpretações doutrinárias e jurisprudenciais ou a análises discricionárias. O criminoso reincidente apresenta comportamento reprovável, e sua conduta deve ser considerada materialmente típica. 6. Ordem denegada. (STF, HC 96684/MS, Rel. Min. Cármen Lúcia, 1ª Turma, j. 25.2.2010)

CONSTITUCIONAL. PENAL E PROCESSUAL PENAL. "HABEAS CORPUS" IMPETRADO EM SUBSTITUIÇÃO A RECURSO PRÓPRIO. TRÁFICO DE DROGAS. PRINCÍPIO DA INSIGNIFICÂNCIA. INAPLICABILIDADE. NÃO CONHECIMENTO. (...) 2. O reconhecimento da atipicidade da conduta delitiva com fundamento no princípio da insignificância não é admissível em relação ao crime de tráfico ilícito de drogas, pois trata-se de crime de perigo abstrato, no qual os objetos jurídicos tutelados são a segurança pública e a paz social, sendo irrelevante a quantidade da droga apreendida. (...). 3. "Habeas corpus" não conhecido. (STJ, HC 318936/SP, Rel. Min. Ribeiro Dantas, 5ª Turma, j. 9.11.2015)

PROCESSO PENAL E PENAL. "HABEAS CORPUS". SUBSTITUTIVO DE RECURSO ESPECIAL, ORDINÁRIO OU REVISÃO CRIMINAL. NÃO CABIMENTO. TRÁFICO DE DROGAS. PRINCÍPIO DA INSIGNIFICÂNCIA. INAPLICABILIDADE. PEQUENA QUANTIDADE. PRECEDENTES. (...) 2. Prevalece nesta Corte e no Supremo Tribunal Federal, o entendimento de que se afigura inaplicável o princípio da insignificância ao delito de tráfico ilícito de drogas, pois trata-se de crime de perigo presumido ou abstrato, onde mesmo a pequena quantidade de droga revela risco social relevante. 3. "Habeas corpus" não conhecido. (STJ, HC 195985/MG, Rel. Min. Nefi Cordeiro, 6ª Turma, j. 9.6.2015)

► **Lei 11.343/2006. Art. 28.** Quem adquirir, guardar, tiver em depósito, transportar ou trouxer consigo, para consumo pessoal, drogas sem autorização ou em desacordo com determinação legal ou regulamentar será submetido às seguintes penas: I – advertência sobre os efeitos das drogas; II – prestação de serviços à comunidade; III – medida educativa de comparecimento a programa ou curso educativo. **§ 1º** Às mesmas medidas submete-se quem, para seu consumo pessoal, semeia, cultiva ou colhe plantas destinadas à preparação de pequena quantidade de substância ou produto capaz de causar dependência física ou psíquica. ► **Art. 33.** Importar, exportar, remeter, preparar, produzir, fabricar, adquirir, vender, expor à venda, oferecer, ter em depósito, transportar, trazer consigo, guardar, prescrever, ministrar, entregar a consumo ou fornecer drogas, ainda que gratuitamente, sem autorização ou em desacordo com determinação legal ou regulamentar: **Pena** – reclusão de 5 (cinco) a 15 (quinze) anos e pagamento de 500 (quinhentos) a 1.500 (mil e quinhentos) dias-multa. **§ 1º** Nas mesmas penas incorre quem: I – importa, exporta, remete, produz, fabrica, adquire, vende, expõe à venda, oferece, fornece, tem em depósito, transporta, traz consigo ou guarda, ainda que gratuitamente, sem autorização ou em desacordo com determinação legal ou regulamentar, matéria-prima, insumo ou produto químico destinado à preparação de drogas; II – semeia, cultiva ou faz a colheita, sem autorização ou em desacordo com determinação legal ou regulamentar, de plantas que se constituam em matéria-prima para a preparação de drogas;

III – utiliza local ou bem de qualquer natureza de que tem a propriedade, posse, administração, guarda ou vigilância, ou consente que outrem dele se utilize, ainda que gratuitamente, sem autorização ou em desacordo com determinação legal ou regulamentar, para o tráfico ilícito de drogas. **§ 2º** Induzir, instigar ou auxiliar alguém ao uso indevido de droga: **Pena** – detenção, de 1 (um) a 3 (três) anos, e multa de 100 (cem) a 300 (trezentos) dias-multa. **§ 3º** Oferecer droga, eventualmente e sem objetivo de lucro, a pessoa de seu relacionamento, para juntos a consumirem: **Pena** – detenção, de 6 (seis) meses a 1 (um) ano, e pagamento de 700 (setecentos) a 1.500 (mil e quinhentos) dias-multa, sem prejuízo das penas previstas no art. 28. ► **Art. 34**. Fabricar, adquirir, utilizar, transportar, oferecer, vender, distribuir, entregar a qualquer título, possuir, guardar ou fornecer, ainda que gratuitamente, maquinário, aparelho, instrumento ou qualquer objeto destinado à fabricação, preparação, produção ou transformação de drogas, sem autorização ou em desacordo com determinação legal ou regulamentar: **Pena** – reclusão, de 3 (três) a 10 (dez) anos, e pagamento de 1.200 (mil e duzentos) a 2.000 (dois mil) dias-multa. ► **Art. 35**. Associarem-se duas ou mais pessoas para o fim de praticar, reiteradamente ou não, qualquer dos crimes previstos nos arts. 33, *caput* e § 1º, e 34 desta Lei: Pena – reclusão, de 3 (três) a 10 (dez) anos, e pagamento de 700 (setecentos) a 1.200 (mil e duzentos) dias-multa. **Parágrafo único.** Nas mesmas penas do *caput* deste artigo incorre quem se associa para a prática reiterada do crime definido no art. 36 desta Lei. ► **Art. 36**. Financiar ou custear a prática de qualquer dos crimes previstos nos arts. 33, *caput* e § 1º, e 34 desta Lei: **Pena** – reclusão, de 8 (oito) a 20 (vinte) anos, e pagamento de 1.500 (mil e quinhentos) a 4.000 (quatro mil) dias-multa. ► **Art. 37**. Colaborar, como informante, com grupo, organização ou associação destinados à prática de qualquer dos crimes previstos nos arts. 33, *caput* e § 1º, e 34 desta Lei: Pena – reclusão, de 2 (dois) a 6 (seis) anos, e pagamento de 300 (trezentos) a 700 (setecentos) dias-multa. ► **Art. 38.** Prescrever ou ministrar, culposamente, drogas, sem que delas necessite o paciente, ou fazê-lo em doses excessivas ou em desacordo com determinação legal ou regulamentar: Pena – detenção, de 6 (seis) meses a 2 (dois) anos, e pagamento de 50 (cinquenta) a 200 (duzentos) dias-multa. ► **Art. 39**. Conduzir embarcação ou aeronave após o consumo de drogas, expondo a dano potencial a incolumidade de outrem: Pena – detenção, de 6 (seis) meses a 3 (três) anos, além da apreensão do veículo, cassação da habilitação respectiva ou proibição de obtê-la, pelo mesmo prazo da pena privativa de liberdade aplicada, e pagamento de 200 (duzentos) a 400 (quatrocentos) dias-multa.

# 8. LEI DOS CRIMES AMBIENTAIS (LEI 9.605/98)

## ENUNCIADO 30. EM CIRCUNSTÂNCIAS EXCEPCIONAIS, O PRINCÍPIO DA INSIGNIFICÂNCIA É APLICÁVEL AOS CRIMES CONTRA O MEIO AMBIENTE.

● ***Enunciado 6,*** *aprovado no II FONACRIM, com nova redação e numeração dada no IV FONACRIM, em 25.9.2015.* ● *Redação anterior: "O princípio da insignificância é aplicável aos crimes contra o meio ambiente".*

► *Por Marco Frattezi Gonçalves.*

A aplicação jurisprudencial do princípio da insignificância faz de sua análise um trabalho tormentoso, dado a diversidade de fundamentos utilizados e de resultados obtidos.

De início alguns esclarecimentos preliminares se impõem. Observe-se que a palavra princípio é polissêmica. Mesmo em direito, pode ser utilizada com significados diferentes.

Doutrina tradicional, entre nós, costuma nomear "princípio" as normas de elevada importância dentro de um ramo do direito, isto é, de hierarquia superior. Cf. por todos, no ponto, a noção dada por Celso Antônio Bandeira de Mello[60].

Lado outro, mais recente doutrina tem utilizado o vocábulo princípio a fim de designar uma norma estruturalmente diversa de outro tipo de norma, a regra. Uma destas concepções que muito se difundiu no Brasil é a defendida por Robert Alexy, para quem - com o perdão da simplificação talvez demasiada dessa explicação - os princípios são *mandamentos de otimização*, expressando direitos e deveres *prima facie*, ao passo que as regras expressam, simplesmente, direitos e deveres[61]. Para uma síntese esclarecedora acerca do tema, consultar o artigo de Virgílio Afonso da Silva[62].

Some-se a isto o fato de que a menção ao princípio da insignificância, no âmbito da doutrina penal, ora ser tratada no âmbito do princípio da lesividade[63] (e, aqui, os manuais parecem se valer da conceituação tradicional de "princípio"), ora ser tratada quando da análise de uma ou mais categoria da estrutura do delito (tipicidade ou ilicitude, por exemplo).

A depender, portanto, do conceito que se atribua ao "princípio da insignificância", podemos considerá-lo como uma regra, um princípio, ou mesmo destituir-lhe de caráter normativo autônomo.

As perplexidades na aplicação do princípio da insignificância, portanto, decorrem, já num primeiro momento, de certa confusão acerca do significado de "princípio". De outro, como se tangenciará brevemente a seguir, verifica-se uma falta de concordância acerca de seu conteúdo. Não raras vezes, ademais, a jurisprudência menciona o princípio sem uma análise ou fundamentação mais pormenorizada acerca da doutrina que lhe serve de fundamento.

O que nos importa no presente momento, contudo, é que se reconhece entre nós (e em grande parte da doutrina internacional), viger no sistema jurídico-penal uma norma segundo a qual as ações com resultados insignificantes quedam fora do âmbito do Direito Penal. E, mais ainda, a opinião majoritária fundamenta-se no fato de só se ter por realizado o tipo material quando a conduta efetivamente viola o bem jurídico protegido, ou o agride de maneira significativa[64].

A formulação contemporânea do "princípio da insignificância" tem sido atribuída a Claus Roxin, quem, desde a publicação de seu "*Política criminal e sistema jurídico-penal*", em 1973, passou a influenciar a doutrina na análise funcional teleológica da

60. BANDEIRA DE MELLO, Celso Antônio. **Curso de Direito Administrativo.** 30. Ed. São Paulo: Malheiros, 2013, p. 54.
61. ALEXY, Robert. *Teoría de los derechos fundamentales*. 2. ed. Trad. Carlos Bernal Pulido. Madrid: Centro de estúdios políticos y constitucionales, 2007, p. 79 e seguintes.
62. SILVA, Virgílio Afonso da. Princípios e regras: mitos e equívocos acerca de uma distinção. **Revista latino-americana de estudos constitucionais.** Belo Horizonte: Del Rey, v. I, 2003.
63. SANTOS, Juarez Cirino dos. **Direito penal.** Parte geral. Rio de Janeiro: Lumen Juris, 2006, p. 26.
64. Para uma visão um pouco diversa, consultar: FIGUEIREDO DIAS, Jorge de. ***Direito Penal***: Parte Geral. Tomo I. Coimbra: Coimbra Editora, 2004, esp. p. 624 e seguintes.

dogmática penal, baseando-se, dentre diversos outros elementos que, apesar de merecerem exposição não poderão ser analisados pela singeleza do trabalho ora proposto, na premissa de que **a função do Direito Penal é a proteção de bens jurídicos** relevantes de uma comunidade.

Partindo de pressupostos metodológicos que julga superior aos do finalismo, propõe Roxin outros critérios para substituir a teoria welzeliana da adequação social, segundo a qual comportamentos formalmente típicos restariam fora do âmbito de incriminação caso "adequados socialmente".

Pretendendo substituir o critério de "adequação social", que considera genérico, valendo-se do "princípio da insignificância" como uma máxima de interpretação do tipo[65], Roxin lança mão do **critério da violação do bem jurídico protegido**, para concluir que **ações que não lesionem** o bem jurídico protegido não realizam o tipo penal[66].

Aqui vemos uma distinção, tênue, mas relevante: enquanto Roxin alude à violação do bem jurídico como critério definidor da realização típica (dizendo pela negativa: na ausência de violação como critério de atipicidade), a doutrina nacional alude à *pouca relevância da lesão para o reconhecimento da atipicidade*[67], no que parece ser seguida pela jurisprudência (cf. HC 242.132, julgado pelo STJ, abaixo). A distinção parece relevante, vez que um juízo de *existência* de lesão parece ser objeto de consenso mais facilmente do que um juízo de *pouca relevância da lesão*.

Demais disso, cumpre observar que o bem jurídico protegido não se confunde com o objeto material da conduta[68]. Ao passo que este é o objeto material sobre o qual recai a conduta delitiva, o primeiro é o bem ideal protegido pela norma. Assim, por exemplo, se no crime de pesca proibida o objeto da ação é o pescado, o bem jurídico protegido é o direito difuso ao meio ambiente ecologicamente equilibrado, consubstanciado na higidez da fauna aquática. Naturalmente, portanto, ao se tratar do princípio da insignificância, não necessariamente deve-se procurar **a inexistência de dano ao objeto material** da conduta, mas sim a **inexistência da lesão ao bem jurídico tutelado** – o resultado jurídico da conduta.

Exemplificando: uma turista escolhe, durante um passeio pela Área de Proteção Ambiental da Serra da Mantiqueira, a qual integra o Bioma Mata Atlântica, colher

---

65. ROXIN, Claus. *Derecho penal*: *Parte general*. Tomo I. Trad. Diego-Manual Luzón Pena, Miguel Díaz y García Conlledo e Javier de Vicente Remesal. Madrid: Civitas, 1997, p. 296, nota n. 75.
66. ROXIN, Claus. *Op. cit.*, p. 296. Vale observar que essa construção de uma teoria acerca da atipicidade de condutas minimamente lesivas com fundamento na teoria do bem jurídico tampouco poderia deixar de reproduzir, em algum grau, os problemas desta última, a qual, se ainda não foi abandonada pela doutrina, talvez tenha sido pela falta de uma substituta menos problemática. Sobre o tema, consultar o trabalho de Luís Greco: GRECO, Luís. Tem futuro a teoria do bem jurídico? Reflexões a partir da decisão do Tribunal Constitucional Alemão a respeito da do crime de incesto. *RBCCRIM*, São Paulo: Revista dos Tribunais, v. 82, 2010.
67. Por todos, BOTTINI, Pierpaolo Cruz. A confusa exegese do princípio da insignificância. *In*: **Temas relevantes de direito penal e processual penal.** Coord. Luiz Rascovski. São Paulo: Saraiva, 2012, p. 241)
68. ROXIN, Claus. *Op.cit.*, p. 62.

**uma flor** de orquídea, que se encontrava em região de vegetação primária em estado avançado de regeneração, para presentear sua companheira. O objeto material da ação é a vegetação atingida, representada pela planta que teve a flor retirada, bem como por esta própria (a flor).

O objeto material, neste caso, portanto, foi danificado. Contudo, dificilmente alguém reputaria violado o direito ao meio ambiente ecologicamente equilibrado, não havendo risco de perecimento das orquídeas da Serra da Mantiqueira, ou da fauna que delas dependem, em razão da conduta desta turista. A biodiversidade da Mata Atlântica, e a própria existência do bioma com suas características, não foi colocada em perigo.

Assim, muito embora a turista de nosso exemplo praticar **formalmente** o tipo previsto no art. 38-A da Lei n. 9.605/98, não se verifica realizado *materialmente* o referido tipo penal. Não é possível um juízo positivo de desvalor do resultado neste caso (não há resultado normativo). O bem jurídico tutelado, portanto, não foi violado, pelo que atípica a conduta, sendo penalmente irrelevante.

De nossos exemplos podemos perceber, de logo, que as dificuldades na aplicação do princípio da insignificância nos crimes contra a natureza se devem ainda a um outro fator: a dificuldade de caracterização do bem jurídico protegido causada pelas formulações genéricas e imprecisas do conceito do bem jurídico dos tipos penais definidores dos crimes contra o meio ambiente. Essa dificuldade não se circunscreve aos crimes ambientais; ao contrário, é também dificultoso o manejo da teoria em relação aos demais bens jurídicos meta-individuais.

No que toca ao tema ora em estudo, parcela da jurisprudência, de início, sob o criticável fundamento de que o bem jurídico tutelado pelos tipos penais era difuso (o que, por si, não parece impedimento para o reconhecimento de que determinada ação não produz dano), negou aplicação ao princípio da insignificância aos delitos contra o ambiente.

Veio a jurisprudência a evoluir, contudo, e aceitar a exclusão do delito sob este fundamento, em que pese encontrar-se vacilante acerca dos critérios para tanto, conforme se percebe de algumas decisões abaixo colacionadas.

Por fim, vale uma breve discussão acerca dos critérios delineados pelo STF para reconhecimento do princípio da insignificância no HC 84.412 – tantas vezes citado como precedente – quais sejam: "a mínima ofensividade da conduta do agente, nenhuma periculosidade social da ação, o reduzidíssimo grau de reprovabilidade do comportamento e a inexpressividade da lesão jurídica provocada".

Como se observa, os três primeiros "requisitos" mais parecem formas adjetivadas da mesma realidade: ausência de desvalor da ação. Assim, de início os quatro "requisitos" poderiam ser reduzidos a dois, agrupando-se os três primeiros em um só.

Contudo, os três primeiros "requisitos", ou aquele que decorra de sua junção, dizem respeito não ao desvalor do resultado, elemento acerca do qual recairia a insignificância, mas ao desvalor da ação. Diverge, assim, o STF da doutrina penalista, e insere na valoração do resultado um elemento que lhe é estranho, tornando mais complicado o quadro relativo à matéria.

Além disso, não parece correto discutir o "grau de reprovabilidade" de uma conduta que formalmente se adéqua a um tipo penal, pois a análise seria feita *in abstracto*: essa questão, relativa à tipicidade formal, já está resolvida pela própria lei. Esse tipo de análise só é cabível para o Judiciário quando realize controle de constitucionalidade. Quer dizer, sendo uma conduta formalmente típica, parece evidente que se reveste de algum grau "reprovabilidade social". O juízo discricionário acerca de quais condutas devem ser objeto de criminalização compete ao legislador. Restaria discutir, somente, se a criminalização de tal conduta é constitucional.

Já a questão da reprovabilidade *in concreto* é a que deve ser feita no âmbito do resultado (**jurídico**) de uma conduta que já se reputa formalmente típica.

Por fim, por vezes as decisões judiciais se põem a analisar questões pessoais do acusado, notadamente relativas à reincidência ou prática de fatos semelhantes, ao discutir a aplicabilidade do princípio da insignificância.

Observe-se, contudo, conforme acima explanado, que a formulação do princípio da insignificância, conforme correntemente acolhido entre nós, é alheia às condições pessoais do autor do fato, até porque tratada no campo da tipicidade objetiva.

Assim, de princípio, essas considerações não deveriam ser relevantes para o tema. Todavia, percebe-se que a maior preocupação parece ser com a reiteração de uma conduta que, isoladamente, pudesse ser tomada por insignificante. Parece-me que a solução demandaria uma divisão dos problemas: em primeiro lugar, aqueles casos que poderiam ser resolvidos com uma consideração de unidade de um crime cometido por múltiplas ações e, em segundo lugar, mediante uma análise apurada acerca da efetiva violação ao bem jurídico como critério de aplicação do princípio da insignificância.

No primeiro caso, a conduta juridicamente una é mais lesiva do que cada ação isolada que a compõe (quem derruba uma árvore por dia, com o intuito de derrubar uma floresta de preservação permanente, naturalmente comete o delito do art. 38 da Lei nº 9.605/98 e não inúmeras condutas insignificantes ao logo do tempo).

No segundo caso, a perplexidade pode ser resolvida com o juízo positivo acerca da lesão ao bem jurídico para cada conduta individual, solucionando-se a questão da imposição de pena com a utilização de outra categoria da estrutura da teoria do delito (assim, quem pesca um quilograma de peixes em período de defeso pode ser reputado como autor do delito do art. 34 Lei nº 9.605/98, não obstante o pequeno dano ao objeto material, em razão da criação real do perigo abstrato ao bem jurídico – existência de resultado normativo – mas pode restar isento de pena por condições preventivo-gerais ou preventivo especiais no caso de conduta isolada, o que não existiria para o pescador esportivo que reiteradamente deixa de observar a proibição temporal).

Quanto ao último exemplo, Figueiredo Dias, acima mencionado em nota, aponta que seria possível trabalhar com a ideia de lesão insignificante em mais de um momento da dogmática penal, não apenas na tipicidade. Assim, trata o autor da consideração do princípio para a punibilidade do delito, e também para a configuração da necessidade de pena, reconduzível à categoria da "*responsabilidade*"[69] tal qual formulada por Roxin[70].

O enunciado, está, a meu ver, portanto, absolutamente correto. Conforme demonstrado, o "princípio da insignificância", considerado ou norma ou máxima de interpretação, diz respeito à consideração da realização do tipo, tratando-se de instituto afeto à parte geral, notadamente da estrutura da imputação, pelo que *a priori*, aplicável a todo e qualquer espécie de delito.

Não quer dizer, contudo, que o enunciado se encontra isento de críticas, pois incorre em certa impropriedade, por assim dizer, ao mencionar "circunstâncias excepcionais" e deixar de defini-las, ou de ao menos dar mais elementos para sua caracterização, pelo que tal menção ressoa um tanto genérica e de pouco utilidade prática, mais se aproximando de um *topos*. Melhor seria, salvo melhor juízo, manter-se a redação original.

PRINCÍPIO DA INSIGNIFICÂNCIA. IDENTIFICAÇÃO DOS VETORES CUJA PRESENÇA LEGITIMA O RECONHECIMENTO DESSE POSTULADO DE POLÍTICA CRIMINAL. CONSEQUENTE DESCARACTERIZAÇÃO DA TIPICIDADE PENAL EM SEU ASPECTO MATERIAL. DELITO DE FURTO. CONDENAÇÃO IMPOSTA A JOVEM DESEMPREGADO, COM APENAS 19 ANOS DE IDADE. "RES FURTIVA" NO VALOR DE R$ 25,00 (EQUIVALENTE A 9,61% DO SALÁRIO MÍNIMO ATUALMENTE EM VIGOR). DOUTRINA. CONSIDERAÇÕES EM TORNO DA JURISPRUDÊNCIA DO STF. PEDIDO DEFERIDO. O PRINCÍPIO DA INSIGNIFICÂNCIA QUALIFICA-SE COMO FATOR DE DESCARACTERIZAÇÃO MATERIAL DA TIPICIDADE PENAL. O princípio da insignificância – que deve ser analisado em conexão com os postulados da fragmentariedade e da intervenção mínima do Estado em matéria penal – tem o sentido de excluir ou de afastar a própria tipicidade penal, examinada na perspectiva de seu caráter material. Doutrina. Tal postulado – que considera necessária, na aferição do relevo material da tipicidade penal, a presença de certos vetores, tais como (a) a mínima ofensividade da conduta do agente, (b) a nenhuma periculosidade social da ação, (c) o reduzidíssimo grau de reprovabilidade do comportamento e (d) a inexpressividade da lesão jurídica provocada – apoiou-se, em seu processo de formulação teórica, no reconhecimento de que o caráter subsidiário do sistema penal reclama e impõe, em função dos próprios objetivos por ele visados, a intervenção mínima do Poder Público. O POSTULADO DA INSIGNIFICÂNCIA E A FUNÇÃO DO DIREITO PENAL: "DE MINIMIS, NON CURAT PRAETOR". O sistema jurídico há de considerar a relevantíssima circunstância de que a privação da liberdade e a restrição de direitos do indivíduo somente se justificam quando estritamente necessárias à própria proteção das pessoas, da sociedade e de outros bens jurídicos que lhes sejam essenciais, notadamente naqueles casos em que os valores penalmente tutelados se exponham a dano, efetivo ou potencial, impregnado de significativa lesividade. O direito penal não se deve ocupar de condutas que produzam resultado, cujo desvalor – por não importar em lesão significativa a bens jurídicos relevantes – não represente, por isso mesmo, prejuízo importante, seja ao titular do bem jurídico tutelado, seja à integridade da própria ordem social. (STF, HC 84412, Rel. Min. Celso de Mello, 2ª Turma, DJ 19.11.2004)

---

69. A categoria da **responsabilidade** para Roxin resultaria, além de considerações de culpabilidade, de necessidades preventivo-gerais e preventivo-especiais de imposição de pena, cf. ROXIN, Claus. *Op. Cit.*, p. 788 e seguintes.
70. FIGUEIREDO DIAS, Jorge de. **Direito Penal**: Parte Geral. Tomo I. Coimbra: Coimbra Editora, 2004, p. 625.

Ação penal. Crime ambiental. Pescador flagrado com doze camarões e rede de pesca, em desacordo com a Portaria 84/02, do IBAMA. Art. 34, parágrafo único, II, da Lei nº 9.605/98. "Rei furtivae" de valor insignificante. Periculosidade não considerável do agente. Crime de bagatela. Caracterização. Aplicação do princípio da insignificância. Atipicidade reconhecida. Absolvição decretada. HC concedido para esse fim. Voto vencido. Verificada a objetiva insignificância jurídica do ato tido por delituoso, à luz das suas circunstâncias, deve o réu, em recurso ou "habeas corpus", ser absolvido por atipicidade do comportamento. (STF, HC 112563, Rel. p/ ac. Min. Cezar Peluso, 2ª Turma, DJe 10.12.2012)

CRIME. INSIGNIFICÂNCIA. MEIO AMBIENTE. Surgindo a insignificância do ato em razão do bem protegido, impõe-se a absolvição do acusado. (STF, AP 439, Rel. Min. Marco Aurélio, Pleno, DJe 13.2.2009)

"HABEAS CORPUS". PESCA EM PERÍODO DE DEFESO. ART. 34, *CAPUT*, I, DA LEI N. 9.605/1998. TRANCAMENTO DA AÇÃO PENAL. APLICAÇÃO DO PRINCÍPIO DA INSIGNIFICÂNCIA. IMPOSSIBILIDADE. LESÃO POTENCIAL. "HABEAS CORPUS" NÃO CONHECIDO. 1. A questão da relevância ou insignificância das condutas lesivas ao meio ambiente não deve considerar apenas questões jurídicas ou a dimensão econômica da conduta, mas levar em conta o equilíbrio ecológico que faz possíveis as condições de vida no planeta. 2. A lesão ambiental também pode, "cum grano salis", ser analisada em face do princípio da insignificância, para evitar que fatos penalmente insignificantes sejam alcançados pela lei ambiental. 3. Haverá lesão ambiental irrelevante no sentido penal quando a avaliação dos índices de desvalor da ação e de desvalor do resultado indicar que é ínfimo o grau da lesividade da conduta praticada contra o bem ambiental tutelado. 4. Neste caso resta afastada a ideia de insignificância, pois apesar de o acusado não ter sido flagrado na posse de qualquer quantidade de pescado, o material apreendido (70 metros de redes de emalhar nº 16 e iscas vivas) bem como a época do ano em que foi realizada a infração (defeso) representam risco para a reprodução das espécies da fauna do rio. 5. "Habeas corpus" não conhecido. (STJ, HC 242.132/PR, Rel. p/ ac. Min. Rogerio Schietti Cruz, 6ª Turma, DJe 4.8.2014)

"HABEAS CORPUS". IMPETRAÇÃO COMO SUCEDÂNEO RECURSAL. IMPROPRIEDADE DA VIA ELEITA. CRIME AMBIENTAL. PESCA MEDIANTE PETRECHOS NÃO PERMITIDOS. MÍNIMA OFENSIVIDADE AO BEM JURÍDICO TUTELADO. PRINCÍPIO DA INSIGNIFICÂNCIA. ATIPICIDADE MATERIAL DA CONDUTA. WRIT NÃO CONHECIDO. CONCEDIDA A ORDEM EX OFFICIO. 1. É imperiosa a necessidade de racionalização do emprego do "habeas corpus", em prestígio ao âmbito de cognição da garantia constitucional, e, em louvor à lógica do sistema recursal. "In casu", foi impetrada indevidamente a ordem contra acórdão de apelação, como se fosse um sucedâneo recursal. 2. Aplica-se o princípio da insignificância, reconhecendo a atipicidade material da conduta, consubstanciada em pescar mediante a utilização de petrechos não permitidos, se foi apreendida a ínfima quantidade de um quilo de peixe, o que denota ausência de ofensividade ao bem jurídico tutelado. 3. Flagrante ilegalidade reconhecida. 4. "Habeas corpus" não conhecido, mas concedida a ordem, ex officio, para trancar a Ação Penal nº 996/2005, da Terceira Vara Criminal da comarca de Bauru/SP, cassando, por conseguinte, a sentença condenatória, decisão que fica estendida (art. 580 do Código de Processo Penal) ao corréu. (STJ, HC 178.208/SP, Rel. Min. Maria Thereza de Assis Moura, 6ª Turma, DJe 1.7.2013)

(...). PENAL. CRIME AMBIENTAL. ART. 34, *CAPUT*, DA LEI N. 9.605/98. PRINCÍPIO DA INSIGNIFICÂNCIA. ANÁLISE DO CASO CONCRETO. APLICABILIDADE. PRECEDENTES DO STJ E STF. RECURSO ESPECIAL PROVIDO. 1. A aplicabilidade do princípio da insignificância deve observar as peculiaridades do caso concreto, de forma a aferir o potencial grau de reprovabilidade da conduta, valendo ressaltar que delitos contra o meio ambiente, a depender da extensão das agressões, têm potencial capacidade de afetar ecossistemas inteiros, podendo gerar dano ambiental irrecuperável, bem como a destruição e até a extinção de espécies da flora e da fauna, a merecer especial atenção do julgador. 2. Na hipótese dos autos, a conduta dos Acusados, consubstanciada na prática de pesca em local interditado pelo órgão competente, não ocasionou expressiva lesão ao bem jurídico tutelado, já que foram apreendidos apenas petrechos, sem, contudo, nenhum espécime ter sido retirado do rio, o que afasta a incidência da norma penal. 3. Recurso especial provido para absolver o Recorrente em face da atipicidade da conduta pela incidência do princípio da insignificância. (STJ, REsp 1372370/RS, Rel. Min. Laurita Vaz, 5ª Turma, DJe 4.9.2013)

PENAL. "HABEAS CORPUS". CRIME AMBIENTAL. PESCA PREDATÓRIA. PEQUENA QUANTIDADE DE PESCADO DEVOLVIDO AO HABITAT NATURAL. PRINCÍPIO DA INSIGNIFICÂNCIA. INAPLICABILIDADE. PARTICULARIDADES DO CASO CONCRETO. RELEVÂNCIA PENAL DA CONDUTA. CRIME CONTRA O MEIO AMBIENTE. ESPECIAL RELEVO. ORDEM DENEGADA. I. Hipótese em que o paciente foi denunciado como incurso nas penas do art. 34, parágrafo único, II, da Lei 9.605/98, porque teria sido flagrado pela Polícia Militar de Proteção Ambiental, praticando pesca predatória de camarão, com a utilização de petrechos proibidos em período defeso para a fauna aquática e sem autorização dos órgãos competentes. II. A quantidade de pescado apreendido não desnatura o delito descrito no art. 34 da Lei 9.605/98, que pune a atividade durante o período em que a pesca seja proibida, exatamente a hipótese dos autos, isto é, em época de reprodução da espécie, e com utilização de petrechos não permitidos. III. Paciente que, embora não possua carteira profissional de pescador, faz da pesca a sua única fonte de renda. IV. Para a incidência do princípio da insignificância devem ser considerados aspectos objetivos referentes à infração praticada, assim a mínima ofensividade da conduta do agente, a ausência de periculosidade social da ação, o reduzido grau de reprovabilidade do comportamento, bem como a inexpressividade da lesão jurídica causada (HC 84.412/SP, Rel. Min. Celso de Mello, DJ 19.11.2004), que não restou demonstrado "in casu". V. A Constituição Federal de 1988, consolidando uma tendência mundial de atribuir maior atenção aos interesses difusos, conferiu especial relevo à questão ambiental, ao elevar o meio-ambiente à categoria de bem jurídico tutelado autonomamente, destinando um capítulo inteiro à sua proteção. VI. Interesse estatal na repreensão da conduta, em se tratando de delito contra o meio-ambiente, dada a sua relevância penal. VII. Ordem denegada. (STJ, HC 192.696/SC, Rel. Min. Gilson Dipp, 5ª Turma, DJe 4.4.2011)

## 9. LEI DOS CRIMES CONTRA A ORDEM TRIBUTÁRIA (LEI 8.137/90)

### Enunciado 25. Nos crimes tributários, o parâmetro objetivo para aplicação da insignificância penal – excluídas as condutas fraudulentas – é o valor do credito tributário (principal e acessório) fixado por ato normativo da Receita Federal ou Ministério da Fazenda como o mínimo necessário para o ajuizamento de execução fiscal.

• ***Enunciado 1*** *aprovado no II FONACRIM. Renumerado no IV FONACRIM, em 25.9.2015.*

▸ ***Por Cíntia Menezes Brunetta.***

O enunciado, aprovado no II FONACRIM, realizado em agosto de 2013, teve por objetivo traçar parâmetro objetivo para definir o alcance do princípio da insignificância nos crimes praticados contra a ordem tributária.

Segundo glossário do Supremo Tribunal Federal, "o princípio da insignificância tem o sentido de excluir ou de afastar a própria tipicidade penal, ou seja, não considera o ato praticado como um crime, por isso, sua aplicação resulta na absolvição do réu e não apenas na diminuição e substituição da pena ou não sua não aplicação. Para ser utilizado, faz-se necessária a presença de certos requisitos, tais como: (a) a mínima ofensividade da conduta do agente, (b) a nenhuma periculosidade social da ação, (c) o reduzidíssimo grau de reprovabilidade do comportamento e (d) a inexpressividade da lesão jurídica provocada (exemplo: o furto de algo de baixo valor). Sua aplicação decorre no sentido de que o direito penal não se deve ocupar de condutas que produzam resultado cujo desvalor – por não importar em lesão significativa a bens jurídicos relevantes – não represente, por isso mesmo, prejuízo importante, seja ao titular do bem jurídico tutelado, seja à integridade da própria ordem social".

De acordo com Fernando Capez[71]:

> (...) segundo tal preceito, não cabe ao Direito Penal preocupar-se com bagatelas, do mesmo modo que não podem ser admitidos tipos incriminadores que descrevam condutas totalmente inofensivas ou incapazes de lesar o bem jurídico.

Adotando-se a concepção de que o bem jurídico tutelado nos crimes contra a ordem tributária seria o Erário, os cofres públicos, nada mais natural que se criar um parâmetro objetivo para a incidência do princípio da insignificância tomando por base os valores envolvidos no delito.

O citado parâmetro já havia sido traçado pela jurisprudência dos tribunais superiores quando da edição do enunciado. Já entendiam nossos tribunais, na linha da jurisprudência abaixo elencada, que, sendo a conduta irrelevante para a Administração Fazendária, ao ponto de não justificar sequer o ajuizamento de execução fiscal, seria inadmissível entendê-la relevante e apta a justificar a movimentação da máquina judiciária com vistas à persecução penal.

Assim, o ponto de corte que definiria a aplicação ou não do princípio da insignificância nos crimes contra a ordem tributária seria o valor do crédito tributário (principal e acessório) fixado por ato normativo da Receita Federal ou Ministério da Fazenda como o mínimo necessário para o ajuizamento de execução fiscal. Tal ato normativo é autorizado pelas normas contidas na legislação de referência. Entendendo a autoridade fazendária que o crédito não é suficiente para justificar a cobrança judicial, também não o seria para justificar a punição penal.

Exceção a essa regra seria no caso de condutas fraudulentas, tendo em vista que o bem jurídico tutelado não seria apenas o crédito tributário, mas, também, a fé pública. Desta forma, entende-se que não é apenas o valor monetário que deve ser considerado, mas, também, a ofensa à sociedade como um todo, sendo inviável a afirmação do desinteresse estatal à repressão desse tipo de crime.

Por fim, quanto a esse enunciado, importante registrar que não é o mesmo seguido integralmente pelo e. Superior Tribunal de Justiça, que rejeita a noção de a persecução penal ficar vinculada simplesmente a parâmetro traçado por ato normativo da Receita Federal ou Ministério da Fazenda, e decidiu, em sede de recurso repetitivo (vide jurisprudência complementar abaixo), que " incide o princípio da insignificân-

---

71. Opinião / Princípio da insignificância ou bagatela Extraído de: Assembleia Legislativa do Estado de São Paulo – 8 de Junho de 2009, em JusBrasil http://www.jusbrasil.com.br/noticias/1232617/opiniao-principio-da-insignificancia-ou-bagatela

cia aos débitos tributários que não ultrapassem o limite de R$ 10.000,00 (dez mil reais), a teor do disposto no art. 20 da Lei nº 10.522/02".

O relator, Exmo. Ministro Felix Fisher, pontuou, acompanhado dos demais julgadores que "não é possível utilizar o art. 20 da Lei n. 10.522/02 como parâmetro para aplicar o princípio da insignificância, já que o mencionado dispositivo se refere ao ajuizamento de ação de execução ou arquivamento sem baixa na distribuição, e não de causa de extinção de crédito". E, mais, "a circunstância de não haver a cobrança imediata do crédito, não pode significar, automaticamente, a insignificância do fato. (...) nos crimes contra o patrimônio - seja ele o privado, seja o erário –, a tipificação penal não pode estar vinculada tão somente à forma como será, e se de fato será, buscada a reparação do prejuízo, pois o que move o legislador ao definir uma figura típica não é a mesma razão por ele utilizada quando define formas de cobrança de um débito gerado pela prática de um injusto".

I. Segundo jurisprudência firmada no âmbito do Pretório Excelso – 1ª e 2ª Turmas – incide o princípio da insignificância aos débitos tributários que não ultrapassem o limite de R$ 10.000,00 (dez mil reais), a teor do disposto no art. 20 da Lei nº 10.522/02. II. Muito embora esta não seja a orientação majoritária desta Corte (vide EREsp 966077/GO, 3ª Seção, Rel. Min. Laurita Vaz, DJe 20.8.2009), mas em prol da otimização do sistema, e buscando evitar uma sucessiva interposição de recursos ao c. Supremo Tribunal Federal, em sintonia com os objetivos da Lei nº 11.672/08, é de ser seguido, na matéria, o escólio jurisprudencial da Suprema Corte. Recurso especial desprovido. (REsp 1112748/TO, recurso repetitivo, Tema 157, Rel. Min. Felix Fischer, 3ª Seção, DJe 13.10.2009)

Nos termos da jurisprudência deste Tribunal, o princípio da insignificância deve ser aplicado ao delito de descaminho quando o valor sonegado for inferior ao estabelecido no art. 20 da Lei 10.522/2002, com as atualizações feitas pelas Portarias 75 e 130, ambas do Ministério da Fazenda. Contudo, os fatos narrados demonstram a necessidade da tutela penal em função da maior reprovabilidade da conduta do agente. II. No caso sob exame, o paciente detinha a posse de cigarros de origem estrangeira, sem a documentação legal necessária. Como se sabe, essa é uma típica mercadoria trazida do exterior, sistematicamente, em pequenas quantidades, para abastecer um intenso comércio clandestino, extremamente nocivo para o País, seja do ponto de vista tributário, seja do ponto de vista da saúde pública. III. A análise dos autos revela a periculosidade do paciente, o que impede a aplicação do princípio da insignificância, em razão do alto grau de reprovabilidade do seu comportamento. IV. Ordem denegada. (HC 122029, Rel. Min. Ricardo Lewandowski, 2ª Turma, DJe 30.5.2014)

No crime de descaminho, o Supremo Tribunal Federal tem considerado, para a avaliação da insignificância, o patamar de R$ 20.000,00, previsto no art. 20 da Lei nº 10.522/2002, atualizado pelas Portarias nº 75 e nº 130/2012 do Ministério da Fazenda. (...). 4. Na espécie, como a soma dos tributos não recolhidos perfaz a quantia de R$ 10.865,65, é de se afastar a tipicidade material do delito de descaminho, com base no princípio da insignificância, em relação ao paciente, que preenche os requisitos subjetivos necessários ao reconhecimento da atipicidade de sua conduta. 5. Ordem concedida de ofício. (HC 119849, Rel. Min. Dias Toffoli, 1ª Turma, DJe 7.10.2014)

O arquivamento das execuções fiscais cujo valor seja igual ou inferior ao previsto no artigo 20 da Lei n. 10.522/02 é dever-poder do Procurador da Fazenda Nacional, independentemente de qualquer juízo de conveniência e oportunidade. 2. É inadmissível que a conduta seja irrelevante para a Administração Fazendária e não para o direito penal. O Estado, vinculado pelo princípio de sua intervenção mínima em direito penal, somente deve ocupar-se das condutas que impliquem grave violação ao bem juridicamente tutelado. Neste caso se impõe a aplicação do princípio da insignificância. Ordem concedida. (HC 95749, Rel. Min. Eros Grau, 2ª Turma, DJe 7.11.2008).

► **DL 1.569/77. Art. 5º** Sem prejuízo da incidência da atualização monetária e dos juros de mora, bem como da exigência da prova de quitação para com a Fazenda Nacional, o Ministro da Fazenda poderá determinar a não inscrição como Dívida Ativa da União ou a sustação da cobrança judicial dos débitos de comprovada inexequibilidade e de reduzido valor.

► **Lei 7.799/89. Art. 65. Parágrafo único.** O Ministro da Fazenda poderá dispensar a constituição de créditos tributários, a inscrição ou ajuizamento, bem assim determinar o cancelamento de débito de qualquer natureza para com a Fazenda Nacional, observados os critérios de custos de administração e cobrança.

► **Lei 8.212/91. Art. 54.** Os órgãos competentes estabelecerão critério para a dispensa de constituição ou exigência de crédito de valor inferior ao custo dessa medida.

► **Lei 10.522/02. Art. 20.** Serão arquivados, sem baixa na distribuição, mediante requerimento do Procurador da Fazenda Nacional, os autos das execuções fiscais de débitos inscritos como Dívida Ativa da União pela Procuradoria-Geral da Fazenda Nacional ou por ela cobrados, de valor consolidado igual ou inferior a R$ 10.000,00 (dez mil reais).

## ENUNCIADO 27. EM PROCESSOS PENAIS RELATIVOS A CRIMES TRIBUTÁRIOS, É ÔNUS DA ACUSAÇÃO DILIGENCIAR POR INFORMAÇÕES SOBRE A EXCLUSÃO DO CONTRIBUINTE DE PROGRAMAS DE PARCELAMENTO.

• ***Enunciado 3*** *aprovado no II FONACRIM. Renumerado no IV FONACRIM, em 25.9.2015.*

► *Por Roberto Carvalho Veloso.*

Nos crimes contra a ordem tributária o parcelamento do débito enseja a suspensão do processo e da prescrição penal, em um inegável benefício para o acusado. Ao término do parcelamento, a quitação do débito enseja a extinção da punibilidade pelo pagamento do tributo.

Se o contribuinte é excluído do programa de parcelamento, a consequência é a retomada do processo, em um prejuízo para o acusado. A fiscalização da continuidade do parcelamento não cabe ao juiz, mas à acusação, cujo ônus decorre do sistema processual acusatório adotado pelo nosso regime constitucional.

Na Constituição Federal há uma forte preocupação em estabelecer um modelo essencialmente acusatório, não resultando isto tão só do imperativo previsto nos itens LIV e LV do artigo 5º, mas também de outras normas, cuja observância somente será realizável naquele modelo.

A ordem constitucional, ao separar as funções de acusar do poder de julgar, não assegura, por si só, a adoção de um sistema acusatório, porque a diferença entre este e o inquisitório está na gestão da prova e não na referida separação. Por isso, a acusação deve provar as suas alegações, sob pena de se deixar ao juiz a obrigação de produzir a prova alegada pelas partes.

É necessária a preservação da igualdade de armas no processo penal, sob pena de causar uma inevitável posição de inferioridade do acusado como alvo de investigações de todo um sistema organizado, a serviço do Estado, daí que se desprende, à luz da dignidade humana, o sentido global do artigo 5º, item LV, da CF, que proclama o asseguramento a ele de todas as garantias de defesa.

O constituinte teve a preocupação de garantir ao acusado a possibilidade de defesa a cada ato da acusação, sendo perfeitamente justificável que assim o seja. É que, se há que respeitar a dignidade e os inerentes direitos fundamentais da pessoa humana, então, quando sobre eles recaem indícios suficientes da prática de um crime, devem-se armá-los de garantias e direitos processuais que lhe possibilitem uma defesa plena.

(...). O princípio constitucional da não-culpabilidade, que sempre existiu, de modo imanente, em nosso ordenamento positivo, impede que se atribuam a acusação penal consequências jurídicas apenas compatíveis com decretos judiciais de condenação irrecorrível. Trata-se de princípio tutelar da liberdade individual, cujo domínio mais expressivo de incidência e o da disciplina jurídica da prova. A presunção de não-culpabilidade, que decorre da norma inscrita no art. 5., LVII, da constituição, e meramente relativa ("juris tantum"). Esse princípio, que repudia presunções contrarias ao imputado, tornou mais intenso para o órgão acusador, o ônus substancial da prova. A regra da não-culpabilidade – inobstante o seu relevo – não afetou e nem suprimiu a decretabilidade das diversas espécies que assume a prisão cautelar em nosso direito positivo. O instituto da tutela cautelar penal, que não veicula qualquer ideia de sanção, revela-se compatível com o princípio da não-culpabilidade. (...) (STF, HC 67707, Rel. Min. Celso de Mello, 1ª Turma, DJ 14.8.1992)

(...). 1. O órgão acusador tem a obrigação jurídica de provar o alegado e não o réu demonstrar sua inocência. 2. É característica inafastável do sistema processual penal acusatório o ônus da prova da acusação, sendo vedado, nessa linha de raciocínio, a inversão do ônus da prova, nos termos do art. 156 do Código de Processo Penal. (...) (STJ, HC 27684/AM, Paulo Medina, 6ª Turma, DJ 9.4.2007)

(...). 5. Enquanto suspensa a exigibilidade do crédito tributário pelo deferimento do pedido de inclusão em parcelamento, fica suspensa a pretensão punitiva estatal e, caso já ajuizada a ação penal, fica suspenso o seu andamento bem como a fluência do prazo prescricional. (...). (TRF5, HC 00080911520144050000, Des. Federal José Maria Lucena, 1ª Turma, DJe 20.11.2014)

(...). 16. IV. QUANTO A COMPROVAÇÃO DE ADESÃO AO PARCELAMENTO DO DÉBITO FISCAL – NECESSIDADE DE SUSPENSÃO DO PROCESSO: Como facilmente se conclui do que restou decidido anteriormente no voto de fls. 846/847 e verso, por unanimidade, por esta E. 5ª Turma foi decretada a suspensão da pretensão punitiva, quanto ao débito de que ora se cogita, porque restou comprovado que o crédito tributário foi objeto de parcelamento (artigo 68, *caput*, da Lei nº 11.941/09). 17. Entretanto, a própria Delegacia da Receita Federal de Sorocaba/SP esclareceu, em resposta ao ofício expedido pelo diligente Procurador da República, que o pagamento do parcelamento do débito previdenciário discutido nos presentes autos, na realidade não foi cumprido, tal como havia sido informado pela defesa, culminando com a revogação da suspensão da presente ação penal anteriormente concedido e ora julgamento deste feito. (...). (TRF3, ACR 00114995220064036110, Des. Federal Paulo Fontes, 5ª Turma, e-DJF 5.6.2013)

▶ **Lei 10.684/03. Art. 9º** É suspensa a pretensão punitiva do Estado, referente aos crimes previstos nos arts. 1º e 2º da Lei nº 8.137, de 27 de dezembro de 1990, e nos arts. 168-A e 337-A do Decreto-Lei nº 2.848, de 7 de dezembro de 1940 – Código Penal, durante o período em que a pessoa jurídica relacionada com o agente dos aludidos crimes estiver incluída no regime de parcelamento. **§ 1º** A prescrição criminal não corre durante o período de suspensão da pretensão punitiva. **§ 2º** Extingue-se a punibilidade dos crimes referidos neste artigo quando a pessoa jurídica relacionada com o agente efetuar o pagamento integral dos débitos oriundos de tributos e contribuições sociais, inclusive acessórios.

**ENUNCIADO 28. É POSSÍVEL AO JUÍZO CRIMINAL A ANÁLISE DA VALIDADE DO LANÇAMENTO TRIBUTÁRIO.**

● ***Enunciado 4*** *aprovado no II FONACRIM. Renumerado no IV FONACRIM, em 25.9.2015.*

▸ ***Por Roberto Carvalho Veloso.***

No julgamento do HC 81.611/DF, cujo relator foi o Ministro Sepúlveda Pertence, as questões relativas à influência do lançamento tributário no processo penal foram resolvidas e a decisão foi a precursora da Súmula Vinculante n. 24 do Supremo Tribunal Federal.

Nesse acórdão está afirmada a necessidade de prévio exaurimento das vias administrativas para o exercício da ação penal. Está assentado que os crimes definidos no art. 1º da Lei 8.137/90 são materiais ou de resultado, pois, para qualquer uma das condutas comissivas ou omissivas descritas nos diversos incisos se caracteriza o crime, mas não basta à sua consumação, para a qual é imprescindível que, de uma ou mais delas, resulte a supressão ou redução do tributo devido.

A decisão final do procedimento administrativo desempenha função de acertamento da existência e do conteúdo da obrigação. O lançamento é uma forma de remoção ou eliminação da incerteza objetiva que impende sobre a obrigação tributária. O problema da sua eficácia está vinculado aos problemas da dinâmica do fenômeno tributário e da estrutura e conteúdo da obrigação tributária.

Antes do lançamento não há débito, obrigação individualizada e concreta, mas tão somente uma relação entre o dever jurídico do sujeito passivo (contribuinte ou responsável) e o dever do fisco, que se define como um poder-dever, de realizar o lançamento. Da necessidade de acertamento ou concretização da existência e extensão dessa relação é que faz surgir a distinção feita pelo Código Tributário entre a obrigação tributária, prevista no art. 113, § 1º, e o crédito tributário, previsto no art. 142.

Sendo a decisão administrativa definitiva no âmbito da Administração, não é mais possível sua alteração ou contra ou a favor do contribuinte, de sorte que o lançamento faz coisa julgada administrativa tanto no que se relaciona ao conteúdo do lançamento quanto em relação à inexistência da relação tributária. Por tudo isso, é possível ao juízo criminal a análise da validade do lançamento tributário.

Súmula Vinculante 24. Não se tipifica crime material contra a ordem tributária, previsto no art. 1º, incisos I a IV, da Lei nº 8.137/90, antes do lançamento definitivo do tributo.

(...). 1. A Súmula Vinculante 24 estabelece que "Não se tipifica crime material contra a ordem tributária, previsto no art. 1º, incisos I a IV, da Lei nº 8.137/90, antes do lançamento definitivo do tributo". 2. Instaurada a persecução penal em momento anterior ao lançamento definitivo do débito tributário, não há como deixar de reconhecer a falta de justa causa para a ação penal. (...). (STF, HC 97854, Rel. Min. Roberto Barroso, 1ª Turma DJe 1.4.2014)

(...). 1. A constituição definitiva do crédito tributário constitui condição para a instauração da persecução penal quanto aos crimes contra a ordem tributária. Entendimento consagrado na Súmula Vinculante nº 2(...). (STF, RHC 118246, Rel. Min. Rosa Weber, 1ª Turma, DJe 18.2.2014)

(...). 7. Afasta-se a configuração do delito capitulado no art. 1º, IV, da Lei n. 8.137/1990, se os dados informados na nota fiscal são exatos e correspondem à realidade, refletindo fiel e cabalmente os detalhes da operação de compra e venda de mercadoria, com os lançamentos tributários exigidos por lei e já com pagamento antecipado e tempestivo do ICMS devido. 8. O aproveitamento de crédito de ICMS decorrente de diferenças de alíquotas interestaduais, ainda que possa ser passível de eventual condenação no âmbito fiscal (pagamento de créditos glosados), não caracteriza o delito descrito no art. 2º, II, da Lei 8.137/1990. 9. Não se pode imputar a prática de crime tributário ao contribuinte que recolhe o tributo em obediência ao princípio constitucional da não-cumulatividade, bem como mantém a fidelidade escritural dentro das normas (em princípio) válidas no âmbito dos respectivos entes da Federação. (...). (STJ, EDHC 201100225930, Gurgel de Faria, 5ª Turma, DJe 19.12.2014)

(...). 2. Considerando que o crime imputado ao recorrente consuma-se com a constituição definitiva do crédito tributário, nos termos do Enunciado n. 24 da Súmula Vinculante do Supremo Tribunal Federal, impossível se cogitar do início do curso do prazo prescricional, como pretendido na inicial da insurgência, em momento anterior. 3. Analisando-se os documentos constantes dos autos, inviável a declaração de extinção da punibilidade do acusado, pois o período compreendido entre a constituição definitiva do crédito tributário (26.8.2009) e o recebimento da denúncia (17.9.2012), não foi superior ao prazo prescricional estabelecido para o delito descrito na peça acusatória, na forma do artigo 109 do Código Penal, qual seja, 12 (doze) anos. (...). (STJ, RHC 36.070/RS, Rel. Min. Jorge Mussi, 5ª Turma, DJe 21.8.2014)

► **CTN. Art. 142.** Compete privativamente à autoridade administrativa constituir o crédito tributário pelo lançamento, assim entendido o procedimento administrativo tendente a verificar a ocorrência do fato gerador da obrigação correspondente, determinar a matéria tributável, calcular o montante do tributo devido, identificar o sujeito passivo e, sendo caso, propor a aplicação da penalidade cabível. **Parágrafo único.** A atividade administrativa de lançamento é vinculada e obrigatória, sob pena de responsabilidade funcional.

► **LEI 8.137/90. Art. 1º** Constitui crime contra a ordem tributária suprimir ou reduzir tributo, ou contribuição social e qualquer acessório, mediante as seguintes condutas: I – omitir informação, ou prestar declaração falsa às autoridades fazendárias; II – fraudar a fiscalização tributária, inserindo elementos inexatos, ou omitindo operação de qualquer natureza, em documento ou livro exigido pela lei fiscal; III – falsificar ou alterar nota fiscal, fatura, duplicata, nota de venda, ou qualquer outro documento relativo à operação tributável; IV – elaborar, distribuir, fornecer, emitir ou utilizar documento que saiba ou deva saber falso ou inexato;

## ENUNCIADO 32. NÃO SE APLICA O PRINCÍPIO DA INSIGNIFICÂNCIA AOS CRIMES TRIBUTÁRIOS COMETIDOS MEDIANTE FRAUDE.

• ***Enunciado 8*** *aprovado no II FONACRIM. Renumerado no IV FONACRIM, em 25.9.2015.*

► ***Por Nino Toldo***

O chamado princípio da insignificância tem por objetivo evitar que se movimente a máquina judiciária penal para crimes de pequena monta, os delitos de bagatela. O Supremo Tribunal Federal, no julgamento do HC nº 84.412/SP, de relatoria do Ministro Celso de Mello, firmou orientação no sentido de que a aplicação do princípio da insignificância, como fator de descaracterização material da tipicidade penal, deve ser analisado em conexão com os postulados da fragmentariedade e da intervenção mínima. A aplicação do postulado reclama a presença de certos vetores, a saber: (a) mínima ofensividade da conduta do agente, (b) nenhuma periculosidade social da ação, (c) reduzidíssimo grau de reprovabilidade do comportamento e (d) inexpressividade da lesão jurídica provocada.

Essa orientação, todavia, não deve servir para tornar atípicos os delitos praticados mediante fraude, ainda que o prejuízo material neles verificado seja de pequena monta, sob pena de se desvirtuar todo o sistema penal. Por essa razão, as fraudes contra o erário e os estelionatos praticados contra a previdência social, dentre outros crimes da mesma natureza, não se tornam atípicos – pela aplicação do princípio da insignificância –, mesmo se o prejuízo causado for de pequeno valor. Nesse sentido vem decidindo o Supremo Tribunal Federal, como se verifica, a título exemplificativo, HC nº 119.729/DF, 2ª Turma, Rel. Min. Teori Zavascki, DJe 3.2.2014.

"HABEAS CORPUS". PENAL. ESTELIONATO PRATICADO CONTRA ENTIDADE DE DIREITO PÚBLICO. (ART. 171, § 3º, DO CP). PRINCÍPIO DA INSIGNIFICÂNCIA. NÃO INCIDÊNCIA. ORDEM DENEGADA. 1. Segundo a jurisprudência do Supremo Tribunal Federal, para se caracterizar hipótese de aplicação do denominado "princípio da insignificância" e, assim, afastar a recriminação penal, é indispensável que a conduta do agente seja marcada por ofensividade mínima ao bem jurídico tutelado, reduzido grau de reprovabilidade, inexpressividade da lesão e nenhuma periculosidade social. 2. Nesse sentido, a aferição da insignificância como requisito negativo da tipicidade envolve um juízo de tipicidade conglobante, muito mais abrangente que a simples expressão do resultado da conduta. Importa investigar o desvalor da ação criminosa em seu sentido amplo, de modo a impedir que, a pretexto da insignificância apenas do resultado material, acabe desvirtuado o objetivo a que visou o legislador quando formulou a tipificação legal. Assim, há de se considerar que "a insignificância só pode surgir à luz da finalidade geral que dá sentido à ordem normativa" (Zaffaroni), levando em conta também que o próprio legislador já considerou hipóteses de irrelevância penal, por ele erigidas, não para excluir a tipicidade, mas para mitigar a pena ou a persecução penal. 3. Num juízo de tipicidade conglobante, que envolve não apenas o resultado material da conduta, mas o seu significado social mais amplo, certamente não se pode admitir a aplicação do princípio da insignificância, inobstante o inexpressivo dano patrimonial que deles tenha decorrido, em delitos em cuja prática se empregou violência ou ameaça de qualquer espécie, ou, como no estelionato, ardil ou fraude contra entidade de direito público. 4. Ordem denegada. (HC 119.729/DF, 2ª Turma, Rel. Min. Teori Zavascki, DJe 3.2.2014)

## Enunciado 37. No caso dos crimes tributários alcançados pela Súmula Vinculante n. 24, a prescrição tem início com a constituição definitiva do crédito.

• ***Enunciado 2** aprovado no III FONACRIM. Renumerado no IV FONACRIM, em 25.9.2015.*

▸ ***Por Danilo Fontenele Sampaio Cunha.***

A Súmula vinculante nº 24 afirma que "Não se tipifica crime material contra a ordem tributária, previsto no art. 1º, incisos I a IV, da Lei nº 8.137/90, antes do lançamento definitivo do tributo".

Na verdade, tratando-se de crime material contra a ordem tributária, há necessidade do lançamento do tributo pendente de decisão definitiva do processo administrativo para que exista justa causa para a ação penal (STF HC 81.611/DF).

É que, como já bem foi consignado pelo Supremo Tribunal Federal, uma vez admitida por lei a extinção da punibilidade do crime pela satisfação do tributo devido, antes do recebimento da denúncia (L. 9249/95, art. 34), princípios e garantias constitucionais eminentes não permitem que, pela antecipada propositura da ação penal, se subtraia do cidadão os meios que a lei mesma lhe propicia para questionar, perante o Fisco, a exatidão do lançamento provisório, ao qual se devesse submeter para fugir ao estigma e às agruras de toda sorte do processo criminal. (...)" (HC 81611, Rel. Min. Sepúlveda Pertence, Pleno, DJ 13.5.2005)

Desta feita, só se caracteriza a existência de obrigação jurídico-tributária exigível, quando se dê a chamada preclusão administrativa, ou, nos termos no Código Tributário, quando sobrevenha cunho definitivo ao lançamento possuindo este natureza predominantemente constitutiva da obrigação exigível.

Assim, se sem o lançamento, não se tem obrigação tributária exigível, o tipo penal só estará plenamente integrado e perfeito à data em que surge, no mundo jurídico, tributo devido, ou obrigação tributária exigível (STF HC 81611, Pleno, DJ 13.5.2005), daí advindo o raciocínio de que a respectiva prescrição somente se iniciará com a consumação do delito, nos termos do art. 111, I, do Código Penal.

Como já afirmado, a Súmula Vinculante em questão consolidou jurisprudência do STF que há muito tem entendido que "a consumação do crime tipificado no art. 1º da Lei 8.137/90 somente se verifica com a constituição do crédito fiscal, começando a correr, a partir daí, a prescrição" (HC 85.051/MG, 2ª Turma, Rel. Min. Carlos Velloso, DJ 1.7.2005).

Partindo de tal raciocínio, verifica-se que o curso da prescrição não se inicia enquanto obstada a propositura da ação penal pela falta do lançamento definitivo, ou seja, enquanto não haja decisão definitiva do processo administrativo de lançamento, quer se considere o lançamento definitivo uma condição objetiva de punibilidade ou um elemento normativo de tipo, o prazo prescricional não tem começo (STF HC 105115 AgR Rel. Min. Ayres Britto, 2ª Turma, DJe 11.2.2011).

Observe-se, contudo, que nada impede as investigações a respeito do crédito tributário em análise continuem, mormente quando envolverem a ocorrência de outros crimes, sendo de todo cabíveis, por exemplo, as buscas e apreensões relativas à identificação dos verdadeiros devedores. (STF HC 95443, Rel. Min. Ellen Gracie, 2ª Turma, DJe 19.2.2010)

Registre-se que a Súmula Vinculante 24 não é aplicada ao crime de descaminho, vez que sua consumação não está a depender da constituição administrativa do débito fiscal, sendo de natureza rigorosamente formal e porque a conduta materializadora desse crime é 'iludir' o Estado quanto ao pagamento do imposto devido pela entrada, pela saída ou pelo consumo de mercadoria, condutas essas claramente possíveis de serem narradas na inicial acusatória. (HC 99740, Rel. Min. Ayres Britto, 2ª Turma, DJe 1.2.2011).

Súmula Vinculante 24. Não se tipifica crime material contra a ordem tributária, previsto no art. 1º, incisos I a IV, da Lei nº 8.137/90, antes do lançamento definitivo do tributo.

I. Crime material contra a ordem tributária (L. 8137/90, art. 1º): lançamento do tributo pendente de decisão definitiva do processo administrativo: falta de justa causa para a ação penal, suspenso, porém, o curso da prescrição enquanto obstada a sua propositura pela falta do lançamento definitivo. 1. Embora não condicionada a denúncia à representação da autoridade fiscal (ADI-MC 1571), falta justa causa para a ação penal pela prática do crime tipificado no art. 1º da Lei 8137/90 – que é material ou de resultado –, enquanto não haja decisão definitiva do processo administrativo de lançamento, quer se considere o lançamento definitivo uma condição objetiva de punibilidade ou um elemento normativo de tipo. 2. Por outro lado, admitida por lei a extinção da punibilidade do crime pela satisfação do tributo devido, antes do recebimento da denúncia (L. 9249/95, art. 34), princípios e garantias constitucionais eminentes não permitem que, pela antecipada propositura da ação penal, se subtraia do cidadão os meios que a lei mesma lhe propicia para questionar, perante o Fisco, a exatidão do lançamento provisório, ao qual se devesse submeter para fugir ao estigma e às agruras de toda sorte do processo criminal. 3. No entanto, enquanto dure, por iniciativa do contribuinte, o processo administrativo suspende o curso da prescrição da ação penal por crime contra a ordem tributária que dependa do lançamento definitivo." (HC 81.611, Rel. Min. Sepúlveda Pertence, Pleno, DJ 13.5.2005)

(...). PENAL. CRIME CONTRA A ORDEM TRIBUTÁRIA. ART. 1º DA LEI N. 8.137/90. LAPSO PRESCRICIONAL. TERMO A QUO. CONSTITUIÇÃO DEFINITIVA DO CRÉDITO TRIBUTÁRIO. PRESCRIÇÃO E INÉPCIA DA DENÚNCIA. NÃO CONFIGURAÇÃO. DENÚNCIA QUE OBSERVOU OS PRECEITOS DO ART. 41, DO CPP. RECURSO NÃO PROVIDO. 1. O entendimento do Col. STJ é no sentido de que o termo a quo para a contagem do prazo prescricional no crime previsto no art. 1º, da Lei nº 8.137/90, é o da constituição do crédito tributário porque é aí que há de fato a configuração do crime, preenchendo assim a condição objetiva de punibilidade necessária à pretensão punitiva do Estado. 2. Não se considera inepta a denúncia que descreve satisfatoriamente os fatos imputados, com esclarecimento de todas as suas circunstâncias, em atenção ao disposto no art. 41, do CPP. 3. No recebimento da denúncia deve prevalecer o interesse da sociedade na perquirição de fatos supostamente criminosos. 4. Recurso não provido. (STJ, REsp: 1178381/MG, Rel. Min. Moura Ribeiro, 5ª Turma, DJe 6.12.2013)

RECURSO ORDINÁRIO EM "HABEAS CORPUS". CRIME CONTRA A ORDEM TRIBUTÁRIA (ART. 1º, I, DA LEI N. 8.137/90). PRESCRIÇÃO DA PRETENSÃO PUNITIVA. PENA HIPOTÉTICA. AUSÊNCIA DE PREVISÃO LEGAL. INADMISSIBILIDADE. IMPOSSIBILIDADE DE INÍCIO DO PRAZO PRESCRICIONAL ANTES DA CONSTITUIÇÃO DEFINITIVA DO CRÉDITO TRIBUTÁRIO. NÃO OCORRÊNCIA DA EXTINÇÃO DA PUNIBILIDADE. 1. Este Tribunal adotou a orientação de que é inviável a declaração de extinção da punibilidade do agente pela ocorrência da prescrição da pretensão punitiva com suporte na sanção hipoteticamente calculada, pois o ordenamento jurídico pátrio não admite o reconhecimento da referida causa em perspectiva, antecipada ou virtual. Enunciado n. 438 da Súmula deste Superior Tribunal de Justiça. 2. Considerando que o crime imputado ao recorrente consuma-se com a constituição definitiva do crédito tributário, nos termos do Enunciado n. 24 da Súmula Vinculante do Supremo Tribunal Federal, impossível se cogitar do início do curso do prazo prescricional, como pretendido na inicial da insurgência, em momento anterior. 3. Analisando-se os documentos constantes dos autos, inviável a declaração de extinção da punibilidade do acusado, pois o período compreendido entre a constituição definitiva do crédito tributário (26.8.2009) e o recebimento da denúncia (17.9.2012), não foi superior ao prazo prescricional estabelecido para o delito descrito na peça acusatória, na forma do artigo 109 do Código Penal, qual seja, 12 (doze) anos. INÉPCIA DA DENÚNCIA. PEÇA INAUGURAL QUE ATENDE AOS REQUISITOS LEGAIS EXIGIDOS E DESCREVE CRIME EM TESE. AMPLA DEFESA GARANTIDA. CONSTRANGIMENTO ILEGAL NÃO EVIDENCIADO. 1. Não pode ser acoimada de inepta a denúncia formulada em obediência aos requisitos traçados no artigo 41 do Código de Processo Penal, descrevendo perfeitamente as condutas típicas, cuja autoria é atribuída ao recorrente devidamente qualificado, circunstâncias que permitem o exercício da ampla defesa no seio da persecução penal, na qual se observará o devido processo legal. 2. Na espécie, verifica-se que o Ministério Público individualizou adequadamente a conduta da recorrente no que se refere ao crime contra a ordem tributária, esclarecendo que, na condição de sócio e efetivo administrador da empresa Madeireira Alto da Serra Ltda, teria suprimido tributo, apresentando nas declarações de imposto de renda da pessoa jurídica receita auferida em valor inferior ao escriturado nos livros contábeis e constante das notas fiscais emitidas. 3. Conclui-se, portanto, que há na peça inicial a descrição pormenorizada das condutas atribuídas ao recorrente, suficiente ao exercício das garantias processuais estabelecidas na Constituição Federal em favor do acusado. FALTA DE JUSTA CAUSA PARA A PERSECUÇÃO CRIMINAL. CRÉDITO TRIBUTÁRIO CONSTITUÍDO E OBJETO DE EXECUÇÃO FISCAL. OPOSIÇÃO DE EMBARGOS À EXECUÇÃO. ALEGADA PRESCRIÇÃO DO DÉBITO. FATO QUE NÃO IMPEDE A DEFLAGRAÇÃO DA AÇÃO PENAL. AUSÊNCIA DE ILEGALIDADE. 1. Na hipótese, a constituição definitiva do crédito tributário é fato incontroverso, tendo sido, inclusive, objeto de inscrição na dívida ativa e de execução fiscal ainda em curso, mostrando-se atendida, por conseguinte, a exigência contida na Súmula Vinculante 24, verbis: "não se tipifica crime material contra a ordem tributária, previsto no art. 1º, incisos I a IV, da lei n. 8.137/90, antes do lançamento definitivo do tributo". 2. A simples oposição de embargos à execução fiscal buscando a declaração de prescrição do débito tributário descrito na exordial acusatória não é capaz de afastar a justa causa para a ação penal, sendo indispensável a comprovação da extinção do tributo por decisão administrativa ou judicial para que seja possível a análise da repercussão que tal fato teria na esfera penal. 3. Recurso improvido. (STJ, RHC: 36070/RS, Rel. Min. Jorge Mussi, 5ª Turma, DJe 21.8.2014)

# 10. QUADRO SINÓPTICO

| LEIS ESPECIAIS | |
|---|---|
| **1. LEI DA PRISÃO TEMPORÁRIA (LEI 7.960/89)** | |
| A prisão temporária é medida cautelar válida e que objetiva assegurar a investigação criminal. | Enunc. 8 |
| **2. LEI DAS INTERCEPTAÇÕES TELEFÔNICAS (LEI 9.296/96)** | |
| O pedido de prorrogação da interceptação das comunicações telefônicas e telemáticas deve ser fundamentado pela autoridade policial, que deverá instruí-lo com elementos probatórios que justifiquem a manutenção da medida. | Enunc. 1 |
| A quebra do sigilo das comunicações telefônicas e telemáticas pode ser prorrogada tantas vezes quantas necessárias à investigação. | Enunc. 2 |
| As provas obtidas por meio de interceptações telefônicas e telemáticas podem ser compartilhadas com outros órgãos, para efeito de responsabilização extrapenal. | Enunc. 3 |
| É desnecessária a degravação de todos os diálogos interceptados no curso da investigação. | Enunc. 4 |
| **3. LEI DAS ORGANIZAÇÕES CRIMINOSAS (LEI 12.850/13)** | |
| O artigo 17-B da Lei nº 9.613/1998 e os artigos 15 e 16 da Lei nº 12.850/2013 são constitucionais, pois conferem à autoridade policial e ao Ministério Público apenas acesso a dados não incluídos no âmbito do direito fundamental à intimidade, e aplicam-se a todos os procedimentos de investigação criminal. | Enunc. 33 |
| A informação sobre os registros de identificação dos números dos terminais de origem e de destino das ligações telefônicas à autoridade policial e ao Ministério Público, prevista no artigo 17 da Lei nº 12.850/2013, depende de autorização judicial. | Enunc. 34 |
| **4. LEI DE LAVAGEM DE CAPITAIS (LEI 9.613/98)** | |
| O artigo 17-B da Lei nº 9.613/1998 e os artigos 15 e 16 da Lei nº 12.850/2013 são constitucionais, pois conferem à autoridade policial e ao Ministério Público apenas acesso a dados não incluídos no âmbito do direito fundamental à intimidade, e aplicam-se a todos os procedimentos de investigação criminal. | Enunc. 33 |

| | |
|---|---|
| O artigo 17-D da Lei nº 9.613/1998 é inconstitucional, pois a aplicação da medida cautelar de afastamento de servidor público de suas funções depende de decisão judicial. | Enunc. 35 |
| **5. LEI DE IDENTIFICAÇÃO CRIMINAL DO CIVILMENTE IDENTIFICADO (LEI 12.037/09)** | |
| É possível determinar a coleta de perfil genético para fins de alimentar o banco de dados previsto na Lei 12.654/2012, em situações devidamente justificadas, nas quais o material genético possa ser útil na identificação criminal em investigações futuras ou revisões criminais. | Enunc. 45 |
| **6. LEI DO SIGILO BANCÁRIO (LC 105/01)** | |
| É lícita a utilização na esfera penal, independente de autorização judicial, de informações bancárias obtidas diretamente pelas autoridades fiscais, desde que respeitados os requisitos do artigo 6º da Lei Complementar nº 105/2001 | Enunc. 56 |
| É constitucional a utilização de informações sobre operações que envolvam recursos provenientes de quaisquer atividades criminosas, obtidas pelas instituições financeiras e Banco Central, independente de autorização judicial (art. 1º, § 3º, IV e art. 9º da LC 105). | Enunc. 57 |
| **7. LEI DO TRÁFICO DE DROGAS (LEI 11.343/06)** | |
| A aplicação do princípio da insignificância é incompatível com o crime de tráfico internacional de drogas e figuras equiparadas. | Enunc. 60 |
| **8. LEI DOS CRIMES AMBIENTAIS (LEI 9.605/98)** | |
| Em circunstâncias excepcionais, o princípio da insignificância é aplicável aos crimes contra o meio ambiente. | Enunc. 30 |
| **9. LEI DOS CRIMES CONTRA A ORDEM TRIBUTÁRIA (LEI 8.137/90)** | |
| Nos crimes tributários, o parâmetro objetivo para aplicação da insignificância penal - excluídas as condutas fraudulentas - é o valor do credito tributário (principal e acessório) fixado por ato normativo da Receita Federal ou Ministério da Fazenda como o mínimo necessário para o ajuizamento de execução fiscal. | Enunc. 25 |
| Em processos penais relativos a crimes tributários, é ônus da acusação diligenciar por informações sobre a exclusão do contribuinte de programas de parcelamento. | Enunc. 27 |
| É possível ao juízo criminal a análise da validade do lançamento tributário. | Enunc. 28 |
| Não se aplica o princípio da insignificância aos crimes tributários cometidos mediante fraude. | Enunc. 32 |
| No caso dos crimes tributários alcançados pela Súmula Vinculante n. 24, a prescrição tem início com a constituição definitiva do crédito. | Enunc. 37 |

CAPÍTULO V

# OUTROS TEMAS

SUMÁRIO



## 1. ESTATUTO DA OAB (LEI 8.906/94)

**ENUNCIADO 20. NÃO É ABSOLUTA A INVIOLABILIDADE PREVISTA NO ART. 7º, II, DA LEI 8.906/1994, CEDENDO MEDIANTE DECISÃO JUDICIAL.**

● ***Aprovado no** I FONACRIM.*

▸ *Por Marco Frattezi Gonçalves.*

O artigo 7º, II, do Estatuto da Ordem dos Advogados do Brasil, na redação dada pela Lei nº 11.767/08, estabelece ser um direito do advogado "a inviolabilidade de seu escritório ou local de trabalho, bem como de seus instrumentos de trabalho, de sua correspondência escrita, eletrônica, telefônica e telemática, desde que relativas ao exercício da advocacia".

*Prima facie,* ter-se-ia simples hipótese específica de proteção do sigilo das comunicações e do domicílio[1], cujas regras gerais se encontram no art. 5º, XI e XII da CR/88. Contudo, a leitura atenta do dispositivo legal evidencia que o objeto de proteção, aqui, não é o direito à intimidade do advogado, mas, a rigor, o direito de defesa de seu constituinte, tomado sob a ótica do exercício múnus advocatício. Tem-se salvaguarda, em verdade, do direito de defesa dos particulares, titulares dos direitos patrocinados pelo advogado.

A esta conclusão se chega em razão da limitação expressa da referida inviolabilidade prevista na parte final do inciso: **desde que relativas ao exercício da advocacia**.

Trata-se, portanto, de norma legal destinada a dar concretude ao direito fundamental à ampla defesa, resguardando o exercício da advocacia, profissão liberal que a Constituição classificou como atividade essencial à administração da Justiça. A lei, aqui, vai ao encontro da previsão constitucional de inviolabilidade do advogado por seus **atos e manifestações no exercício de seu múnus**, nos termos da lei (art. 133). Essa inviolabilidade profissional prevista no texto constitucional é também proteção do cliente, não do próprio causídico[2].

1 O STF inclui no conceito de domicílio os locais privados em que o indivíduo exerce profissão (por todos, MS-MC 23.595, Rel. Min. Celso de Mello).

2 SILVA, José Afonso da. **Comentário contextual à constituição.** 6. ed. São Paulo: Malheiros, 2009, p. 613.

Hodiernamente, tornou-se praticamente lugar comum dizer-se que não existem direitos absolutos. Se muitas vezes o recurso a essa expressão parece, lamentavelmente, querer encobrir uma tentativa de ignorar certo direito ou garantia, nem por isso devemos questionar a correção da ideia, ao menos no que diz respeito aos direitos fundamentais, em razão de sua peculiar estrutura normativa[3].

No que toca à possível "flexibilização" do sigilo, parece-me que a ressalva da parte final do dispositivo é suficiente. Ao menos em linha de princípio, não parece possível haver uma situação que poderia validamente amparar uma ponderação de princípios entre o direito à ampla defesa, de que o sigilo profissional que protege a relação advogado-cliente ora estudado não é mais do que uma expressão pontual, e o dever do Estado de aplicar adequadamente o direito penal. Não se vislumbra uma forma de quebra do sigilo advogado-cliente, para investigar este último, que não aniquile o direito de defesa.

Em que pese só poder falar-se de colisão de princípios perante um caso concreto, parece difícil aventar-se uma hipótese em que a criação de uma exceção à inviolabilidade da relação advogado-cliente não termine por suprimir completamente o direito de defesa. Assim, ainda que em algum caso seja possível falar-se em **necessidade** e **adequação** da quebra de sigilo da relação advogado-cliente como forma de investigação, o critério de **proporcionalidade em sentido estrito**[4] não seria realizado, em razão da restrição radical do direito fundamental, afetando seu núcleo essencial, tornando a solução pelo afastamento do sigilo impossível.

Não seria correto interpretar-se a norma que prevê o sigilo advogado-cliente, ela própria, como um princípio autônomo, passível, assim, de restrição mediante ponderação. O direito fundamental é outro, mais geral: o direito à ampla defesa. Esse direito fundamental, sim, possui estrutura de norma-princípio. Já a inviolabilidade do sigilo advogado-cliente é uma regra que realiza de modo mais concreto o princípio. E a regra, ou pode ser excepcionada, utilizando-se dos critérios tradicionais de solução de antinomias, ou declarada inválida. Não ocorrendo alguma dessas hipóteses, a regra deve ser aplicada.

Assim, parece-me que o 7º, II, da Lei 8.906/94 consubstancia uma regra, elaborada pelo legislador após já realizada a ponderação de princípios constitucionais (ampla defesa x dever de aplicação do direito penal), não havendo espaço para criação, na aplicação da lei, de outra limitação que não a já contida na parte final do inciso em comento.

Vale aqui, ainda, lembrar que o texto constitucional garante expressamente o direito ao silêncio (art. 5º, LXIII). *Nemo tenetur se detegere*: ninguém é obrigado a se despir. Imiscuir-se nas conversas havidas entre o advogado e cliente para preparar a

3 SILVA, Virgílio Afonso da. **Direitos fundamentais.** Conteúdo essencial, restrições e eficácia. São Paulo: Malheiros, 2009, p. 253: "Todo direito fundamental é, portanto, restringível".

4 Consultar sobre os três critérios elencados no texto: ALEXY, Robert. *Teoría de los derechos fundamentales.* 2. ed. Trad. Carlos Bernal Pulido. Madrid: Centro de estúdios políticos y constitucionales, 2007, p. 91-92.

defesa pode forçar aquele que tem direito ao silêncio a revelar ao estado-juiz ou ao estado-acusação aquilo que não era seu intento.

A quebra de sigilo da relação advogado-cliente, portanto, não é meio admissível de investigação deste último.

Lado outro, o dispositivo não é óbice, naturalmente, à **adoção de medidas investigativas em desfavor do próprio advogado**, quando suspeito de cometimento de delito, valendo, aqui, as normas gerais relativas ao afastamento dos sigilos constitucionalmente protegidos. Como dito, o dispositivo é uma manifestação do direito à ampla defesa, protegendo, assim, a relação cliente-advogado, **não a pessoa do profissional liberal**. Repise-se, portanto, que a parte final do inciso menciona expressamente o exercício da advocacia como elemento que distingue o objeto de proteção.

Não é de se considerar, assim, **exercício da advocacia**, a prática por advogado, isoladamente ou conjuntamente com cliente, de uma ou mais infrações penais. Trata-se de mero exercício **aparente** da profissão, como forma de encobrir atividade criminosa. Essa hipótese, à evidência, não se encontra protegida pelo sigilo em comento.

Nessas hipóteses se incluem, por exemplo, caso em que um advogado e um cliente em conjunto pratiquem o delito de extorsão contra terceiro. Mesmo se o advogado agisse como representante do cliente perante a vítima, fazendo as vezes de mandatário, não seria possível falar-se, à evidência, em **exercício da advocacia**, mas de prática criminosa em concurso de agentes.

Ou, ainda, a investigação de suspeita de que o patrono esteja, a mando do cliente, buscando destruir provas ou guardando o proveito do crime, o que poderia caracterizar os delitos dos artigos 347 e 349 do Código Penal. Novamente, o que se tem é a prática de infração penal, não de exercício do múnus advocatício.

O afastamento da inviolabilidade do escritório ou das comunicações do advogado pode ocorrer, portanto, nas hipóteses em que este é o alvo da investigação, da mesma forma em que pode ocorrer para a generalidade dos indivíduos.

Caso haja afastamento do sigilo das comunicações do cliente, e, por conta disso, ocorra interceptação das ligações telefônicas entre este o advogado, tampouco é possível vislumbrar-se violação ao citado dispositivo legal. É que, sendo o alvo o particular, deverá ocorrer interceptação de todas suas ligações. Assim, eventual interceptação automática de conversa deste com o advogado não macula a prova produzida, vez que a gravação de todas as ligações é medida essencial à interceptação telefônica (STF, HC 91.867).

Ressalve-se, contudo, que, naturalmente, o conteúdo da conversa entre o cliente o advogado não pode ser utilizado como prova em desfavor daquele, haja vista as limitações acima explanadas.

Por fim, há interessante julgado do STJ em matéria cível (REsp 1.376.239) em que a Corte, a fim de permitir a exibição judicial de contratos de honorários cedidos, delimitou a incidência do dispositivo do EOAB aos casos de proteção do direito de defesa do cliente[5].

A redação do enunciado, assim, merece censura: ou apenas se prende à limitação constante do próprio inciso (*"desde que relativas ao exercício da advocacia"*), pelo que obscura, ou pretende justificar o afastamento da inviolabilidade em casos em que não seria possível, à luz do direito constitucional vigente.

"HABEAS CORPUS". NULIDADES: (1) INÉPCIA DA DENÚNCIA; (2) ILICITUDE DA PROVA PRODUZIDA DURANTE O INQUÉRITO POLICIAL; VIOLAÇÃO DE REGISTROS TELEFÔNICOS DO CORRÉU, EXECUTOR DO CRIME, SEM AUTORIZAÇÃO JUDICIAL; (3) ILICITUDE DA PROVA DAS INTERCEPTAÇÕES TELEFÔNICAS DE CONVERSAS DOS ACUSADOS COM ADVOGADOS, PORQUANTO ESSAS GRAVAÇÕES OFENDERIAM O DISPOSTO NO ART. 7º, II, DA LEI 8.906/96, QUE GARANTE O SIGILO DESSAS CONVERSAS. VÍCIOS NÃO CARACTERIZADOS. ORDEM DENEGADA. 1. Inépcia da denúncia. Improcedência. Preenchimento dos requisitos do art. 41 do CPP. A denúncia narra, de forma pormenorizada, os fatos e as circunstâncias. Pretensas omissões – nomes completos de outras vítimas, relacionadas a fatos que não constituem objeto da imputação –- não importam em prejuízo à defesa. 2. Ilicitude da prova produzida durante o inquérito policial – violação de registros telefônicos de corréu, executor do crime, sem autorização judicial. 2.1 Suposta ilegalidade decorrente do fato de os policiais, após a prisão em flagrante do corréu, terem realizado a análise dos últimos registros telefônicos dos dois aparelhos celulares apreendidos. Não ocorrência. 2.2 Não se confundem comunicação telefônica e registros telefônicos, que recebem, inclusive, proteção jurídica distinta. Não se pode interpretar a cláusula do artigo 5º, XII, da CF, no sentido de proteção aos dados enquanto registro, depósito registral. A proteção constitucional é da comunicação de dados e não dos dados. 2.3 Art. 6º do CPP: dever da autoridade policial de proceder à coleta do material comprobatório da prática da infração penal. Ao proceder à pesquisa na agenda eletrônica dos aparelhos devidamente apreendidos, meio material indireto de prova, a autoridade policial, cumprindo o seu mister, buscou, unicamente, colher elementos de informação hábeis a esclarecer a autoria e a materialidade do delito (dessa análise logrou encontrar ligações entre o executor do homicídio e o ora paciente). Verificação que permitiu a orientação inicial da linha investigatória a ser adotada, bem como possibilitou concluir que os aparelhos seriam relevantes para a investigação. 2.4 À guisa de mera argumentação, mesmo que se pudesse reputar a prova produzida como ilícita e as demais, ilícitas por derivação, nos termos da teoria dos frutos da árvore venenosa (fruit of the poisonous tree), é certo que, ainda assim, melhor sorte não assistiria à defesa. É que, na hipótese, não há que se falar em prova ilícita por derivação. Nos termos da teoria da descoberta inevitável, construída pela Suprema Corte norte-americana no caso Nix x Williams (1984), o curso normal das investigações conduziria a elementos informativos que vinculariam os pacientes ao fato investigado. Bases desse entendimento que parecem ter encontrado guarida no ordenamento jurídico pátrio com o advento da Lei 11.690/2008, que deu nova redação ao art. 157 do CPP, em especial o seu § 2º. 3. Ilicitude da prova das interceptações telefônicas de conversas dos acusados com advogados, ao argumento de que essas gravações ofenderiam o disposto no art. 7º, II, da Lei n. 8.906/96, que garante o sigilo dessas conversas. 3.1 Nos termos do art. 7º, II, da Lei 8.906/94, o Estatuto da Advocacia garante ao advogado a inviolabilidade de seu escritório ou local de trabalho, bem como de seus instrumentos de trabalho, de sua correspondência escrita, eletrônica, telefônica e telemática, desde que relativas ao exercício da advocacia. 3.2 Na hipótese, o magistrado de primeiro grau, por reputar necessária a realização da prova, determinou, de forma fundamentada, a interceptação telefônica direcionada às pessoas investigadas, não tendo, em momento algum,

5 O inteiro teor do acórdão, cuja ementa é transcrita logo mais, traz considerações importantes acerca do sigilo da relação advogado-cliente, e conta ainda com subsídios históricos acerca da alteração realizada pela Lei nº 11.767/08 no EAOB.

ordenado a devassa das linhas telefônicas dos advogados dos pacientes. Mitigação que pode, eventualmente, burlar a proteção jurídica. 3.3 Sucede que, no curso da execução da medida, os diálogos travados entre o paciente e o advogado do corréu acabaram, de maneira automática, interceptados, aliás, como qualquer outra conversa direcionada ao ramal do paciente. Inexistência, no caso, de relação jurídica cliente-advogado. 3.4 Não cabe aos policiais executores da medida proceder a uma espécie de filtragem das escutas interceptadas. A impossibilidade desse filtro atua, inclusive, como verdadeira garantia ao cidadão, porquanto retira da esfera de arbítrio da polícia escolher o que é ou não conveniente ser interceptado e gravado. Valoração, e eventual exclusão, que cabe ao magistrado a quem a prova é dirigida. (...). (STF, HC 91867, Rel. Min. Gilmar Mendes, 2ª Turma, DJe 20.9.2012)

"HABEAS CORPUS". BUSCA E APREENSÃO FUNDAMENTADA. VERIFICAÇÃO DE QUE NO LOCAL FUNCIONAVA ESCRITÓRIO DE ADVOCACIA. NECESSIDADE DE FUNDAMENTAÇÃO ESPECÍFICA. AUSÊNCIA DE COMUNICAÇÃO AO MAGISTRADO ANTES DA EXECUÇÃO DA MEDIDA. IMPOSSIBILIDADE DE EXECUÇÃO EM SITUAÇÃO DISTINTA DAQUELA DETERMINADA NA ORDEM JUDICIAL. NULIDADE DAS PROVAS COLHIDAS. ORDEM CONCEDIDA. 1. O sigilo profissional constitucionalmente determinado não exclui a possibilidade de cumprimento de mandado de busca e apreensão em escritório de advocacia. O local de trabalho do advogado, desde que este seja investigado, pode ser alvo de busca e apreensão, observando-se os limites impostos pela autoridade judicial. 2. Tratando-se de local onde existem documentos que dizem respeito a outros sujeitos não investigados, é indispensável a especificação do âmbito de abrangência da medida, que não poderá ser executada sobre a esfera de direitos de não investigados. 3. Equívoco quanto à indicação do escritório profissional do paciente, como seu endereço residencial, deve ser prontamente comunicado ao magistrado para adequação da ordem em relação às cautelas necessárias, sob pena de tornar nulas as provas oriundas da medida e todas as outras exclusivamente delas decorrentes. 4. Ordem concedida para declarar a nulidade das provas oriundas da busca e apreensão no escritório de advocacia do paciente, devendo o material colhido ser desentranhado dos autos do INQ 544 em curso no STJ e devolvido ao paciente, sem que tais provas, bem assim quaisquer das informações oriundas da execução da medida, possam ser usadas em relação ao paciente ou a qualquer outro investigado, nesta ou em outra investigação. (STF, HC 91610, Rel. Min. Gilmar Mendes, 2ª Turma, DJe 22.10.2010)

"HABEAS CORPUS". CABIMENTO. PROCESSO PENAL. PECULATO, FORMAÇÃO DE QUADRILHA E LAVAGEM DE DINHEIRO. BUSCA E APREENSÃO. ALEGAÇÃO DE DECISÃO QUE NÃO ESPECIFICOU O MATERIAL A SER APREENDIDO. ESCRITÓRIO DE ADVOCACIA. ADVOGADO. INVIOLABILIDADE RELATIVA. ILEGALIDADE. INOCORRÊNCIA. 1. A jurisprudência desta Corte tem entendido que o cabimento do "habeas corpus" restringe-se aos casos em que demonstrada a necessidade de tutela imediata à liberdade de locomoção. 2. Assim, verificada hipótese de propositura do remédio heroico em lugar do recurso próprio, impõe-se o não conhecimento da impetração. Nesse particular, porém, cabe ressaltar que, uma vez constatada a existência de ilegalidade flagrante, nada impede que esta Corte defira ordem de ofício, como forma de desconstituir eventual constrangimento ilegal. 3. O mandado de busca e apreensão deve conter a indicação mais precisa possível do local da busca, os motivos e fins da diligência e ser emanado de autoridade competente, conforme determinação legal. Todavia, sedimentou-se o entendimento jurisprudencial de que a exatidão exigida para o mandado é aquela aferível levando-se em conta o contexto dos fatos delituosos e os dados disponíveis de investigação que são apresentados ao magistrado. 4. A condição de advogado, por si só, não elide a possibilidade de cumprimento de mandado de busca e apreensão feito em escritório de advocacia quando os fatos que justificarem a medida lastrearem-se em indícios de autoria e materialidade da prática de crime. 5. Pedido de restituição de material que a defesa considera irrelevante ou impertinente para o deslinde do caso deve ser formulado perante o Juiz que conduz o processo, até porque essa pretensão, nesta via, é inviável, já que necessita a análise do contexto fático-probatório para avaliação do que é ou não relacionado com o evento delituoso. 6. "Habeas corpus" não conhecido. (STJ, HC 204.699/PR, Rel. Min. Og Fernandes, 6ª Turma, DJe 30.9.2013)

(...). ART 7º, II, DO ESTATUTO DA OAB. ALEGAÇÃO DE VIOLAÇÃO. OFENSA NÃO CONFIGURADA. DOCUMENTO COMUM ENTRE AS PARTES. OBRIGAÇÃO DECORRENTE DE CONFISSÃO DE DÍVIDAS. EXIBIÇÃO IRRECUSÁVEL DE DOCUMENTOS. APLICAÇÃO DO ART. 358, III, DO CPC. (...). 1. Contrato de honorários. Possibilidade de sua cessão que, como negócio jurídico bilateral viabilizador de obrigação pessoal, não implica inviolabilidade do Estatuto da Advocacia. 2. O sigilo que preside as relações entre o cliente e o seu advogado não alberga negativa de exibição de documentos necessários à apuração de honorários transmitidos contratualmente. Obrigatória a exibição dos documentos, nos termos do art. 358, III, do CPC. (...). (STJ, REsp 1376239/RJ, Rel. Min. Moura Ribeiro, 3ª Turma, DJe 19.11.2015)

**EOAB. Art. 7º** São direitos do advogado: (...). II – ter respeitada, em nome da liberdade de defesa e do sigilo profissional, a inviolabilidade de seu escritório ou local de trabalho, de seus arquivos e dados, de sua correspondência e de suas comunicações, inclusive telefônicas ou afins, salvo caso de busca ou apreensão determinada por magistrado e acompanhada de representante da OAB; (...). **§ 6º** Presentes indícios de autoria e materialidade da prática de crime por parte de advogado, a autoridade judiciária competente poderá decretar a quebra da inviolabilidade de que trata o inciso II do *caput* deste artigo, em decisão motivada, expedindo mandado de busca e apreensão, específico e pormenorizado, a ser cumprido na presença de representante da OAB, sendo, em qualquer hipótese, vedada a utilização dos documentos, das mídias e dos objetos pertencentes a clientes do advogado averiguado, bem como dos demais instrumentos de trabalho que contenham informações sobre clientes.

## Enunciado 21. É válida a busca e apreensão em escritório de advocacia se a OAB, comunicada da diligência, não indica representante em tempo hábil.

• ***Aprovado no** I FONACRIM.*

*Por Danilo Fontenele Sampaio Cunha.*

A Constituição Federal indica que o advogado "é indispensável à administração da justiça, sendo inviolável por seus atos e manifestações no exercício da profissão, nos limites da lei" (art. 133).

O Estatuto da Advocacia e a Ordem dos Advogados do Brasil, lei 8906/94, afirma dentre os direitos dos advogados, ser respeitada a inviolabilidade de seu escritório ou local de trabalho, bem como de seus instrumentos de trabalho, de sua correspondência escrita, eletrônica, telefônica e telemática, desde que relativas ao exercício da advocacia(art. 7º, II), esclarecendo que presentes indícios de autoria e materialidade da prática de crime por parte de advogado, a autoridade judiciária competente poderá decretar a quebra da inviolabilidade, em decisão motivada, expedindo mandado de busca e apreensão, específico e pormenorizado, a ser cumprido na presença de representante da OAB, sendo, em qualquer hipótese, vedada a utilização dos documentos, das mídias e dos objetos pertencentes a clientes do advogado averiguado, bem como dos demais instrumentos de trabalho que contenham informações sobre clientes, sendo que tal ressalva não se estende a clientes do advogado averiguado que estejam sendo formalmente investigados como seus partícipes ou coautores pela prática do mesmo crime que deu causa à quebra da inviolabilidade (art. 7º,§§ 6º e 7º)

A regra é, pois, a da não entrada para busca e apreensão em escritórios de advocacia, a não ser por ordem judicial que indique indícios de autoria e materialidade de crime praticado pelo advogado, sendo a diligência acompanhada de representante da OAB, com o resguardo dos direitos profissionais e respeito à intimidade de seus clientes.

Frise-se que, diante da ressalva prevista no § 7º do art. 7º, se, por exemplo, algum documento for apreendido no escritório do causídico faça prova do envolvimento de seu cliente, poderá ser contra este utilizado em processo crime, o que impede ou dificulta que a inviolabilidade proporcione vantagens ao criminoso cliente do advogado, de forma a tornar inatingível o acesso às provas por ventura acobertadas pelo exercício da advocacia. Assim, o cliente criminoso não pode se valer do sigilo profissional do advogado para fazer deste seu depositário de elementos, provas ou indícios de sua vida criminosa.

Verifica-se, pois, que o advogado que atua profissionalmente nos limites legais vê-se protegido de clientes inescrupulosos que desejem utilizar as prerrogativas institucionais da advocacia em seu favor, simulando através de consultorias ou atuações processuais, atividades ilícitas ou guarda de elementos e dados referentes a estas.

A questão que se coloca diz respeito a quanto tempo devem as autoridades, munidas de ordem judicial de busca e apreensão, aguardarem a presença de representante da OAB para dar início às diligências.

É claro que o bom senso e a razoabilidade devem estar presentes em todas as atividades, mormente as dos agentes públicos. Assim, é certo que nas hipóteses descritas deve a autoridade que preside o ato comunicar ao advogado dono do escritório a ocorrência da diligência e, visando preservar provas bem como isentar o próprio advogado de qualquer suspeita de destruição ou inutilização de elementos importantes às investigações, isolar o ambiente, não permitindo a entrada de qualquer pessoa, enquanto aguarda-se a presença de representante da OAB.

Tal espera deve ser proporcional à gravidade das suspeitas e corresponder aos princípios da necessidade e oportunidade típicos da ação investigativa, não havendo período de tempo delimitado para tanto.

Assim, franqueando-se ao advogado investigado comunicar-se com a OAB e aguardando-se o tempo razoável para o deslocamento ao local indicado, deve a diligência ocorrer apenas após a chegada do representante indicado.

Sugere-se, ademais, que nada impede que a autoridade que vá realizar a diligência, comunique-se momentos antes com representantes da OAB e, sem revelar o destino, coloque-os em alerta e de sobreaviso, esclarecendo que em breve explicitará onde os mesmos devem comparecer para o início das atividades.

Caso após o período razoável o representante da OAB não se faça presente, deve a autoridade consignar as circunstâncias específicas e, em analogia com as buscas realizadas normalmente, convidar terceiro para acompanhar as diligências, preferencialmente outro advogado.

Registre-se que não há impedimento para a entrada, mesmo sem o consentimento do advogado, em caso de flagrante delito ou desastre, ou para prestar socorro

Observe-se, ainda, que é também direito do advogado ter a presença de representante da OAB, quando preso em flagrante, por motivo ligado ao exercício da advocacia, para lavratura do auto respectivo, sob pena de nulidade e, nos demais casos, a comunicação expressa à seccional da OAB (art. 7º, IV), o que indica a sempre conveniente presença de representante da OAB em diligências em escritórios de causídicos.

PROCESSUAL PENAL. "HABEAS CORPUS". VIOLAÇÃO AO PRINCÍPIO DO JUIZ NATURAL NÃO CONFIGURADO. EXISTÊNCIA DE PREVENÇÃO. MANDADO DE BUSCA E APREENSÃO. LEGALIDADE. INTELIGÊNCIA DO ARTIGO 2º, II, DA LEI N. 9.034/05 E DOS ARTIGOS 240 E SEGUINTES DO CPP. AUSÊNCIA DE REPRESENTANTE DA OAB – NÃO HÁ QUE SE FALAR EM NULIDADE DA DILIGÊNCIA. CARÁTER URGENTE E INDISPENSÁVEL DA MEDIDA. PEDIDO DE ACESSO AOS AUTOS NEGADO. SIGILO DAS DILIGÊNCIAS. CONSTRANGIMENTO ILEGAL NÃO EVIDENCIADO. CONFORMIDADE COM A RESOLUÇÃO Nº 507/2006 DO CJF E COM A CONSTITUIÇÃO FEDERAL. O DIREITO DO ADVOGADO DE TER ACESSO AOS AUTOS NÃO É ABSOLUTO. SUPREMACIA DO INTERESSE PÚBLICO. PRESERVAÇÃO DA EFICÁCIA DAS INVESTIGAÇÕES. ORDEM DENEGADA. I. Não houve violação do princípio do juiz natural, pois a distribuição se deu em razão de prevenção, à autoridade impetrada, por força do inquérito policial já em andamento perante a sua Vara. II. Com relação à aduzida nulidade do mandado de busca e apreensão, verifica-se que o referido mandado contém todos os requisitos necessários. Ademais, a busca e apreensão foi realizada no curso de uma ação controlada, de modo que, nos termos do artigo 2º, inciso II, da Lei nº 9.034/05, não havia a necessidade de expedição de mandado e sequer de autorização judicial para a realização do ato. Diante disso, nota-se que a decisão se encontra devidamente fundamentada e que a diligência foi realizada de acordo com os ditames do artigo 240 e seguintes do CPP, não havendo, portanto, constrangimento ilegal a ser sanado. III. De fato, o ato foi praticado na ausência de um representante oficial da Ordem dos Advogados do Brasil, no entanto, a autoridade policial, ao entrar no local da busca, requereu o comparecimento de um representante da OAB. Ocorre que, até o encerramento da diligência, nenhum representante compareceu. Desse modo, tendo em vista o caráter urgente e indispensável da medida, não há que se falar em nulidade da diligência pela ausência de tal representante. IV. A apreensão de documentos em poder dos defensores dos acusados se deu diante de indícios de que os pacientes (advogados) estariam envolvidos nos delitos investigados. Sendo assim, o objetivo da diligência era possibilitar a apuração da participação dos ora pacientes e não de seus clientes. V. Quanto ao sigilo processual, vê-se que, conforme informações prestadas pela autoridade impetrada, o processamento do feito ocorreu em conformidade com o que preconiza a resolução nº 507/2006 do Conselho da Justiça Federal, que estabelece as diretrizes para o tratamento de processos que tramitam em segredo de justiça e investigações sigilosas. Ademais, o ato normativo supramencionado não contraria os princípios nem os direitos e garantias fundamentais assegurados pela nossa Lei Maior, pois esta, em seu artigo 5º, LX, permite que a lei restrinja a publicidade dos atos processuais quando a defesa da intimidade ou o interesse social o exigirem. VI. Não há que se falar em violação ao artigo 7º do Estatuto da OAB, pois o direito do advogado de ter acesso aos autos não é absoluto, uma vez que há hipóteses, como a do presente caso, em que o interesse público se sobrepõe ao particular, possibilitando seja determinado o sigilo dos atos praticados ou mesmo a restrição ao acesso aos autos. Em casos que tais, a comunicação prévia à defesa acerca das pretendidas diligências policiais não é obrigatória tampouco eficiente, especialmente se a circunstância requer sigilo, imposto a fim de obstar eventuais intervenções prejudiciais à eficácia das investigações. VII. Ordem denegada. (TRF-3, HC 103708 MS 2006.3.00.103708-0, Rel. Des. Federal Cotrim Guimarães, j. 4.8.2009, 2ª Turma,)

PROCESSUAL PENAL. RECURSO ORDINÁRIO EM "HABEAS CORPUS". TRÁFICO DE DROGAS E POSSE IRREGULAR DE ARMA DE FOGO DE USO PERMITIDO. NULIDADE. MANDADO DE BUSCA E APREENSÃO EXPEDIDO EM PROCEDIMENTO INSTAURADO PARA APURAÇÃO DE CRIME PRATICADO POR ESTAGIÁRIO DE ESCRITÓRIO DE ADVOCACIA. AUSÊNCIA DE DETERMINAÇÃO ESPECÍFICA PARA O ADVOGADO. ILICITUDE DOS ELEMENTOS DE PROVA COLHIDOS. INOCORRÊNCIA. FLAGRANTE DELITO. CRIMES PERMANENTES. AUSÊNCIA DE REPRESENTANTE DA ORDEM DOS ADVOGADOS DO BRASIL. MERA IRREGULARIDADE. (...). I – O recorrente é advogado e foi denunciado pela suposta prática dos crimes previstos nos arts. 33, *caput*, da Lei n. 11.343/06 c.c. 12, da Lei n. 10.826/03, pois, em cumprimento a mandado de busca e apreensão no escritório do recorrente, expedido com o fim de apreender arma que pertenceria a estagiário do escritório, a polícia se deparou com aproximadamente 765 g (setecentos e sessenta e cinco gramas) de maconha e um revólver, calibre 38, além de 14 (quatorze) cartuchos íntegros numa caixa de metal. II – Não obstante o mandado de busca e apreensão tenha sido expedido para apuração de crime praticado pelo estagiário do escritório do recorrente, verificou-se, no cumprimento da medida, a ocorrência flagrancial de dois outros crimes que possuem natureza permanente. Contraria a razoabilidade exigir-se dos policiais envolvidos na diligência que fingissem não ver os crimes, para solicitar, a posteriori, um novo mandado específico de busca e apreensão para o escritório do recorrente (Doutrina e jurisprudência). III – A despeito da não indicação expressa de representante da OAB local para o acompanhamento da diligência, foi solicitado, pelos policiais nela envolvidos, que uma advogada, estivesse presente e acompanhasse o cumprimento do mandado de busca e apreensão no escritório do recorrente, o qual se dirigia contra o estagiário. Diligência que não se revela nula em sua execução, quando muito, meramente irregular. (...). (STJ, RHC: 39412 SP 2013/0230625-6, Rel. Min. Felix Fischer, 5ª Turma, DJe 17.3.2015)

(...). TRABALHO EXTERNO OFERTADO PELO PRÓPRIO ADVOGADO DO APENADO. CONCESSÃO DO BENEFÍCIO. POSSIBILIDADE. NÃO PROVIMENTO. A Lei de Execução Penal – LEP, ao versar sobre o benefício de trabalho externo em seus artigos 36 e 37, não prevê qualquer vedação à sua concessão quando a proposta de emprego é ofertada por parente, amigo ou mesmo advogado do apenado. Por outro lado, a prerrogativa de inviolabilidade dos escritórios de advocacia elencada no artigo 7º, inciso II, da Lei 8.906/94 e o dever de sigilo profissional imposto aos causídicos pelo artigo 26 do Código de Ética e Disciplina da OAB não constituem óbices a inviabilizar a fiscalização, por parte do Poder Público, do adimplemento das obrigações relativas ao benefício de trabalho externo, devendo a sua concessão ser mantida, máxime em virtude da função ressocializadora da pena. (TJ-DF, RAG 20140020249810, Rel. Romão C. Oliveira, 1ª Turma Criminal, DJe 27.1.2015)

▶ **EOAB. Art. 7º** São direitos do advogado: (...). II – ter respeitada, em nome da liberdade de defesa e do sigilo profissional, a inviolabilidade de seu escritório ou local de trabalho, de seus arquivos e dados, de sua correspondência e de suas comunicações, inclusive telefônicas ou afins, salvo caso de busca ou apreensão determinada por magistrado e acompanhada de representante da OAB; (...). IV – ter a presença de representante da OAB, quando preso em flagrante, por motivo ligado ao exercício da advocacia, para lavratura do auto respectivo, sob pena de nulidade e, nos demais casos, a comunicação expressa à seccional da OAB; (...). **§ 6º** Presentes indícios de autoria e materialidade da prática de crime por parte de advogado, a autoridade judiciária competente poderá decretar a quebra da inviolabilidade de que trata o inciso II do *caput* deste artigo, em decisão motivada, expedindo mandado de busca e apreensão, específico e pormenorizado, a ser cumprido na presença de representante da OAB, sendo, em qualquer hipótese, vedada a utilização dos documentos, das mídias e dos objetos pertencentes a clientes do advogado averiguado, bem como dos demais instrumentos de trabalho que contenham informações sobre clientes.

## 2. USO DE ALGEMAS

**Enunciado 24. A justificação para o uso de algemas, pelo agente ou autoridade policial, pode ser consignada posteriormente à realização do ato.**

• *Aprovado no I FONACRIM.*

*Por Danielle Souza de A. e S. Cavalcanti.*

O Supremo Tribunal Federal aprovou, em sessão plenária de 13 de agosto de 2008, o enunciado da Súmula Vinculante n. 11, consolidando a jurisprudência no sentido de que o uso de algemas em nosso sistema é medida de natureza excepcional, só admita nas hipóteses de: fundada suspeita de que o preso possa fugir; evitar agressão do preso (ou de terceiros) contra os policiais, terceiros ou contra si mesmo. Em suma, o uso de algemas deve ser evitado, desde que não haja perigo de fuga ou de agressão.

Eis a redação do verbete sumular: "Só é lícito o uso de algemas em casos de resistência e de fundado receio de fuga ou de perigo à integridade física própria ou alheia, por parte do preso ou de terceiros, justificada a excepcionalidade por escrito, sob pena de responsabilidade disciplinar, civil e penal do agente ou da autoridade e de nulidade da prisão ou do ato processual a que se refere sem prejuízo da responsabilidade civil do Estado".

Como se vê, a súmula não aboliu o uso das algemas – que já era previsto na legislação brasileira, para casos excepcionais –, mas somente buscou estabelecer parâmetros à sua utilização, com o fim de evitar abusos. Deve ser demonstrada, de forma concreta, a necessidade do uso de algemas, seja em caso de resistência (art. 329, CP), ou em face da periculosidade do agente (risco à integridade física própria ou alheia) ou ainda diante do risco concreto de fuga.

Entre as situações comumente abonadas na jurisprudência para o uso lícito de algemas encontram-se, com frequência: tentativa de fuga, circunstâncias peculiares do local em que realizado o ato processual ou procedimental (sala de pequeno tamanho, com considerável número de pessoas e insuficiência de policiamento), consulta do juiz à escolta sobre a periculosidade do conduzido.

A excepcionalidade deve ser justificada por escrito. Não basta, assim, a existência da situação justificadora no plano dos fatos. É preciso, no rastro da súmula editada em 2008, que os agentes públicos responsáveis pela colocação ou manutenção de algemas em presos reduzam a escrito a motivação do ato, com isso possibilitando, decerto, maior controle sobre ele, de molde a evitar abusos ou a generalização do uso das algemas, por si só estigmatizante. Caso o ato processual venha ser praticado com uso arbitrário de algemas, poderá será reputado nulo e a prisão, ilegal.

No dizer de Nestor Távora e Rosmar Rodrigues Alencar (Curso de direito processual penal. 9. ed. Salvador: JusPodivm, 2014, p. 711):

> A necessidade de justificação passa a ser da essência do ato, cabendo ao próprio magistrado, quando já identificada a perigosidade do indivíduo, fazer constar no mandado de prisão a necessidade do uso de algemas. Nada impede que delegue à autoridade policial executora da

medida tal análise. Na ausência de manifestação judicial, ou nas hipóteses de flagrante ou de mero deslocamento de presos nos atos de rotina, como ida ao fórum, condução ao IML para realização do exame de corpo de delito, dentre outros, caberá ao condutor justificar o emprego de algemas. Não se deve interpretar a disposição sumular como obstáculo à efetividade do ato, nem como pedra de toque para uma interminável discussão acerca da presença ou não dos fundamentos da medida. Se é certo que existem circunstâncias extremamente tênues para caracterizar algum risco, outras são evidentes, seja quanto a necessidade das algemas, seja quanto a sua dispensa. Se há convicção de que as algemas são necessárias, juízo de valor que já era feito antes da súmula, basta justificar a medida para legitimar o ato. A prestação de contas, materializada pela fundamentação, é o preço a se pagar para minimizar os excessos.

O princípio da motivação, de raiz constitucional (art. 93, IX, e art. 5º, LXI, CF), exige que todo ato estatal – inclusive os da Administração Pública e do Poder Judiciário –, seja ele vinculado ou discricionário, e sobretudo quando implicar cerceio a direitos fundamentais, seja justificado. Essa justificativa precisa ser escrita para propiciar o controle do próprio ato e permitir o seu reexame.

A justificativa deve ser expressa, reduzida a termo. Porém, quanto ao momento de prestá-la, a depender do contexto fático do ato, ela pode dar-se de forma **antecedente**, quando a autoridade responsável pelo ato determina de antemão a utilização ou manutenção da algema no preso, ou *posterior*, depois de conduzido o preso, na delegacia e em termo próprio, no boletim de ocorrência, em ata de audiência judicial ou em outro documento apropriado.

Obviamente, isso se dá porque, em determinadas situações, o risco à incolumidade física ou o risco de fuga não podem ser detectados com antecedência, mas surgem de inopino, demandando reação imediata do agente público que conduz ou escolta o preso, ou da autoridade que preside o ato e presencia o iminente perigo de agressão ou fuga. Nesses casos, a lógica impõe que a justificativa seja reduzida a termo após finalizado o ato, ou tão logo seja possível.

Assim, embora o motivo ensejador do uso de algemas deva existir, logicamente, antes ou ao tempo do seu uso, o fato é que a redução da justificativa a escrito, igualmente essencial para o uso lícito de algemas (e inovação da norma sumulada), pode ser postergada para momento posterior, assim que, passado o perigo, seja possível ao agente fazê-lo.

Súmula Vinculante 11. Só é lícito o uso de algemas em casos de resistência e de fundado receio de fuga ou de perigo à integridade física própria ou alheia, por parte do preso ou de terceiros, justificada a excepcionalidade por escrito, sob pena de responsabilidade disciplinar, civil e penal do agente ou da autoridade e de nulidade da prisão ou do ato processual a que se refere, sem prejuízo da responsabilidade civil do Estado.

(...). Uso de algemas. Alegado descumprimento da Súmula Vinculante nº 11/STF. Não ocorrência. Presença de fundamentação que justificava a sua utilização. (...). Regimental não provido. 1. Segundo a Súmula Vinculante nº 11: "[s]ó é lícito o uso de algemas em casos de resistência ou fundado receio de fuga ou de perigo à integridade física própria ou alheia, por parte do preso ou de terceiros, justificada a excepcionalidade por escrito, sob pena de responsabilidade disciplinar, civil e penal do agente ou da autoridade e de nulidade da prisão ou do ato processual a que se refere, sem prejuízo da responsabilidade civil do Estado". 2. Conforme se verifica nos atos reclamados, houve justificativa expressa para o uso das algemas durante atos processuais, com o qual se visava garantir a segurança dos presentes à audiência, tendo em vista as peculiaridades do local. 3. De acordo com a jurisprudência da Corte, não é "possível admitir-se, em sede de reclamação, qualquer dúvida a respeito das questões de fato apontadas pela Juíza para negar o pedido da defesa de retirada das algemas do reclamante" (RCL 6.870/GO, decisão monocrática, relatora a Min. Ellen Gracie, DJ 6.11.08). (...). (STF, Rcl 10479 AgR/RJ, Rel. Min. Dias Toffoli, Pleno, v. u., DJe 31.7.2013)

"HABEAS CORPUS". PENAL. USO DE ALGEMAS NO MOMENTO DA PRISÃO. AUSÊNCIA DE JUSTIFICATIVA EM FACE DA CONDUTA PASSIVA DO PACIENTE. CONSTRANGIMENTO ILEGAL. PRECEDENTES. 1. O uso legítimo de algemas não é arbitrário, sendo de natureza excepcional, a ser adotado nos casos e com as finalidades de impedir, prevenir ou dificultar a fuga ou reação indevida do preso, desde que haja fundada suspeita ou justificado receio de que tanto venha a ocorrer, e para evitar agressão do preso contra os próprios policiais, contra terceiros ou contra si mesmo. O emprego dessa medida tem como balizamento jurídico necessário os princípios da proporcionalidade e da razoabilidade. (...). (STF, HC 89429 /RO, Rel. Min. Cármen Lúcia, 1ª Turma, v.u., DJ 2.2.2007).

NULIDADE DA AUDIÊNCIA DE INSTRUÇÃO. UTILIZAÇÃO DE ALGEMAS NO ACUSADO. DECISÃO JUDICIAL FUNDAMENTADA. NECESSIDADE CONCRETA DA MEDIDA. NÃO OCORRÊNCIA DE VIOLAÇÃO AO ENUNCIADO 11 DA SÚMULA VINCULANTE. CONSTRANGIMENTO ILEGAL NÃO CONFIGURADO. 1. Nos termos do verbete 11 da Súmula Vinculante, "só é lícito o uso de algemas em casos de resistência e de fundado receio de fuga ou de perigo à integridade física própria ou alheia, por parte do preso ou de terceiros, justificada a excepcionalidade por escrito, sob pena de responsabilidade disciplinar, civil e penal do agente ou da autoridade e de nulidade da prisão ou do ato processual a que se refere, sem prejuízo da responsabilidade civil do Estado". 2. Do mencionado enunciado sumular, extrai-se que a manutenção do acusado algemado é medida excepcional, que deve ser devidamente fundamentada, sob pena de nulidade do ato processual realizado. 3. Na espécie, a magistrada singular motivou adequada, concreta e suficientemente a necessidade de manutenção do paciente algemado, circunstância que afasta, por completo, a nulidade aventada, que, inclusive, não foi arguida pela defesa durante a realização do ato. (STJ, HC 303115/RS, Rel. Min. Jorge Mussi, 5ª Turma, v.u., DJe 1.12.2015)

(...). No caso, o uso das algemas foi devidamente justificado pelas particularidades do caso, no sentido de se assegurar a segurança naquele momento, quais sejam, a tensão no interior do ônibus quando de uma abordagem policial, o instinto humano de liberdade, o número reduzido de policiais (três policiais militares) frente ao número de passageiros do coletivo, a reação que o paciente teve quando lhe foi dada a voz de prisão em flagrante, bem como eventual incidente que poderia ocorrer na viatura em movimento. 11. A Súmula Vinculante 11/STF não estabelece nenhuma forma especial para essa justificativa do uso de algemas por escrito e no caso concreto o uso das algemas está justificado pelo depoimento do condutor, reduzido a termos por ocasião da lavratura do auto de prisão em flagrante. 12. Se constrangimento ilegal existiu, decorrente da demora no encerramento da instrução, desapareceu com o encerramento da instrução (Sumula n. 52/STJ). (TRF-3, HC 41890, Rel. Juíza Federal conv. Silvia Rocha, 1ª Turma, v.u., e-DJ 8.10.2010)

▶ **CPP. Art. 284.** Não será permitido o emprego de força, salvo a indispensável no caso de resistência ou de tentativa de fuga do preso. ▶ **Art. 474. § 3º** Não se permitirá o uso de algemas no acusado durante o período em que permanecer no plenário do júri, salvo se absolutamente necessário à ordem dos trabalhos, à segurança das testemunhas ou à garantia da integridade física dos presentes. (Redação dada pela Lei nº 11.689, de 2008).

> ▶ **CPPM. Art. 234.** O emprego de força só é permitido quando indispensável, no caso de desobediência, resistência ou tentativa de fuga. Se houver resistência da parte de terceiros, poderão ser usados os meios necessários para vencê-la ou para defesa do executor e auxiliares seus, inclusive a prisão do ofensor. De tudo se lavrará auto subscrito pelo executor e por duas testemunhas. **§ 1°** O emprego de algemas deve ser evitado, desde que não haja perigo de fuga ou de agressão da parte do preso, e de modo algum será permitido, nos presos a que se refere o art. 242.

# 3. SEGREDO DE JUSTIÇA

## ENUNCIADO 39. O ACESSO AOS AUTOS É IRRESTRITO QUANDO NÃO HÁ SEGREDO DE JUSTIÇA.

● *Enunciado 4 aprovado no III FONACRIM. Renumerado no IV FONACRIM, em 25.9.2015.*

▸ ***Por Danilo Fontenele Sampaio Cunha.***

Afirma a Súmula vinculante 14 que, "É direito do defensor, no interesse do representado, ter acesso amplo aos elementos de prova que, já documentados em procedimento investigatório realizado por órgão com competência de polícia judiciária, digam respeito ao exercício do direito de defesa".

O Estatuto da Ordem dos Advogados (Lei n. 8.906/94) afirma que, dentre outros, são direitos do advogado (...)

> XIII – examinar, em qualquer órgão dos Poderes Judiciário e Legislativo, ou da Administração Pública em geral, autos de processos findos ou em andamento, mesmo sem procuração, quando não estejam sujeitos a sigilo, assegurada a obtenção de cópias, podendo tomar apontamentos;
>
> XIV – examinar em qualquer repartição policial, mesmo sem procuração, autos de flagrante e de inquérito, findos ou em andamento, ainda que conclusos à autoridade, podendo copiar peças e tomar apontamentos;
>
> XIV – examinar, em qualquer instituição responsável por conduzir investigação, mesmo sem procuração, autos de flagrante e de investigações de qualquer natureza, findos ou em andamento, ainda que conclusos à autoridade, podendo copiar peças e tomar apontamentos, em meio físico ou digital;
>
> XV – ter vista dos processos judiciais ou administrativos de qualquer natureza, em cartório ou na repartição competente, ou retirá-los pelos prazos legais;
>
> XVI – retirar autos de processos findos, mesmo sem procuração, pelo prazo de dez dias;

Esclarece, no entanto, que:

> **§ 1º** Não se aplica o disposto nos incisos XV e XVI:
>
> 1) aos processos sob regime de segredo de justiça;
>
> 2) quando existirem nos autos documentos originais de difícil restauração ou ocorrer circunstância relevante que justifique a permanência dos autos no cartório, secretaria ou repartição, reconhecida pela autoridade em despacho motivado, proferido de ofício, mediante representação ou a requerimento da parte interessada;
>
> 3) até o encerramento do processo, ao advogado que houver deixado de devolver os respectivos autos no prazo legal, e só o fizer depois de intimado.

Verifica-se, pois, ampla publicidade dos processos penais, correspondendo à não existência de procedimento secretos ou reservados, com as exceções práticas e lógicas que garantam a preservação do interesse público quando o sigilo das investigações assim indicar.

Observe-se que nas hipóteses em que os autos do IPL são encaminhados à Justiça para a apreciação da concessão do primeiro prazo após sua instauração, ou quando são encaminhados para apreciação de diligência que exija autorização judicial, não cabe ao juiz dar vista dos autos do IPL aos advogados interessados, mesmo que os autos estejam fisicamente em sua secretaria, mas sim encaminhá-los à autoridade policial o quanto antes para que lá, esta possa aquilatar quais elementos podem ser apresentados, sem prejuízo das investigações.

De igual maneira, estando o processo em fase de conclusão das diligências requeridas pelo Ministério Público Federal, perante o Departamento de Polícia Federal, entre elas a colheita de depoimento do indiciado, poderá o advogado ter acesso aos autos perante aquele Departamento policial.

Registre-se, ainda, que existe uma diferença prática entre o advogado ter acesso aos autos de um processo e fazer carga do mesmo.

É que o Código de Processo Penal indica:

> **Art. 803.** Salvo nos casos expressos em lei, é proibida a retirada de autos do cartório, ainda que em confiança, sob pena de responsabilidade do escrivão.

Assim, nos processos criminais em curso, havendo interesse do advogado em examinar os autos, poderá fazê-lo, mesmo sem procuração, mas em cartório ou secretaria.

Nas hipóteses de ser comum às partes algum prazo, mesmo com procuração nos autos, só em conjunto ou mediante prévio ajuste por petição nos autos, poderão os seus procuradores retirar os autos, ressalvada a obtenção de cópias para a qual cada procurador poderá retirá-los pelo prazo de 1 (uma) hora independentemente de ajuste (em aplicação analógica do § 2º do art. 40 do CPC).

Não há que se falar em carga dos autos a estagiário sem procuração, vez que é uma decorrência do respeito à lei e convém lembrar que até mesmo o réu só tem direito à vista dos autos se for inscrito na OAB.

1. Não é clara a petição inicial quanto ao pedido de cópia do processo administrativo, pois ocupa sua segunda alínea final, onde consta apenas requerimento de notificação da autoridade, que foi, aliás, notificada nos exatos termos dessa mesma petição. Desse modo, considerando que o indeferimento da liminar não contém ressalva e, ainda, que é de todo conveniente aguardar as informações da autoridade, deixo por ora de determinar a extração das cópias requeridas, reservando-me apreciar-lhe a eventual necessidade após a vinda daquelas. 2. Quando ao pedido de vista e carga de fls. 102, não pode deferido, porque há prazo em curso, e o litisconsorte requerente já recebeu cópia integral destes autos e dos apensos. Indefiro-o, pois, sem prejuízo de vista na Secretaria. (MS 27.875-7-300, Rel. Min. Cezar Peluso, DJe 20.2.2009)

CRIMINAL. RMS. AÇÃO PENAL. CRIMES CONTRA A ORDEM TRIBUTÁRIA, LAVAGEM DE DINHEIRO, EVASÃO DE DIVISAS E FORMAÇÃO DE QUADRILHA. PEDIDO DE VISTA DOS AUTOS FORA DO CARTÓRIO NEGADO. NÃO CONFIGURAÇÃO DE DIREITO LÍQUIDO E CERTO. PREPONDERÂNCIA DO INTERESSE PÚBLICO SOBRE O PRIVADO. RECURSO DESPROVIDO. I. O direito do advogado de acesso aos autos não é absoluto, pois, nos termos do Estatuto da Ordem dos Advogados do Brasil, o magistrado pode, de forma fundamentada, negar o pedido de vista fora do cartório, quando entender existir circunstância relevante que justifique a permanência dos autos no cartório. II. Hipótese em que foi indeferida a vista do processo fora de cartório de forma devidamente justificada, tendo o magistrado explicitado as razões pelas quais entendia inconveniente a retirada do processo do cartório, merecendo destaque a questão da pluralidade de réus e patronos e a possibilidade de atraso na tramitação do feito. III. Inexistência de prejuízo à defesa dos recorrentes, a ser amparada pela via do "mandamus", eis que foi assegurada aos advogados a vista em cartório, bem como a requisição de cópias integrais do processo à serventia. IV. Ilegalidade que não se verifica, especialmente em se tratando de ação criminal vultosa, na qual deve prevalecer a supremacia do interesse público sobre o interesse privado. (...). (RMS 20.100/SC, Rel. Min. Gilson Dipp, T5, DJ 29.6.2007 p. 666)

O Deputado Federal Joaquim de Lira Maia requer autorização para que seu chefe de gabinete possa "efetuar a retirada da cópia digitalizada junto a secretaria de seu Gabinete e/ou deste Tribunal". Com efeito, ninguém, ordinariamente, pode postular em juízo sem a assistência de advogado (AR 1.354-AgR/BA, Rel. Min. Celso de Mello), ressalvadas as hipóteses previstas em lei. O ora requerente não possui tal capacidade postulatória, razão pela qual determino o desentranhamento da presente petição, bem como da mídia que a acompanha, devolvendo-se ao peticionário. (STF, Pet 172.832/PA, Rel. Min. Ricardo Lewandowski, DJe 16.12.2008)

É direito dos investigados o acesso aos autos de ações penais ou inquéritos policiais, ainda que classificados como sigilosos, por meio de seus defensores. Impedir o acesso aos autos ao defensor constituído torna sem efeito a garantia constitucional que assegura a assistência técnica do Advogado (art. 5º, LXIII, da CF). Contudo, o direito de o causídico examinar autos (Lei nº 8.906/94, art. 7º, inciso XIV) é mitigado em face de atos que, por sua natureza, impõem o sigilo para garantir a eficácia da investigação. Em homenagem à ampla defesa e à exegese da Súmula Vinculante nº 14 do Supremo Tribunal Federal, é de se conceder a ordem para permitir que a defesa tenha acesso a todos os atos já documentados, resguardado o sigilo das diligências não encerradas. Segurança parcialmente concedida. (TJRS, MS 70059083170, 3ª Câmara Criminal, Rel. Jayme Weingartner Neto, j. 29.5.2014)

► **CF. Art. 93. IX** – todos os julgamentos dos órgãos do Poder Judiciário serão públicos, e fundamentadas todas as decisões, sob pena de nulidade, podendo a lei limitar a presença, em determinados atos, às próprias partes e a seus advogados, ou somente a estes, em casos nos quais a preservação do direito à intimidade do interessado no sigilo não prejudique o interesse público à informação;

## ENUNCIADO 40. SEMPRE QUE POSSÍVEL, O SEGREDO DE JUSTIÇA DEVE LIMITAR-SE A DADOS OU PEÇAS ESPECÍFICOS DOS AUTOS.

● ***Enunciado 5*** *aprovado no III FONACRIM. Renumerado no IV FONACRIM, em 25.9.2015.*

► ***Por Mauro Alencar de Barros e Renata Cortez Vieira Peixoto.***

A publicidade dos atos processuais, uma das conquistas da Revolução Francesa, foi expressamente consagrada como garantia fundamental do cidadão no direito brasileiro apenas no texto da Constituição Federal de 1988, em seu art. 5º, inciso LX. Também há previsão da publicidade dos pronunciamentos jurisdicionais no art. 93,

IX e da publicidade como um dos princípios constitucionais aos quais está vinculada a Administração Pública (art. 37 da CF).

Apesar de recente no bojo das Constituições do Brasil, é certo que a publicidade dos atos processuais já se encontrava inserida em diversos dispositivos de normas infraconstitucionais, a exemplo do art. 155 do Código de Processo Civil de 1973, do art. 792 do Código de Processo Penal e art. 770 da CLT, todos diplomas legais anteriores à promulgação da Constituição de 88.

O Código de Processo Civil de 2015 dedica dispositivo específico para a publicidade dos julgamentos dos órgãos do Poder Judiciário, alçando-a à categoria de norma processual fundamental (art. 11), além de também reproduzir a regra da publicidade dos atos processuais, já contida, como visto, no estatuto processual anterior.

Há duas finalidades essenciais decorrentes da publicidade como garantia fundamental do cidadão e da própria existência do Estado Democrático de Direito: a) possibilitar o conhecimento dos atos e decisões proferidas pelos órgãos públicos, para que o cidadão eventualmente atingido possa tomar as medidas cabíveis para a proteção de seus direitos; b) permitir a fiscalização e o controle da atuação dos diversos setores estatais, como mecanismo garantidor da participação democrática.

A publicidade, aliás, interessa ao próprio Estado, porquanto confere maior credibilidade aos atos e decisões do Poder Público. Conforme leciona Rui Portanova, "Em verdade é interesse da própria justiça que seus trabalhos sejam públicos. A publicidade é um anteparo a qualquer investida contra a autoridade moral dos julgamentos. O ato praticado em público inspira maior confiança do que o praticado às escondidas. A publicidade dos atos processuais, portanto, interessa igualmente ao Poder Judiciário e aos cidadãos em geral".

Se, de um lado, a publicidade dos atos processuais é considerada um importante instrumento de exercício da cidadania – daí porque prevista como garantia constitucional fundamental, de outro, não pode ser ela irrestrita, posto que podem coexistir outros interesses tão ou mais relevantes que devem ser protegidos em determinadas situações, de modo que a publicidade deve ser parcialmente excepcionada.

É por isso que todos os dispositivos que fazem referência à publicidade descrevem as situações em que é possível limitá-la: a) o art. 5º, LX da CF estabelece que "a lei só poderá restringir a publicidade dos atos processuais quando a defesa da intimidade ou o interesse social o exigirem"; b) o art. 93, IX da CF dispõe que a lei pode "limitar a presença, em determinados atos, às próprias partes e a seus advogados, ou somente a estes, em casos nos quais a preservação do direito à intimidade do interessado no sigilo não prejudique o interesse público à informação"; c) o art. 189 do CPC/2015, ampliando as hipóteses contidas no CPC/73, descreve as situações em que o processo pode correr em segredo de justiça, quais sejam: I – em que o exija o interesse público ou social; II – que versem sobre casamento, separação de corpos, divórcio, separação, união estável, filiação, alimentos e guarda de crianças e adolescentes; III – em que constem dados protegidos pelo direito constitucional à intimidade; IV – que versem sobre arbitragem, inclusive sobre cumprimento de carta arbitral, desde que a confidencialidade estipulada na arbitragem seja comprovada perante o juízo; d) O art. 792, § 1º do CPP determina que "Se da publicidade da audiência, da sessão ou do ato processual, puder resultar escândalo, inconveniente grave ou perigo de perturbação da ordem, o juiz, ou o tribunal, câmara, ou turma, poderá, de ofício ou a requerimento da parte ou do Ministério Público, determinar que o ato seja realizado a portas fechadas, limitando o número de pessoas que possam estar presentes" etc.

Importante destacar que as hipóteses em que pode haver o denominado segredo de justiça apenas excepcionam a denominada publicidade popular, ou seja, aquela que garante a qualquer cidadão o acesso irrestrito aos atos e decisões do Poder Judiciário.

Desta feita, quando há segredo de justiça não deixa de existir publicidade, a qual se torna apenas restrita às partes e a seus defensores ou a determinadas pessoas. Nesses casos, portanto, só não há publicidade *erga omnes,* mas os atos devem continuar a ser públicos no tocante àqueles que sejam diretamente interessados em sua prática, pela possibilidade de serem por eles atingidos.

Não se pode olvidar, porém, que, em muitos casos, há um interesse público à informação que deve ser preservado e levado em conta pela autoridade quando da decisão a respeito da decretação ou não do segredo de justiça. Se o interesse público à informação for mais relevante e essencial do que a garantia da intimidade no caso concreto, deve se sobrepor ao segredo de justiça e os atos devem permanecer plenamente públicos.

Assim é que o segredo de justiça tem por finalidade obstaculizar, em regra, o acesso aos autos de processos judiciais ou investigações policiais ao público em geral, para a defesa da intimidade ou em nome do interesse social, sendo que as restrições não devem ser estendidas, em regra, às partes interessadas e a seus respectivos advogados.

Deve-se ter em vista que a Constituição da República garante também a ampla defesa e o contraditório, direitos que somente podem ser plenamente exercidos se o sujeito tiver pleno conhecimento das provas contra si instauradas, notadamente no âmbito do processo penal, em que estão em jogo também o princípio da presunção de inocência e o direito à liberdade.

Quando há relação jurídico-processual já instaurada, incidem indiscutivelmente as garantias constitucionais da ampla defesa e do contraditório, de modo que, em geral, aplica-se o princípio da publicidade nos termos da Constituição e da legislação infraconstitucional acima referida. Apenas se limita a publicidade quando se impõe o segredo de justiça, sendo que o acesso dos autos às partes e seus defensores é pleno.

O problema se evidencia especialmente no que se refere às investigações policiais, durante as quais comumente a restrição imposta pelo segredo de justiça também pode atingir os envolvidos/investigados e seus defensores, sob o principal fundamento de que, nessa fase, ainda não há contraditório e que a disponibilização dos dados constantes do inquérito pode atrapalhar ou impedir o andamento das diligências.

Há, inclusive, respaldo legal para o sigilo das investigações criminais, posto que o art. 20 do CPP consagra a regra de que "A autoridade assegurará no inquérito o sigilo necessário à elucidação do fato ou exigido pelo interesse da sociedade".

Tal regra, no entanto, deve ser lida como sendo a restrição imposta ao público em geral e não diretamente ao investigado e a seus defensores.

No que tange ao procedimento investigatório criminal, instaurado e presidido pelo membro do Ministério Público, a Resolução de nº 13 do Conselho Nacional do Ministério Público, que regulamenta o art. 8º da Lei Complementar 75/93 e o art. 26 da Lei n. 8.625/93, trata do princípio da publicidade em seu art. 13, o qual dispõe que "Os atos e peças do procedimento investigatório criminal são públicos, (...). salvo disposição legal em contrário ou por razões de interesse público ou conveniência da investigação".

O art. 14 da Resolução dispõe, ainda, que "O presidente do procedimento investigatório criminal poderá decretar o sigilo das investigações, no todo ou em parte, por decisão fundamentada, quando a elucidação do fato ou interesse público exigir; garantida ao investigado a obtenção, por cópia autenticada, de depoimento que tenha prestado e dos atos de que tenha, pessoalmente, participado".

Como se vê, nos termos da Resolução suprareferida do CNMP, seria possível a determinação do sigilo total ou parcial dos autos do procedimento investigatório criminal presidido pelo Ministério Público, atingindo-se inclusive o próprio investigado, nos casos em que determinado o sigilo mais amplo, apenas acesso à cópia dos depoimentos que tenha eventualmente prestado e dos atos de que tenha participado de modo pessoal. Nesses casos, o investigado não teria conhecimento acerca de todas as provas constantes do procedimento.

Obviamente, medidas desse tipo, que excepcionam de modo quase absoluto o princípio da publicidade, ainda que momentaneamente, são alvo de inúmeras objeções administrativas e judiciais. Os sujeitos envolvidos nas investigações e seus advogados desejam e pleiteiam, com esteio no contraditório, na ampla defesa, no princípio da publicidade em sua modalidade restrita e também na prerrogativa do advogado constante do art. 7º, XIV do Estatuto da Ordem dos Advogados do Brasil, acesso irrestrito aos autos do inquérito ou da investigação criminal, para terem conhecimento dos fatos apurados e para que possam tomar as providências administrativas e judiciais necessárias à proteção de seus direitos, fundamentalmente a presunção de inocência e a liberdade.

Um meio termo para situações dessa natureza que tem sido usualmente aplicado pelos Tribunais pátrios é a restrição parcial das investigações, permitindo-se o acesso pleno ao advogado no que se refere às provas já inseridas nos autos do inquérito ou procedimento investigatório, mantendo-se sob sigilo as diligências ainda em curso e que, por isso, ainda não estão documentadas.

Essa é a orientação do Supremo Tribunal Federal contida na súmula vinculante nº 14: "É direito do defensor, no interesse do representado, ter acesso amplo aos elementos de prova que, já documentados em procedimento investigatório realizado por órgão com competência de polícia judiciária, digam respeito ao exercício do direito de defesa".

Não há, portanto, como restringir o acesso do investigado aos dados contidos nos autos de investigação criminal cujo conhecimento seja indispensável para o exercício do direito de defesa. Qualquer determinação em sentido contrário, levada a efeito por autoridade administrativa ou judicial, enseja violação à súmula vinculante nº 14 do STF, dando margem ao cabimento da reclamação constitucional.

Do que se expôs, percebe-se que o segredo de justiça deve ser tido como uma medida absolutamente excepcional.

Por isso é que nas hipóteses em que determinado o segredo de justiça, este somente limita o acesso dos autos ao público em geral, sendo plenamente disponível às partes e a seus defensores.

Ainda levando em conta tal excepcionalidade, o segredo de justiça, quando estabelecido, sempre que possível, não deve recair sobre todo o processo ou procedimento, mas apenas sobre os dados ou peças que contenham as informações tidas por sigilosas.

Vislumbre-se, por exemplo, a situação de processos em que tenha havido quebra do sigilo telefônico ou bancário, em que não há a menor necessidade de se estabelecer o segredo de justiça em relação à integralidade do processo, mas apenas no que tange à parcela dos autos em que constarem os dados sigilosos.

A esse respeito, vale destacar que o Superior Tribunal de Justiça, mediante o julgamento do recurso especial repetitivo REsp 1349363/SP, inadmitiu a o arquivamento em apartado de documentos submetidos a sigilo bancário e fiscal, concluindo pela necessidade da juntada desses documentos aos autos do processo, que deverá correr em segredo de justiça, limitando o seu acesso às partes e a seus procuradores.

Por outro lado, há precedente do mesmo Tribunal em que se determinou o sigilo parcial dos autos. No REsp 1059002/RO, decidiu o STJ que o segredo de justiça deveria se restringir à planilha que continha os dados dos autores submetidos ao sigilo bancário.

Nos Tribunais de Justiça é comum a determinação do segredo de justiça relativamente a alguns dados ou peças do processo.

Há, é verdade, diligências que devem ser sigilosas, sob o risco do comprometimento do seu bom sucesso. Mas, se o sigilo é aí necessário à apuração e à atividade instrutória, a formalização documental de seu resultado já não pode ser subtraída ao indiciado nem ao defensor, porque, é óbvio, cessou a causa mesma do sigilo. (...). Os atos de instrução, enquanto documentação dos elementos retóricos colhidos na investigação, esses devem estar acessíveis ao indiciado e ao defensor, à luz da Constituição da República, que garante à classe dos acusados, na qual não deixam de situar-se o indiciado e o investigado mesmo, o direito de defesa. O sigilo aqui, atingindo a defesa, frustra-lhe, por conseguinte, o exercício. (...). 5. Por outro lado, o instrumento disponível para assegurar a intimidade dos investigados (...). não figura título jurídico para limitar a defesa nem a publicidade, enquanto direitos do acusado. E invocar a intimidade dos demais acusados, para impedir o acesso aos autos, importa restrição ao direito de cada um do envolvidos, pela razão manifesta de que os impede a todos de conhecer o que, documentalmente, lhes seja contrário. Por isso, a autoridade que investiga deve, mediante expedientes adequados, aparelhar-se para permitir que a defesa de cada paciente tenha acesso, pelo menos, ao que diga respeito ao seu constituinte. (HC 88190, Rel. Min. Cezar Peluso, 2ª Turma, DJ 6.10.2006).

(...). 3. Não há no código de processo civil nenhuma previsão para que se crie "pasta própria" fora dos autos da execução fiscal para o arquivamento de documentos submetidos a sigilo. Antes, nos casos em que o interesse público justificar, cabe ao magistrado limitar às partes o acesso aos autos passando o feito a tramitar em segredo de justiça, na forma do art. 155, I, do CPC. 4. As informações sigilosas das partes devem ser juntadas aos autos do processo que correrá em segredo de justiça, não sendo admitido o arquivamento em apartado. (...). (REsp 1349363/SP, Rel. Min. Mauro Campbell Marques, 1ª Seção, DJe 31.5.2013)

Nesta fase inicial de execução, é desnecessário mencionar, no edital referido na sentença, os dados específicos de cada poupador, bastando a intimação genérica de "todos os poupadores do Estado de Rondônia que mantinham cadernetas de poupança junto à instituição requerida". Com isso, a planilha relativa aos cadastros individuais deverá permanecer em segredo de justiça, com acesso restrito ao Poder Judiciário. (REsp 1059002/RO, Rel. p/ ac. Min. Antonio Carlos Ferreira, 4ª Turma, DJe 3.8.2015)

Vigora no ordenamento jurídico o princípio da publicidade, o segredo de justiça é exceção, aplicável apenas nos casos em há violação á intimidade da pessoa. No caso em espécie os documentos apresentados pertencem a terceiro, os quais devem ser preservados recaindo apenas sobre eles o segredo de justiça. (TJPR, AI 1139610-4, Rel. Paulo Cezar Bellio, DJe 27.3.2014)

É inegável que se revestem de sigilo as informações a respeito de movimentação bancária, mas isso não justifica a determinação de processamento com segredo de justiça. No caso, mostra-se suficiente a adoção da providência do desentranhamento e a sua guarda na forma apropriada em cartório, o que deverá ser adotado pelo Juízo de primeiro grau. (TJSP, AI 2228058-10.2014.8.26.0000, Rel. Adriana Bertier Benedito, DJe 5.3.2015)

► **CF. Art. 93.** Lei complementar, de iniciativa do Supremo Tribunal Federal, disporá sobre o Estatuto da Magistratura, observados os seguintes princípios: (...). IX – todos os julgamentos dos órgãos do Poder Judiciário serão públicos, e fundamentadas todas as decisões, sob pena de nulidade, podendo a lei limitar a presença, em determinados atos, às próprias partes e a seus advogados, ou somente a estes, em casos nos quais a preservação do direito à intimidade do interessado no sigilo não prejudique o interesse público à informação;

## ENUNCIADO 41. O REGISTRO NOS AUTOS DAS PESSOAS QUE A ELES TIVERAM ACESSO OU DELES EXTRAÍRAM CÓPIAS NÃO CONSTITUI RESTRIÇÃO AO DIREITO DE INFORMAÇÃO.

• ***Enunciado 6*** *aprovado no III FONACRIM. Renumerado no IV FONACRIM, em 25.9.2015.*

► ***Por Ronivon de Aragão.***

A compreensão do enunciado acima deve se pautar, essencialmente, no princípio da transparência, o qual tem assento na Constituição Federal de 1988. Como sabido, a regra é que os atos administrativos e jurisdicionais são públicos. A cláusula de sigilo é eventual e visa à preservação da intimidade, bem como, em situações restritas, à manutenção da segurança e da inviolabilidade de determinadas provas.

Sendo certo que os processos judiciais são públicos, não se pode impedir que terceiros alheios àquela relação processual (advogados, ou não) tenham acesso às informações lá contidas. A dúvida pertinente é se esse terceiro, que não integra o feito, seja como parte, seja como advogado, pode pretender o acesso aos autos, sem que se faça o registro de que tal fato ocorrera.

Ora, exigir-se que o acesso aos autos fique registrado nada mais é do que o corolário do próprio princípio da transparência, visto em parâmetro inverso, mas situado dentro do mesmo tópico que fundamenta a vedação ao sigilo. Dito em outras palavras: a mesma transparência - decorrente até mesmo da aplicação do princípio da publicidade - que o terceiro exige para acesso ao processo judicial não sigiloso corresponde à formulação do registro de que tal acesso ocorrera. Do contrário, seria admitir que esse registro de acesso, mesmo a autos públicos, deveria ficar em sigilo, mormente quando inexistente a pecha - sequer se deveria supor - de que referido acesso não o seja para fins lícitos.

Aliás, o mero registro de que houve o acesso de um terceiro não integrante da demanda àqueles autos em nada interfere no direito à informação, até porque não foi esta sonegada. E, de outra parte, o direito de informação - princípio da Constituição Federal - deve ser interpretado dentro desse mesmo contexto constitucional. E o texto constitucional, da mesma forma que garante o direito de informação e de expressão, por exemplo, veda o anonimato.

Ou seja: quem pretende acessar autos judiciais e, mesmo assim, impedir que isso fique registrado - mera aplicação do princípio da transparência -, por via oblíqua, deseja manter-se anônimo, o que não se coaduna com a finalidade do texto constitucional de 1988.

No caso de processos eletrônicos, o próprio Conselho Nacional de Justiça já teve a oportunidade de se manifestar em procedimentos de controle administrativo. Em um desses casos6, o relator, conselheiro Nelson Tomaz Braga, consignou que:

> (...) os sistemas de cada tribunal devem permitir que tais advogados acessem livremente qualquer processo eletrônico que não esteja protegido pelo sigilo ou segredo de justiça, mas também deve assegurar que cada acesso seja registrado no sistema, de forma a que a informação seja eventual e posteriormente recuperada, para efeitos de responsabilização civil e/ou criminal, vedando-se, desta forma, a pesquisa anônima no sistema.

Da leitura desse precedente, vê-se que houve a proibição expressa do anonimato de quem pretender o acesso a autos de processos que tramitam sem cláusula de sigilo, o que vem ao encontro do Enunciado 41/FONACRIM.

PROCEDIMENTO DE CONTROLE ADMINISTRATIVO. QUESTÃO DE ORDEM. DIREITO DE VISTA DOS PROCESSOS DIGITAIS. INCIDÊNCIA DA RESTRIÇÃO DO ART. 11, § 6º, DA LEI N. 11.419/2006. Nos processos digitais, o acesso à íntegra dos autos é limitado às partes, constituindo mais uma exceção à regra geral de liberdade de acesso dos advogados aos processos, independentemente de procuração. Questão de ordem resolvida no sentido da edição de enunciado administrativo para uniformizar a orientação de acesso restrito dos autos eletrônicos às partes cadastradas e seus respectivos advogados. (CNJ. PCA 2007.1000000393-2, Rel. Cons. Antônio Umberto de Souza Junior).

6 BRASIL. CNJ. PCA nº 0000547-84.2011.2.00.0000. Fonte: www.cnj.jus.br.

PROCEDIMENTO DE CONTROLE ADMINISTRATIVO. § 1º do art. 3º DA RESOLUÇÃO CNJ Nº 121/2010. Acesso automático ao processo eletrônico por advogado não vinculado ao processo. Direito assegurado, independente de comprovação de interesse perante o juízo ou cadastramento na respectiva secretaria. 1. A Resolução CNJ n. 121, que dispõe sobre a divulgação de dados processuais eletrônicos na rede mundial de computadores, expedição de certidões judiciais e dá outras providências, acompanhando a mudança do paradigma trazida pelo processo eletrônico, criou diferentes níveis de acesso aos autos, de acordo com os sujeitos envolvidos. 2. Aos advogados não vinculados ao processo, mas que já estejam credenciados no Tribunal para acessarem processos eletrônicos (art. 2º da Lei 11.419/06), deve ser permitida a livre e automática consulta a quaisquer autos eletrônicos, salvo os casos de processos em sigilo ou segredo de justiça. 3. A 'demonstração do interesse' do advogado não cadastrado em acessar os autos não deve ser feita nem pela autorização prévia do juízo ou da criação de procedimentos burocráticos na respectiva secretaria. 4. Os sistemas de cada tribunal devem permitir que tais advogados acessem livremente qualquer processo eletrônico que não esteja protegido pelo sigilo ou segredo de justiça, mas também deve assegurar que cada acesso seja registrado no sistema, de forma a que a informação seja eventual e posteriormente recuperada, para efeitos de responsabilização civil e/ou criminal, vedando-se, desta forma, a pesquisa anônima no sistema. 5. A interpretação do dispositivo da Resolução deve ser feita de modo a preservar as garantias da advocacia. (CNJ. PCA 0000547-84.2011.2.00.0000).

► **CF. Art. 5º. XXXIII** – todos têm direito a receber dos órgãos públicos informações de seu interesse particular, ou de interesse coletivo ou geral, que serão prestadas no prazo da lei, sob pena de responsabilidade, ressalvadas aquelas cujo sigilo seja imprescindível à segurança da sociedade e do Estado. ► **LX** – a lei só poderá restringir a publicidade dos atos processuais quando a defesa da intimidade ou o interesse social o exigirem. ► **Art. 37. § 3º** A lei disciplinará as formas de participação do usuário na administração pública direta e indireta, regulando especialmente: II – o acesso dos usuários a registros administrativos e a informações sobre atos de governo, observado o disposto no art. 5º, X e XXXIII ► **Art. 93. IX** – todos os julgamentos dos órgãos do Poder Judiciário serão públicos, e fundamentadas todas as decisões, sob pena de nulidade, podendo a lei limitar a presença, em determinados atos, às próprias partes e a seus advogados, ou somente a estes, em casos nos quais a preservação do direito à intimidade do interessado no sigilo não prejudique o interesse público à informação.

► **CPP. Art. 20.** A autoridade assegurará no inquérito o sigilo necessário à elucidação do fato ou exigido pelo interesse da sociedade.

► **Lei 11.419/2006. Art. 11. § 6º** Os documentos digitalizados juntados em processo eletrônico somente estarão disponíveis para acesso por meio da rede externa para suas respectivas partes processuais e para o Ministério Público, respeitado o disposto em lei para as situações de sigilo e de segredo de justiça.

# 4. QUADRO SINÓPTICO

| OUTROS TEMAS | |
|---|---|
| **1. ESTATUTO DA OAB (LEI 8.906/94)** | |
| Não é absoluta a inviolabilidade prevista no art. 7º, II, da Lei 8.906/1994, cedendo mediante decisão judicial. | Enunc. 20 |
| É válida a busca e apreensão em escritório de advocacia se a OAB, comunicada da diligência, não indica representante em tempo hábil. | Enunc. 21 |

| 2. USO DE ALGEMAS | |
|---|---|
| A justificação para o uso de algemas, pelo agente ou autoridade policial, pode ser consignada posteriormente à realização do ato. | Enunc. 24 |
| **3. SEGREDO DE JUSTIÇA** | |
| O acesso aos autos é irrestrito quando não há segredo de justiça. | Enunc. 39 |
| Sempre que possível, o segredo de justiça deve limitar-se a dados ou peças específicos dos autos. | Enunc. 40 |
| O registro nos autos das pessoas que a eles tiveram acesso ou deles extraíram cópias não constitui restrição ao direito de informação. | Enunc. 41 |

# ÍNDICE CRONOLÓGICO REMISSIVO

## 1. ENUNCIADOS

prudente valoração de segurança acerca da pena máxima admissível e da extrapolação do tempo para sua ocorrência. **>>23**

016 – O valor mínimo para reparação dos danos causados pelo crime pode abranger danos morais. **>>52**

017 – Pode o juiz absolver sumariamente o acusado cuja ação penal tenha sido iniciada. **>>126**

018 – É constitucional a citação com hora certa prevista no art. 362 do CPP, devendo-se comprovar a ocultação do réu por satisfatórias diligências. **>>110**

019 – A regra do parágrafo segundo do art. 399 do CPP, ao consagrar no processo penal o princípio da identidade física do juiz, não tem caráter absoluto, aplicando-se a ela as mesmas exceções previstas no art. 132 do CPC. **>>128**

020 – Não é absoluta a inviolabilidade prevista no art. 7º, II, da Lei 8.906/1994, cedendo mediante decisão judicial. **>>267**

021 – É válida a busca e apreensão em escritório de advocacia se a OAB, comunicada da diligência, não indica representante em tempo hábil. **>>272**

022 – O cumprimento de mandados de busca e apreensão deve iniciar-se durante o dia, podendo estender-se pelo período noturno, caso necessário ao encerramento da diligência. **>>68**

023 – Não há nulidade no deferimento de diligências policiais sem a oitiva do Ministério Público. **>>45**

024 – A justificação para o uso de algemas, pelo agente ou autoridade policial, pode ser consignada posteriormente à realização do ato. **>>276**

025 – Nos crimes tributários, o parâmetro objetivo para aplicação da insignificância penal – excluídas as condutas fraudulentas – é o valor do credito tributário (principal e acessório) fixado por ato normativo da Receita Federal ou Ministério da Fazenda como o mínimo necessário para o ajuizamento de execução fiscal. **>>254**

026 – O crime de apropriação indébita previdenciária é crime omissivo próprio e exige apenas dolo genérico para a configuração do tipo subjetivo. **>>37**

027 – Em processos penais relativos a crimes tributários, é ônus da acusação diligenciar por informações sobre a exclusão do contribuinte de programas de parcelamento. **>>257**

028 – É possível ao juízo criminal a análise da validade do lançamento tributário. **>>259**

029 – Reconhecida a inconstitucionalidade, no caso concreto, da pena mínima cominada no art. 273 do Código Penal, por violar o princípio da proporcionalidade, pode o juiz aplicar o preceito secundário de outro tipo penal relacionado com os elementos normativos da conduta analisada. **>>39**

030 – Em circunstâncias excepcionais, o princípio da insignificância é aplicável aos crimes contra o meio ambiente. **>>247**

031 – A reiteração da conduta delitiva, em regra, afasta a aplicação do princípio da insignificância. **>>18**

032 – Não se aplica o princípio da insignificância aos crimes tributários cometidos mediante fraude. **>>260**

033 – O artigo 17-B da Lei nº 9.613/1998 e os artigos 15 e 16 da Lei nº 12.850/2013 são constitucionais, pois conferem à autoridade policial e ao Ministério Público apenas acesso a dados não incluídos no âmbito do direito fundamental à intimidade, e aplicam-se a todos os procedimentos de investigação criminal. **>>205**

033 – O artigo 17-B da Lei nº 9.613/1998 e os artigos 15 e 16 da Lei nº 12.850/2013 são constitucionais, pois conferem à autoridade policial e ao Ministério Público apenas acesso a dados não incluídos no âmbito do direito fundamental à intimidade, e aplicam-se a todos os procedimentos de investigação criminal. **>>210**

034 – A informação sobre os registros de identificação dos números dos terminais de origem e de destino das ligações telefônicas à autoridade policial e ao Ministério Público, prevista no artigo 17 da Lei nº 12.850/2013, depende de autorização judicial. **>>206**

035 – O artigo 17-D da Lei nº 9.613/1998 é inconstitucional, pois a aplicação da medida cautelar de afastamento de servidor público de suas funções depende de decisão judicial. **>>216**

053 – Na audiência de custódia, a presença do juiz, membro do Ministério Público, advogado ou defensor público poderá ocorrer por videoconferência. >>**87**

054 – O prazo de vinte e quatro horas para a realização da audiência de custódia pode ser flexibilizado em situações excepcionais. >>**90**

055 – É dispensável a realização de audiência de custódia se, ao receber a comunicação de flagrante, o juiz entender de pronto que é caso de concessão de liberdade. >>**92**

056 – É lícita a utilização na esfera penal, independente de autorização judicial, de informações bancárias obtidas diretamente pelas autoridades fiscais, desde que respeitados os requisitos do artigo 6º da Lei Complementar nº 105/2001 >>**233**

057 – É constitucional a utilização de informações sobre operações que envolvam recursos provenientes de quaisquer atividades criminosas, obtidas pelas instituições financeiras e Banco Central, independente de autorização judicial (art. 1º, § 3º, IV e art. 9º da LC 105). >>**238**

058 – É possível a utilização das provas obtidas em acordo de cooperação internacional, para fim diverso daquele que justificou a sua obtenção, desde que não haja vedação expressa no tratado ou no acordo de cooperação. >>**55**

059 – Sem prejuízo da prerrogativa prevista no artigo 222, § 3º, do CPP, de expedição de carta precatória para realização de atos processuais, deve-se priorizar a utilização dos meios eletrônicos consentâneos à virtualização do processo. >>**62**

060 – A aplicação do princípio da insignificância é incompatível com o crime de tráfico internacional de drogas e figuras equiparadas. >>**241**

061 – Prisão domiciliar enseja detração, independentemente de monitoramento eletrônico. >>**155**

062 – Nas Seções ou Subseções onde não haja casa de albergado, não há óbice ao Juiz Federal com competência em execução penal exercer a fiscalização das penas dos réus em regime aberto. >>**145**

063 – Na fiscalização do cumprimento da pena no regime aberto domiciliar, em face da inexistência de casa de albergado, bem como das penas restritivas de direitos, o custeio das despesas do monitoramento eletrônico não pode ser imposto ao apenado. >>**150**

064 – Em caso de conversão de pena restritiva de direito em privativa de liberdade, a expedição de mandado de prisão para o início do cumprimento de pena no regime aberto pode ser substituída pela expedição de mandado de condução coercitiva (a ser cumprido pela autoridade policial), para fins de comparecimento na audiência admonitória. >>**162**

065 – O juízo da execução penal, excepcionalmente e desde que não prejudique o apenado, por ocasião da realização da audiência admonitória, poderá realizar a adequação das penas restritivas de direito fixadas na sentença aos fatos extraordinários supervenientes ao trânsito em julgado, ajustando-as às condições pessoais do condenado. >>**165**

066 – As implicações da pena de multa na progressão do regime de cumprimento da pena não alteram a legitimidade para a cobrança do valor atribuída à Fazenda Nacional. >>**173**

# ÍNDICE ALFABÉTICO REMISSIVO

## N



## O



## P



## Q



## R



## S



## T



## V

# Anotações

EDITORA JusPODIVM
www.editorajuspodivm.com.br
Impressão e Acabamento
Prol Editora Gráfica